大 同 市 统 计 局
国家统计局大同调查队 编

2015 大同统计年鉴

贰零壹伍

DA TONG STATISTICAL YEARBOOK

中国统计出版社
China Statistics Press

图书在版编目（CIP）数据

大同统计年鉴. 2015 / 大同市统计局，国家统计局大同调查队编. -- 北京 : 中国统计出版社，2015.10

ISBN 978-7-5037-7613-7

Ⅰ. ①大…
Ⅱ. ①大… ②国…
Ⅲ. ①统计资料—大同市—2015—年鉴
Ⅳ. ①C832.253-54

中国版本图书馆 CIP 数据核字（2015）第 213607 号

大同统计年鉴-2015

作　　者 / 大同市统计局　国家统计局大同调查队
责任编辑 / 陈越月
装帧设计 / 山西省大同市海德印务有限公司
出版发行 / 中国统计出版社
地　　址 / 北京市丰台区西三环南路甲 6 号　邮政编码 /100073
电　　话 / 邮购（010）63376909　书店（010）68783171
网　　址 / http://csp.stats.gov.cn
印　　刷 / 山西省大同市海德印务有限公司
经　　销 / 新华书店
开　　本 / 890mm×1240mm　1/16
字　　数 / 922 千字
印　　张 / 32.35
版　　别 / 2015 年 10 月第 1 版
版　　次 / 2015 年 10 月第 1 次印刷
定　　价 / 280.00 元

如有印装差错，由本社发行部调换。

大同统计年鉴 2015

DA TONG STATISTICAL YEARBOOK

大同统计年鉴 2015
DA TONG STATISTICAL YEARBOOK

◆ Compile Committee

◆ Editorial Staffs

编辑说明

一、《大同统计年鉴》是一部全面反映大同市国民经济和社会发展情况的资料性年刊。

《大同统计年鉴一2015》收录了全市和各县区各部门2014年及以前有关重要年份、经济、科技、社会各方面大量的数据。

为适应国际间交流，并与国际接轨，《大同统计年鉴一2015》全部实行中英文对照，开本为大16开。

二、为了满足大同可持续发展战略和社会主义市场经济发展对统计资料的需求，增加了景气调查、企业集团等重要内容。

三、全书内容共分为十三个部分：即：1. 综合；2. 人口、从业人员和劳动报酬；3. 固定资产投资；4. 物价、人民生活；5. 农村经济；6. 工业；7. 建筑业；8. 批零贸易和餐饮业；9. 财政、金融；10. 教育、文化、体育、卫生；11. 城市情况；12. 县区情况；13. 地市情况。各篇末还附有《主要统计指标解释》，对主要统计指标的含义、统计范围和统计方法以及历史的沿革情况作了简要说明。

四、资料中所使用的度量衡单位均采用国际统一标准计量单位。

五、本年鉴的指标口径范围，基本上按国家现行的统计报表制度调查取得的和有关业务部门提供的数据。为了便于读者使用，对某些指标在表下作了简要注释。凡以前发表过的统计数字与本年鉴有不一致的。请以本年鉴为准。

六、年鉴的符号使用说明：“…”表示数据不足本指标最小单位；“空格”表示该项统计指标数据不详或无该项指标数据；“#”表示其中项。

COMPILER'S NOTES

Ⅰ.Datong Statistical Yearbook is an annual statistics publicarion.which reflects various aspects of social and economic development of Datong.Datong Statistical Yearbook 2015 covers very comprehensive data series in 2014 and other major years at city level and development of Datong. To meet the need of international/exchange. Datong Statistical Yearbook 2015 was edited with 16–mo. entirely translated to English.

Ⅱ.To meet the data need of making sustainable development stratrgy and developing socialist market economy,main data and aterials about environmental protection socialist narket economy,main data and materials about economic booming investigation,enterprise group.

Ⅲ. The book contains the following thirteen parts.1.General Information;2.Population.Empolyment and Wage;3.Investment in Fixed Assets;4 Price,People's Livelihood;5.Agricultural Economy;6. Industry;7.Construction;8.Wholesale and Technology,Culture,Sports,Public;9.Public Finance and Bandking;10.Education,Culture,Sports,Public Health;11.Information of City;12.Part of Enterprises.13. Part of prefecture and clty,Explanatory Notes on Main Statistical Indicatorsa brief introduction about the the meaning,data sources,statistical coverage statistical methods and historical changes of main statistical indicators–are provided at the end of each part.

Ⅳ.The units of measurement used in this book used internationally standard measurement units

Ⅴ. On the whole.the concepts.definition and coverage of statistics in dicators in this book are the same as in the current statistics report system of our country.Themajor data sources Of this book are obtained from annual statistical reports,somefromsample surveys and some from statistics materials provided by relative economical administrative departments.For the convenience Of the readers,birdf notes concerning some indicators about their changes in meaning of coverage are given at the lower part of relrvant tables In the case of some sattisticcal data issued before being inconsistent with this publication.take the data in this publication as correction

Ⅵ. Notations used in this book. "…" indicates that the figure is not large enough to be measured with the smallest unit in the table. "(blank)" indicates that the data not available. "#" indicates lhe major items of the total.

目　录

一、综　合
GENERAL INFORMATION

二、人口、从业人员和劳动报酬
POPULATION，EMPLOYMENT AND WAGE

三、固定资产投资
INVESTMENT IN FIXED ASSETS

四、物价、人民生活
PRICE AND PEOPLE'S LIVELIHOOD

五、农村经济
AGRICULTURAL ECONOMICS

六、工业
INDUSTRY

七、建筑业
CONSTRUCTION

八、批发零售贸易和餐饮业、对外经济贸易
WHOLESALE AND RETAIL TRADE, CATERING FOREIGN TRADE

九、财政、金融
PUBLIC FINANCE , BANKING

十、教育、文化、卫生
EDUCATION, CULTURE AND PUBLIC HEALTH

十一、城市篇
INFORMATION OF CITY

十二、县区篇
PART OF COUNTY AND REGION

十三、地市篇
PART OF PREFECTURE AND CITY

综合

GENERAL INFORMATION

资 料 整 理 人 员

王志铭　　赵树君　　刘仙枝　　杨　雁
李　涛　　吕　利　　高锦霞　　王少卿

综 合
GENERAL INFORMATION

地区生产总值	Gross Domestic Prduct	1001.7	亿元	(100 million yuan)
第一产业	Primary Industry	57.1	亿元	(100 million yuan)
第二产业	Secondary Industry	445.5	亿元	(100 million yuan)
第二产业	Tertiany Industry	499.2	亿元	(100 million yuan)

地区生产总值（亿元）
Gross Domestic Prduct （100 million yuan）

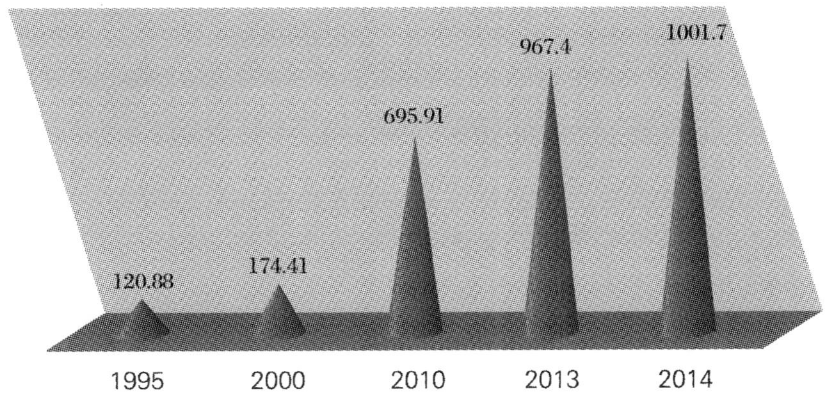

地区生产总值构成（%）
Cosition of Gross Domestic Prduct （%）

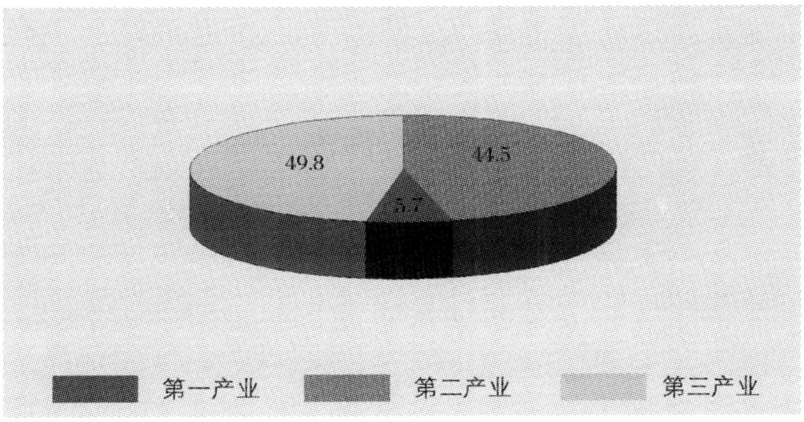

1-1 行政区划(2014年)
ADMINISTRATIVE DIVISION (2014)

县区 Region	县区 合计 Total	县 Count	区 Region	镇 Town	乡 Township	街道办事处 Street	村民委员会 Village Committees
	11	7	4	33	66	43	1964

县区 Region	
城区 Chengqu	南关街道办事处 北关街道办事处 东街街道办事处 西街街道办事处 南街街道办事处 北街街道办事处 新建南路街道办事处 新建北路街道办事处 大庆路街道办事处 新华街道办事处 西花园街道办事处 老平旺街道办事处 向阳里街道办事处 振华街道办事处 开源街道办事处
矿区 Kuangqu	新胜街道办事处 新平旺街道办事处 煤峪口街道办事处 永定庄街道办事处 同家梁街道办事处 四老沟街道办事处 忻州窑街道办事处 白洞街道办事处 雁崖街道办事处 挖金湾街道办事处 晋华宫街道办事处 马脊梁街道办事处 大斗沟街道办事处 王村街道办事处 姜家湾街道办事处 新泉路街道办事处 民胜街道办事处 口泉街道办事处 马口街道办事处 燕子山街道办事处 杏儿沟街道办事处 青磁窑街道办事处 平泉路街道办事处 四台沟街道办事处 和顺街道办事处 和瑞街道办事处 平盛路街道办事处 清泉街道办事处
南郊区 Nanjiao	古店镇 高山镇 云冈镇 口泉乡 新旺乡 水泊寺乡 马军营乡 西韩岭乡 平旺乡 鸦儿崖乡
新荣区 Xinrong	新荣镇 破鲁堡乡 郭家窑乡 花元屯乡 西村乡 上深涧乡 堡子湾乡
阳高县 Yanggao	龙泉镇 罗文皂镇 大白登镇 王官屯镇 古城镇 东小村镇 友宰镇 长城乡 北徐屯乡 狮子屯乡 下深井乡 马家皂乡 鳌石乡
天镇县 Tianzhen	玉泉镇 谷前堡镇 米薪关镇 逯家湾镇 新平镇 三十里铺乡 南河堡乡 贾家屯乡 赵家沟乡 南高崖乡 张西河乡
广灵县 Guangling	壶泉镇 南村镇 一斗泉乡 蕉山乡 加斗乡 宜兴乡 作疃乡 梁庄乡 望狐乡
灵丘县 Lingqiu	武灵镇 东河南镇 上寨镇 落水河乡 史庄乡 赵北乡 石家田乡 柳科乡 白崖台乡 红石楞乡 下关乡 独峪乡
浑源县 Hunyuan	永安镇 西坊城镇 蔡村镇 沙圪坨镇 王庄堡镇 大磁窑镇 东坊城乡 裴村乡 驼峰乡 西留村乡 下韩村乡 南榆林乡 吴城乡 黄花滩乡 大仁庄乡 千佛岭乡 官儿乡 青磁窑乡
左云县 Zhuoyun	云兴镇 鹊儿山镇 店湾镇 管家堡乡 张家场乡 三屯乡 马道头乡 小京庄乡 水窑乡
大同县 Datong	西坪镇 倍加造镇 周士庄镇 吉家庄乡 峰峪乡 杜庄乡 党留庄乡 瓜园乡 巨乐乡 许堡乡

1-2 历届市人民代表大会代表人数
DEPUTIES TO ALL THE PREVIOUS LOCAL PEOPLE'S CONGRESS OF DATONG

单位：人　　(person)

项　目 Item	第一届 First	第二届 Second	第三届 Third	第四届 Fourth	第五届 Fifth	第六届 Sixth	第七届 Seventh
代表总数 Total	189	229	229	309	343	248	302
项　目 Item	第八届 Eighth	第九届 Ninth	第十届 Tenth	第十一届 Eleventh	第十二届 Twelfth	第十三届 Thirteen	第十四届 fourteen
代表总数 Total	302	276	330	346	345	346	343

1-3 历届市政治协商会议委员人数
COMMITTEE MEMBER TO ALL PREVIOUS PEOPLES POLITICAL CONSULTATIVE CONERENCE OF DATONG

单位：人　　(person)

项　目 Item	第一届 First	第二届 Second	第三届 Third	第四届 Fourth	第五届 Fifth	第六届 Sixth	第七届 Seventh
委员总数(人) Total	59	85	105	105	107	129	206
# 中国共产党代表 CPC Deputies	23	34	42	42	43	63	123

项　目 Item	第八届 Eighth	第九届 Ninth	第十届 Tenth	第十一届 Eleventh	第十二届 Twelfth	第十三届 Thirteen
委员总数(人) Total	228	315	340	379	400	406
# 中国共产党代表 CPC Deputies	136	115	132	152	160	165

1-4 国民经济和社会发展总量与速度指标

指　标	Item	总量指标		
		1995	2000	2005
一、年末总人口（万人）	**Year-end Population (10 000 persons)**	**262**	**300**	**312**
二、全社会从业人员（万人）	**Employmees (10 000 persons)**	**133**	**119**	**138**
#职工人数	Staff and Workers	68.7	51.7	41.1
三、地区生产总值（亿元）	**Gross Domestic Product (100 million yuan)**	**123.8**	**174.4**	**376.5**
第一产业	Primary Industry	7.7	13.3	21.8
第二产业	Secondary Industry	80.1	83.0	200.9
第三产业	Tertiary Industry	36	78.1	153.8
四、农业生产	**Agriculture**			
农林牧渔业总产值（亿元）	Gross Output Value of Farming Forestrg, Animal Husbandry and Fishery (100 million yuan)	17.9	23.1	42.1
主要农产品产量	Output of Major Farm Products			
粮　食（万吨）	Grain (10 000 tons)	33.6	66.3	77.2
油　料（万吨）	Oil-bearing Crops (10 000 tons)	0.8	3.5	2.0
猪牛羊肉（万吨）	Output of Pork, Beef and Mutton (10 000 tons)	5.7	5.4	8.7
大牲畜年末数（万头）	Large Animals (year-end) (10 000 heads)	30.6	30.3	36.9
猪年末数　（万头）	Hogs (year-end) (10 000 heads)	45.9	43.3	60.0
羊年末数　（万只）	Sheep and Goats (year-end) (10 000 heads)	94.2	115.6	157.5
农业机械总动力（万千瓦）	Total Power of Agricultural Machinery (10 000 kw)	106.7	133.7	136.1
化肥施用量（万吨）	Consumption of Chemical Fertilizer (10 000 tons)	23.2	25.5	26.2
五、工业生产	**Industry**			
工业总产值（亿元）	Gross Industrial Output Value (100 million yuan)	102.0	126.1	368.1
轻工业	Light Industry	18.2	14.0	28.4
重工业	Heavy Industry	83.8	112.1	339.7
主要工业产品产量	Output of Major Industrial Products			
原　煤（万吨）	Coal (10 000 tons)	8486	5440	8034
发电量（亿千瓦小时）	Electricity (100 million kwh)	87.6	90.2	162.7
钢　（万吨）	Steel (10 000 tons)	2.9	24.7	72.0
成品钢材（万吨）	Steel Products (10 000 tons)	1.8	0.6	19.1
水　泥（万吨）	Cement (10 000 tons)	154	204	305

PRINCIPAL AGGREGATE INDICATORS ON NATIONAL ECONOMIC AND SOCIAL DEVELOPMENT AND THEIR RELATED INDEXES AND GROWTH RATES

Aggregate Datas			速 度 指 标 Indexes and Growth Rates					
			指数(上年为100) Indexes(last year=100)					
2010	2013	2014	1995	2000	2005	2010	2013	2014
332	**337**	**339**	**104.9**	**108.9**	**100.7**	**103.8**	**100.5**	**100.5**
139	**146**	**146**	**101.6**	**100.4**	**100.1**	**106.5**	**100.1**	**100.0**
42.1	42.7	41.9	101.0	95.0	82.0	101.9	101.4	0.98
695.9	**971.1**	**1001.7**	**105.7**	**110.7**	**114.1**	**114.2**	**108.3**	**107.4**
36.3	53.7	57.1	50.6	189.2	113.2	103.3	104.9	104.1
338.8	440.9	445.5	110.8	105.8	116.4	118.9	108.8	110.8
320.8	476.5	499.1	111.4	110.8	112.4	111.1	108.1	104.2
66.6	101.5	107.9	81.4	174.1	248.9	113.9	109.9	106.2
83.6	102.5	104.0	45.5	440.2	98.4	165.2	108.1	101.4
1.1	1.6	1.4	16.1	503.1	92.8	157.1	106.6	88.4
10.7	12.3	12.8	107.0	110.7	110.6	98.2	102.6	104.2
31.8	25.3	23.8	103.9	100.8	104.4	89.3	100.3	94.1
67.9	56.7	62.1	107.8	104.8	108.9	96.0	103.6	109.6
140.6	129.9	161.8	108.6	111.8	105.1	88.4	98.8	124.5
160.6	185.0	192.9	106.1	102.6	103.3	105.4	105.1	104.3
29.1	30.0	29.0	105.5	102.4	99.6	113.7	101.2	96.7
737.6	1051.9	1081.1	104.2	111.4	115.4	137.6	97.8	102.8
39.9	77.2	82.0	104.4	109.4	106.6	93.5	115.7	106.2
697.7	974.7	999.1	104.1	111.7	116.2	141.4	96.6	102.5
9403	10899	11453	104.2	97.7	95.3	131.9	103.2	105.1
348.3	388.4	404.9	108.7	102.2	123.4	131.8	104.7	104.3
44.4	43.2	53.0	58.0	110.8	130.4	130.7	82.0	122.7
8.5	1.0	0.9	56.3	120.0	111.7	796.8	69.6	89.6
408	610	469	146.2	105.1	66.9	253.4	92.6	76.9

1-4 续表 1

指　　标	Item	总 量 指 标		
		1995	2000	2005
机车（台）	Locomotive (unit)	113	139	97
合成橡胶(吨)	Synghetic Rubber (ton)	10090	17044	21432
六、运输邮电	**Transportation and Postal**			
公路货物运输量(万吨)	Highways Freight Traffic (10 000 tons)	5163	6100	6867
公路货物周转量(亿吨公里)	Highways Freight Ton-kilometers (100 million ton-km)	20	23	27
公路旅客发送量 (万人)	Highways Passenger Traffic (10 000 persons)	947	1414	1964
公路旅客周转量(亿人公里)	Highways Passenger-Kilometers (million passenger-km)	4	6	8
邮电业务总量(亿元)	Business Volume of Post and Telecommunications Service (100 million yuan)	1.59	7.83	21.95
电 话（万户）	Number of Telephone subscribers(100 subscribers)	12.2	28.5	175.6
七、固定资产投资 (亿元)	**Investment in Fixed Assets (100 million yuan)**			
全社会固定资产投资	Total Investment in Fixed Assets	33.1	33.6	151.9
1. 第一产业	Primary Industry	0.5	0.4	4.2
第二产业	Secondary Industry	21.4	11.6	96.1
第三产业	Tertiary Industry	11.2	21.6	51.6
2. 城镇	Urban	25.8	33.3	145.3
3. 住宅	Residential Investment	3.6	9.3	14.6
八、国内贸易	**Domestic Trade**			
社会消费品零售总额(亿元)	Total Retail Sales of Consumer Goods (100 million yuan)	45.2	78.5	132.9
九、对外贸易	**Foreign Trade**			
海关进出口总额 (万美元)	Total Exports and Imports (USD 10 000)	1525	2931	14716
出口额	Exports	1511	2808	9243
进口额	Imports	14	123	5473

continued

Aggregate Datas			速 度 指 标 Indexes and Growth Rates					
			指数(上年为100) Indexes(last year=100)					
2010	2013	2014	1995	2000	2005	2010	2013	2014
243	166	209	91.8	100.0	111.5	220.9	73.1	125.9
22247	21807	20395	111.8	111.9	122.7	121.1	82.9	93.5
6631	8295		100.0	104.9	100.8	101.0	105.8	
81	99		99.5	104.8	104.4	101.3	107.1	
2795	2967		103.5	107.8	118.7	102.0	104.8	
25	24		107.9	110.3	110.4	108.7	101.6	
62.3	30.7	31.8	142.1	124.5	128.1	112.7	107.9	103.6
288.2	393.8	444.02	127.1	140.4	128.9	109.1	102.9	112.7
542.5	1036.3	1072.4	108.1	110.2	136.1	123.4	124.6	103.5
22.8	120.5	130.8	93.3	276.5	164.0	106.2	240.3	108.6
149.8	279.7	366.1	117.6	106.4	137.4	105.9	86.7	130.9
369.9	636.1	575.5	100.1	137.4	126.9	133.8	138.6	90.5
524.3	915.0		110.3	109.2	134.0	124.3	116.4	
104.0	232.8	164.5	102.8	845.5	165.9	111.9	137.8	70.7
303.0	471.2	541.4	113.4	107.7	112.0	114.5	113.9	114.9
56767	47815	48172	456.6	110.2	108.4	191.1	94.9	100.7
12493	21493	30235	524.7	177.8	114.8	109.6	91.9	140.7
44274	26322	17937	30.4	11.4	99.1	546.6	97.5	68.1

1-4 续表 2

指　标	Item	总量指标		
		1995	2000	2005
十、财　政	**Public Finance**			
公共财政预算收入（亿元）	Local Governments Revenue (100 million)	6.6	9.5	20.4
公共财政预算支出（亿元）	Local Governments Expenditures (100 million)	9.0	15.8	46.9
十一、物价指数(以上年为 100)	**Price Indices (preceding year=100)**			
商品零售价格总指数	General Retail Price Index	115.3	98.0	100.4
居民消费价格总指数	General Consumer Price Index	117.2	107.3	101.1
十二、工　资	**Wages**			
全部职工工资总额　（亿元）	Total Wages of Staff and Workers (100 million yuan)	36.92	35.05	64.30
全部职工平均工资　（元）	Average Wage of Staff and Workers (yuan)	5403	6658	15629
国有单位职工工资总额（亿元）	Total Wages of State-owned Units (100 million yuan)	30.6	32.0	55.3
国有单位职工平均工资（元）	Average Wage of State-owned Units (yuan)	6137	7643	17001
十三、教育、文化	**Education and Culture**			
高等学校数　（所）	Number of RegularInstitutions of Higher Education (unit)	4	1	1
高等学校在校学生数（人）	Institutions of Higher Education Student Enrollment of (person)	1885	1038	24657
中等专业学校在校学生数（人）	Specialized Secondary Schools Student Enrollment (person)	9808	13986	14413
普通中学在校学生数（万人）	Regular Secondary Schools Enrollment of Student (10 000 persons)	13.4	17.9	23.1
小学在校学生数　（万人）	Primary Schools Student Enrollment of Student (10 000 persons)	33.9	35.2	34.2
十四、卫　生	**Health Care**			
医院床位数　（张）	Number of Hospital Beds (unit)	9812	10483	9763
专业卫生技术人员（人）	Medical Technical Personnel (person)	16017	14588	14685
#医　生	Number of Doctors	9839	5811	6852

continued

Aggregate Datas			速 度 指 标 Indexes and Growth Rates					
			指数(上年为100) Indexes(last year=100)					
2010	2013	2014	1995	2000	2005	2010	2013	2014
55.2	94.6	104.9	128.5	101.9	133.3	115.9	117.8	11.0
132.8	234.1	222.1	116.6	114.5	126.9	119.5	125.5	–4.6
102.2	101.7	100.8						
102.9	102.7	101.7						
139.1	221.5	217.7	121.8	111.5	100.7	120.5	109.0	98.3
34433	50847	55487	122.6	116.0	124.1	122.6	106.7	109.1
51.3	66.4	64.5	122.8	113.1	95.2	52.6	101.4	97.1
27993	37799	41826	121.6	117.3	122.5	89.2	109.9	110.7
1	1	1	100.0	100.0	100.0	100.0	100.0	100.0
34186	30001	29962	104.4	81.5	105.8	124.7	104.6	99.9
16020	13374	11748	103.0	102.6	119.0	97.8	102.2	87.8
22.8	18.2	17.5	105.5	105.9	100.0	100.9	88.8	96.4
27.8	20.1	19.7	102.7	98.9	97.4	95.9	82.5	97.8
10345	12982	13186	102.1	105.4	98.9	100.5	114.4	101.6
19143	19453	20089	102.2	104.8	94.3	101.9	101.4	103.3
8399	8712	8992	105.4	93.8	97.6	96.6	100.4	103.2

1-5 平均每天主要社会经济活动
MAJOR INDICATORS OF AVERAGE DAILY SOCIAL AND ECONOMY ACTIVITIES

指　标	Item	2000	2005	2010	2013	2014
一、全市每天创造的财富	**Daily Production**					
地区生产总值（万元）	Gross Domestic Product (10 000 yuan)	4778.3	10315.3	19066.0	26504.9	27444.5
农林牧渔总产值（万元）	Gross Output Value of Farming, Forestry, Animal Husbandry and Fishery (10 000 yuan)	633.6	1153.9	1825.7	2782.1	2955.1
原　煤（万吨）	Coal (10 000 tons)	14.9	22.0	25.8	29.9	31.4
发电量（万千瓦小时）	Electricity (10 000 kwh)	2470.4	4457.5	9541.2	10640.9	11093.2
钢　（吨）	Steel (ton)	677.5	1973.4	1217.5	1183.1	1451.9
水　泥（吨）	Cement (ton)	5607	8345	11177	16714	12848
二、其他经济活动	**Other Daily Economic Activities**					
国有单位固定资产投资额（万元）	State-Owned Units Investment in Fixed Assets (10 000 yuan)	741.4	2112.3	9801.3	12789.6	11691.2
三、人口变动	**Daily Population Changes**					
出　生（人）	Births (person)	233	111	105	100	102
死　亡（人）	Deaths (person)	53	50	50	52	55

1-6 人民物质文化生活提高情况
IMPROVEMENT OF PEOPLE'S MATERIAL AND CULTURAL LIFE

指　标	Item	2000	2005	2010	2013	2014
一、城乡居民收入	**Income of Rural and Urban Residents**					
农民人均纯收入（元）	Annual Per Capita Net Income of Rural Residents (yuan)	1491	2464	4063	6365	7137
城镇居民人均可支配收入（元）	Annual Per Capita Disposable Income of Urban Residents (yuan)	4606	8526	16103	21430	23043
职工平均工资（元）	Average Wage of Staff and Workers (yuan)	6658	15629	34433	49054	53545
二、平均每人住房面积	**Per Capita Floor Space of Residential Buildings**					
市区居民（平方米）	Urban Residents (sq.m)	11.92	16.92	22.37		
农　民（平方米）	Rural Residents (sq.m)	15.11	17.30	20.31		
三、城镇居民	**Urban Residents**					
每百户拥有（抽样）	Number of Durable Consumer Goods Owned Per 100 Households					
移动电话（部）	Mobile elephone(set)			150		
电视机（台）	TV(Color)	104.0	103.5	105.0		
洗衣机（台）	Washing Machine(color)	95.0	94.5	98.5		
四、储　蓄	**Savings Deposit**					
城乡居民储蓄存款年末余额（亿元）	Balance of Savings Deposit of Urban and Rural Residents(year-end) (100 million yuan)	199.46	477.34	945.44	1363.8	1475.6
平均每人储蓄存款余额（元）	Per Capita Balance of Saving Deposit (yuan)	6642	15303	28494	40411	43504

1-7 社会经济主要指标人均水平
MAJOR PER CAPITA INDICATIORS OF SOCIETY AND ECONOMY

指 标	Item	2000	2005	2010	2013	2014
一、地区生产总值 （元）	**Gross Domestic Product (yuan)**	**7036**	**11931**	**21360**	**28741**	**29607**
二、农林牧渔业总产值（元）	**Gross Output Value of Farming， Forestrg,** Animal Husbandry and Fishery (yuan)	**771**	**1350**	**2008**	**3009**	**3180**
三、主要产品产量	**Output of Major Products**					
原 煤 （吨）	Coal (ton)	19.2	25.8	28.3	32.3	33.8
发电量 （千瓦小时）	Electricity (kwh)	3176	5216	10496	11508	11937
钢 （公斤）	Steel (kg)	87.1	230.9	133.9	128	156
水 泥 （公斤）	Cement (kg)	721	978	1230	1808	1383
粮 食 （公斤）	Grain (kg)	233	248	252	304	307
油 料 （公斤）	Oil-bearing Crops (kg)	12	6	3	5	4
猪牛羊肉 （公斤）	Pork， Beef and Mutton (kg)	20.3	29.9	32.3	36.5	37.9
四、社会消费品零售额 （元）	**Total Retail Sales of Consumer Goods (yuan)**	**2764**	**4261**	**9132**	**13963**	**15962**
五、人民生活	**People Livelihood**					
职工平均工资 （元）	Average Wage of Staff and Workers (yuan)	6658	15629	34433	50847	55487
国 有	State-owned Units	7643	17001	27993	37799	41826
集 体	Urban Colletive Owned Units	2635	7922	16755	33788	32413
城镇居民可支配收入（元）	Annual Disposable Income of Urban Residents (yuan)	4606	8526	16103	21430	23043
城镇居民消费性支出（元）	Living Expenditure of Urban Residents (yuan)	3736	6388	10141		10494
农民人均纯收入 （元）	Net Income of Rural Residents (yuan)	1491	2464	4063	6365	7137
农民家庭生活费支出（元）	Living Expenditure of Rural Residents (yuan)	911	1385	2472		
城乡居民储蓄存款年末余额（元）	Balance of Saving Deposits of Urban and Rural Residents year-end (yuan)	6642	15303	28494	40411	43504

1-8 主要年份地区生产总值
GROSS DOMESTIC PRODUCT IN MAJOR YEARS

按当年价格计算 (at current prices)

年 份 Year	地区生产总值（万元）Gross Domestic Product (10 000 yuan)	第一产业 Primary Industry	第二产业 Secondary Industry	工 业 Industry	建筑业 Construction	第三产业 Tertiary Industry	人均地区生产总值（元/人）Per Capita GDP (yuan)
1998	1661061	162022	856658	747945	108713	642381	6129
1999	1587981	62316	820316	716784	103532	705349	5798
2000	1744062	132548	830389	730562	99827	781125	7036
2001	1961768	77502	966320	853878	112442	917946	6689
2002	2266996	136796	1112024	994300	117724	1018176	7460
2003	2649414	155375	1349880	1231220	118660	1144159	8653
2004	3244669	185451	1677989	1527789	150200	1381229	10514
2005	3765060	218232	2008852	1844286	164566	1537976	12114
2006	4219262	242180	2164462	1993620	170842	1812620	13481
2007	5170420	279400	2628003	2434902	193101	2263017	16413
2008	6126739	304000	3113330	2878330	235000	2709409	19333
2009	5950389	303152	2757102	2369785	387317	2890135	18671
2010	6951422	355139	3284785	2847118	437667	3311498	21346
2011	8435804	455926	4160606	3610270	550336	3819272	25341
2012	9217269	487615	4592941	3917383	575558	4236713	27527
2013	9710826	536602	4409416	3818201	591215	4764808	28701
2014	10017256	570511	4454968	3780756	674212	4991777	29607

1-9 主要年份地区生产总值构成
COMPOSITION OF GROSS DOMESTIC PRODUCT IN MAJOR YEARS

单位：% (%)

年 份 Year	地区生产总值 Gross Domestic Product	第一产业 Primary Industry	第二产业 Secondary Industry	工 业 Industry	建筑业 Construction	第三产业 Tertiary Industry
1998	100.0	9.8	51.5	87.3	12.7	38.7
1999	100.0	4.0	51.6	87.4	12.6	44.4
2000	100.0	7.6	47.6	88.0	12.0	44.8
2001	100.0	4.0	49.2	88.4	11.6	46.8
2002	100.0	6.0	49.1	89.4	10.6	44.9
2003	100.0	5.9	50.9	91.2	8.8	43.2
2004	100.0	5.7	51.7	91.0	9.0	42.6
2005	100.0	5.8	53.4	91.8	8.2	40.8
2006	100.0	5.7	51.3	92.1	7.9	43.0
2007	100.0	5.4	50.8	92.7	7.3	43.8
2008	100.0	5.0	50.8	92.5	7.5	44.2
2009	100.0	5.1	46.3	86.0	14.0	48.6
2010	100.0	5.1	51.1	86.7	13.3	47.6
2011	100.0	5.4	49.3	86.8	13.2	45.3
2012	100.0	5.3	49.8	85.3	12.5	46.0
2013	100.0	5.5	45.4	86.6	13.4	49.1
2014	100.0	5.7	44.5	84.9	15.1	49.8

1-10 主要年份地区生产总值指数
INDICES OF GROSS DOMESTIC PRODUCT IN MAJOR YEARS

1952 年为 100 (1952=100)

年 份 Year	地区生产总值 Gross Domestic Product	第一产业 Primary Industry	第二产业 Secondary Industry	工 业 Industry	第三产业 Tertiary Industry
1998	3371.7	574.9	5855.9	4841.1	9619.8
1999	3329.5	282.3	5662.5	4635.5	10549.6
2000	3639.5	534.2	6070.3	5015.9	11249.6
2001	5094.8	578.3	8207.6	6728.2	16972.6
2002	5730.1	513.7	3225.9	2119.7	2433.6
2003	6497.7	576.7	3892.9	2592.6	2533.0
2004	7451.7	612.4	4532.1	2998.7	2874.8
2005	9712.9	773.0	5407.2	3808.2	4253.2
2006	11181.2	909.8	6149.0	4335.2	4953.9
2007	13059.4	856.1	7181.2	5098.2	5937.9
2008	14243.2	1187.4	7393.9	5261.4	6717.8
2009	14570.8	1226.6	7275.6	4987.8	7154.5
2010	16639.8	1267.1	8650.7	5985.4	7948.6
2011	18703.2	1384.9	9905.0	6949.0	8791.2
2012	20573.5	1523.4	10855.9	7775.9	9767.0
2013	22281.1	1598.0	11811.2	8538.0	10558.1
2014	23929.9	1663.6	13086.9	9417.4	11001.5

1-11 主要年份地区生产总值指数
INDICES OF GROSS DOMESTIC PRODUCT IN MAJOR YEARS

上年为 100 (Last year=100)

年 份 Year	地区生产总值 Gross Domestic Product	第一产业 Primary Industry	第二产业 Secondary Industry	工 业 Industry	建筑业 Construction	第三产业 Tertiary Industry
1998	107.3	115.6	98.1	95.2	124.9	120.0
1999	99.7	49.1	95.5	95.2	99.5	114.2
2000	110.7	189.2	105.8	107.7	98.7	110.8
2001	109.8	57.7	113.1	113.0	114.0	115.4
2002	115.1	175.5	112.4	113.2	108.9	113.4
2003	115.0	112.3	112.0	121.7	107.9	110.3
2004	115.9	106.2	114.9	115.2	117.1	120.3
2005	114.1	113.2	116.4	116.8	109.6	112.4
2006	110.9	106.1	108.1	107.7	112.1	115.3
2007	116.8	94.1	116.8	117.6	108.1	119.9
2008	109.1	138.7	103.0	103.2	100.2	113.1
2009	102.3	103.3	98.4	94.8	141.2	106.5
2010	114.2	103.3	118.9	120.0	107.3	111.2
2011	112.4	109.3	114.5	116.1	115.8	110.4
2012	110.0	110.0	109.6	111.9	102.6	109.7
2013	108.3	104.9	108.8	109.8	101.9	108.1
2014	107.4	104.1	110.8	110.3	114.6	104.2

1-12 地区总支出
TOTAL DOMESTIC EXPENDITURE

单位：亿元 (100 million yuan)

指　标	Item	按当年价格计算 At Current Prices 2013	2014	2014 年为 2013 年 % 2014as Percentage2013
地区总支出	**Total Domestic Expenditure**	**991.94**	**1019.58**	**107.4**
一、最终消费	**Final Consumption Expenditure**	**450.82**	**465.14**	**104.6**
居民消费	Household Consumption Expenditure	331.14	351.08	107.9
农村居民	Rural Households	64.83	69.62	108.9
城镇居民	Urban Households	266.31	281.46	107.1
政府消费	Government Consumption Expenditure	119.69	114.06	96.6
二、资本形成总额	**Gross Capital Formation**	**748.92**	**773.66**	**108.4**
固定资本形成总额	Gross Fixed Capital Formation	709.27	724.10	107.5
存货增加	Changes in Inventories	39.64	49.56	126.2
三、货物和服务净出口	**Net Export of Goods and Services**	**-207.80**	**-219.22**	**104.9**

1-13 总产出
TOTAL OUTPUT

单位：万元 (10 000 yuan)

指　标	Item	按当年价格计算 At Current Prices 2013	2014
总　产　出	**Total Output**	**25901273**	**27588990**
第一产业	Primary Industry	1015461	1049323
第二产业	Secondary Industry	13890356	14625406
工　业	Industry	12679564	13271194
建筑业	Construction	1210792	1354212
第三产业	Tertiary Industry	10995456	11914261
#交通运输、仓储及邮电业	Transportation, Post and Telecommunications	3392915	3660426
批发和零售业	Wholesale and Sloetracles Retail	2283501	2391303
住宿和餐饮业	Cldging and Gatering Trade	619598	700821

1-14　地区生产总值构成项目（2014 年）
COMPOSTTION OF GROSS DOMESTIC PRODUCT (2014)

按当年价格计算　　　　(at current prices)

指　　标	Item	增加值 Value Added	劳动者报酬 Compen-sation of Laborers	生产税净额 Net Taxes on Prod-uction	固定资产折旧 Depreciation of Fixed Assets	营业盈余 Operating Surplus
地区生产总值	**Gross Domestic Product**	**10017256**	**5128747**	**1652592**	**1796306**	**1439612**
第一产业	**Primary Industry**	**570511**	**425502**	**–27470**	**106396**	**65485**
农业	Farming	275891	205759	–12995	51452	31675
林业	Forestry	26684	19900	–1257	4976	3065
畜牧业	Animal Husbandy	267410	199434	–12595	49870	30701
渔业	Fishery	526	409	–25	98	44
农林牧渔服务业	Farming , Forestry , Animal Husbandy and Fishery Service	12686	9459	–598	2366	1459
第二产业	**Secondary Industry**	**4454968**	**2152355**	**850301**	**830819**	**621493**
工业	Industry	3780756	1827457	721617	705083	526599
采掘业	Mining and Quarring	2625	1343517	501074	489593	291085
制造业	Manufacturing	565537	315768	112601	110021	51559
电力、煤气及水的生产和供应业	Electricity,Gas and Water Production and Supply					
建筑业	Construction	674212	324898	128684	125736	94894
第三产业	**Tertiary Industry**	**4991777**	**2550890**	**829163**	**859091**	**752634**
交通运输、仓储和邮政业	Transport,Storage ,Post	1085293	424824	207145	202399	250925
交通运输和仓储业	Transport Storage	1058161	410949	201967	197339	247906
邮政业	Post	27132	13875	5179	5060	3019
信息传输、计算机服务和软件业	Information Transmission,Computer and Software	369962	168282	70613	68995	62072
批发和零售业	Services Wholesale and Retail Trade	746416	349692	142465	139201	110558
住宿和餐饮业	Lodging and Catering Services	297029	143136	56693	55394	41807
金融保险业	Banking and Insurance	643001	299857	122727	119915	100502
金融业	Banking	617833	287729	117923	115221	96959
保险业	Industry	25168	12128	4804	4694	3543
其他	Others					
房地产业	Real Estate	521427	241272	99523	97242	83390
房地产开发经营业	Real Estate Development	94730	45650	18081	17666	13333
城市居民自有住房服务业	Personal Houing of Urban Resident					
农村居民自有住房服务业	Ersbnal Houing of Rural Resident					
物业管理、中介服务及其他	Leaes and Business Affairs Sevices					
租赁和商务服务业	Leaes and Business Affairs Services	107626	51864	20542	20071	15148
科学研究、技术服务和地质勘查业	Scientific Reseach,Polytechnology Services and Geological Prospecting	51233	24689	9779	9555	7211
水利、环境和公共设施管理业	Water,Environmental Protection and Public Facility Management	23772	11456	4537	4433	3345
居民服务和其他服务业	Resident Services and Other Services	195071	94003	37232	36379	27456
教育	Education	201951	97319	38546	37662	28424
卫生、社会保障和社会福利业	Health Care,Social Security and Social Welfare	71088	34257	13568	13257	10005
文化、体育和娱乐业	Culture,Sports and Recreation	18231	8785	3480	3400	2566
公共管理和社会组织	Public Management and Social Organization	646991	591995	2911	48820	3265

1-15 按三次产业、行业(门类)划分的法人单位数、产业活动单位数及从业人数(2014 年)

指　标	Item	单位数(个) Number of Units (unit)
总　计	**Total**	**20881**
按三次产业划分	**By Industry**	
第一产业	Primary Industry	4308
第二产业	Secondary Industry	2137
第三产业	Tertiary Industry	14436
按行业(门类)划分	**By Sector**	
农、林、牧、渔业	Farming , Forestry , Animal Husbandry and Fishery	4527
采矿业	Ming and Quarrying	362
制造业	Manufacturing	1243
电力、燃气及水的生产和供应业	Production & Supply of Electricity, Gas and Water	110
建筑业	Construction	505
交通运输、仓储和邮政业	Transport, Storage and Post	391
信息传输、计算机服务和软件业	Information Transmission , Computer Services and Software	90
批发和零售业	Wholesale and Retail Trade	3993
住宿和餐饮业	Lodging and Catering Services	357
金融业	Banking and Insurance	161
房地产业	Real Estate Trade	535
租赁和商务服务业	Lease and Business Affairs Services	1071
科学研究、技术服务和地质勘查业	Scientific Reseach , Polytechnology Services and Geological Prospecting	535
水利、环境和公共设施管理业	Water , Environmental Protection and Public Facility Management	212
居民服务和其他服务业	Resident Services and Other Services	274
教　育	Education	854
卫生、社会保障和社会福利业	Health Care, Social Security and Social Welfare	482
文化、体育和娱乐业	Culture , Sports and Recreation	402
公共管理和社会组织	Public Management and Social Organization	4777

NUMBER OF CORPORATION UNITS & ACTIVE UNITS AND EMPLOYEES BY TYPE OF INDUSTRY AND SECTOR(2014)

法人单位 Corporation Units			产业活动单位 Active Units		
单产业法人 Single Industry	多产业法人 Multi-industry	从业人数（人）Employees (person)	单位数（个）Number of Units (unit)	# 多产业法人所属的产业活动单位 Units Belong to Multi-industry Corporation	从业人数（人）Employees (person)
19517	**1364**	**705978**	**27176**	**7659**	**764888**
4305	3	41546	4323	18	41692
2053	84	304546	2441	388	309806
13159	1277	359886	20412	7253	413390
4524	3	42997	4544	20	43150
351	11	175399	412	61	161041
1186	57	81915	1360	174	93522
107	3	10884	155	48	18973
481	24	40510	613	132	41710
359	32	17037	663	304	42508
82	8	5654	236	154	5972
3833	160	67147	4799	966	72192
343	14	22666	411	68	24553
121	40	18853	830	709	22382
495	40	17523	622	127	21724
1028	43	20482	1368	340	20932
519	16	9687	786	267	11093
208	4	12190	283	75	12690
265	9	3610	330	65	6671
750	104	52016	1494	744	53375
416	66	19918	1799	1383	24625
401	1	6731	464	63	7166
4048	729	80759	6007	1959	80609

1-16 按登记注册类型划分的法人单位数、产业活动单位数及从业人数(2014 年)

指　标	Item	单位数(个) Number of Units (unit)
总　计	**Total**	**20881**
一、内　资	**Civil Funded Enterprises**	20842
国　有	State-owned Enterprises	4015
集　体	Collective Owned Enterprises	462
股份合作	Share Cooperative Enterprises	19
国有联营	State-owned Joint Owned Enterprises	2
集体联营	Collective-owned Joint Owned Enterprises	5
国有与集体联营	State-owned and Collective-owned Joint Owned Enterprises	1
其他联营	Other Joint Owned Enterprises	3
国有独资公司	Company Exclusively with Investment from State	43
其他有限责任公司	Other Limited Responsibility Company	1302
股份有限公司	Share Holding Limited Company	96
私营独资	Enterprise Exclusively with Investment from Private	1078
私营合伙	Private Partner Enterprises	119
私营有限责任公司	Privately Owned Limited Responsibility Company	6077
私营股份有限公司	Privately Owned Share Holding Limited Company	131
其他内资	Other Types of Ownership	7489
二、港澳台投资	**Enterprises Funded by HongKong, Macao and Taiwan**	14
与港澳台商合资经营	Joint Venture	3
与港澳台商合作经营	Cooperative Enterprise	1
港澳台商独资	Ventures Exclusively with HongKong, Macao and Taiwan Investment	9
港澳台商投资股份有限公司	Share Holding Limited Company	1
三、外商投资	**Foreign Funded Enterprises**	25
中外合资经营	Joint Venture	14
中外合作经营	Cooperative Enterprises	4
外资企业	Enterprises Funded By Foreign Investments	5
外商投资股份有限公司	Limited Company Funded by Foreign Investment	2

NUMBER OF CORPORATION UNITS & ACTIVE UNITS AND EMPLOYEES BY REGISTERED KIND(2014)

法人单位 Corporation Units			产业活动单位 Active Units		
单产业法人 Single Industry	多产业法人 Multi-industry	从业人数（人） Employees (person)	单位数（个） Number of Units (unit)	# 多产业法人所属的产业活动单位 Units Belong to Multi-industry Corporation	从业人数（人） Employees (person)
19517	**1364**	**705978**	**27176**	**7659**	**764888**
19486	1356	692274	27067	7583	751947
3477	538	193433	7123	3646	309825
396	66	29139	1130	734	34601
10	9	1930	31	21	699
2		141	2		141
5		84	7	2	91
1		28	1		28
3		69	4	1	71
36	7	6388	65	29	3293
1211	91	227771	1652	441	109733
68	28	18363	573	505	72028
1064	14	11937	1157	93	12830
118	1	1591	124	6	1623
5884	193	128646	6629	745	132937
130	1	4047	150	20	4222
7081	408	68707	8419	1338	69825
12	2	3452	46	34	2763
2	1	670	14	11	616
1		34	6	5	90
8	1	2734	23	15	1923
1		14	4	3	134
19	6	10252	63	44	10178
11	3	8319	25	14	8475
4		389	4		389
4	1	441	24	20	934
	2	1103	10	10	380

1-17 按登记注册类型、从业人数组距划分的法人单位数(2014 年)

单位：个

指　标	Item	9 人以下 9 Persons Below
总　计	**Total**	**12691**
一、内　资	**Civil Funded Enterprises**	12685
国　有	State-owned Enterprises	1545
集　体	Collective Owned Enterprises	184
股份合作	Share Cooperative Enterprises	4
国有联营	State-owned Joint Owned Enterprises	
集体联营	Collective-owned Joint Owned Enterprises	1
国有与集体联营	State-owned and Collective-owned Joint Owned Enterprises	
其他联营	Other Joint Owned Enterprises	1
国有独资公司	Company Exclusively with Investment from State	14
其他有限责任公司	Other Limited Responsibility Company	502
股份有限公司	Share Holding Limited Company	22
私营独资	Enterprise Exclusively with Investment from Private	738
私营合伙	Private Partner Enterprises	60
私营有限责任公司	Privately Owned Limited Responsibility Company	3635
私营股份有限公司	Privately Owned Share Holding Limited Company	57
其他内资	Other Types of Ownership	5922
二、港澳台投资	**Enterprises Funded by HongKong, Macao and Taiwan**	3
与港澳台商合资经营	Joint Venture	1
与港澳台商合作经营	Cooperative Enterprise	
港澳台商独资	Ventures Exclusively with HongKong, Macao and Taiwan Investment	2
港澳台商投资股份有限公司	Share Holding Limited Company	
三、外商投资	**Foreign Funded Enterprises**	3
中外合资经营	Joint Venture	1
中外合作经营	Cooperative Enterprises	
外资企业	Enterprises Funded By Foreign Investments	2
外商投资股份有限公司	Limited Company Funded by Foreign Investment	

NUMBER OF CORPORATION UNITS BY REGISTERED KIND AND QUANTITY OF EMPLOYEES(2014)

(unit)

10–49 人 10–49 Persons	50–99 人 50–99 Persons	100–299 人 100–299 Persons	300–499 人 300–499 Persons	500–999 人 500–999 Persons	1000–4999 人 1000–4999 Persons	5000 人以上 5000 Persons Above
6141	**1073**	**717**	**129**	**81**	**47**	**2**
6130	1066	710	126	79	44	2
1638	454	296	44	25	12	1
181	45	36	4	5	7	
2	4	9				
	2					
4						
1						
2						
13	4	6	2	2	2	
507	107	120	30	23	12	1
45	8	5	3	6	7	
297	34	9				
56	3					
1927	299	162	35	15	4	
56	6	10	1	1		
1401	100	57	7	2		
7	2			1	1	
	1			1		
1						
5					1	
1	1					
4	5	7	3	1	2	
3	1	5	2		2	
	3	1				
1	1		1			
		1		1		

主要统计指标解释

地区生产总值 是按市场价格计算的一个地区所有常住单位在一定时期内生产活动的最终成果。地区生产总值有三种表现形态，即价值形态、收入形态和产品形态。从价值形态看，它是所有常住单位在一定时期内所生产的全部货物和服务价值超过同期投入的全部非固定资产货物和服务价值的差额，即所有常住单位的增加值之和；从收入形态看，它是所有常住单位在一定时期内所创造并分配给常住单位和非常住单位的初次分配收入之和；从产品形态看，它是最终使用的货物和服务减去进口货物和服务。在核算中，地区生产总值的三种表现形态表现为三种计算方法，即生产法、收入法和支出法。三种方法分别从不同的方面反映地区生产总值及其构成。

三次产业 三次产业的划分是世界上较为通用的产业结构分类，但各国的划分不尽一致。我国的三次产业划分是：

第一产业：农业(包括种植业、林业、牧业、渔业和农林牧渔服务业)。

第二产业：工业(包括采矿业，制造业，电力、煤气及水的生产和供应业)和建筑业。

第三产业：除第一、二产业以外的其他各业。

总产出 指一定时期内一个地区常住单位生产的所有货物和服务的价值，既包括新增价值，也包括被消耗的货物和服务价值以及固定资产的转移价值。总产出按生产者价格计算，它反映常住单位生产活动的总规模。

中间投入 指常住单位在生产或提供货物与服务过程中，消耗和使用的所有非固定资产货物和服务的价值。中间投入也称为中间消耗，一般按购买者价格计算。

增加值 指常住单位生产过程创造的新增价值和固定资产的转移价值。它可以按生产法计算，也可以按收入法计算，按生产法计算，它等于总产出减去中间投入；按收入法计算，它等于劳动者报酬、生产税净额、固定资产折旧和营业盈余之和。

劳动者报酬 指劳动者因从事生产活动所获得的全部报酬。包括劳动者获得的各种形式的工资、奖金和津贴，既有货币形式的，也有实物形式的，还包括劳动者所享受的公费医疗和医药卫生费、上下班交通补贴、单位支付的社会保险费、住房公积金等。对于个体经济来说，其所有者所获得的劳动报酬和经营利润不易区分，这两部分统一作为劳动者报酬处理。

生产税净额 指生产税减生产补贴后的差额。生产税指政府对生产单位从事生产、销售和经营活动以及因从事生产活动使用某些生产要素（如固定资产、土地、劳动力）所征收的各种税、附加费和规费。生产补贴与生产税相反，指政府对生产单位的单方面转移支付，因此视为负生产税，包括政策性亏损补贴、价格补贴等。

固定资产折旧 指一定时期内为弥补固定资产损耗按照规定的固定资产折旧率提取的固定资产折旧，或按国民经济核算统一规定的折旧率虚拟计算的固定资产折旧。它反映了固定资产在当期生产中的转移价值。各类企业和企业化管理的事业单位的固定资产折旧是指实际计提的折旧费；不计提折旧的政府机关、非企业化管理的事业单位和居民住房的固定资产折旧是按照统一规定的折旧率和固定资产原值计算的虚拟折旧。原则上，固定资产折旧应按固定资产的重置价值计算，但是目前我国尚不具备对全社会固定资产进行重估价的基础，所以暂时还不能采用这种办法。

营业盈余 指常住单位创造的增加值扣除劳动者报酬、生产税净额和固定资产折旧后的余额。它相当于企业的营业利润加上生产补贴，但要扣除从利润中开支的工资和福利等。

支出法地区生产总值 指一个地区所有常住单位在一定时期内用于最终消费、资本形成总额，以及货物和服务净出口的总额，它反映本期生产的地区生产总值的使用情况。

最终消费 指常住单位在一定时期内对于货物和服务的全部最终消费支出，也就是说常住单位为满足物质、文化和精神生活的需要，从本地区经济领土和地区外购买的货物和服务的支出，不包括非常住单位在本地区经济领土内的消费支出。最终消费分为居民消费和政府消费。

居民消费 指常住住户对货物和服务的全部最终消费支出。它除了常住住户直接以货币形式购买货物和服务的消费之外，还包括以其他方式获得的货物和服务的消费，即单位以实物报酬及实物转移的形式提供给劳动者的货物和服务；住户生产并由住户自己消费的货物和服务，其中的服务仅指住户的自有住房服务和付酬的家庭服务；金融机构提供的金融媒介服务；保险公司提供的保险服务。

政府消费 指政府部门为全社会提供公共服务的消费支出和免费或以较低价格向住户提供的货物消费和服务的净支出。前者等于政府服务的产出价值减去政府单位所获得的经营收入后的价值，政府服务的产出价值等于它的经常性业务支出加上固定资产折旧；后者等于政府部门免费或以较低价格向住户提供的货物和服务的市场价值减去向住户收取的价值。

资本形成总额 指常住单位在一定时期内获得的减去处置的固定资产加存货的净变动额，包括固定资本形成总额和存货增加。

固定资本形成总额 指生产者在一定的时期内获得的固定资产减处置的固定资产的价值总额。固定资产是通过生产活动生产出来的，其使用年限在一年以上，单位价值在规定标准以上的资产，不包括自然资产。固定资本形成总额分有形固定资本形成总额和无形固定资本形成总额。有形固定资本形成总额包括一定时期内完成的建筑工程、安装工程、设备工器具购置（减处置）价值以及土地改良、新增役、种、奶、毛、娱乐用牲畜和新增经济林木价值。无形固定资本形成总额包括矿藏的勘探、计算机软件等获得减处置。

存货增加 指常住单位存货实物量变动的市场价值，即期末价值减期初价值的差额，再扣除当期由于价格变动而产生的持有收益。存货增加可以是正值，也可以是负值；正值表示存货增加，负值表示存货减少。它包括生产单位购进的原材料、燃料和储备物资等存货，以及生产单位生产的产成品、在制品存货等。

货物和服务净出口 指货物和服务出口减货物和服务进口的差额。出口包括常住单位向非常住单位出售或无偿转让的各种货物和服务的价值；进口包括常住单位从非常住单位购买或无偿得到的各种货物和服务的价值。由于服务活动的提供与使用同时发生，因此服务的进出口业务并不发生出入境现象，一般把常住单位从国外得到的服务作为进口，常住单位向国外提供的服务作为出口。

Explanatory Notes on Main Statistical Indicators

Gross Domestic Product (GDP) refers to the final products of all resident units calculated at market prices, in a region during a certain period of time. Gross domestic product is expressed in three different forms i.e. value, income and products respectively. The form of value refers to the total value of all products and services produced by all resident units during a certain period of time minus total value of intermediate input of materials and services of the nature of non–fixed assets or the summation of the value–added of all resident units; the form of income includes all the income created by all resident units and distributed primarily to all resident and non–resident units; the form of products refers to the value of all final goods and services for final use by all resident units plus the value of net exports of goods and services during given period of time. In the practice of national accounting, gross domestic product is calculated with three approaches, i.e. production approach, income approach, and expenditure approach, which reflect gross domestic product and its composition from different aspects.

Three Industries The three industries classification is universal although it varies to some extent from country to country. Industry in China comprises:

Primary industry: agriculture (including farming, forestry, animal husbandry, fishery and services support these industries).

Secondary industry: industry (including mining and quarrying, manufacturing, production and supply of electricity, water and gas) and construction.

Tertiary industry all other economic activities not included in the primary and secondary industries.

Total Output refers to value of all goods and services produced by resident units in a certain period of time, including new increasing value, also including value of goods and services consumed and transfer value of fixed assets. It is calculated at producer price, reflecting total production scale of resident units.

Intermediate Input refers to total non–fixed assets goods and services consumed and used by resident units during producing or supplying goods and services. Intermediate input is also called intermediate consumption, calculated at price of buyer.

Value Added refers to new increasing value and transfer value of fixed assets created by resident units during production. It is calculated in production way, also in income way. It equals total output minus intermediate consume when in production way. It equals compensation of laborers plus net tax on production, depreciation of fixed assets and operating surplus when in income way.

Laborers Remuneration refers to the whole payment of various forms earned by the laborers from the productive activities they are engaged in. It includes wages, bonuses and allowances the laborers earned in monetary form and in kind. It also includes the free medical services provided to the laborers and the medicine expenses, traffic subsidies and social insurance fee paid by the laborers working units for them. As the individual economy is concerned, since the laborers remuneration is not easily distinguished from the operating profit, both are treated as laborers remuneration.

Net Taxes on Production refers to the residual of the taxes on production minus the subsidies on production. The taxes on production refers to the various taxes, extra charges and fees levied on the production units on their production, sale and business activities as well as on some factors pf production, such as fixed assets, land and labor force, used in the production activities they are engaged in. In contrast to the taxes on production, the subsidies on production refer to the unilateral transfer of part of the government' s revenue to the production units and is therefore regarded as negative taxes on production. They include subsidies on the loss due to implementation of government policies and price subsidies etc.

Depreciation of Fixed Assets refers to the depreciation of fixed assets of a given period, drawn in accordance with the stipulated depreciation rate for the purpose of compensating the wear loss of the fixed assets of the depreciation of fixed assets calculated in a fictitious way in accordance with the stipulated unified depreciation rate in the national economic accounting system. It reflects the value of transfer of the fixed assets in the production of the current period. The depreciation of fixed assets in various enterprises and institutions managed as enterprises which do not drawn and calculated as part of the cost. In government agencies and institution not managed as enterprises which do not draw the depreciation expenses, as well as for the houses of residents, the depreciation of fixed assets is the imputed depreciation, which is calculated in accordance with the stipulated unified depreciation rate. In principle, the depreciation of fixed assets should be calculated on the basis of the repurchased value of the fixed assets. However, there is no actual condition to reevaluate all the fixed assets in China. Therefore, the method can' t be adopted temporarily at present.

Operating Surplus refers to the balance of the value added created by the resident units deducting the laborers remuneration, net taxes on production and the depreciation of fixed assets. It is equivalent to the business profit of the enterprises plus subsidies on production, but the wages and welfare expenses paid from the profits should be deducted.

GDP Calculated with Expenditure Approach refers to total expenditure on final consumption, total capital formation and net export of goods and services by resident units of a region in a certain period of time. It reflects the composition of GDP by its use.

Final Consumption refers to the total expenditure of resident units on final consumption of goods and services in a certain period, namely the expenditure of the resident units for purchases of goods and services from domestic economic territory and other regions to meet the requirements of material, cultural and spiritual life. It excludes the expenditure of non–resident units on consumption in the economic territory. The final consumption is classified into household consumption and government consumption.

Households Consumption refers to the total expenditure of resident households on the final consumption of goods and services. In addition to the consumption of goods and services bought by the households directly with money, the expenditure on goods and services obtained by the households in other ways, i.e. the so–called imputed expenditure on consumption, is also include in the households consumption. The imputation expenditure of the households on consumption includes the following types: (a) the goods and services provided to the households themselves, in the form of payment in kind and transfer in kind; (b) the goods and services produced and consumed by the households themselves, in which the services refer only to the services provided by the residential buildings owned by the households; (c) the services of financial intermediary provided by the financial institutions; (d) the insurance services provided by the insurance companies.

Government Consumption refers to the expenditure on the consumption of the public services provided by the government to the whole society and the net expenditure on the goods and services provided by the government to the households at free charge or lower prices. The former equals to the output value of the government services minus the value of operating income obtained by the government departments.(The output value of the government services equals to its current operating expenditure plus depreciation of fixed assets). The latter equals to the market value of the goods and services provided by the government free of charge or at low prices to the households minus the value received by the government from the households.

Total Capital Formation refers to the fixed assets acquired minus those disposed and the change in inventory, including the total fixed assets formation and the increase in inventory.

Total Fixed Capital Formation refers to the value of fixed assets purchased, transferred in by the resident units and those produced and used by themselves deducting the value of fixed assets sold and transferred out. It can be classified into total tangible assets formation and total intangible assets formation. The total tangible assets formation include the value of the construction projects, installation projects completed and the equipment, apparatus and instruments purchased as well as the value of land improved, the value of draught animals, breeding stock, milk, wool and recreational animals and the newly increased economic forest in a certain period. The total intangible assets formation includes the prospecting of minerals, the acquisition of computer software, the originals of recreational works and works of literature and arts minus the disposal of them.

Increase in Inventory refers to the market value of the charge in inventory, i.e. the difference of value between the beginning and the end of the period. The increase in inventory can be positive or negative. A positive value indicates the increase in inventory while negative value indicates the decrease in stock. The inventory includes the raw materials, fuels, reserve materials purchased by the production units as well as the inventory of finished products, semi–finished products, work–in–progress, etc.

Net Export of Goods and Services refers to the difference of the exports of goods and services minus the imports of goods and services. The imports include the value of various goods and services sold or gratuitously transferred by the resident units to the non–resident units. The imports include the value of various goods and services purchased or gratuitously acquisition by the resident units from the non–resident units. Because the provision of services and the use of them happen simultaneously, the import and export of services do not appear to have the phenomena of crossing the border of country. The acquisition of services by the resident units from abroad is usually treated as import while the acquisition of services by non–resident units in this country is usually treated as export.

人口、从业人员和劳动报酬

POPULATION, EMPLOYMENT AND WAGE

资料整理人员

马　有　　高瑞秀　　符　华　　吴建成　　郝　巧

人　口
POPULATION

总户数	Number of Households	128.13	万户	（10 000 households）
总人口数	Number of Population	339.19	万人	（10 000 persons）
男　性	Male	173.22	万人	（10 000 persons）
女　性	Female	165.98	万人	（10 000 persons）
出生人口	Number of Birth	3.72	万人	（10 000 persons）

年末总人口（万人）

Population it the end of year （10 000 persons）

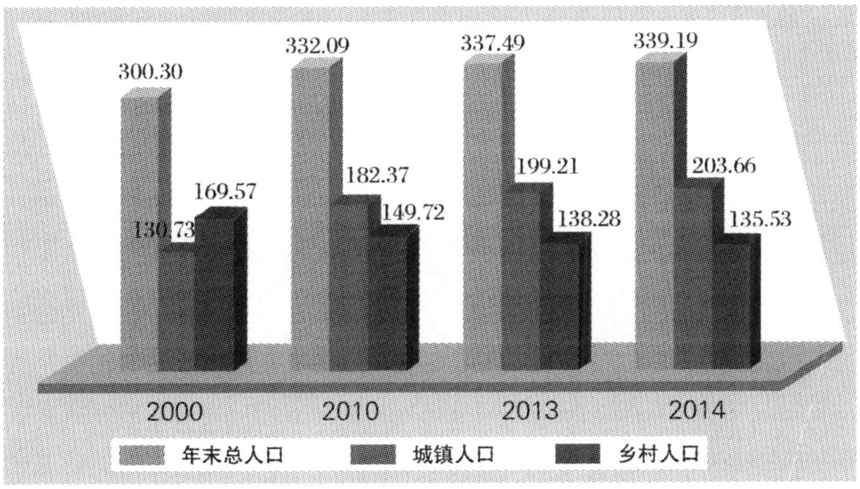

从业人员和劳动报酬
EMPLOYED AND PAYMENT

从业人员	Employess	41.97	万人	(10 000 persons)
职工人数	Staff and Workers	38.67	万人	(10 000 persons)
职工工资总额	Total Wages of Staff and Workers	217.69	亿元	(100 million yuan)

从业人员和职工人数（万人）

Number of Employess, staff and Workers (10 000 persons)

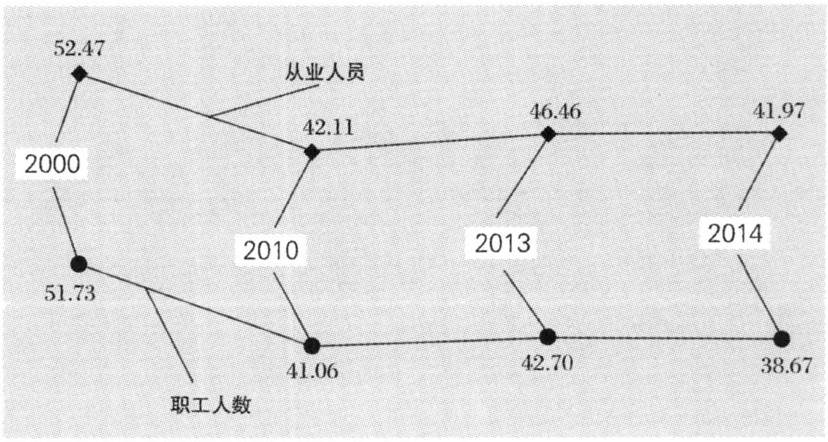

2-1 主要年份总户数、总人口数
TOTAL POPULATION AND HOUSEHOLD IN MAJOR YEARS

单位：人 (person)

年 份 Year	总户数 (万户) Number of Household (10000Household)	总人口 Population	按性别分 By Sex		按城镇、乡村分 By Residence	
			男 性 Male	女 性 Famle	城镇人口 Urban	乡村人口 Rural
1965	37.96	1595282	871682	723600	463879	1131403
1970	42.65	1812945	987369	825576	503603	1309342
1980	51.45	2128901	1149996	978905	670245	1458656
1985	58.12	2311462	1243026	1068436	815285	1496177
1990	69.54	2501095	1336777	1164318	935169	1565926
1995	77.62	2624121	1393696	1230425	1038342	1585779
1996	79.79	2659011	1408673	1250338	1074199	1584812
1997	81.94	2696811	1426411	1270400	1106393	1590418
1998	83.71	2721825	1439017	1282808	1130686	1591139
1999	85.31	2756070	1452056	1304014	1154761	1601309
2000	90.19	3002976	1551790	1451186	1307294	1695682
2001	90.48	3027020	1564182	1462838	1315904	1711116
2002	93.30	3050311	1575513	1474798	1385283	1665028
2003	97.00	3073772	1581185	1492587	1409324	1664448
2004	100.13	3097290	1589961	1507329	1439066	1658224
2005	102.86	3119340	1592320	1527020	1503579	1615761
2006	107.76	3140704	1598302	1542402	1541754	1598950
2007	110.95	3159679	1612814	1546865	1583963	1575716
2008	113.30	3178568	1623365	1555203	1625390	1553178
2009	116.21	3195140	1628073	1567067	1659880	1535260
2010	108.61	3320928	1691305	1629623	1823660	1497268
2011	122.77	3339733	1702807	1636926	1886612	1453121
2012	126.89	3357112	1716425	1640687	1945459	1411653
2013	128.14	3374890	1720480	1654410	1992070	1382820
2014	128.13	3391947	1732173	1659774	2036609	1355338

注：本表2000–2014年为人口抽样调查数，总户数为公安年报数。
The data of urban and rural population are from security department in 2000 and 2014.

2-2 主要年份人口自然变动
NATURAL CHANGE OF POPULATION IN MAJOR YEARS

单位：人 (person)

年份 Year	出生 Birth		死亡 Death		自然增长 Natural Growth	
	人数 Population	出生率(‰) Birth Rate	人数 Population	死亡率(‰) Death Rate	人数 Population	自然增长率(‰) Natural Growth Rate
1965	60123	37.68	16750	10.50	43373	27.18
1970	59988	33.54	15086	8.43	44902	25.11
1980	36153	17.17	13056	6.20	23097	10.97
1985	31307	13.61	12056	5.24	19251	8.37
1990	53099	21.44	13379	5.40	39720	16.04
1995	35349	13.54	12575	4.82	22774	8.72
1996	33218	12.58	12622	4.79	20596	7.78
1997	36085	13.48	11269	4.18	24816	9.30
1998	33087	12.21	11157	4.11	21930	8.10
1999	32267	11.70	10803	3.92	21464	7.79
2000	41943	13.97	15378	5.12	26565	8.85
2001	41305	13.70	17999	5.87	23306	7.73
2002	33570	13.58	11480	5.92	22090	7.66
2003	26901	9.09	10804	3.65	16097	5.44
2004	40919	13.26	17400	5.64	23519	7.62
2005	40395	12.95	18155	5.82	22241	7.13
2006	38342	12.25	16978	5.42	21364	6.83
2007	38074	12.05	19021	6.02	19053	6.02
2008	38136	12.03	19248	6.07	18888	5.96
2009	36043	11.31	19471	6.11	16572	5.20
2010	38399	11.59	18059	5.45	20340	6.14
2011	37351	11.22	19031	5.71	18320	5.50
2012	37286	11.14	19901	5.94	17385	5.19
2013	36604	10.87	18822	5.59	17782	5.28
2014	37208	11.00	20148	5.95	17129	5.05

注：本表 2000–2014 年为人口抽样调查数，总户数为公安年报数。
The data of urban and rural population are from security department in 2000 and 2014.

2-3 城镇单位分行业从业人员(2014年)
NUMBER OF EMPLOYEES IN URBAN UNITS (2014)

单位:人 (person)

项 目	Item	单位从业人员 Employ-mees	#女性 Female	#在岗职工 Fully Employed	#劳务派遣人员 Labor Dispatch	#其他从业人员 Others
总 计	**Total**	**419697**	**128882**	**386733**	**9589**	**23375**
一、按企业、事业、机关分组	**Grouped By Enterprises, Institutions and Agencies**					
#1. 企 业	Enterprises	282290	68315	264013	7454	10823
2. 事 业	Institutions	95505	49073	83416	816	11273
3. 机 关	Government Agencies	41675	11348	39088	1319	1268
4. 其 他	Others	218	139	207		11
二、按国民经济行业分组	**Grouped By Sector**					
1. 农、林、牧、渔业	Farming, Forestry, Animal Husbandry and Fishery	1230	449	1201		29
2. 采矿业	Mining and Quarring	143132	22084	142515	572	45
3. 制造业	Manufacturing	43926	14578	42179	526	1221
4. 电力、燃气及水的生产和供应业	Electricity, Gas and Water Production and Supply	11853	2793	10382	100	1371
5. 建筑业	Construction	17743	3055	11670	1539	4534
6. 交通运输、仓储和邮政业	Transport, Storage and Post	16952	4820	14531	1091	1330
7. 信息传输、计算机服务和软件业	Information Transmission, Computer Services and Softare	4236	1795	2255	1317	664
8. 批发和零售业	Wholesale and Retail Trade	16399	7095	14098	1568	733
9. 住宿和餐饮业	Lodging and Catering Services	6626	3050	6403	152	71
10. 金融业	Banking and Insurance	11784	5908	11286	445	53
11. 房地产业	Real Estate Trade	4414	1188	4032	8	374
12. 租赁和商务服务业	Lease and Business Affairs Services	6647	2223	6104	95	448
13. 科学研究、技术服务和地质勘查业	Scientific Reseach, Polytechnology Services and Geological Prospecting	5261	1656	4832	145	284
14. 水利、环境和公共设施管理业	Water, Environmental Protection and Public Facility Management	10334	4158	5985	554	3795
15. 居民服务和其他服务业	Resident Services and Other Services	322	136	321		1
16. 教 育	Education	45906	27060	44227	31	1648
17. 卫生、社会保障和社会福利业	Health Care, Social Security and Social Welfare	15858	10392	12436	61	3361
18. 文化、体育和娱乐业	Culture, Sports and Recreation	3983	1624	3880		103
19. 公共管理和社会组织	Public Management and Social Organization	53091	14818	48396	1385	3310
总计中:国有控股	**Share Controlled by State**	**282290**	**68315**	**264013**	**7454**	**10823**

2-4 城镇单位分行业从业人员劳动报酬(2014 年)

REWARD OF EMPLOYEES IN URBAN UNITS (2014)

单位:千元 (1 000 yuan)

项目	Item	从业人员劳动报酬 Total Reward of Employees	在岗职工工资总额 Wages of Fully Employed	劳务派遣人员工资总额 Reward of Labor Dispatch	其他从业人员劳动报酬 eward of Other Employees	从业人员平均工资(元) Average Wages of Fully Employed (yuan)	在岗职工平均工资(元) Average Wages of Fully Employed (yuan)
总计	**Total**	**22644863**	**21769344**	**308559**	**566960**	**53545**	**55487**
一、按企业、事业、机关分组	**Grouped By Enterprises, Institutions and Agencies**						
#1. 企业	Enterprises	17190043	16543461	285601	360981	60164	61654
2. 事业	Institutions	3768223	3570357	9641	188225	39513	42435
3. 机关	Government Agencies	1680391	1649484	13317	17590	40395	41213
4. 其他	Others	6044	5880		164	27598	28269
二、按国民经济行业分组	**Grouped By Sector**						
1. 农、林、牧、渔业	Farming, Forestry, Animal Husbandry and Fishery	45782	44149		1633	36743	37320
2. 采矿业	Mining and Quarring	11253340	11217456	31093	4791	79078	79074
3. 制造业	Manufacturing	1769690	1704985	25132	39573	40060	40280
4. 电力、燃气及水的生产和供应业	Electricity, Gas and Water Production and Supply	926272	882595	6265	37412	76850	83438
5. 建筑业	Construction	714090	504507	43795	165788	33642	35186
6. 交通运输、仓储和邮政业	Transport, Storage and Post	494884	434050	33887	26947	29436	30299
7. 信息传输、计算机服务和软件业	Information Transmission, Computer Services and Softare	203064	113364	58326	31374	46724	46680
8. 批发和零售业	Wholesale and Retail Trade	510076	447231	28634	34211	31576	30874
9. 住宿和餐饮业	Lodging and Catering Services	185092	179106	3979	2007	28220	28219
10. 金融业	Banking and Insurance	841677	789359	50317	2001	70380	71639
11. 房地产业	Real Estate Trade	122488	116440	170	5878	28152	29574
12. 租赁和商务服务业	Lease and Business Affairs Services	199640	191868	2055	5717	27821	31107
13. 科学研究、技术服务和地质勘查业	Scientific Reseach, Polytechnology Services and Geological Prospecting	235844	221086	3901	10857	44625	45133
14. 水利、环境和公共设施管理业	Water, Environmental Protection and Public Facility Management	247919	201622	6533	39764	24086	31843
15. 居民服务和其他服务业	Resident Services and Other Services	17556	17543		13	52095	52211
16. 教育	Education	2090298	2071838	325	18135	45567	46758
17. 卫生、社会保障和社会福利业	Health Care, Social Security and Social Welfare	579253	497330	317	81606	36741	39650
18. 文化、体育和娱乐业	Culture, Sports and Recreation	148894	146467		2427	37140	37498
19. 公共管理和社会组织	Public Management and Social Organization	2059004	1988348	13830	56826	38857	40276
总计中:国有控股	**Share Controlled by State**	**17190043**	**16543461**	**285601**	**360981**	**60164**	**61654**

2-5 国有单位分行业从业人员(2014年)
NUMBER OF EMPLOYEES IN STATE--OWNED UNITS BY SECTORS (2014)

单位:人 (person)

项目	Item	单位从业人员 Employ-mees	#女性 Female	#在岗职工 Fully Employed	#劳务派遣人员 Labor Dispatch	#其他从业人员 Others
总计	**Total**	**172479**	**68265**	**152120**	**4340**	**16019**
一、按隶属关系分组	**Grouped By Administrative** Relationship					
1.中央	Central Government	6124	2173	3868	1728	528
2.省、自治区、直辖市	Province	18925	4634	16453	207	2265
3.地区	Prefecture	52565	22377	46302	380	5883
4.县及县以下	County and Below	90654	37914	81709	1704	7241
5.其他	Others	4211	1167	3788	321	102
二、按企业、事业、机关分组	**Grouped By Enterprises,** Institutions and Agencies					
#1.企业	Enterprises	35631	7994	29916	2205	3510
#地方	Local	31105	6395	27493	609	3003
2.事业	Institutions	95000	48822	82954	816	11230
#地方	Local	94841	48756	82800	815	11226
3.机关	Government Agencies	41675	11348	39088	1319	1268
#地方	Local	40236	10840	37797	1188	1251
4.其他	Others	173	101	162		11
三、按国民经济行业分组	**Grouped By Sector**					
1.农、林、牧、渔业	Farming, Forestry, Animal Husbandry and Fishery	1230	449	1201		29
2.采矿业	Mining and Quarring	890	77	890		
3.制造业	Manufacturing	3121	409	3064	21	36
4.电力、燃气及水的生产和供应业	Electricity, Gas and Water Production and Supply	5086	1255	3814		1272
5.建筑业	Construction	6087	1147	4351	697	1039
6.交通运输、仓储和邮政业	Transport, Storage and Post	9376	1829	8266	980	130
7.信息传输、计算机服务和软件业	Information Transmission, Computer Services and Softare	736	399	322	39	375
8.批发和零售业	Wholesale and Retail Trade	5467	1585	5178	144	145
9.住宿和餐饮业	Lodging and Catering Services	644	381	477	146	21
10.金融业	Banking and Insurance	1236	531	975	208	53
11.房地产业	Real Estate Trade	1699	379	1371		328
12.租赁和商务服务业	Lease and Business Affairs Services	4437	1027	4236	69	132
13.科学研究、技术服务和地质勘查业	Scientific Reseach, Polytechnology Services and Geological Prospecting	4809	1567	4520	5	284
14.水利、环境和公共设施管理业	Water, Environmental Protection and Public Facility Management	9577	3861	5251	554	3772
15.居民服务和其他服务业	Resident Services and Other Services	274	115	273		1
16.教育	Education	45826	27052	44147	31	1648
17.卫生、社会保障和社会福利业	Health Care, Social Security and Social Welfare	14923	9764	11521	61	3341
18.文化、体育和娱乐业	Culture, Sports and Recreation	3970	1620	3867		103
19.公共管理和社会组织	Public Management and Social Organization	53091	14818	48396	1385	3310

2-6 国有单位分行业从业人员劳动报酬(2014年)

REWARD OF EMPLOYEES IN STATE--OWNED UNITS BY SECTORS (2014)

单位:千元 (1 000 yuan)

项目	Item	从业人员劳动报酬 Total Reward of Employees	在岗职工工资总额 Wages of Fully Employed	劳务派遣人员工资总额 Wages of Labor Dispatch	其他从业人员劳动报酬 Reward of Other Employees	从业人员平均工资(元) Average Wages of Fully Employed (yuan)	在岗职工平均工资(元) Average Wages of Fully Employed (yuan)
总计	**Total**	**6844862**	**6448714**	**91504**	**304644**	**39693**	**41826**
一、按隶属关系分组	**Grouped By Administrative Relationship**						
1.中央	Central Government	223598	168570	49305	5723	36012	38433
2.省、自治区、直辖市	Province	953788	889452	4948	59388	50492	53782
3.地区	Prefecture	2124573	1992462	5231	126880	40663	43079
4.县及县以下	County and Below	3405598	3280280	16644	108674	37544	39436
5.其他	Others	137305	117950	15376	3979	31305	32550
二、按企业、事业、机关分组	**Grouped By Enterprises, Institutions and Agencies**						
#1.企业	Enterprises	1407291	1239592	68546	99153	39300	40934
#地方	Local	1260582	1145563	21408	93611	40433	41908
2.事业	Institutions	3751576	3554198	9641	187737	39548	42476
#地方	Local	3743300	3546024	9619	187657	39527	42456
3.机关	Government Agencies	1680391	1649484	13317	17590	40395	41213
#地方	Local	1611778	1583117	11172	17489	40114	40939
4.其他	Others	5604	5440		164	32207	33374
三、按国民经济行业分组	**Grouped By Sector**						
1.农、林、牧、渔业	Farming, Forestry, Animal Husbandry and Fishery	45782	44149		1633	36743	37320
2.采矿业	Mining and Quarring	17370	17370			19539	19539
3.制造业	Manufacturing	130643	128566	1175	902	41435	41691
4.电力、燃气及水的生产和供应业	Electricity, Gas and Water Production and Supply	394958	360793		34165	76320	93108
5.建筑业	Construction	264155	218678	17875	27602	43050	47000
6.交通运输、仓储和邮政业	Transport, Storage and Post	255203	223133	30630	1440	27512	27746
7.信息传输、计算机服务和软件业	Information Transmission, Computer Services and Softare	37664	17365	2227	18072	51104	54122
8.批发和零售业	Wholesale and Retail Trade	159584	156004	1706	1874	29444	29920
9.住宿和餐饮业	Lodging and Catering Services	13981	9469	3828	684	21879	21516
10.金融业	Banking and Insurance	63884	50305	11578	2001	45276	52756
11.房地产业	Real Estate Trade	31115	26561		4554	18744	20463
12.租赁和商务服务业	Lease and Business Affairs Services	126248	122229	1442	2577	28466	28707
13.科学研究、技术服务和地质勘查业	Scientific Reseach, Polytechnology Services and Geological Prospecting	212124	201229	38	10857	43845	44351
14.水利、环境和公共设施管理业	Water, Environmental Protection and Public Facility Management	231298	185203	6533	39562	24255	33041
15.居民服务和其他服务业	Resident Services and Other Services	16503	16490		13	57104	57257
16.教育	Education	2088377	2069917	325	18135	45605	46799
17.卫生、社会保障和社会福利业	Health Care, Social Security and Social Welfare	548178	466541	317	81320	36977	40143
18.文化、体育和娱乐业	Culture, Sports and Recreation	148791	146364		2427	37235	37597
19.公共管理和社会组织	Public Management and Social Organization	2059004	1988348	13830	56826	38857	40276

2–7 集体单位分行业从业人员（2014 年）
NUMBER OF EMPLOYEES IN COLLECTIVE--OWNED UNITS BY SECTORS (2014)

单位：人 (person)

项 目	Item	单位从业人员 Employ-mees	#女性 Female	#在岗职工 Fully Employed	#劳务派遣人员 Labor Dispatch	#其他从业人员 Others
总 计	**Total**	**17462**	**9850**	**16893**	**32**	**537**
一、按企业、事业、机关分组	**Grouped By Enterprises, Institutions and Agencies**					
#1. 企 业	Enterprises	16957	9599	16431	32	494
2. 事 业	Institutions	505	251	462		43
3. 其 他	Others					
二、按国民经济行业分组	**Grouped By Sector**					
1. 农、林、牧、渔业	Farming, Forestry, Animal Husbandry and Fishery					
2. 采矿业	Mining and Quarring	63	6	63		
3. 制造业	Manufacturing	13301	8543	13181		120
4. 电力、燃气及水的生产和供应业	Electricity, Gas and Water Production and Supply	20	3	20		
5. 建筑业	Construction	1441	256	1138	29	274
6. 交通运输、仓储和邮政业	Transport, Storage and Post	196	64	170		26
7. 信息传输、计算机服务和软件业	Information Transmission, Computer Services and Softare					
8. 批发和零售业	Wholesale and Retail Trade	881	280	817		64
9. 住宿和餐饮业	Lodging and Catering Services	138	74	130	3	5
10. 金融业	Banking and Insurance	13	3	13		
11. 房地产业	Real Estate Trade	158	14	158		
12. 租赁和商务服务业	Lease and Business Affairs Services	767	390	762		5
13. 科学研究、技术服务和地质勘查业	Scientific Reseach, Polytechnology Services and Geological Prospecting	41	13	41		
14. 水利、环境和公共设施管理业	Water, Environmental Protection and Public Facility Management	66	13	43		23
15. 居民服务和其他服务业	Resident Services and Other Services	24	6	24		
16. 教 育	Education	40	5	40		
17. 卫生、社会保障和社会福利业	Health Care, Social Security and Social Welfare	313	180	293		20
18. 文化、体育和娱乐业	Culture, Sports and Recreation					
19. 公共管理和社会组织	Public Management and Social Organization					

2-8 集体单位分行业从业人员劳动报酬(2014 年)
REWARD OF EMPLOYEES IN COLLECTIVE--OWNED UNITS BY SECTORS (2014)

单位：千元 (1 000 yuan)

项 目	Item	从业人员劳动报酬 Total Reward of Employees	在岗职工工资总额 Wages of Fully Employed	劳务派遣人员工资总额 Wages of Labor Dispatch	其他从业人员劳动报酬 Reward of Other Employees	从业人员平均工资(元) Average Wages of Fully Employed (yuan)	在岗职工平均工资(元) Average Wages of Fully Employed (yuan)
总 计	**Total**	**571963**	**547077**	**2784**	**22102**	**31834**	**32413**
一、按企业、事业、机关分组	**Grouped By Enterprises, Institutions and Agencies**						
#1. 企 业	Enterprises	555316	530918	2784	21614	31803	32344
2. 事 业	Institutions	16647	16159		488	32899	34901
3. 其 他	Others						
二、按国民经济行业分组	**Grouped By Sector**						
1. 农、林、牧、渔业	Farming, Forestry, Animal Husbandry and Fishery						
2. 采矿业	Mining and Quarring	1283	1283			20047	20047
3. 制造业	Manufacturing	456952	446181		10771	34303	33768
4. 电力、燃气及水的生产和供应业	Electricity, Gas and Water Production and Supply	482	482			24100	24100
5. 建筑业	Construction	47360	37877	2730	6753	32152	33560
6. 交通运输、仓储和邮政业	Transport, Storage and Post	5605	5160		445	28597	30353
7. 信息传输、计算机服务和软件业	Information Transmission, Computer Services and Softare						
8. 批发和零售业	Wholesale and Retail Trade	15972	13849		2123	17866	16746
9. 住宿和餐饮业	Lodging and Catering Services	2498	2354	54	90	18101	18105
10. 金融业	Banking and Insurance	156	156			12000	12000
11. 房地产业	Real Estate Trade	2380	2380			22037	22037
12. 租赁和商务服务业	Lease and Business Affairs Services	22784	21352		1432	18155	27948
13. 科学研究、技术服务和地质勘查业	Scientific Reseach, Polytechnology Services and Geological Prospecting	923	923			22512	22512
14. 水利、环境和公共设施管理业	Water, Environmental Protection and Public Facility Management	1754	1552		202	26576	36093
15. 居民服务和其他服务业	Resident Services and Other Services	741	741			17580	30875
16. 教 育	Education	961	961			24025	24025
17. 卫生、社会保障和社会福利业	Health Care, Social Security and Social Welfare	12112	11826		286	38573	40224
18. 文化、体育和娱乐业	Culture, Sports and Recreation						
19. 公共管理和社会组织	Public Management and Social Organization						

2-9 其他单位分行业从业人员(2014年)

NUMBER OF EMPLOYEES IN OTHER--OWNED UNITS BY SECTORS (2014)

单位:人 (person)

项目	Item	单位从业人员 Employ-mees	#女性 Female	#在岗职工 Fully Employed	#劳务派遣人员 Labor Dispatch	#其他从业人员 Others
总计	**Total**	**229756**	**50767**	**217720**	**5217**	**6819**
一、按登记注册类型分组	**Grouped by Registered Kind**					
(一)内资	Civil Funded Enterprises	218281	47233	208014	3911	6356
1.股份合作	Share Cooperative Enterprises	2341	1036	2341		
2.联营	Joint Owned Enterprises	54	23	54		
国有联营	State-owned Joint Owned Enterprises	28	19	28		
集体联营	Collective-owned Joint Owned Enterprises	22	4	22		
3.有限责任公司	Limited Duty Company	204138	40320	194739	3459	5940
国有独资	Company Exclusively with Investment from State	6334	1768	4965	280	1089
4.股份有限公司	Share Holding Limited Company	11454	5641	10591	448	415
5.其他	Others	294	213	289	4	1
(二)港、澳、台商投资	Enterprises Funded by HongKong, Macao and Taiwan	2952	848	2001	951	
(三)外商投资	Foreign Funded Enterprises	8523	2686	7705	355	463
二、按企业、事业、机关分组	**Grouped By Enterprises,** Institutions and Agencies					
#1.企业	Enterprises	229702	50722	217666	5217	6819
2.事业	Institutions					
3.机关						
4.其他	Others	45	38	45		
三、按国民经济行业分组	**Grouped By Sector**					
1.农、林、牧、渔业	Farming, Forestry, Animal Husbandry and Fishery					
2.采矿业	Mining and Quarring	142179	22001	141562	572	45
3.制造业	Manufacturing	27504	5626	25934	505	1065
4.电力、燃气及水的生产和供应业	Electricity, Gas and Water Production and Supply	6747	1535	6548	100	99
5.建筑业	Construction	10215	1652	6181	813	3221
6.交通运输、仓储和邮政业	Transport, Storage and Post	7380	2927	6095	111	1174
7.信息传输、计算机服务和软件业	Information Transmission, Computer Services and Softare	3500	1396	1933	1278	289
8.批发和零售业	Wholesale and Retail Trade	10051	5230	8103	1424	524
9.住宿和餐饮业	Lodging and Catering Services	5844	2595	5796	3	45
10.金融业	Banking and Insurance	10535	5374	10298	237	
11.房地产业	Real Estate Trade	2557	795	2503	8	46
12.租赁和商务服务业	Lease and Business Affairs Services	1443	806	1106	26	311
13.科学研究、技术服务和地质勘查业	Scientific Reseach, Polytechnology Services and Geological Prospecting	411	76	271	140	
14.水利、环境和公共设施管理业	Water, Environmental Protection and Public Facility Management	691	284	691		
15.居民服务和其他服务业	Resident Services and Other Services	24	15	24		
16.教育	Education	40	3	40		
17.卫生、社会保障和社会福利业	Health Care, Social Security and Social Welfare	622	448	622		
18.文化、体育和娱乐业	Culture, Sports and Recreation	13	4	13		
19.公共管理和社会组织	Public Management and Social Organization					

2-10 其他单位分行业从业人员劳动报酬(2014年)
REWARD OF EMPLOYEES IN OTHER--OWNED UNITS BY SECTORS (2014)

单位：千元 (1 000 yuan)

项 目	Item	从业人员劳动报酬 Total Reward of Employees	在岗职工工资总额 Wages of Fully Employed	劳务派遣人员工资总额 Wages of Labor Dispatch	其他从业人员劳动报酬 Reward of Other Employees	从业人员平均工资(元) Average Wages of Fully Employed (yuan)	在岗职工平均工资(元) Average Wages of Fully Employed (yuan)
总 计	**Total**	**15228038**	**14773553**	**214271**	**240214**	**65495**	**66744**
一、按登记注册类型分组	**Grouped by Registered Kind**						
(一)内 资	Civil Funded Enterprises	14739775	14360852	158526	220397	66673	67976
1. 股份合作	Share Cooperative Enterprises	229952	229952			98228	98228
2. 联 营	Joint Owned Enterprises	2053	2053			25346	25346
国有联营	State-owned Joint Owned Enterprises	1239	1239			22527	22527
集体联营	Collective-owned Joint Owned Enterprises	663	663			30136	30136
3. 有限责任公司	Limited Duty Company	13808173	13509317	108342	190514	66728	68132
国有独资	Company Exclusively with Investment from State	241101	172677	7175	61249	33005	32412
4. 股份有限公司	Share Holding Limited Company	691174	611273	50056	29845	60475	60061
5. 其 他	Others	8423	8257	128	38	28846	28814
(二)港、澳、台商投资	Enterprises Funded by HongKong, Macao and Taiwan	111775	90755	21020		36756	36756
(三)外商投资	Foreign Funded Enterprises	376488	321946	34725	19817	44879	45034
二、按企业、事业、机关分组	**Grouped By Enterprises, Institutions and Agencies**						
#1. 企 业	Enterprises	15227436	14772951	214271	240214	65508	66757
2. 事 业	Institutions						
3. 机 关							
4. 其 他	Others	440	440			9778	9778
三、按国民经济行业分组	**Grouped By Sector**						
1. 农、林、牧、渔业	Farming, Forestry, Animal Husbandry and Fishery						
2. 采矿业	Mining and Quarring	11234687	11198803	31093	4791	79480	79475
3. 制造业	Manufacturing	1182095	1130238	23957	27900	42672	43347
4. 电力、燃气及水的生产和供应业	Electricity, Gas and Water Production and Supply	530832	521320	6265	3247	77403	78068
5. 建筑业	Construction	402575	247952	23190	131433	29564	29030
6. 交通运输、仓储和邮政业	Transport, Storage and Post	234076	205757	3257	25062	31890	34108
7. 信息传输、计算机服务和软件业	Information Transmission, Computer Services and Softare	165400	95999	56099	13302	45830	45868
8. 批发和零售业	Wholesale and Retail Trade	334520	277378	26928	30214	33996	32668
9. 住宿和餐饮业	Lodging and Catering Services	168613	167283	97	1233	29162	29176
10. 金融业	Banking and Insurance	777637	738898	38739		73815	73815
11. 房地产业	Real Estate Trade	88993	87499	170	1324	34453	34556
12. 租赁和商务服务业	Lease and Business Affairs Services	50608	48287	613	1708	34057	42083
13. 科学研究、技术服务和地质勘查业	Scientific Reseach, Polytechnology Services and Geological Prospecting	22797	18934	3863		56150	56150
14. 水利、环境和公共设施管理业	Water, Environmental Protection and Public Facility Management	14867	14867			21515	21515
15. 居民服务和其他服务业	Resident Services and Other Services	312	312			13000	13000
16. 教 育	Education	960	960			24000	24000
17. 卫生、社会保障和社会福利业	Health Care, Social Security and Social Welfare	18963	18963			30244	30244
18. 文化、体育和娱乐业	Culture, Sports and Recreation	103	103			7923	7923
19. 公共管理和社会组织	Public Management and Social Organization						

2-11 主要年份职工平均工资
AVERAGE WAGE OF STAFF AND WORKERS AIN MAJOR YEARS

单位：元 (yuan)

年 份 Year	全部职工平均工资 Total Average Wage	国有单位平均工资 Average Wage of State-owned Units	城镇集体单位平均工资 Urban Collective-ownedUnits	其它所有制单位平均工资 Other-Owned Units
1980	801	866	520	
1985	1168	1263	836	1351
1990	2328	2560	1724	4267
1995	5403	6137	3354	4863
1996	5904	6838	3361	6497
1997	6328	7389	2466	6660
1998	5745	6809	2034	4956
1999	5739	6468	2634	5116
2000	6658	7643	2635	5443
2001	7544	8674	3127	5952
2002	8966	10408	3880	6441
2003	10447	11534	5228	8183
2004	12591	13880	6034	8922
2005	15629	17001	7922	12017
2006	18110	19778	9651	13812
2007	20905	22776	10246	15796
2008	24104	26260	11795	17803
2009	28077	31387	14352	19189
2010	34433	27993	16755	43078
2011	43873	32265	22625	58216
2012	47646	34386	26088	63090
2013	49054	35979	33458	60844
2014	53545	39693	31834	65495

2-12 城乡劳动力资源配置情况
RESOURCE AND DISTRIBUTION OF LABOUR FORCE

单位：万人 (10 000 persons)

指　标	Item	2013	2014
年末劳动力资源总数	**Year-end Number of Resource of Labour Force**	249.23	248.49
年末劳动力配置	**Year-end Distribution of Labour Force**		
一、从业人员	**Number of Employees**	145.94	145.51
按经济类型分	**By Ownership**		
1. 国有经济	State Owned Economic	20.39	17.24
2. 集体经济	Colletive Owned Economic	75.25	75.74
3. 私营经济	Private Economic	11.30	12.59
4. 个体经济	Indivduals Economic	15.40	17.10
5. 联营经济	Joint Owned Economic	0.01	
6. 股份制经济	Share Holding Ecnonmic	1.69	1.14
7. 外商投资经济	Foreign Funded Economic	0.52	0.85
8. 港、澳、台投资经济	Economic Funded By Entrepreneurs from Hongkong, Macao and Taiwan	0.30	0.30
9. 其他经济	Other Types of Ownership	21.08	20.55
按国民经济行业分	**By Sector**		
1. 农、林、牧、渔业	Farming,Forestry,Animal Husbandry and Fishery	42.97	44.26
2. 采掘业	Mining and Quarring	17.59	17.54
3. 制造业	Manufacturing	11.32	10.04
4. 电力、煤气及水的生产和供应业	Electricity,Gas and Water Production and Supply	1.29	1.27
5. 建筑业	Construction	9.09	8.24
6. 交通运输、仓储及邮政业	Transport,Storage and Post	7.50	8.09
7. 信息传输、计算机服务和软件业	Information Transmission , Computer Services and Software	2.73	2.73
8. 批发和零售业	Wholesale and Retail Trade	21.63	21.69
9. 住宿和餐饮业	Hotels and Catering Services	4.58	4.84
10. 金融、保险业	Banking and Insurance	2.35	2.46
11. 房地产业	Real Estate Trade	1.55	1.75
12. 租赁和商业服务业	Lease and Business Affairs Services	2.45	2.37
13. 科学研究、技术服务和地质勘查业	Scientific Reseach , Polytechnology Services and Geological Prospecting	1.51	1.71
14. 水利、环境和公共设施管理业	Water,Environmental Protection and Public Facility Management	1.04	1.14
15. 居民服务和其他服务业	Resident Services and Other Services	3.53	3.80
16. 教　育	Education	5.61	5.44
17. 卫生、社会保障和社会福利业	Health Care Social Security and Social Welfare	2.13	2.05
18. 文化、体育和娱乐业	Culture,Sports and Recreation	0.77	0.78
19. 公共管理和社会组织	Public Management and Social Organization	6.30	5.31
20. 其他行业	Others		
按三次产业分	**By Type of Industry**		
1. 第一产业	Primary Industry	42.97	44.26
2. 第二产业	Secondry Industry	39.29	37.09
3. 第三产业	Tertiary Industry	63.68	64.16
二、城镇登记失业人员	**Urban Unemployed Registered**	2.06	2.26
三、16 岁以上在校学生	**Student Enrollment Over Age 16**	11.42	10.85
四、其他劳动者	**Others**	89.81	89.87
#家务劳动者	Family Affairs	44.01	44.13

主要统计指标解释

人口数 指一定时点、一定地区范围内有生命的个人总和。

年度统计的年末人口数指每年 12 月 31 日 24 时的常住人口数。

人口变动抽样调查的对象包括：1、在抽中调查小区居住并且户口在本乡（镇、街道）的人口；2、在抽中调查小区居住半年以上，户口在外乡（镇、街道）的人口；3、在抽中调查小区居住不满半年，离开户口登记地半年以上的人口；4、在抽中调查小区居住，户口待定的人口。

城镇人口和乡村人口 城镇人口是指居住在城镇范围内的全部常住人口；乡村人口是除上述人口以外的全部人口。

城镇包括城区和镇区。城区是指在市辖区和不设区的市中，街道办事处所辖的居民委员会地域；城市公共设施、居住设施等连接到的其他居民委员会地域和村民委员会地域。

镇区是指在城区以外的镇和其他区域，其包括镇所辖的居民委员会地域；镇的公共设施、居住设施等连接到的村民委员会地域。

出生率（又称粗出生率） 指在一定时期内（通常为一年）一定地区的出生人数与同期内平均人数（或期中人数）之比，用千分率表示。本资料中的出生率指年出生率，其计算公式为：

出生率 = 年出生人数 / 年平均人数 ×1000‰

式中：出生人数指活产婴儿，即胎儿脱离母体时（不管怀孕月数），有过呼吸或其他生命现象。年平均人数指年初、年底人口数的平均数，也可用年中人口数代替。

死亡率（又称粗死亡率）指在一定时期内（通常为一年）一定地区的死亡人数与同期内平均人数（或期中人数）之比，用千分率表示。本资料中的死亡率指年死亡率，其计算公式为：

死亡率 = 年死亡人数 / 年平均人数 ×1000‰

人口自然增长率 指在一定时期内（通常为一年）人口自然增加数（出生人数减死亡人数）与该时期内平均人数（或期中人数）之比，用千分率表示。计算公式为：

人口自然增长率 =（本年出生人数 – 本年死亡人数）/ 年平均人数 ×1000‰ = 人口出生率 – 人口死亡率

总抚养比 也称总负担系数。指人口总体中非劳动年龄人口数与劳动年龄人口数之比。通常用百分比表示。用以表明每 100 名劳动年龄人口大致要负担多少名非劳动年龄人口。用于从人口角度反映人口与经济发展的基本关系。计算公式为：

$$GDR=(P_{0-14}+P_{65}^{+})/P_{15-64}\times 100\%$$

其中：GDR 为总抚养比；

P_{0-14} 为 0–14 岁少年儿童人口数；

P_{15-64} 为 15–64 岁的劳动年龄人口数；

P_{65}^{+} 为 65 岁及 65 岁以上的老年人口数。

老年人口抚养比 也称老年人口抚养系数。指某一人口中老年人口数与劳动年龄人口数之比。通常用百分比表示。用以表明每 100 名劳动年龄人口要负担多少名老年人。老年人口抚养比是从经济角度反映人口老化社会后果的指标之一。计算公式为：

$$ODR=P_{65}^{+}/P_{15-64}\times 100\%$$

其中：ODR 为老年人口抚养比；

P_{15-64} 为 15–64 岁的劳动年龄人口数；

P_{65}^{+} 为 65 岁及 65 岁以上的老年人口数。

少年儿童抚养比 也称少年儿童抚养系数。指某一人口中少年儿童人口数与劳动年龄人口数之比。通常用百分比表示。以反映每 100 名劳动年龄人口要负担多少名少年儿童。计算公式为：

$$CDR=P_{0-14}/P_{15-64}\times 100\%$$

其中：CDR 为少年儿童抚养比；

P_{0-14} 为 0–14 岁少年儿童人口数；

P_{15-64} 为 15–64 岁的劳动年龄人口数。

劳动力资源总数 指在劳动年龄内，具有劳动能力，在正常情况下，可能或实际参加社会劳动的人口数。劳动力资源的范围为：劳动年龄内（16 周岁以上），有劳动能力，实际参加社会劳动和未参加社会劳动的人员。劳动力资源也可划分为经济活动人口和非经济活动人口。劳动力资源不包括下列人员：

(1) 在押犯人；

(2) 劳动年龄内丧失劳动能力的人员；

(3)16 岁以下实际参加社会劳动的人员。

从业人员 指从事一定社会劳动并取得劳动报酬或经营收入的人员。从业人员按就业身份分组包括：

(1) 职工；

(2) 再就业的离退休人员；

(3) 私营业主；

(4) 个体户主；

(5) 私营企业和个体从业人员；

(6) 乡镇企业从业人员；

(7) 农村从业人员；

(8) 其他从业人员。

私营企业和个体从业人员 指在私营企业或个体经营者所经营的机构中劳动，并领取劳动报酬的人员，包括在私营或个体经营机构中劳动的帮工、学徒、雇用人员。

在岗职工 指在本单位工作并由单位支付工资的人员，以及有工作单位，但由于学习、病伤产假等原因暂未工作，仍由单位支付工资的人员。

在岗职工工资总额 指各单位在一定时期内直接支付给本单位全部在岗职工的劳动报酬总额。工资总额的计算应以直接支付给职工的全部劳动报酵为根据。各单位支付给职工的劳动报酬以及其他根据有关规定支付的工资，不论是计入成本的还是不计入成本的，不论是以货币形式支付的还是以实物形式支付的，均应列入工资总额的计算范围。工资总额包括计时工资、计件工资、奖金、津贴和补贴、加班加点工资、特殊情况下支付的工资。

职工平均工资 指企业、事业、机关等单位的职工在一定时期内平均每人所得的货币工资额。它表明一定时期在岗职工工资收入的高低程度，是反映在岗职工工资水平的主要指标。计算公式为：

$$\text{在岗职工平均工资}=\frac{\text{报告期实际支付的全部在岗职工工资总额}}{\text{报告期全部职工平均人数}}$$

在岗职工平均实际工资 指扣除物价变动因素后的在岗职工平均工资。计算公式为：

$$\text{在岗职工平均实际工资}=\frac{\text{报告期在岗职工平均工资}}{\text{报告期职工生活费价格指数}}\times 100\%$$

在岗职工平均工资指数 指报告期平均工资与基础平均工资的比率，是反映不同时期职工货币工资水平变动情况的相对数。它表明报告期平均工资比基期平均工资提高或降低的程度。计算公式为：

$$\text{在岗职工平均工资指数}=\frac{\text{报告期在岗职工平均工资}}{\text{基期在岗职工平均工资}}\times 100\%$$

职工平均实际工资指数 是反映职工实际工资的变动方向和变动程度的指数，表明职工实际工资水平提高或降低的程度。计算公式为：

$$\text{在岗职工平均实际工资指数}=\frac{\text{报告期在岗职工平均工资指数}}{\text{报告期在岗职工生活费价格指数}}\times 100\%$$

城镇登记失业人员 指有非农业户口，在劳动年龄内（16 周岁至退休年龄），有劳动能力，无业而要求就业，并在当地劳动保障部门进行失业登记的人员。

城镇登记失业率 指城镇期末实有登记失业人数与城镇期末就业人员总数加城镇期末实有登记失业人数之比。计算公式为：

$$城镇登记失业率 = \frac{城镇期末实有登记失业人数}{城镇期末就业人员总数 + 城镇期末实有登记失业人数} \times 100\%$$

Explanatory Notes on Main Statistical Indicators

Total Population refers to the total number of people alive at a certain point of time within a given area. The annual statistics on total population is taken at midnight, the 31st of December.

The object of the national sample surveys on population changes including (a) population with residence registered in the sampled area and actually residing there. (b) population with residence registered in any area, but having actually resided in the sampled area more than half a year. (c) population having actually resided in the sampled area less than half a year, but having left place of residence registration more than half a year. (d) population with no residence registered in any area but having actually resided in the sampled area.

Urban Population and Rural Population Urban population refer to all people residing in cities and towns, while rural population refer to population other than urban population.

City and town include city area and town area. City area refers to the area of residence committees ruled by sub–district office in municipal district or cities with no district, and area of other residence committees which joined by urban public establishment and residence establishment.

Town area refers to the area of township and other areas besides the city zone, including the area of residence committees ruled by town government, and the area of villager' s committees which joined by township public establishment and residence establishment.

Birth Rate (or Crude Birth Rate) refers to the ratio of the number of birth to the average population (or mid–period population) during a certain period of time (usually a year), expressed in ‰ .Birth rate in the chapter refers to annual birth rate. The following formula is used:

Birth Rate=(Number of Births/Average Number of Population)*1000‰

Number of births in the formula refers to live births, i.e. when a baby has breathed or shown any vital phenomena regardless of the length of pregnancy. Annual average number of population is the average of the beginning of the year and that at the end of the year. Sometimes it is substituted by the mid–year population.

Death Rate (or Crude Death Rate) refers to the ratio of the number of deaths to the average population (or mid–period population) during a certain period of time (usually a year), expressed in ‰ . Death rate in the chapter refers to annual death rate. The following formula is used:

Death Rate=(Number of Deaths/Annual Average Number of Population)*1000‰ .

Natural Growth Rate of Population refers to the ratio of natural increase in population (number of births minus number of deaths) in a certain period of time (usually a year) to the average population (or mid–period population) of the same period, expressed in ‰ . The following formula is applied:

Natural Growth Rate of Population=[(Number of Birth–Number of Death)/Average Number of Population]*1000‰ =Birth Rate–Death Rate

Gross Dependency Ratio also called gross dependency coefficient, refers to the ratio of non–working–age population to the working–age population, express in ‰ . Describing in general the number of non–working–age population that every 100 people at working ages will take care of, this indicator reflects the basic relation between population and economic development from the demographic perspective. The gross dependency ratio is calculated with the following formula:

$GDR=P_{0-14}+P_{65}+/P_{15-64} \times 100\%$

Where: GDR is the gross dependency ratio;

P_{0-14} is the population of children aged 0–14;

P_{15-64} is the working–age population aged 15–64;

P_{65}^{+} is the elderly population aged 65 and over.

Old Dependency Ratio also called old dependency coefficient, refers to the ratio of the elderly population to the working–age population, express in ‰ . It describes the number of the elderly population that every 100 people at working ages will take care of. Old dependency ratio is one of the indicators reflecting the social implication of population aging from the economic perspective. The old dependency ratio is calculated with the following formula:

$ODR=P_{65}+/P_{15-64}\times 100\%$

Where: ODR is the old dependency ratio;

P_{15-64} is the working–age population aged 15–64;

P_{65}^{+} is the elderly population aged 65 and over.

Children Dependency Ratio also called children dependency co efficient, refers to the ratio of the children population to the working–age population, express in ‰ . It describes the number of children population that every 100 people at working ages will take care of. The children dependency ratio is calculated with the following formula:

$CDR=P_{0-14}/P_{15-64}\times 100\%$

Where: CDR is the children dependency ratio;

P_{0-14} is the children population aged 0–14;

P_{15-64} is the working–age population aged 15–64.

Labor Resources refer to the persons, under normal condition, who are capable to labor within age of the total population. The coverage of labor resources includes: laborers within the working age (16 and over 16) and those who are capable to labor, and actually engaged in or not engaged in social labor. Labor resources also may be divided into economically active population and non–economically active population.

The following persons are not included in the labor resources;

1. Prisoners in custody;

2. Persons with the working age but disabled;

3. Persons actually engaged in social labor under aged 16.

Employed Persons refers to the persons who are engaged in social labor and receive remuneration payment or earn business income, including: total staff and workers, re–employed retirees, employers of private enterprises, self–employed workers, employees in private enterprises and individual economy, employees in the township enterprises, employed persons in the rural areas, other employed persons.

Persons Employed in Private Enterprises and Employed Individuals refer to the person employed in the private enterprises which have been registered at the department of industrial and commercial administration and are receive payment from there. Employed individuals refer to persons who have been registered at the departments of industrial and commercial administration and approved to be engaged in individual industrial or commercial business, including self–employed persons as well as helper and hired laborers who work in the individual households engaged in industrial or commercial business.

Fully Employed Staff and Workers refer to persons who work in, and receive wages from their working units, as well as persons who have their work posts, but are temporarily absent from work for reasons of study or on sick, injury or maternal leave and still receive wages from their working units.

Total Wages of Fully Employed Staff and Workers refer to the total remuneration payment to staff and workers in various units during a certain period of time. The calculation of total wages is based on the total remuneration payment to the staff and workers. Therefore, all the wages and salaries and other payments to staff and workers are included in the total wages regardless of sources, reckoning the cost of production or not, and forms, paying in cash or in kind. Total wages include time wage, piece wage, premium, allowance and subsidies, payment for overtime work and payment under special situations.

Average Wages of Fully Employed Staff and Workers refers to the average wage in money terms per person during a certain period of time for fully employed staff and workers in enterprises, institutions, and government agencies, which reflects the general level of wage income during a certain period of time and is calculated as follows:

Average Wages of Fully Employed Staff and Workers

$$=\frac{\text{Total Wages of Staff and Workers in Reference Period}}{\text{Average Number of Staff and Workers in Reference Period}}\times 100\%$$

Average Real Wage of Fully Employed Staff and Workers refers to average wage of staff and workers after removing the effects of price changes, which is calculated as follows:

$$\text{Average Real Wage of Staff and Workers} = \frac{\text{Average Wage of Staff and Workers in Reference Period}}{\text{Consumer Price Indes of Urban Wesidents in Reference Period}} \times 100\%$$

Average Wage Indices of Fully Employed Staff and Workers

$$\text{Average Wage Indices} = \frac{\text{Average Wage of Staff and Workers in Reference Time}}{\text{Average Wage pf Staff and Workers at Base Period}} \times 100\%$$

Average Real Wage Indices of Fully Employed Staff and Workers refers to the average wage of staff and workers after removing the effects of the price changes and average real wage indices of staff and workers refers to the change of real wage, which reflects the relative increasing or decreasing level of real wage of staff and workers, which is calculated as follows:

$$\text{Average Real Wage Indices} = \frac{\text{Average Wage Indices of Staff and Workers in Reference Time}}{\text{Urban Comsumer Price Indices at Reference Time}} \times 100\%$$

Registered Unemployed Persons in Urban Areas refer to the persons with non–agricultural household registration at certain working ages (16 years old to retirement age), who are capable of working, unemployed and willing to work, and have been registered at the local employment service agencies to apply for a job.

Registered Unemployment Rate in Urban Areas refers to the ratio of the number of the registered unemployed persons to the sum of the number of the registered unemployed persons and the number of registered employed persons in urban areas.

The formula is as follows:

Registered Unemployment Rate in Urban Areas

$$= \frac{\text{Number of registered urban unemployed persons}}{\text{Number of registered urban employed persons+number of registered urban unemployed persons}} \times 100\%$$

固定资产投资

INVESTMENT IN FIXED ASSETS

资料整理人员

吴　钧　　李　佳　　李　英　　郭云霞　　董　刚

固定资产投资
INVESTMENT IN FIXED ASSETS

固定资产投资	Investment in Fixde Assets	1072.41	亿元	(100 million yuan)
第一产业	Primary Industry	130.85	亿元	(100 million yuan)
第二产业	Secondary Industry	366.08	亿元	(100 million yuan)
第三产业	Tertiany Industry	575.48	亿元	(100 million yuan)
国有单位	State-owned	426.73	亿元	(100 million yuan)
竣工房屋面积	Total Floor Space of Completed Buildings	582.48	万平方米	(10 000 sq.m)

国有单位固定资产投资额（亿元）
Totallnvestment in Fixde Assets of state-Owned Units （100 million yuan）

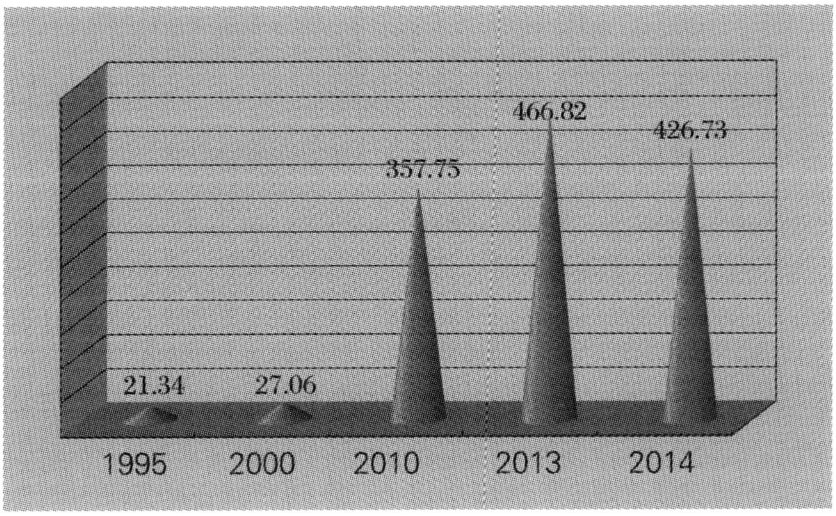

第二产业投资

Investment in Secondary Indrstry （100 million yuan）

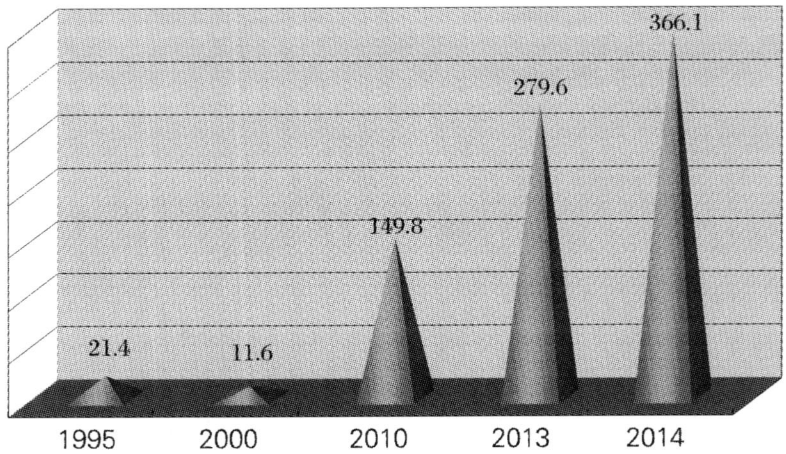

房地产开发投资额（亿元）

Investment in Real Estate （100 million yuan）

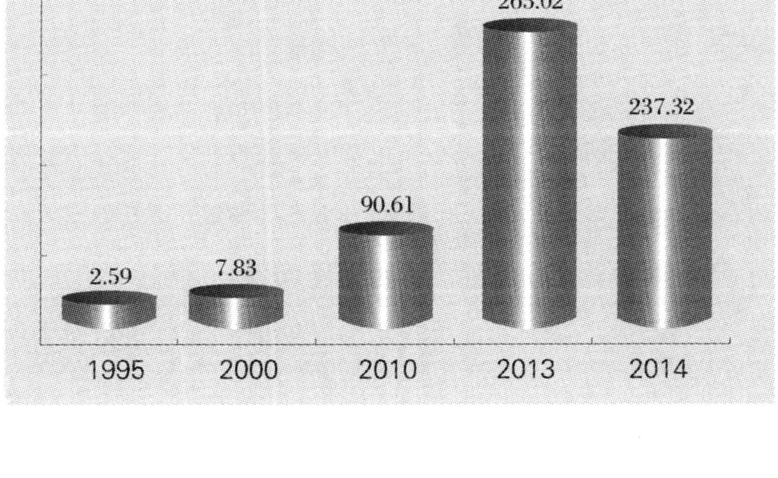

3-1 主要年份按三次产业分全社会固定资产投资
TOTAL INVESTMENT IN FIXED ASSETS BY TYPE OF INDUSTRY IN MAJOR YEARS

单位：万元 (10 000 yuan)

年份 Year	总计 Total	#住宅 Residential Buildings	第一产业 Primary Industry	第二产业 Secondary Industry	第三产业 Tertiary Industry
1993	272637	36993	189	161811	110637
1994	306511	35581	286	130127	176098
1995	331311	36556	267	152509	178539
1996	256144	36230	1304	123766	131074
1997	338499	42195	807	163535	174157
1998	376528	86072	1563	124919	250046
1999	418023	22101	188	138610	279225
2000	426143	92790	2049	117036	307058
2001	443084	82429	12407	147324	278819
2002	639438	69393	15324	311714	312400
2003	864246	52335	18627	443093	402526
2004	1116321	88842	25526	661131	429664
2005	1519607	148119	42465	961051	516091
2006	1600593	381841	46812	858192	695589
2007	2147943	450767	44724	1088579	1014640
2008	2765327	563273	44634	1434203	1286490
2009	4394570	928736	214908	1415003	2764659
2010	5424890	1040033	228176	1498429	3698285
2011	6649105	1499929	319613	2273418	4056074
2012	8317875	1689930	501303	3226471	4590101
2013	10362711	2328161	1204782	2796508	6361421
2014	10724080	1645090	1308494	3660792	5754794

3-2 主要年份按城乡和登记注册类型分全社会固定资产投资
INVESTMENT IN FIXED ASSETS BY RURAL AND URBAN AREA AND BY REGISTRATION STATUS IN MAJOR YEARS

单位：万元　(10 000 yuan)

年 份 Year	总 计 Total	城 镇 Urban	#房地产开发 Real Estate Development	农村非农户 Non-agricultural Households	国 有 State-owned	非国有 Non-state-owned
1993	272637	272637	23397		232523	40114
1994	306511	234105	26357	72406	197357	109154
1995	331311	257942	25851	73369	221666	109645
1996	256144	244511	28843	11633	202972	53172
1997	338499	284165	27601	54334	248759	89740
1998	376528	322638	60135	53890	250520	126008
1999	418023	304773	103316	113250	194395	223628
2000	426143	333197	78252	92946	270603	155540
2001	443084	400729	102026	42355	253889	189195
2002	639438	591258	88167	48180	316313	323125
2003	864246	830689	91461	33557	372531	491719
2004	1116321	1083106	95036	33215	400462	715859
2005	1519607	1453437	146177	66170	764960	754647
2006	1600593	1509421	214233	91172	866390	734203
2007	2147943	2014846	280258	133097	1131184	1016759
2008	2765327	2648633	270175	116694	1531191	1234136
2009	4394570	4218949	836614	175621	2588811	1805759
2010	5424890	5242553	906148	182337	3577473	1847417
2011	6649105	6459588	1341815	189517	3799620	2849485
2012	8317875	7863777	1706096	454098	4530086	3787789
2013	10362711	6499333	2650205	1213173	4668220	5694491
2014	10724080		2373245		4267305	6456775

3-3 全社会固定资产投资
TOTAL INVESTMENT IN FIXED ASSETS

单位：万元　　(10 000 yuan)

指　标	Item	2013	2014
一、投资总额	**Total**	**10362711**	**10724080**
#住　宅	Residential Buildings	2328161	1645090
按登记注册类型分	Grouped by Type of Registration Status		
国　有	State-owned	4668220	4267305
非国有	Non-State-owned	5694491	6456775
按隶属关系分	Grouped by Administrative Relationship		
中　央	Central Government Projects	105159	493713
地　方	Local Projects	10257552	10230367
按城乡分	Grouped by Urban and Rural Area		
城　镇	Urban	6499333	
农　村	Rural	1213173	
按构成分	Grouped by Use of Funds		
建筑工程	Construction	6677036	7233061
安装工程	Installation	1312149	1460720
设备工器具购置	Purchase of Equipment and Instruments	1563842	1472713
其他费用	Other Expenses	809684	557586
按三次产业分	Grouped by Type of Industry		
第一产业	Primary Industry	1204782	1308494
第二产业	Secondary Industry	2796508	3660792
第三产业	Tertiary Industry	6361421	5754794
二、新增固定资产	**Newly Increased Fixed Assets**	**7233221**	**8718259**
三、房屋建筑面积（平方米）	**Floor Space of Buildings (sq.m)**		
本年施工房屋面积	Floor Space of houses Under Construction	26202160	25282416
#住　宅	Residential Buildings	17138209	15652882
本年竣工房屋面积	Floor Space of houses Completed This Year	8786833	5824777
#住　宅	Residential Buildings	6365629	3190227
本年竣工房屋价值（万元）	Value of Houses Completed This Year(10 000 yuan)	2321264	1028072
#住　宅	Residential Buildings	1911062	1028072
四、本年资金来源小计	**Total Sources of Funds This Year**	**9663490**	**9517676**
国家预算内资金	State Budgetary Appropriation	895680	647665
国内贷款	Domestic Loans	1069437	885444
利用外资	Foreign Investment	4972	
自筹资金	Self-Raising Fund	6948838	7594308
#企事业单位自有资金	Own Funds of Enterprises and Institutions	1162103	690652
其　他	Other	744563	390259

3-4 按登记注册类型分全社会固定资产投资
TOTAL INVESTMENT IN FIXED ASSETS BY REGISTRATION OF STATUS

单位：万元 (10 000 yuan)

指　标	Item	2013	2014
总　计	**Total**	**10362711**	**10724080**
内　资	Domestic-Funded Enterprises	10107807	10432364
国　有	State-owned Enterprises	4021096	3560461
集　体	Collective-owned Enterprises	344437	401932
股份合作	Share Cooperative Enterprises	120401	114755
国有联营	State Joint Ownership Enterprises	87487	6984
集体联营	Collective Joint Ownership Enterprises		
国有与集体联营	Joint State-collective Enterprises	12568	876
其他联营	Other Joint Ownership Enterprises		
国有独资公司	State-funded Corporations	41585	144564
其他有限责任公司	Other Limited Liability Corporations	1887647	2000199
股份有限公司	Share-holding Corporations Ltd.	497437	327216
私　营	Private Partnership	2400746	3281195
个体户	Individual Enterprises		
个人合伙	Individual Partnership Enterprises		
其　他	Others	694403	594182
港澳台投资	Enterprises with Investment from Hong Kong, Macao and Taiwan	105740	42901
港澳台合资经营	Joint-venture Enterprises	10194	
港澳台合作经营	Cooperative Enterprises		
港澳台独资	Enterprises with Sole Investment	57405	3645
港澳台股份有限	Share-holding Corporations Ltd.	125	
外商投资	Enterprises with Foreign Investment	50095	19496
外商合资经营	Joint-Venture Enterprises	18760	
外商合作经营	Cooperative Enterprises		
外商独资	Enterprises with Sole Foreign Investment		19496
外商股份有限	Share Corporations Ltd.	31335	

3-5 按国民经济行业分全社会固定资产投资
TOTAL INVESTMENT IN FIXED ASSETS BY ECNOMIC SECTOR

单位：万元 (10 000 yuan)

行　业	Sector	2013	2014
总　计	**Total**	**10362711**	**10724080**
农、林、牧、渔业	Farming,Forestry,Animal Husbandry and Fishery	1204782	1308494
采矿业	Mining and Quarrying	797118	1167366
制造业	Manufacturing	1236046	1538678
电力、燃气及水的生产和供应业	Production & Supply of Electric Power,Gas and Water	763344	945668
建筑业	Construction		9080
交通运输、仓储和邮政业	Transport,Storage and Post	571030	401629
信息传输、计算机服务和软件业	Information Transmission,Computer Services and Software	15000	
批发和零售业	Wholesale and Retail Trade	480716	278826
住宿和餐饮业	Lodging and Catering Services	92971	29789
金融业	Banking		
房地产业	Real Estate Trade	3402757	3120412
租赁和商务服务业	Lease and Business Affairs Services	6850	18061
科学研究、技术服务和地质勘查业	Scientific Reseach,Polytechnology Services and Geological Prospecting	52207	46186
水利、环境和公共设施管理业	Water,Environmental Protection and Public Facility Management	1293190	1534974
居民服务和其他服务业	Resident Services and Other Services	7668	1284
教　育	Education	198284	129761
卫生、社会保障和社会福利业	Health Care,Social Security and Social Welfare	7185	1976
文化、体育和娱乐业	Culture,Sports and Recreation	160899	134057
公共管理和社会组织	Public Management and Social Organization	72664	57839

3-6 固定资产投资新增生产能力(2014 年)

NEWLY INCREASED PRODUCTION CAPACITY THROUGH INVESTMENT IN FIXED ASSETS (2014)

生产能力(或效益)名称		Item	总 计 Total
原煤开采	(万吨/年)	Coal Mining (10 000 tons/year)	494
洗 煤	(万吨/年)	Coal Washing (10 000 tons/year)	2299
焦 炭	(万吨/年)	Coke (10 000 tons/year)	
油罐容量	(万立方米)	Capicaty of Petroleum Tank (10 000 cu.m/year)	
铁矿石原矿开采	(万吨/年)	Iron Ore Mining (10 000 tons/year)	30
铁矿选矿处理量	(万吨/年)	Iron Ore Mining (10 000 tons/year)	
铁矿石成品矿	(万吨/年)	End Product of Iron Ore (10 000 tons/year)	
人造富铁矿	(万吨/年)	Artificial Iron-rich Ore (10 000 tons/year)	
#烧结铁矿	(万吨/年)	Sintering of Iron-ore (10 000 /year)	
铅锌选矿	(万吨/年)	Lead and zinc ore (10 000 /year)	
炼 铁	(万吨/年)	Iron Smelting (10 000 tons/year)	
铁合金	(万吨/年)	Iron Alloy ,Electric Furance (10 000 tons /year)	
钢 材	(万吨/年)	Steel Products (10 000 tons/year)	
热轧钢材	(万吨/年)	Hot-rolling Steel Product (10 000 tons/year)	
冷加工钢材	(万吨/年)	Cold-rolling Steel product (10 000 tons/year)	
硅钢片	(万吨/年)	Silicon Steel (10 000 tons/year)	
铜冶炼	(吨/年)	Copper Smelting (ton/year)	
锌冶炼	(吨/年)	Zinc Smelting (tons/year)	
#电解锌	(吨/年)	Electrolyzing Zinc (ton/year)	
电解铝	(吨/年)	Electrolyzing Aluminium (ton/year)	
工业锅炉	(蒸吨)	Industrial Boiler (evaporate ton)	
发电机组容量	(万千瓦)	Capacity of Power Generating Sets (10 000 kw/year)	
水力发电		Hydro Power	
火力发电		Thermal Power	93
输电线路长度 (11 万伏及以上)	(公里)	Length of Power Transmission Line (≥ 110 kv) (km)	
变电设备能力 (11 万伏及以上)	(万千伏安)	Capacity of Transfomer (≥ 110 kv) (10 000 kva)	
水 泥	(万吨/年)	Cement (10 000 tons/year)	37
墙地砖	(万平方米)	Wall Brick and Floorbrick (10 000 sq.m)	
耐火材料制品	(吨/年)	Fireproof Material (ton/year)	
石墨及炭素制品	(吨/年)	Graphite and Carbon Products (ton/year)	
人造板装饰加工板	(万立方米/年)	Man-made Board and Processed Decorative Board (10 000 cu.m/year)	
家 具	(万件/年)	Furniture (10 000 units/year)	
硫 酸	(吨/年)	Sulphuric Acid (ton/year)	
纯 碱	(吨/年)	Soda Ash (ton/year)	
电 石	(吨/年)	Calcium Carbide (ton/year)	
合成氨	(吨/年)	Synthetic Ammonia (ton/year)	
农用氮、磷、钾化学肥	(吨/年)	Chemical Fertilizers (ton/year)	
氮 肥		Nitrogen Fertilizers	
磷 肥		Phosphate Fertilizers	
钾 肥		Potash Fertilizers	3250
丙 烯	(吨/年)	Acrylic Acid (ton/year)	
冰醋酸	(吨/年)	Glacial Acetic Acid (ton/year)	
染 料	(吨/年)	Dyestuff (ton/year)	

3-6 续表 1 continued

生产能力（或效益）名称		Item	总 计 Total
炭　黑	（吨 / 年）	Carbon Black (ton/year)	
塑料树脂及共聚物	（吨 / 年）	Plastics (10 000 tons/year)	4551
化学原料药	（吨 / 年）	Medicines with Chemical Materials (ton/year)	
中成药	（吨 / 年）	Chinese Medicines(ton/year)	
柴油机制造	（台 / 年）	Diesel Engines (unit/year)	
	（万千瓦 / 年）	Diesel Engines (10 000 kw/year)	
金属切削机床制造	（台 / 年）	Metal-cutting Machine Tools (unit/year)	
化学纤维		Chemical Fibre(ton/year)	3000
粘胶纤维		Adhesion Fibre (ton/year)	
润滑油	（万吨 / 年）	Lubricating oil (10 000 tons/year)	
粗铅	（吨 / 年）	Crude lead (ton/year)	
毛纺锭	（锭）	Wool Spinning Spindel (unit/year)	
桑蚕缫丝机	（绪）	Mulberry Silk Machine (set)	
肉加工品	（吨 / 年）	Processed Meat (ton/year)	
乳制品	（吨 / 年）	Milk Product (ton/year)	
其他乳制品	（吨 / 年）	Other Milk Product (ton/year)	
酒	（万吨 / 年）	Alcoholic Drink (10 000 tons/year)	
啤　酒	（万吨 / 年）	Beer (10 000 tons)	
白　酒	（万吨 / 年）	White Spirit (10 000 tons/year)	
冷冻饮品	（吨 / 年）	Frozen Drink (ton/year)	
软饮料	（吨 / 年）	Soft Drink (ton/year)	
# 瓶装（或罐装）饮用水	（吨 / 年）	Bottled Drink (ton/year)	
机制纸浆	（万吨 / 年）	Machine-processed Paper Pulp (10 000 tons/year)	
机制纸	（万吨 / 年）	Machine-made Paper (10 000 tons/year)	
机制纸板	（万吨 / 年）	Machine-made Paperboard (10 000 tons/year)	
合成洗涤剂原料	（吨 / 年）	Synthetic Detergents Ammonia (ton/year)	
鞣制皮革（折合牛皮）	（万吨 / 年）	Leather (10 000 pieces/year)	
塑料制品	（万吨 / 年）	Plastic Products(10 000 tons/year)	
日用玻璃制品	（万吨 / 年）	Daily-use Glassware (10 000 tons/year)	
移动电话机（手持机）	（部 / 年）	Mobile Phone (unit/year)	
移动通信基站设备	（个 / 年）	Baseline Equipments of Mobile Communication (line/year)	
无线寻呼机	（部 / 年）	Bleerer (unit/year)	
程控交换机	（万线 / 年）	Program-controlled Telephone Switching Machines (10 000 lines/year)	
电话单机	（万部 / 年）	Telephonesets (10 000 sets/year)	
增建铁路第二线交付运营里程	（公里）	Length of Newly Built Double-Tracking Railways Put into Operation (km)	
新建公路	（公里）	Length of Newly Built Highways (km)	138.74
# 高速公路	（公里）	Express-ways	
一级公路	（公里）	First Class	
二级公路	（公里）	Second Class	
改建公路	（公里）	Reconstructed Highways (km)	279.00
一级公路	（公里）	First Class	
二级公路	（公里）	Second Class	

3-6 续表2 continued

生产能力(或效益)名称		Item	总 计 Total
新建独立公路桥梁	(延长米)	Length of Newly Built Highway Bridges (m)	
新(扩)建客、货运站	(个)	Number of Newly Built or Expanded Passenger and Freight Transport Stations (unit)	
长途电缆	(延长公里)	Long-distance Cable (km)	
商品蛋鸡场	(万公斤蛋/年)	Commercial Eggs from Chicken Farms (10 000 kg/year)	
耕地面积	(万亩)	Area of Cultivated Land (10 000 mu)	
造林面积	(万亩)	Afforested Area (10 000mu)	
有效灌溉面积	(万亩)	Area Under Effective Irrigation (10 000 mu)	
除涝面积	(万亩)	Area of Drained Waterlogged Land (10 000 mu)	
商业冷藏库	(万吨)	Cold Storage (10 000 tons/year)	
粮食仓库	(万公斤)	Grain Storehouse (10 000 kg)	
	(平方米)	Grain Storehouse (sq.m)	
高等院校:学生席位	(个)	Students Capacity of Colleges and Universities(unit)	
建筑面积	(平方米)	Construction Area of Colleges and Universities (sq.m)	
中等学校:学生席位	(个)	Students Capacity of Secondary Schools (unit)	
建筑面积	(平方米)	Construction Area of Secondary Schools (sq.m)	
小学校:学生席位	(个)	Students Capacity of Primary Schools (unit)	
建筑面积	(平方米)	Construction Area of Primary Schools (sq.m)	
其他学校:学生席位	(个)	Students Capacity of Other Schools (unit)	
建筑面积	(平方米)	Construction Area of Other Schools (sq.m)	
文化馆	(平方米)	Area of Cultural Centres (sq.m)	
医院病床	(张)	Number of Hospital Beds (unit)	
宾馆、旅馆、招待所客房数	(间)	Number of Guest Rooms of Hotels (room)	
宾馆、旅馆、招待所客房数	(平方米)	Total Area of Guest Rooms of Hotels (sq.m)	
城市自来水供水能力	(万吨/日)	City Tap Water Supply Capacity (10 000 tons/day)	
城市自来水管道长度	(公里)	Length of City Tap Water Pipeline (km)	
城市煤气生产能力	(万立方米/日)	City Gas Production Capacity (10 000 cu.m/day)	
城市天然气储气能力	(万立方米/日)	City Natural Gas Storage Capacity (10 000 cu.m/day)	
城市供热能力:	(吨/小时)	City Heating Supply Capacity (ton/h)	
蒸 汽	(兆瓦/小时)	Steam Heating	
热 水	(兆瓦/小时)	Hot Water (1 000 000 w/h)	
城市公共交通车辆购置	(辆)	Purchasing Number of City Public Buses (unit)	
城市道路扩建长度	(公里)	Length of Extended City Roads (km)	
城市道路扩建面积	(万平方米)	Area of Extended City Roads (10 000 sq.m)	
城市排水管道铺设长度	(公里)	Length of Newly Built City Drainage Pipeline (km)	
城市污水处理能力	(万吨/日)	City Sewage Treatment Capacity (10 000 tonsday)	2
城市永久性桥梁	(座)	Number of City Permanent Bridges (unit)	
城市防洪堤长度	(公里)	Length of City Flood Controlling Embankment (km)	
水 泥	(吨/年)	Cement (ton/year)	

3-7 国有单位固定资产投资
TOTAL INVESTMENT IN FIXED ASSETS OF STATE-OWNED UNITS

指　标	Item	2005	2008	2010	2013	2014
一、投资额（万元）	**Total Investment (10 000 yuan)**	**764960**	**1527321**	**3866970**	**4668220**	**4267305**
#住宅	Residential Buildings	16077	1312876	305692	350181	294984
按隶属关系分	Grouped by Administrative Relationship					
中　央	Central Government Projects	61166	71666	159849	94516	454457
地　方	Local Projects	703794	1455655	3707121	4565704	3812848
按资金来源分	Grouped by Source of Funds					
国家预算内投资	State Budgetary Appropriation	64946	27639	602657	868194	642386
国内贷款	Domestic Loans	164140	438565	712560	766861	556068
利用外资	Foreign Investment					
自筹及其他投资	Fundraising and Other Investment	476733	968004	2039229	3948634	3779627
按构成分	Grouped by Use of Funds					
建筑安装工程	Construction and Installation	403216	1085451	3086040	3663607	3416216
设备工器具购置	Purchase of Equipment and Instruments	236325	308936	432739	881272	745552
其他费用	Others	125419	132934	348191	115341	105537
按建设性质分	Grouped by Type of Construction					
新　建	New Construction	289022	508390	1943069	2403320	2474490
扩　建	Expansion	65494	67172	148362	1097996	805738
改　建	Reconstruction	396225	618182	1667593	568841	242164
按三次产业分	Grouped by Type of Industry					
第一产业	Primary Industry	41161	11688	175520	601398	285990
第二产业	Secondary Industry	513921	746480	1187656	1488377	1670998
第三产业	Tertiary Industry	209878	769153	2503794	2570445	2310317
按国民经济行业分	Grouped by Main Sector					
农　业	Agriculture		11688	175520	173002	194484
工　业	Industry	513921	746480	1166621	958663	959748
运输邮电业	Transportation, Postal and Telecommunication Services	73226	89311	530456	455126	312909
二、新增固定资产（万元）	**Newly Increased Fixed Assets (10 000 yuan)**	**413749**	**918187**	**1308996**	**3434151**	**3703103**
三、房屋建筑面积	**Floor Space of Buildings**					
施工面积（万平方米）	Floor Space Under Construction (10 000 sq.m)	85.4	179.4	682.8	554.2	404.4
#住宅	Residential Buildings	29.4	131.3	480.5	389.0	316.1
竣工面积（万平方米）	Floor Space Completed (10 000 sq.m)	32.8	57.4	91.2	297.9	74.5
#住宅	Residential Buildings	12.6	32.8	49.7	227.1	49.6

3-8 房地产开发施工、销售和空置情况 (2014 年)

指 标		Item	合 计 Total	住 宅 Residential Buildings
房屋施工面积	(平方米)	Floor Space of Houses under Construction (sq.m)	21918456	14935625
#本年新开工		Floor Space of Houses Newly Started Construction This Year	6791610	4441223
房屋竣工面积	(平方米)	Floor Space of Houses Completed (sq.m)	4165597	3070524
#不可销售		Floor Space of Houses unable to be Sold	573122	368189
商品住宅竣工套数	(套)	Sets of Commercial Residential Houses Completed(set)		30605
竣工房屋价值	(万元)	Value of Houses Completed (10 000 yuan)	1172286	745635
出租房屋面积	(平方米)	Floor Space of Houses Leased (sq.m)		
商品房销售面积	(平方米)	Floor Space of Commercial Residential Houses Sold (sq.m)	816811	712377
现 房		Floor Space of Completed Houses Sold	244337	184204
期 房		Floor Space of Forward Delivery Houses Sold	572474	528173
商品房销售额	(万元)	Sales of Commercial Houses (10 000 yuan)	367814	285229
现 房		Sales of Completed Houses	126980	70704
期 房		Sales of Forward Delivery Houses	240834	214525
商品住宅销售套数	(套)	Sets of Commercial Residential Houses Sold (set)		6462
现 房		Sets of Completed Houses Sold		1586
期 房		Sets of Forward Delivery Houses Sold		4876
待售面积	(平方米)	Area of Land For Sale (sq.m)	1025539	753481
待售 1-3 年面积		Area of Land Sale for 1-3 Years	589374	483109
待售 3 年以上面积		Area of Land Sale for More Than 3 Years	17106	17106

BUILDINGS'CONSTRUCTION,SELLING AND UNTAPPTING IN REAL ESTATE DEVELOPMENT(2014)

#90 平方米以下住房 Below 90 sq.m	#144 平方米以上住房 Above 144 sq.m	# 别墅、高档公寓 Villas and High-grade Apartment Buildings	办公楼 Office Buildings	商业营业用房 Buildings for Business Operation	其 他 Others
4891939	1301502	2000	282269	3882967	2817595
1230723	200028		44522	1274002	1031863
978574	292365		52200	608349	434524
125675				60784	144149
13215	1635				
186534	66458		22194	281746	122711
129257	86278		24516	56012	23906
26685	28711		24516	19011	16606
102572	57567			37001	7300
40180	37465		43380	33316	5889
7035	12938		43380	9197	3699
33145	24527			24119	2190
1587	501				
317	183				
1270	318				
50786	317157	26700	24900	157766	89392
20483	217501	26700	24900	42620	38745

3-9 房地产开发投资 (2014 年)

单位：万元

指 标	Item	企业个数（个）Number of Enterprises (unit)
总 计	**Total**	**182**
按登记注册类型	**Grouped by Type of Registration Status**	
内 资	Domestic-Funded Enterprises	182
国 有	State-owned Enterprises	8
集 体	Collective-owned Enterprises	2
股份合作	Share Holding Cooperative Enterprises	
国有联营	State Joint Ownership Enterprises	
集体联营	Collective Joint Ownership Enterprises	
国有与集体联营	Joint State-collective Enterprises	
其他联营	Other Joint Ownership Enterprises	
国有独资公司	State-funded Corporations	3
其他有限责任公司	Other Limited Liability Corporations	38
股份有限公司	Share-holding Corporations Ltd.	3
私营独资	Private-funded Enterprises	
私营合伙	Private Partnership Enterprises	
私营有限责任公司	Private Limited Liability Corporations	123
私营股份有限公司	Private Share-holding Corporations Ltd.	5
其他内资企业	Other Domestic-funded Enterprises	
港澳台投资	Enterprises with Investment from Hong Kong, Macau and Taiwan	
合资经营	Joint-venture Enterprises	
合作经营	Cooperative Enterprises	
独 资	Enterprises with Sole Investment	
股份有限	Share-holding Corporations Ltd.	
外商投资	Enterprises with Foreign Investment	
合资经营	Joint-Venture Enterprises	
合作经营	Cooperative Enterprises	
独 资	Enterprises with Sole Foreign Investment	
股份有限	Share-holding Corporations Ltd.	
按隶属关系	**Grouped by Administrative Relationship**	
中 央	Enterprises Directly Under Central Government	1
省	Enterprises Directly Under Province	
地 区	Enterprises Directly Under Prefectures	12
县	Enterprises Directly Under Counties	8
乡 镇	Enterprises Directly Under Townships	
其 他	Others	161

INVESTMENT IN REAL ESTATE DEVELOPMENT (2014)

(10 000 yuan)

累计完成投资 Accumulative Investment Completed	本年完成投资 Investment Completed This Year	#土地开发投资额 Land Development
5785440	**2373245**	
5785440	2373245	
233802	126731	
95194	23210	
54675	54675	
1924915	767767	
87877	29787	
3271130	1353464	
117847	17611	
71350	65350	
353258	112029	
213706	106901	
5147126	2088965	

3-9 续表 1

单位：万元

指　　标	Item	建筑工程 Construction
总　　计	**Total**	**1551496**
按登记注册类型	**Grouped by Type of Registration Status**	
内　资	Domestic-Funded Enterprises	1551496
国　有	State-owned Enterprises	115238
集　体	Collective-owned Enterprises	17682
股份合作	Share Holding Cooperative Enterprises	
国有联营	State Joint Ownership Enterprises	
集体联营	Collective Joint Ownership Enterprises	
国有与集体联营	Joint State-collective Enterprises	
其他联营	Other Joint Ownership Enterprises	
国有独资公司	State-funded Corporations	48751
其他有限责任公司	Other Limited Liability Corporations	525078
股份有限公司	Share-holding Corporations Ltd.	29787
私营独资	Private-funded Enterprises	
私营合伙	Private Partnership Enterprises	
私营有限责任公司	Private Limited Liability Corporations	814951
私营股份有限公司	Private Share-holding Corporations Ltd.	9
其他内资企业	Other Domestic-funded Enterprises	
港澳台投资	Enterprises with Investment from Hong Kong, Macau and Taiwan	
合资经营	Joint-venture Enterprises	
合作经营	Cooperative Enterprises	
独　资	Enterprises with Sole Investment	
股份有限	Share-holding Corporations Ltd.	
外商投资	Enterprises with Foreign Investment	
合资经营	Joint-Venture Enterprises	
合作经营	Cooperative Enterprises	
独　资	Enterprises with Sole Foreign Investment	
股份有限	Share-holding Corporations Ltd.	
按隶属关系	**Grouped by Administrative Relationship**	
中　央	Enterprises Directly Under Central Government	57450
省	Enterprises Directly Under Province	
地　区	Enterprises Directly Under Prefectures	99302
县	Enterprises Directly Under Counties	93325
乡　镇	Enterprises Directly Under Townships	
其　他	Others	1301419

continued

(10 000 yuan)

安装工程 Installation	设备工器具购置 Purchase of Equipment and Instruments	其他费用 Other Expenses	本年新增固定资产 Newly Increased Fixed Assets This Year
436346	**54695**	**330708**	**1204115**
436346	54695	330708	1204115
10408		1085	34161
2916	769	1843	60068
5924			30635
162133	10569	69987	453726
254965	43357	240191	584425
		17602	41100
5300	2600		
5075		7652	27696
10612	769	2195	67633
415359	51326	320861	1108786

3-9 续表2

单位：万元

指　标	Item	住宅 Residential Buildings	#别墅、高档公寓 Villas and Highgrade Apartment Buildings
总　计	**Total**	**1516049**	
按登记注册类型	**Grouped by Type of Registration Status**		
内　资	Domestic-Funded Enterprises	1516049	
国　有	State-owned Enterprises	125058	
集　体	Collective-owned Enterprises	13833	
股份合作	Share Holding Cooperative Enterprises		
国有联营	State Joint Ownership Enterprises		
集体联营	Collective Joint Ownership Enterprises		
国有与集体联营	Joint State-collective Enterprises		
其他联营	Other Joint Ownership Enterprises		
国有独资公司	State-funded Corporations	46736	
其他有限责任公司	Other Limited Liability Corporations	471100	
股份有限公司	Share-holding Corporations Ltd.	29787	
私营独资	Private-funded Enterprises		
私营合伙	Private Partnership Enterprises		
私营有限责任公司	Private Limited Liability Corporations	829535	
私营股份有限公司	Private Share-holding Corporations Ltd.		
其他内资企业	Other Domestic-funded Enterprises		
港澳台投资	Enterprises with Investment from Hong Kong, Macau and Taiwan		
合资经营	Joint-venture Enterprises		
合作经营	Cooperative Enterprises		
独　资	Enterprises with Sole Investment		
股份有限	Share-holding Corporations Ltd.		
外商投资	Enterprises with Foreign Investment		
合资经营	Joint-Venture Enterprises		
合作经营	Cooperative Enterprises		
独　资	Enterprises with Sole Foreign Investment		
股份有限	Share-holding Corporations Ltd.		
按隶属关系	**Grouped by Administrative Relationship**		
中　央	Enterprises Directly Under Central Government	55040	
省	Enterprises Directly Under Province		
地　区	Enterprises Directly Under Prefectures	100790	
县	Enterprises Directly Under Counties	96884	
乡　镇	Enterprises Directly Under Townships		
其　他	Others	1263335	

continued

(10 000 yuan)

办公楼 Office Buildings	商业营业用房 Buildings for Business Operation	其他 Other Buildings	竣工房屋住宅套数合计(套) Number of Suites of Residential Buildings Completed
53328	**521634**	**282234**	**30605**
53328	521634	282234	30605
	964	709	1241
	1913	7464	1510
	6576	1363	648
5036	245976	45655	11304
48292	266194	209443	15902
	11	17600	
	3020	7290	
1388	8139	1712	859
	1953	8064	1992
51940	508522	265168	27754

3-10 房地产开发资金来源情况 (2014 年)

单位：万元

指　　标	Item	本年资金来源合计 Total Funds This Year	上年末结余资金 Remaining Funds End of Last Year
总　　计	**Total**	**2322925**	**454845**
按登记注册类型	**Grouped by Type of Registration Status**		
内　资	Domestic-Funded Enterprises	2322925	454845
国　　有	State-owned Enterprises	109155	2798
集　　体	Collective-owned Enterprises	23210	
股份合作	Share Cooperative Enterprises		
国有联营	State Joint Ownership Enterprises		
集体联营	Collective Joint Ownership Enterprises		
国有与集体联营	Joint State-collective Enterprises		
其他联营	Other Joint Ownership Enterprises		
国有独资公司	State-funded Corporations	43185	
其他有限责任公司	Other Limited Liability Corporations	747771	92095
股份有限公司	Share-holding Corporations Ltd.	2233	418
私营独资	Private-funded Enterprises		
私营合伙	Private Partnership Enterprises		
私营有限责任公司	Private Limited Liability Corporations	1392375	356888
私营股份有限公司	Private Share Corporations Ltd.	4996	2646
其　　他	Others		
港澳台投资	Enterprises with Investment from Hong Kong, Macau and Taiwan		
合资经营	Joint-venture Enterprises		
合作经营	Cooperative Enterprises		
独　　资	Enterprises with Sole Investment		
股份有限	Share Corporations Ltd.		
外商投资	Enterprises with Foreign Investment		
合资经营	Joint-Venture Enterprises		
合作经营	Cooperative Enterprises		
独　　资	Enterprises with Sole Foreign Investment		
股份有限	Share Corporations Ltd.		
个体经营	Individual Management		
个体户	Individual Enterprises		
个人合伙	Individual Partnership Enterprises		
按隶属关系	**Grouped by Administrative Relationship**		
中　央	Enterprises Directly Under Central Government	57315	49805
省	Enterprises Directly Under Province		
地　区	Enterprises Directly Under Prefectures	76129	5512
县	Enterprises Directly Under Counties	106758	63
乡　镇	Enterprises Directly Under Townships		
其　他	Others	2082723	399465

SOURCE OF FUNDS FOR REAL ESTATE DEVELOPMENT(2014)

(10 000 yuan)

本年资金来源小计 Subtotal Funds This Year	国内贷款 Domestic Loans	利用外资 Foreign Investment	自筹资金 Self-raising Funds	其他资金来源 Others	#定金及预付款 Deposit and Advanced Payment
1868080	**56063**		**1484584**	**327433**	**199147**
1868080	56063		1484584	327433	199147
106357	2400		97650	6307	383
23210			23210		
43185			43185		
655676	29100		420945	205631	114485
1815				1815	1815
1035487	24563		899244	111680	80964
2350			350	2000	1500
7510			7510		
70617	13500		25648	31469	16623
106695			106312	383	383
1683258	42563		1345114	295581	182141

3-11 房地产开发企业财务状况(2014 年)

单位:万元

指标	Item	固定资产原价 Original Value of Fixed Assets	固定资产累计折旧 Accumulative Depreciation of Fixed Assets
总计	**Total**	**84961.3**	**23279.4**
按登记注册类型	**Grouped by Type of Registration Status**		
内资	Domestic-Funded Enterprises	84961.3	23279.4
国有	State-owned Enterprises	2458.6	1131.7
集体	Collective-owned Enterprises	413.7	140.9
股份合作	Share Cooperative Enterprises		
国有联营	State Joint Ownership Enterprises		
集体联营	Collective Joint Ownership Enterprises		
国有与集体联营	Joint State-collective Enterprises		
其他联营	Other Joint Ownership Enterprises		
国有独资公司	State-funded Corporations	170	137.6
其他有限责任公司	Other Limited Liability Corporations	10213.1	5466.1
股份有限公司	Share Corporations Ltd.	255.5	157.3
私营独资	Private-funded Enterprises		
私营合伙	Private Partnership Enterprises		
私营有限责任公司	Private Limited Liability Corporations	69238.4	14616.7
私营股份有限公司	Private Share-holding Corporations Ltd.	2212	1629.1
其他	Others		
港澳台投资	Enterprises with Investment from Hong Kong, Macao and Taiwan		
合资经营	Joint-venture Enterprises		
合作经营	Cooperative Enterprises		
独资	Enterprises with Sole Investment		
股份有限	Share Corporations Ltd.		
外商投资	Enterprises with Foreign Investment		
合资经营	Joint-Venture Enterprises		
合作经营	Cooperative Enterprises		
独资	Enterprises with Sole Foreign Investment		
股份有限	Share Corporations Ltd.		
个体经营	IndividualManagement		
个体户	Individual Enterprises		
个人合伙	IndividualPartnership Enterprises		
按隶属关系	**Grouped by Administrative Relationship**		
中央	Enterprises Directly Under Central Government	11.1	3.3
省	Enterprises Directly Under Province		
地区	Enterprises Directly Under Prefectures	2747.5	1408.5
县	Enterprises Directly Under Counties	822.9	283.5
乡镇	Enterprises Directly Under Townships		
其他	Others	81379.8	21584.1

FINANCIAL AFFAIRS OF REAL ESTATE DEVELOPMENT ENTERPRISES(2014)

(10 000 yuan)

#本年折旧 Depreciation of This Year	资产总计 Total Assets	负债总计 Total Liabilities	所有者权益合计 Total Creditors' Equity	主营业务收入 Revenue of Major Business	土地转让收入 Land Transferred Revenue
-3160.4	**7231927**	**6749574.1**	**482352.9**	**514918.4**	**50**
-3160.4	7231927	6749574.1	482352.9	514918.4	50
67.5	562682	433931.9	128750.1	628.5	
8	1507.9	-257.1	1765	5877	
18.1	490735.1	488103.4	2631.7		
1143.1	2022150.9	1908339.1	113811.8	195377.7	
22.9	143535.9	139476.3	4059.6	10324.1	
-4531.1	3751129.7	3539795.2	211334.5	301171.3	50
111.1	260185.5	240185.3	20000.2	1539.8	
1.6	3638.4	90.7	3547.7	4277.4	
98.9	1427868.5	1283671.2	144197.3	54242.7	
11.8	5053.4	2286.2	2767.2	8365.1	
-3272.7	5795366.7	5463526	331840.7	448033.2	50

3-11 续表

单位：万元

指　　标	Item	商品房屋销售收入 Sales Revenue of Commercial Houses	房屋出租收　入 Revenue from Houses Leasing
总　　计	**Total**	**499075.4**	**2906.8**
按登记注册类型	**Grouped by Type of Registration Status**		
内　资	Domestic-Funded Enterprises	499075.4	2906.8
国　有	State-owned Enterprises	503	21.5
集　体	Collective-owned Enterprises	8	
股份合作	Share Cooperative Enterprises		
国有联营	State Joint Ownership Enterprises		
集体联营	Collective Joint Ownership Enterprises		
国有与集体联营	Joint State-collective Enterprises		
其他联营	Other Joint Ownership Enterprises		
国有独资公司	State-funded Corporations		
其他有限责任公司	Other Limited Liability Corporations	195026	180
股份有限公司	Share Corporations Ltd.	10324.1	
私营独资	Private-funded Enterprises		
私营合伙	Private Partnership Enterprises		
私营有限责任公司	Private Limited Liability Corporations	291674.5	2705.3
私营股份有限公司	Private Share-holding Corporations Ltd.	1539.8	
其　　他	Others		
港澳台投资	Enterprises with Investment from Hong Kong, Macao and Taiwan		
合资经营	Joint-venture Enterprises		
合作经营	Cooperative Enterprises		
独　　资	Enterprises with Sole Investment		
股份有限	Share Corporations Ltd.		
外商投资	Enterprises with Foreign Investment		
合资经营	Joint-Venture Enterprises		
合作经营	Cooperative Enterprises		
独　　资	Enterprises with Sole Foreign Investment		
股份有限	Share Corporations Ltd.		
个体经营	IndividualManagement		
个体户	Individual Enterprises		
个人合伙	IndividualPartnership Enterprises		
按隶属关系	**Grouped by Administrative Relationship**		
中　央	Enterprises Directly Under Central Government	4277.4	
省	Enterprises Directly Under Province		
地　区	Enterprises Directly Under Prefectures	54122.7	21.5
县	Enterprises Directly Under Counties	2490.1	
乡　镇	Enterprises Directly Under Townships		
其　他	Others	438185.2	2885.3

continued

(10 000 yuan)

其他收入 Other Revenue	主营业务成本 Costs of Major Business	主营业务税金及附加 Tax and Extra Charges of Major Business	利润总额 Total Profits	应缴所得税 Income Tax Payable
12886.2	**403838.3**	**36644.6**	**11040.7**	**9529.5**
12886.2	403838.3	36644.6	11040.7	9529.5
104	448.9	32	–611.7	1.7
5869	5306	485.1	–169.1	
			28.9	
171.7	146673.8	17050.6	10653	5442.2
	9953.4	585.9	–407.2	
6741.5	240069.8	18328.6	2576.2	3983.3
	1386.4	162.4	–1029.4	102.3
	3426	242.7	16.7	4.2
98.5	45694.1	3985.1	2043.2	
5875	7395.1	652.1	54.6	36
6912.7	347323.1	31764.7	8926.2	9489.3

3-12 房地产开发企业土地购置、开发和空置情况(2014 年)

单位：平方米

指　　标	Item	本年完成开发土地面积 Area of Land Developed This Year	待开发土地面积 Area of Land for Undevelopment
总　　计	**Total**		**393802**
按登记注册类型	**Grouped by Type of Registration Status**		
内　资	Domestic-Funded Enterprises		393802
国　有	State-owned Enterprises		
集　体	Collective-owned Enterprises		
股份合作	Share Cooperative Enterprises		
国有联营	State Joint Ownership Enterprises		
集体联营	Collective Joint Ownership Enterprises		
国有与集体联营	Joint State-collective Enterprises		
其他联营	Other Joint Ownership Enterprises		
国有独资公司	State-funded Corporations		
其他有限责任公司	Other Limited Liability Corporations		52777
股份有限公司	Share-holding Corporations Ltd.		
私营独资	Private-funded Enterprises		
私营合伙	Private Partnership Enterprises		
私营有限责任公司	Private Limited Liability Corporations		341025
私营股份有限公司	Private Share Corporations Ltd.		
其他内资企业	Other Domestic-funded Enterprises		
港澳台投资	Enterprises with Investment from Hong Kong, Macao and Taiwan		
合资经营	Joint-venture Enterprises		
合作经营	Cooperative Enterprises		
独　资	Enterprises with Sole Investment		
股份有限	Share Corporations Ltd.		
外商投资	Enterprises with Foreign Investment		
合资经营	Joint-Venture Enterprises		
合作经营	Cooperative Enterprises		
独　资	Enterprises with Sole Foreign Investment		
股份有限	Share Corporations Ltd.		
个体经营	Individual Management		
个体户	Individual Enterprises		
个人合伙	Individual Partnership Enterprises		
按隶属关系	**Grouped by Administrative Relationship**		
中　央	Enterprises Directly Under Central Government		
省	Enterprises Directly Under Province		
地　区	Enterprises Directly Under Prefectures		
县	Enterprises Directly Under Counties		
乡　镇	Enterprises Directly Under Townships		
其　他	Others		393802

LAND'S PURCHASING, DEVELOPPING AND UNTAPPTING OF REAL ESTATE DEVELOPMENT ENTERPRISES(2014)

(sq.m)

本年购置土地面积 Area of Land Purchased This Year	本年土地成交价款(万元) Deal Value of land This Year (10 000 yuan)	待售面积 Area of Land For Sale	#待售面积(一年至三年) Area of Land Sale for 1-3 Years	#待售面积(三年以上) Area of Land Sale for More Than 3 Years
559193	**100217**	**1025539**	**589374**	**17106**
559193	100217	1025539	589374	17106
3228	149	3184	3184	
150027	28858	347697	243010	
405938	71210	545656	304111	3698
		129002	39069	13408
3228	149	27984	3184	
555965	100068	997555	586190	17106

3-13 房地产投资完成情况
COMPLETED INVESTMENT IN REAL ESTATE

项　　目	Item	2005	2010	2013	2014
本年计划投资　　（万元）	**Planned Investment This Year (10 000 yuan)**	**164779**		**8363967**	**8811447**
本年完成投资　　（万元）	**Investment Completed This Year (10 000 yuan)**	**146177**	**906148**	**2650205**	**2373245**
#商品住宅	Commercial Residential Houses	127314	696990	1927696	1516049
本年新增固定资产（万元）	Newly Increased Fixed Assets This Year (10 000 yuan)	35345	181765	1751407	1204115
本年商品房屋销售额（万元）	Sales of Commercial Houses This Year (10 000 yuan)	125518	239713	558014	367814
#商品住宅	Commercial Residential Houses	113942	201586	392334	285229
本年销售面积　（平方米）	Floor Space of Houses Sold This year (sq.m)	664145	804920	1206110	816811
#商品住宅	Commercial Residential Houses	631122	731479	982450	712377
本年施工房屋面积（平方米）	Floor Space of Houses Under Construction (sq.m)	1576110	11087069	21290594	21918456
#商品住宅	Commercial Residential Houses	1439262	9606423	16009990	14935625
本年新开工施工房屋面积　（平方米）	Floor Space of Houses Newly Started Construction This Year (sq.m)	1189231	5078171	6246571	6791610
#商品住宅	Commercial Residential Houses	1097865	4163119	4295949	4441223
本年竣工房屋面积（平方米）	Floor Space of Houses Completed This Year (sq.m)	290476	1014829	6562114	4165597
#商品住宅	Commercial Residential Houses	261494	785233	5243448	3070524
本年竣工房屋价值（万元）	Value of Houses Completed This Year (10 000 yuan)	28414	181765	1619701	1172286
#商品住宅	Commercial Residential Houses	25144	143925	1275331	745635

3-14 房地产开发施工竣工面积及竣工价值(2014年)
FLOOR SPACE OF BUILDINGS UNDER CONSTRUCTION AND COMPLETED AND VALUE OF BUILDINGS COMPLETED IN REAL ESTATE DEVELOPMENT (2014)

项　　目	Item	施工面积(平方米) Floor Space of Buildings Under Construction (sq.m)	#新开工 Started This Year	竣工房屋(平方米) Floor Space of Buildings Completed (sq.m)	竣工房屋价值(万元) Value of Buildings Completed (10 000 yuan)
房屋建筑面积合计	**Total Floor Space of Buildings**	**21918456**	**6791610**	**4165597**	**1172286**
1.住　宅	Residential Buildings	14935625	4441223	3070524	745635
#别墅、高档公寓	Villas and High-grade Apartment Buildings	2000			
经济适用住房	Economic House				
2.办公楼	Office Buildings	282269	44522	52200	22194
3.商业营业用房	Buildings for Business Operation	3882967	1274002	608349	281746
4.其　他	Other Buildings	2817595	1031863	434524	122711

3-15 商品房屋销售与出租情况(2014年)
SELLING AND LEASING OF COMMERCIAL HOUSES (2014)

单位:平方米　　(sq.m)

项　　目	Item	实际销售 Actually Sold	预　售 Sold in Advance	待售 For Sale	出　租 Leased	实际销售额(万元) Actual Sales (10 000 yuan)
房屋建筑面积合计	**Total Floor Space of Buildings**	**816811**		**1025539**		**367814**
1.住　宅	Residential Buildings	712377		753481		285229
#别墅、高档公寓	Villas and High-grade Apartment Buildings			26700		
经济适用房	Peace-living Buildings					
2.办公楼	Office Buildings	24516		24900		43380
3.商业营业用房	Buildings for Business Operation	56012		157766		33316
4.其　他	Other Buildings	23906		89392		5889

主要统计指标解释

全社会固定资产投资 是以货币形式表现的在一定时期内全社会建造和购置固定资产的工作量以及与此有关的费用的总称。该指标是反映固定资产投资规模、结构和发展速度的综合性指标，又是观察工程进度和考核投资效果的重要依据。全社会固定资产投资按登记注册类型可分为国有、集体、个体、联营、股份制、外商、港澳台商、其他等。

城镇固定资产投资 指城镇各种登记注册类型的企业、事业、行政单位及个体户进行的计划总投资（或实际需要总投资）50 万元及 50 万元以上的建设项目投资、房地产开发投资。县城及以上区域内发生的投资，县及县以上各级政府及主管部门直接领导、管理的建设项目和企业事业单位的投资均为城镇固定资产投资。

房地产开发投资 指各种登记注册类型的房地产开发公司、商品房建设公司及其他房地产开发法人单位和附属于其他法人单位实际从事房地产开发或经营活动的单位统一开发的包括统代建、拆迁还建的住宅、厂房、仓库、饭店、宾馆、度假村、写字楼、办公楼等房屋建筑物和配套的服务设施，土地开发工程（如道路、给水、排水、供电、供热、通讯、平整场地等基础设施工程）的投资；不包括单纯的土地交易活动。

农村投资 包括在农村区域范围内进行固定资产投资活动的企业、事业、行政单位及农村个人投资。

固定资产投资的资金来源 根据固定资产投资的资金来源不同，分为国家预算内资金、国内贷款、利用外资、自筹资金和其他资金。

(1) 国家预算内资金：分为财政拨款和财政安排的贷款两部分。包括中央财政的基本建设基金（分经营性基金和非经营性基金两部分）、专项支出（如煤代油专项等）、收回再贷、贴息资金，财政安排的挖潜改造和新产品试制支出、城建支出、商业部门简易建筑支出、不发达地区发展基金等资金中用于固定资产投资的资金；地方财政中由国家统筹安排的资金等。

(2) 国内贷款：指报告期固定资产投资单位向银行及非银行金融机构借入的用于固定资产投资的各种国内借款，包括银行利用自有资金及吸收的存款发放的贷款、上级主管部门拨入的国内贷款、国家专项贷款（包括煤代油贷款、劳改煤矿专项贷款等）、地方财政专项资金安排的贷款、国内储备贷款、周转贷款等。

(3) 利用外资：指报告期收到的用于固定资产建造和购置的国外资金（包括设备、材料、技术在内）。包括对外借款（外国政府、国际金融组织贷款、出口信贷、外国银行商业贷款、对外发行债券和股票）、外商直接投资及外商其他投资。不包括我国自有外汇资金（国家外汇、地方外汇、留成外汇、调剂外汇和中国银行自有资金发行的外汇贷款等）。计算利用外资时，需要折算成人民币，折算中所使用的外汇汇率按现汇计算，即按使用外汇时的汇率计算。

(4) 自筹资金：指固定资产投资单位报告期收到的，由各地区、各部门及企、事业单位筹集用于固定资产投资的预算外资金，包括中央各部门、各级地方和企、事业单位的自筹资金。

(5) 其他资金：指在报告期收到的除以上各种资金之外其他用于固定资产投资的资金，包括企业或金融机构通过发行各种债券筹集到的资金、群众集资、个人资金、无偿捐赠的资金及其他单位拨入的资金等。

固定资产投资按国民经济行业分 根据建设项目建成投产后的主要产品或主要用途及社会经济活动性质来确定国民经济行业。一般情况下，一个建设项目或一个企业、事业单位只能属于一种国民经济行业。

固定资产投资按隶属关系分 是按建设单位或企业、事业、行政单位的主管上级机关确定的。

(1) 中央：是指中共中央、人大常委会和国务院各部、委、局、总公司以及直属机构直接领导的建设项目和企业、事业、行政单位。这些单位的固定资产投资计划由国务院各部门直接编制和下达，建设中所需物资、主要设备以及建设中的问题都由中央有关部门安排和解决。

(2) 地方：是由省（自治区、直辖市）、地区（州、盟、省辖市）、县（旗、县级市）三级政府及业务主管部门直接领导和管理的建设项目、企业、事业、行政单位。地方项目还包括不隶属以上各级政府及主管部门的建设项目和企业、事业单位，如外商投资企业和无主管部门的企业等。

固定资产投资按建设性质分 根据整个建设项目情况来确定。建设项目的性质一般分为新建、扩建、改建和技术改造、迁建、恢复。

(1) 新建：一般指从无到有“平地起家”开始建设的企业、事业和行政单位或建设项目。现有企业、事业、行政单位一般不属于新建。但如有的单位原有基础很小，经过建设后新增的固定资产价值超过该企、事业、行政单位原有固定资产价值（原值）三倍以上的也应作为新建。

(2) 扩建：指在厂内或其他地点，为扩大原有产品的生产能力（或效益）或增加新的产品生产能力，而增建主要的生产车间（或主要工程）、分厂、独立的生产线。行政、事业单位在原单位增建业务用房（如学校增建教学用房、医院增建门诊部、病房等）也作为扩建。现有企、事业单位为扩大原有主要产品生产能力或增加新的产品生产能力，增建一个或几个主要生产车间（或主要工程）、分厂，同时进行一些更新改造工程的，也应作为扩建。

(3) 改建和技术改造：指现有企业、事业单位，对原有设施进行技术改造或更新（包括相应配套的辅助性生产、生活福利设施）的建设项目。现有企业、事业单位为适应市场变化的需要，而改变企业的主要产品种类（如军工企业转产民用品等）的建设项目，应作为改建。原有产品生产作业线由于各工序（车间）之间能力不平衡，为填平补齐充分发挥原有生产能力而增建不增加本企业主要产品设计能力的车间，也应作为改建。技术改造是指企业、事业单位在现有基础上，用先进的技术代替落后的技术，用先进的工艺和装备代替落后的工艺和装备，以改变企业落后的技术经济面貌，实现以内涵为主的扩大再生产，达到提高产品质量、促进产品更新换代、节约能源、降低消耗、扩大生产规模、全面提高社会经济效益的目的。技术改造具体包括以下内容：机器设备和工具的更新改造；生产工艺改革、节约能源和原材料的改造；厂房建筑和公共设施的改造；劳动条件和生产环境的改造等。

固定资产投资按构成分 固定资产投资活动按其工作内容和实现方式分为建筑安装工程，设备、工具、器具购置，其他费用三个部分。

(1) 建筑安装工程（建筑安装工作量）：指各种房屋、建筑物的建造工程和各种设备、装置的安装工程。包括各种房屋建造工程；各种用途设备基础和各种工业窑炉的砌筑工程及金属结构工程；为施工而进行的各种准备工作和临时工程以及完工后的清理工作等；铁路、道路的铺设，矿井的开凿及石油管道的架设等；水利工程；防空地下建筑等特殊工程；列入房屋工程预算内的暖气、卫生、通风、照明、煤气等设备的价值及装设油饰工程；列入建筑工程预算内的各种管道（蒸汽、压缩空气、石油、给排水等管道）、电力、电讯电缆导线等的敷设工程；以及各种机械设备的安装工程；为测定安装工程质量，对设备进行的试运工作；房地产开发单位进行的商品房屋开发建设工程、土地开发工程。

在安装工程中，不包括被安装设备本身的价值。

(2) 设备、工具、器具购置：指建设单位或企、事业单位购置或自制的，达到固定资产标准的设备、工具、器具的价值。新建单位及扩建单位的新建车间，按照设计或计划要求购置或自制的全部设备、工具、器具，不论是否达到固定资产标准均计入"设备、工具、器具购置"中。

(3) 其他费用：指在固定资产建造和购置过程中发生的，除上述几项内容以外的各种应分摊计入固定资产的费用。

施工项目 指报告期内进行过建筑或安装施工活动的项目。凡是报告期内施过工的建设项目，不论施工时间长短，均作为施工项目统计。施工项目个数可以反映一定时期固定资产投资的实际规模，与同期全部建成投产项目个数相比，可以从建设速度的角度反映固定资产投资的效果。根据建设项目施工活动的不同性质，施工项目又分为：本年正式施工项目、本年收尾项目和以前年度全部停缓建项目。

全部建成投产项目 工业项目指设计文件规定形成生产能力的主体工程及其相应配套的辅助设施全部建成，经负荷试运转，证明具备生产设计规定合格产品的条件，并经过验收鉴定合格或达到竣工验收标准，与生产性工程配套的生活福利设施可以满足近期正常生产的需要，正式移交生产的建设项目。非工业项目指设计文件规定的主体工程和相应的配套工程全部建成，能够发挥设计规定的全部效益，经验收鉴定合格或达到竣工验收标准，正式移交使用的建设项目。

新增生产能力（或工程效益） 指通过固定资产投资活动而增加的设计能力（或工程效益），该指标是以实物形态表现的反映固定资产投资成果的指标，也是考核投资经济效果的重要依据之一。

新增生产能力（或工程效益）一般有以下几种表现形式：

(1) 用产品数量表示，以工程在单位时间内（一般是一年）所能生产的产品数量（即年产量）表示。如原煤开采用万吨／年表示，化学农药用吨／年表示，拖拉机制造用台／年表示等。某些化工产品由于含量差别较大，按其设计含量计算折合量表示，如硫酸、纯碱、烧碱等。

(2) 用单位时间内所能处理的原料数量表示，以工程每天（或小时）所能处理原料的数量表示。如机制糖工程日处理原料吨，食用植物油日处理原料吨，城市污水处理能力用万吨／日表示等。

(3) 用新增加的主要设备的数量或容量表示，如新增棉布织机、丝织机等台数，毛纺锭等锭数，发电厂新增发电机组容量用千瓦表示等。

(4) 用建筑物容积、容量、面积、长度表示，是非工业项目或工程新增效益的一种表现形式。如铁路投产里程、新建公路、水库容量、粮食仓库、学校学生席位、医院病床、有效灌溉面积等。

根据工程的特点，有时需要用两种或两种以上的复合计量单位表示新增生产能力（或工程效益），如新增内燃机生产能力同时用年产台数、千瓦数表示等。

房屋建筑面积　指房屋建筑物勒脚以上外墙外围的水平截面面积，包括房屋建筑物的有效面积和结构面积。该指标是从实物形态上反映建设规模和建设成果的重要指标之一，也是检查工程形象进度、计算工程造价、分析投资效果、研究施工任务和建筑材料之间平衡情况的重要依据。

住宅建筑面积　指施工和竣工房屋建筑面积中供居住用的房屋建筑面积。

施工面积　指报告期内施工的全部房屋建筑面积。包括本期新开工的面积和上期开工跨入本期继续施工的房屋面积，

以及上期已停建在本期恢复施工的房屋面积。本期竣工和本期施工后又停缓建的房屋，其建筑面积仍计入本期房屋施工面积中。

竣工面积　指在报告期内房屋建筑按照设计要求已经全部完工，达到住人和使用条件，经验收鉴定合格（或达到竣工验收标准），可正式移交使用的各栋房屋建筑面积的总和。

房屋建筑面积竣工率　指一定时期内房屋竣工面积占同期房屋施工面积的比率。是从房屋建筑施工速度的角度反映投资效果的指标。

新增固定资产　指报告期内已经完成建造和购置过程，并已交付生产或使用单位的固定资产价值。该指标是表示固定资产投资成果的价值指标，也是反映建设进度，计算固定资产投资效果的重要指标。

项目建设投产率　指一定时期内全部建成投产项目个数与同期施工项目个数的比率。该指标是从建设单位建设速度的角度反映投资效果的指标。

固定资产交付使用率　指一定时期新增固定资产与同期完成投资额的比率。该指标是反映固定资产动用速度，衡量建设过程中宏观投资效果的综合指标。由于新增固定资产是较长时期内形成的结果，而投资额则是当年完成的，因此，该指标一般适宜于反映较长时期内固定资产的动用情况。

商品房销售面积　指报告期内出售商品房屋的合同总面积（即双方签署的正式买卖合同中所确定的建筑面积）。由现房销售建筑面积和期房销售建筑面积两部分组成。

商品房销售额　指报告期内出售商品房屋的合同总价款（即双方签署的正式买卖合同中所确定的合同总价）。该指标与商品房销售面积同口径，由现房销售额和期房销售额两部分组成。

经济适用房　指根据地方经济适用房计划安排建设的政策性住宅。经济是指房屋建筑造价和销售价格低于一般商品住宅；适用是指适合中低收入家庭购买使用。经济适用房主要是由地方政府统一下达投资计划，房地产公司开发，对外销售；用地一般采用行政划拨或招标投标方式，免收土地出让金；对各种经批准的收费减半征收，开发利润不超过3%；销售价格实行政府指导价。该指标可以分析房地产投资结构，反映中低收入家庭商品住宅的供求平衡情况。

Explanatory Notes on Main Statistical Indicators

Total Investment in Fixed Assets refers to the volume of activities in construction and purchases of fixed assets and related fees, expressed in monetary terms during the reference period. It is a comprehensive indicator which shows the size, structure and growth of the investment in fixed assets, providing a basis for observing the progress of construction projects and evaluating results of investment. Total investment in fixed assets in the whole country includes, by type of ownership, the investment by State–owned units, collective–owned units, individuals, joint ownership units, share–holding units, as well as investments by entrepreneurs from foreign countries and from Hong Kong, Macao and Taiwan, and by other units.

Urban Investment in Fixed Assets refers to construction projects involving a total planned (or required) investment of 500,000 yuan and over by enterprises of various types of ownership, institutions, administrative units and individuals in urban areas, investment in real estate development, and private investment in housing construction in urban areas and industrial and mining areas. In other words, all investments that take place in county towns and urban areas, investment in construction projects under the direct leadership and management of government agencies at and above county levels and investments by enterprises and institutions at and above county levels are covered in urban investment in fixed assets.

Investment in Real Estate Development refers to investment by real estate development companies, commercialized buildings construction companies and other real estate development units of various types of ownership in the construction of buildings, such as residential buildings, factory buildings, warehouses, hotels, guesthouses, holiday villages, office buildings, and the complementary service facilities and land development projects, such as roads, water supply, water drainage, power supply, heating supply, telecommunications, land leveling and other infrastructural projects. It does not include activities in pure land transactions.

Investment in Rural Areas refers to investment in fixed assets by enterprises, institutions, administrative units and individuals in rural areas.

Sources of Funds for Investment in Fixed Assets are categorized as funds from the State budget, domestic loans, foreign investment, self–raised funds, and others, depending on the sources of investment.

(1) Fund from the State budget consists of budgetary appropriation and loans from the State budget. More specifically, it includes, from the budget of the central government, capital construction fund (operation fund and non–operational fund), special expenses (e.g. expenses on substituting petroleum with coal), loans from repayment, discount fund, expenses on innovation and trial production of new products, expenses on urban construction, expenses on temporary construction from business departments, development fund for less developed areas, as well as local budgetary fund transferred from the central budget.

(2) Domestic loans refer to loans of various forms borrowed by investing units from banks and non–bank financial institutions during the reference period for the purpose of investment in fixed assets, including loans issued by banks from their self–owned funds and deposit, loans appropriated by higher authorities, special loans by government, loans arranged by local government from special funds, domestic reserve loan, and working loan.

(3) Foreign investment refers to foreign funds received during the reference period for the construction and purchase of investment in fixed assets (covering equipment, materials and technology), including foreign borrowings (loans from foreign governments and international financial institutions, export credit, commercial loans from foreign banks, issue of bonds and stocks overseas), foreign direct investment and other foreign investments. Excluded from this category is capital in foreign exchanges owned by China (foreign exchanges owned by the central and local governments, foreign exchanges retained by enterprises, foreign exchanges by enterprises through the regulating mechanism, loans in foreign exchanges issued by the Bank of China with its own fund, etc.). In calculating the utilization of foreign capital, foreign currencies are converted into Chinese Renminbi applying the current exchange rate when the foreign capitals are actually used.

(4) Self–raised funds refer to extra–budgetary funds for investment in fixed assets received during the reference period by investing units from central government ministries, local governments, enterprises and institutions, including their self–raised funds.

(5) Others refer to funds for investment in fixed assets received from sources other than those listed above, including capital raised through issuing bonds by enterprises or financial institutions, funds raised from individuals and through donations, and funds transferred from other units.

Investment in Fixed Assets by Sector The classification of construction projects by sector is determined by the major products or the purpose of the projects when they are put into production or use, and by the nature of their social economic activities. In general, one project or one enterprise or institution can only be classified into one sector.

Investment in Fixed Assets by Jurisdiction of Management refers to the classification of investment by the competent authorities under which investment is made by construction units, enterprises, institutions or administrative units.

(1) Central investment refers to the investment in projects or by enterprises, institutions or administrative units which are under the direct leadership and management of the State Council and of the national commissions, ministries, agencies and State–owned large corporations. Various ministries and departments of the State Council prepare and implement plans for investment in fixed assets by those departments, and arrange and ensure the supply of materials and key equipment required for the projects.

(2) Local investment refers to the investment in projects or by enterprises, institutions or administrative units which are under the direct leadership and management of departments under the provincial, prefecture and county governments. Also included are projects by foreign–invested enterprises and enterprises without competent managing authorities.

Investment in Fixed Assets by Type of Construction Construction projects in general can be classified, by the type of construction, into new construction, expansion, reconstruction and technical transformation, moving and restoration. However, investment by type of construction is not applied to investment by real–estate development units, investment in rural areas and private investment in housing construction in urban areas and in industrial and mining areas.

(1) New construction in general refers to construction projects, which start from scratch, of enterprises, institutions, administrative agencies. Construction in existing enterprises, institutions or agencies is generally not considered as new construction. In case the size of the existing unit is quite small, and the value of newly added fixed assets is more than three times of the the original value, the expansion will be considered as new construction.

(2) Expansion refers to construction of new major production workshop, branch factory or independent production line within a factory or in other locations, for the purpose of increasing the production capacity (or improving efficiency) or adding new production capacity. Newly constructed accommodation for the operation of institutions and administrative organizations (such as newly constructed buildings for teaching in schools, buildings for clinics or wards in hospitals, etc.) are also classified as expansion.

Also included in expansion are investments by existing enterprises or institutions in building major production line(s) or branch factory(ies) along with some work on innovation, for the purpose of expanding the production capacity of original products or producing new products.

(3) Reconstruction and technical transformation refers to construction projects by existing enterprises or institutions in innovation or technical transformation of the old facilities (including auxiliary production equipment and welfare facilities). Also considered as reconstruction is the construction of new workshops by the existing enterprises or institutions to change the variety of products to meet the market demand (such as the production of civil products by defence industries), or to bring the designed production capacity into full play through a more balanced production process on production lines. Technical transformation refers to replacement of old technology or equipment by new technology or equipment, in order to expand the reproduction through improvement of technology contents in production, to improve product quality, to promote new products, to save energy, to reduce consumption, to expand the production scale and to improve overall social–economic efficiency. Contents of technical transformation include: updating of machinery, equipment and tools; reforming production process by using energy or materials

saving technology; construction of factory workshops and transformation of public facilities; improvement of working conditions and environment, etc.

Investment in Fixed Assets by Structure By their contents and the mode of implementation, investment activities are classified into 3 categories, i.e. construction and installation, purchase of equipment and instrument, and other expenses.

(1) Construction and installation (work volume of construction and installation) refers to the construction of houses and buildings and the installation of various kinds of equipment and instruments. They include construction of houses; equipment foundations, industrial kilns and stoves, and metal structure work; preparation works and temporary works for project construction, and clearing up works post project construction; pavement of railways and roads, drilling of mines and putting up of oil pipes; construction of water conservancy; construction of underground air–raid shelters and construction of other special projects; value of equipment for heating, sanitation, ventilation, lighting, gas, painting, etc. that are covered by the budget of housing projects; laying out of various pipelines (for steam, compressed air, petroleum, tap water and sewage) and wiring and cabling for electric power and for communications; installation of various machinery and equipment; testing operation for pre–testing the quality of installation projects, and land and other development work conducted by real estate developers for commercialized housing. The value of equipment installed is itself not included in the value of installation projects.

(2) Purchase of equipment and instruments refers to the total value of equipment, tools, and instruments purchased or self–produced which come up to the cut–off point for fixed assets by the construction units or investing enterprises or institutions.

Equipment, tools and instruments purchased or self–produced for new workshops by newly established or expanded units are categorized as "purchase of equipment and instruments" no matter whether they come up to the cut–off point for fixed assets.

(3) Other expenses refer to expenses arising during the construction or purchase of fixed assets other than those mentioned above.

Projects Completed and Put into Use Industrial projects refer to the major projects and anxilliary facilities having been completed in accordance with the design documents, resulting in forming production capacity and having checked and accepted after relevant tests, while the living and welfare facilities having been completed and being capable of ensuring normal production. Non–industrial projects refer to the major projects and anxilliary facilities which have been completed in accordance with the design documents ; have been checked, accepted after relevant examination; and have been formally delivered for use..

Newly Increased Production Capacity (or Project Efficiency) refers to the increase in design capacity (or project efficiency) through investment in fixed assets, which reflects the accomplishment of investment in fixed assets in physical form and serves as an important basis for evaluating the economic efficiency of investment.

The newly increased production capacity (project efficiency) are usually expressed in one of the following forms:

(1) Volume of output of products, i.e. the volume of output that the project can produce during a given period (usually a year). For instance, the capacity in coal mining is expressed in 10,000 tons/year, the capacity in producing chemical pesticides expressed in ton/year, the capacity in producing tractors in tractor/year, etc. For some chemical products where the effective contents differ significantly, the production capacity is expressed as the designed effective content equivalent, such as in the case of sulphuric acid, soda ash, caustic soda, etc;

(2) Volume of raw materials processed per unit of time, i.e. the volume of raw materials that could be processed by the project per day (or per hour), such as tons of materials processed per day by a sugar refining project or edible vegetable oil project, or tons of urban sewage processed per day;

(3) Number or capacity of major equipment increased, such as number of cotton or silk looms increased, wool spindles increased, or capacity (in kilowatts) of power generators increased; and

(4) Physical measures (volume, capacity, area, and length) of construction, which is typical for non–industrial projects, for instance, the length of railways put into operation, the length of highways, the capacity of reservoirs, the capacity of warehouses, the floor space of housing projects, capacity for new students in schools or beds in hospitals, areas under new irrigation project, etc.

The special features of projects may sometimes call for the combined use of two or more measurements to reflect the increase in production capacity (or project efficiency); for instance, the new capacity for the production of internal combustion engines is expressed in sets per year and kilowatts per year simultaneously.

Floor Space of Buildings under Construction refers to the total floor space of the horizontal section of outer walls above the plinth of the building, including the effective area and the area occupied by the structure. This indicator is one of the important indicators in physical terms to reflect the scale and accomplishment of the construction industry and also an important basis for monitoring the progress, calculating the cost, analyzing the efficiency and studying the supply of building materials in relation to the construction projects.

Floor Space of Residential Buildings refers to the floor space of the residential buildings among the total space of buildings under construction or completed.

Floor Space under Construction refers to total floor space of all buildings under construction during the reference period,

including floor space of newly started buildings during the reference period, floor space of construction extended from the previous

period to the current period, and floor space of construction suspended during the previous period and resumed in the current period. Floor space of construction completed in the current period, and floor space of construction started and then suspended in the current period are also included in the floor space under construction of the current year.

Floor Space Completed refers to the floor space of all buildings completed in the reference period, which have been appraised and accepted (or come up to the designed standards) and have been transferred to owner units.

Completion Rate of Floor Space of Buildings refers to the ratio of the floor space of buildings completed in a certain period of time to the floor space of buildings under construction in the same period.

Newly Increased Fixed Assets refer to the newly increased value of fixed assets, constructed or purchased, that have been transferred to the investors. This is an indicator that demonstrates the results of investment in fixed assets in monetary terms, and an important indicator to reflect the speed of construction and to calculate the efficiency of investment.

Rate of Construction Projects Completed and Put into Use refers to the ratio of the number of construction projects completed and put into use in a certain period of time to the number of projects under construction in the same period. This reflects the investment efficiency from the perspective of the speed of projects construction.

Rate of Projects of Fixed Assets Completed and Put into Operation refers to the ratio of the newly increased fixed assets to the total investment made in the same period. This is a comprehensive indicator reflecting the speed of the employment of fixed assets and the investment efficiency at the macro–level. As the newly increase fixed assets is the result of a long period while the investment is completed in the current year, this indicator is expected to be used to reflect the employment of fixed assets over a long period of time.

Area of Commercialized Housing Sold refers to total contracted area of commercialized housing (i.e. area of floor space as designated in the formal contracts signed by both sides) during the reference time. It constitutes floor space of completed housing and floor space of future housing.

Value of Commercialized Housing Sold refers to the total contracted value (i.e. value of sales/purchase for selling/purchase of commercialized housing as designated in the contract signed by both sides) during the reference time. This indicator has the same coverage as the area of commercialized housing sold, which constitutes floor space of completed housing and floor space of housing yet to be completed

Economically Affordable Housing refers to housing constructed according to the State Plan for economically affordable housing. The features of houses of this category are low cost of construction and low prices, and therefore are affordable to mid–income and low income households. Economically affordable housing projects are developed by real estate companies under the State Investment Plan, with the land provided through government allocation or tendering procedures. Developers are exempted from land utilization fees and enjoy another 50% exemption of all other legitimate fees, while their profits are limited to less than 3%, and the completed houses are sold under government–guided prices. This indicator helps to analyze the investment structure of the real estate industry and the demand and supply of housing for mid–income and low income households.

物价、人民生活

PRICE AND PEOPLE' S LIVELIHOOD

资 料 整 理 人 员

李志宏　　石　全　　唐丽萍　　张秀兰

樊翠兰　　刘　琛　　李　鹏　　薛鹏翔　　程锦利

物价、人民生活
PRICE、PEOPLELIVELIHOOD

城镇居民消费价格总指数	General Urban Resident Consumer Price Index		101.7
商品零售价格总指数	General reatail pricd index		100.8
城镇居民家庭可支配收入	Per Capita Disposable Income of Urban Households	23043 元	（yuan）
农民人均纯收入	Per Capita Net income of Rural Households	7137 元	（yuan）

物价总指数（上年 =100）
General Price Index （Last year=100 ）

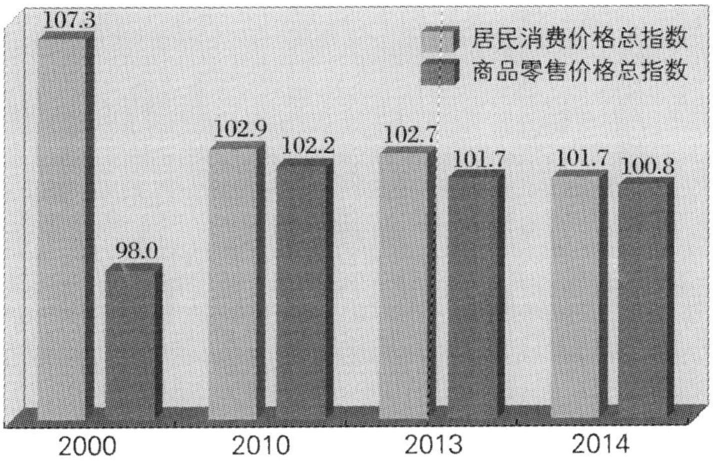

城镇居民家庭可支配收入

Per Capita Disposaboc In come of Urban Households （yuan）

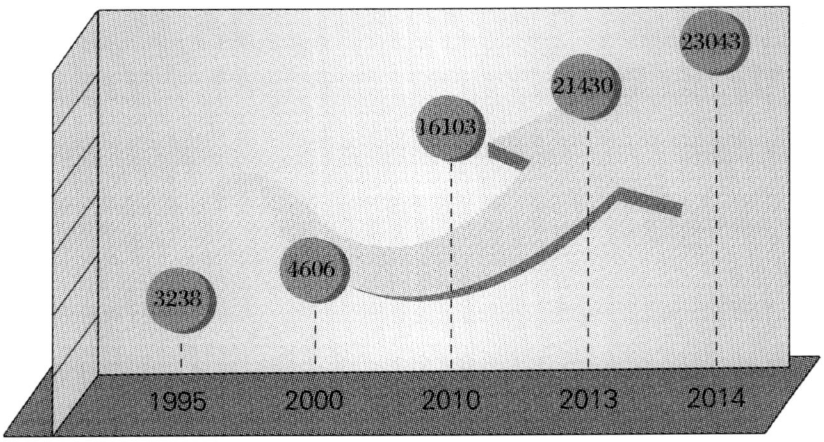

农民人均纯收入（元）

Per Capita Net Income of Rural Households （yuan）

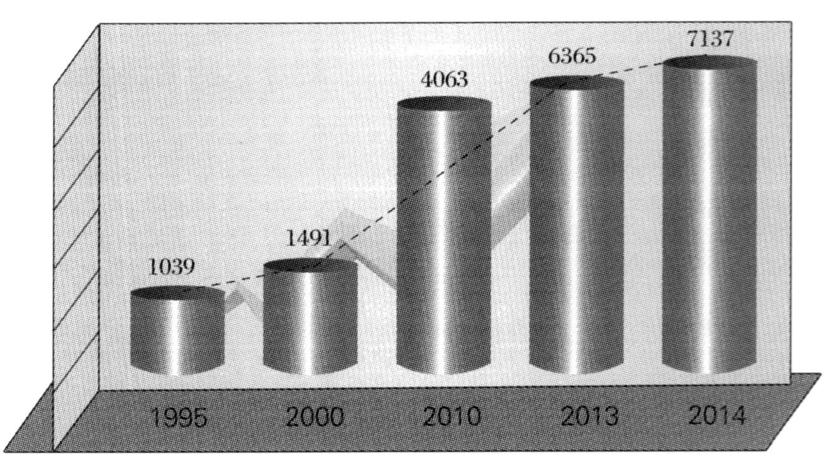

4-1 商品零售价格分类指数（2014年）
GENERAL RETAIL PRICE INDEXES BY CATEGORY OF COMMODITIES (2014)

上年价格 =100 (last year=100)

指　标	Item	城　市 Urban Indeces
商品零售价格总指数	**General Retall Price Indexes**	**100.8**
一、食品类	Food	103.6
1. 粮　食	Grain	103.8
2. 淀粉及薯类	Starches and Tubers	101.9
3. 干豆类及豆制品	Bean and Its Prodrcts	105.2
4. 油 脂	Oil or Fat	95.0
5. 肉禽及其制品	Meat&Poultry and their Products	97.5
6. 蛋	Eggs	114.3
7. 水产品	Aquatic Products	107.9
8. 菜	Vegetables	93.8
9. 调味品	Condiments	104.7
10. 糖	Sugar	100.8
11. 干鲜瓜果	Fresh and Dried Fruits	120.0
12. 糕点饼干面包	Cake,Biscuit and Bread	102.9
13. 奶及奶制品	Milk and Its Products	109.1
14. 在外用膳食品	Food Eating out	105.0
15. 其他食品	Other Foods	103.4
二、饮料、烟酒类	Drinking, Tobacco and Liquor	100.8
1. 茶及饮料	Tea and Drinking	101.1
2. 烟　草	Tobacco	100.2
3. 酒	Liquor	102.0
三、服装、鞋帽类	Garments,Shoes and Hats	102.9
1. 服 装	Garments	102.7
2. 鞋袜帽	Shoes,Socks and Stockings,Hats	103.7
3. 其　他	Others	100.0
四、纺织品类	Textiles	99.6
1. 衣着材料	Clothing Material	101.2
2. 床上用品	Bed Articles	99.2
五、家用电器及音像器材	Household Electrical Facilities &Audiovisual Articles	97.7
1. 家庭设备	Household Facilities	98.6
2. 文娱用耐用消费品	Durable Consrmer Goods for Recreation	95.3
3. 音像器材类	Audiovisual Articles	100.3

4-1 续表 continued

上年价格 =100 (last year=100)

指 标	Item	城 市 Urban Indeces
六、文化办公用品	Culture and Office Articles	99.3
七、日用品	Daily Use Articles and Others	99.9
1. 日用百货	Daily Use Articles	98.9
2. 日用杂品	Daily Use Sundry Goods	101.5
3. 洗涤用品	Washing Goods	100.2
4. 其他日用品	Other Daily Use Articles	99.5
八、体育娱乐用品	Sports and Recreational Articles	99.9
1. 体育用品	Sports Articles	99.8
2. 娱乐用品	Recreational Articles	100.1
九、交通、通信用品	Means of Transportation and Communication	98.3
1. 交通运输机械	Means of Transportation Communication	100.0
2. 通讯器材类	Means of Communication	93.9
十、家具	Furniture	99.1
十一、化妆品类	Cosmetics	101.4
十二、金银珠宝类	Golden & Silver and Jewelry	91.3
十三、中西药品及医疗保健用品类	Medicine and Medical Articles	101.5
1. 医疗器具及用品	Medical Appliances and Articles	100.0
2. 中药材及中成药	Traditional Chinese Medicine	101.7
3. 西药	Western Medicine	101.3
4. 保健器具及用品	Health Care Equipment and Articles	102.3
十四、书报杂志及电子出版物类	Newspapers & Magazines and Electronic Publication	102.8
1. 教材及参考书	Tecahing Materials and Reference Books	103.4
2. 书报杂志	Newspapers and Magazines	100.0
3. 电子音像制品	Electronic Audiovisual Products	99.6
十五、燃料类	Fuels	96.6
1. 煤炭及制品类	Coal and Coal Products	89.8
2. 石油及制品类	Petroleum and its Products	99.1
十六、建筑材料及五金电料类	Building Materials & Hardware and Electrical Materials	99.6
1. 建筑装璜材料	Decoration Materials	99.3
2. 五金电料类	Hardware and Electrical Materials	100.0

4-2 居民消费价格分类指数(2014年)
GENERAL RESIDENTS CONSUMER PRICE INDEXES BY CATEGORY OF COMMODITIES (2014)

上年价格=100 (last yeay=100)

指　标	Item	城　市 Urban Indeces
居民消费价格总指数	**General Residents Consrmer Price Index**	**101.7**
一、食　品	Food	103.6
1. 粮　食	Grain	103.8
2. 淀粉	Starches and Tubers	101.9
3. 干豆类及豆制品	Bean and Its Prodrcts	105.2
4. 油 脂	Oil or Fat	95.0
5. 肉禽及其制品	Meat and Poultry	97.5
(1) 食用畜肉及副产品	Poultry Meat and by-product	96.8
(2) 禽	Poultry	99.3
(3) 肉禽加工制品	Poultry Product	100.1
6. 蛋	Eggs	114.3
7. 水 产 品	Aqratic Products	107.9
(1) 鱼	Fish	105.3
(2) 其他水产品	Other Aquratic Products	115.9
8. 菜	Vegetables	93.8
(1) 鲜　菜	Fresh Vegetables	91.5
(2) 干菜及菜制品	Dried Vegetables and Its Products	110.7
9. 调 味 品	Condiments	104.7
10. 糖	Sugar	100.8
11. 茶及饮料	Tea and Beverages	101.1
(1) 茶叶	Tea	101.2
(2) 饮料	Beverages	101.1
12. 干鲜瓜果	Fresh and Dried Fruits	120.0
(1) 鲜　果	Fresh Fruits	125.0
(2) 干(坚)果及瓜果制品	Dried Fruits and Fruits Produets	108.4
13. 糕点饼干面包	Cake , Biscuit and bread	102.9
14. 奶及奶制品	Milk and Its Products	109.1
15. 在外用膳食品	Food Eating out	105.0
(1) 主　食	Staple Food	101.4
(2) 炒　菜	Fried Dishes	103.5
(3) 地方小吃	Local Snack	112.6
16. 其他食品及食品加工服务	Other Food and Food Processing	103.4
二、烟酒及用品	Tobacco,Liquor and Appliance	100.7
1. 烟草	Tobacco	100.2
2. 酒	Liquor	102.0
3. 吸烟饮酒用品	Appliance	
三、衣 着	Clothing	102.9
1. 服　装	Garments	102.7
(1) 男式服装	Man's Garments	102.9
(2) 女式服装	Woman's Garments	102.8
(3) 儿童服装	Children's Garments	101.3
2. 衣着材料	Clothing Material	101.2
3. 鞋袜帽	Shoes,Socks and Stockings ,Hats	103.7
(1) 鞋	Shoes	103.9
(2) 袜　子	Socks and Stockings	101.5
(3) 帽　子	Hats	101.3
4. 衣着加工服务	Colthing Processing	104.8

4-2 续表 continued

上年价格 =100 (last year=100)

指　　标	Item	城　市 Urban Indeces
四、家庭设备及用品	Household Facilities and Articles	100.2
1. 耐用消费品	Durable Consrmer Goods	98.8
(1) 家　具	Furniture	99.1
(2) 家庭设备	Household Facilities	98.6
2. 室内装饰品	Interior Decorations	96.2
3. 床上用品	Bed Articles	100.0
4. 家庭日用杂品	Daily Use Household Articles	101.8
5. 家庭服务及加工维修服务	Household Service, Processing and Repairment	109.5
五、医疗保健和个人用品	Medicine and Medical Articles	101.0
1. 医疗保健	Medical and Healtlh	100.8
(1) 医疗器具及用品	Medical Appliances and Articles	100.0
(2) 中药材及中成药	Traditional Chinese Medicine	101.7
(3) 西　药	Western Medicine	101.3
(4) 保健器具及用品	Health Care Equipment	102.3
(5) 医疗保健服务	Personal Articles and Service	100.0
2. 个人用品及服务	Personal Articles and Service	101.5
(1) 化妆美容用品	Cosmetics	100.7
(2) 卫生用品	Hygiene Articles	100.9
(3) 个人饰品	Personal Decorations	99.4
(4) 个人服务	Personal Service	103.3
六、交通和通讯	Means of Transportation and Communication	99.7
1. 交通	Transportation	100.5
(1) 交通工具	Means of Transportation	97.5
(2) 车用燃料及零配件	Fuel and Parts of Transportation	98.7
(3) 车辆使用及维修	Use and Repairment of Traffic Means	104.1
(4) 市区公共交通	Urban Public Transportation	108.5
(5) 城市间交通	Transportation Between of Cities	94.8
2. 通讯	Communication	99.0
(1) 通讯工具	Means of Communication	85.2
(2) 通信服务	Services of Communication	100.0
七、娱乐教育文化用品及服务	Recreation, Education and Culture Articles	101.9
1. 文娱用耐用消费品及服务	Durable Consumer Goods for Recreational Use	97.1
2. 教育	Education	105.7
(1) 教材及参考书	Teaching Materials and Reference Books	103.4
(2) 学杂托幼费	Tuition and Child -care Fees	106.0
3. 文化娱乐用品	Cultural and Recreational Articles	98.2
(1) 文化娱乐	Cultrral and Recreational	99.9
(2) 书报杂志	Newspapers and magazines	100.0
(3) 文娱费	Recreational Fees	97.4
4. 旅游及外出	Tourism	97.6
八、居　住	Recidence	99.2
1. 建房及装修材料	Housing Building and Decorations	99.7
2. 租房	Rent House	99.2
3. 自有住房	House Belong to Theirself	98.5
4. 水、电、燃料	Water, Electricity and Fuels	100.7

4-3 居民基本生活主要商品及费用平均价格
AVERAGE PRICE OF MAJOR COMMODITIES AND COST OF LIVING OF URBAN RESIDENTS

单位：元 (yuan)

商品名称	Item	2005	2010	2013	2014
普通面粉（标准粉，千克）	Flour (standard, kg)	2.405	2.900	3.810	3.820
粳米（标二，千克）	Rice (standard Ⅱ, kg)	3.642	5.350	7.380	7.460
挂面（精粉，千克）	Fine Dried Noodles (refined flour, kg)	2.817	3.570	7.000	7.480
食油（普通，千克）	Cooking Oil (ordinary, kg)	11.000	11.486	11.530	12.380
豆腐（水豆腐，千克）	Bean Curd (water bean curd, kg)	2.000	4.000	4.000	4.000
猪肉（去骨肉，千克）	Pork (peel bones, kg)	12.709	16.190	21.290	19.530
牛肉（去骨肉，千克）	Beef (peel bones, kg)	14.861	28.830	53.390	55.810
白条鸡（开膛，千克）	Chicken (cut open the chest, kg)	9.939	15.230	18.610	18.500
鲜蛋（一等，千克）	Fresh Eggs (first class, kg)	5.589	7.570	8.720	10.030
带鱼（中等，千克）	Hairtail (middle class, kg)	11.369	18.450	26.360	28.700
食盐（袋装，千克）	Salt(in bags, kg)	2.000	1.500	4.440	5.000
酱油（散装，千克）	Soy Sauce (unapckaged, km)	1.000			
醋（散装，千克）	Vinegar (unapckaged, km)	1.000			
味精（千克）	Gourmet Powder (first class, kg)	10.472	21.800	22.130	22.130
白糖（一级，千克）	Sugar (first class, kg)	6.867	11.366	17.040	17.160
乙级卷烟（盒）	Cigarette (second class, box)				
白酒（普通，千克）	White Sprit (ordinary, kg)		14.356	47.330	47.330
花茶（茉莉花茶，千克）	Scented Tea (jasmine tea, kg)				
苹果（一级，千克）	Apple (first, kg)	4.388	9.210	12.710	14.560
鲜奶（袋装，千克）	Fresh Milk (in bags, kg)	2.800	8.140	9.000	9.700
衬衫（普通，件）	Shirt (ordinary, pcs)	101.667	158.000	301.630	301.420
皮鞋（男式牛皮，双）	Leather Shoes (male type, double)	270.500	294.000	389.780	322.170
洗衣粉（500克，袋）	Washing Powder (500g, bag)	2.250	4.375	4.200	7.110
自行车（普通，辆）	Bicycle (ordinary, unit)	468.333	473.330	550.830	580.000
电风扇（落地扇，台）	Electric Fan (fall to the ground, unit)	269.000	268.000	299.080	283.000
银翘解毒丸（10丸，盒）	Chinese Medicine (Pack)				
山西日报（份）	Shanxi Daily (copy)	0.600	1.000		0.800
混纺毛线（千克）	Blended Wool (kg)	40.000	75.000	120.000	120.000
花卉布（幅宽90cm，米）	Cotton Print (m)				
牙膏（中号，支）	Tooth Paste (medium size, tube)	2.500	4.200		3.630
卫生纸（短卷，卷）	Toiot Paper (short rool, rool)	1.500	3.110	3.320	3.350
管道煤气（立方米）	Pipe Coal Gas (cu.m)	0.542			
房租（平方米）	Rent for House (sq.m)	1.310	1.500	1.590	1.590
自来水（民用，吨）	Tap Water(civil, ton)	1.650	2.300	2.470	2.810
居民用电（度）	Electric (kwh)	0.475	0.480	0.490	0.490
理发（男式，次）	Haircut (time)	10.000	11.670	13.610	13.410
洗澡（普通，次）	Bath (ordinary, time)	4.500	7.310	8.060	8.500
注射费（静脉，次）	Inject Fee (vein, time)	8.000	3.000	3.000	3.000
学杂费（高中一年级，学期）	Titution and Sundry Fees (Middle School, shool term)	666.667	672.500	666.670	666.670

4-4 原材料、燃料动力购进价格指数
INDEX OF RAW MATERIALS AND FUELS PURCHASING PRICE

上年价格 =100 (last year=100)

名 称	Item	2005	2010	2013	2014
总 指 数	**Total Price Index**	**111.97**	**111.39**	**94.30**	**98.10**
一、燃料动力类	Fuels	111.05	105.63	96.10	94.20
二、黑色金属材料类	Ferrous Metal Materials	150.13	121.26	95.10	98.90
钢 材	Steel	108.12	103.34	94.20	99.10
其 他	Others	189.18	134.85	95.90	98.70
三、有色金属材料和电线类	Non-ferrous Metals	102.09	115.66	98.90	99.60
四、化工原料类	Chemical Raw Materials	102.88	109.71	80.80	103.50
五、木材及纸浆类	Timber and Paper Pulp	100.43	102.25	100.00	100.00
六、建筑材料及非金属矿类	Building Materials and Non-metal Mineral	106.84	95.27	95.20	93.80
七、其他工业原材料及半成品类	Other Industrial Raw Materials and Half-products	114.52	107.77	95.00	98.40
八、农副产品类	Farm Products	108.91	99.33	100.00	102.40
九、纺织原料类	Textile Raw Materials				

4-5 工业品出厂价格指数
EX-FACTORY PRICE INDEX OF INDUSTRIAL PRODUCTS

上年价格 =100 (last year=100)

指　　标	Item	2005	2010	2012	2013	2014
全部工业品	**Total Industrial Products**	**116.4**	**105.12**	**94.50**	**92.10**	**89.30**
1. 轻工业	Light Industry	102.6	101.90	107.40	103.70	105.30
以农产品为原料	Using Farm Products as Raw Materials	100.9	99.16	110.10	101.30	100.10
以非农产品为原料	Using Non-farm Products as Raw Materials	103.0	102.63	100.00	110.20	118.60
重工业	Heavy Industry	118.4	105.31	94.20	91.90	89.00
采掘工业	Ming and Quarrying	125.7	106.46	93.10	97.80	97.00
原料工业	Raw Material Industry	108.4	105.43	93.30	90.20	86.30
加工工业	Manufacturing Industry	107.1	101.98	98.00	97.00	97.60
2. 生产资料	Productive Materials	117.4	105.09	94.40	91.30	88.60
采掘工业	Ming and Quarrying	125.7	106.36	93.10	97.80	97.00
原料工业	Raw Material Inductry	107.5	105.04	93.50	89.50	86.00
加工工业	Manufacturing Inductry	106.4	101.38	97.90	96.90	97.30
生活资料	Living Materials	102.2	105.09	95.30	103.00	98.60
食　品	Food	102.6	99.13	105.40	103.40	105.40
衣　着	Clothing	100.0	105.50	100.00	100.00	100.00
一般日用品	Daily Articles	98.8	116.55	92.50	103.00	96.70
耐用消费品	Duriable Consumer	97.8	100.00	100.00	100.00	100.00
按工业部门分:	By Department of Industry					
1. 冶金工业	Metallurgical Industry	104.8	112.04	90.20	95.20	94.50
2. 电力工业	Power Industry	108.6	104.42	109.50	99.40	97.90
3. 煤炭及炼焦工业	Coal and Coking Industry	126.5	106.61	88.40	85.00	81.00
4. 石油工业	Petroleum Industry		99.99	104.20	86.20	89.10
5. 化学工业	Chemical Industry	107.0	103.58	95.20	100.30	97.50
6. 机械工业	Machine Industry	107.0	97.28	99.50	97.80	98.30
7. 建筑材料工业	Building Materials Industry	102.6	101.39	98.00	98.90	97.10
8. 森林工业	Forestry Industry	97.8	100.00	100.00	100.00	100.00
9. 食品工业	Food Industry	100.8	96.38	110.30	101.30	100.10
10. 纺织工业	Textile Industry					
11. 缝纫工业	Tailoring Industry		106.82	100.00	100.00	100.00
12. 皮革工业	Leather Industry	108.2	104.20			
13. 造纸工业	Paper Making Industry	100.6				
14. 文教艺术用品工业	Cultural,Education & Handicrafts Article	93.2	100.00	99.90	99.50	100.00
15. 其他工业	Other Industry	108.4	95.79	94.20	94.00	102.60

4-6 工业品分行业出厂价格指数
EX-FACTORY PRICE INDEX OF INDUSTRIAL PRODUCTS BY SECTORS

上年价格 =100 (last year=100)

指　　标	Item	2005	2010	2013	2014
煤炭开采和洗选业	Coal Mining and Dressing	126.82	106.57	85.00	81.00
石油和天然气开采业	Petroleum and Natural Gas Extraction				
黑色金属矿采选业	Ferrous Metals Mining and Dressing	122.09	93.34	96.40	94.60
有色金属矿采选业	Non-ferrous Metals Mining and Dressing	118.81		97.30	100.00
非金属矿采选业	Non-metal Minerals Mining and Dressing	100.01	104.28	100.00	100.00
其他采矿业	Other Minings				
农副食品加工业	Farm Products Processing	100.97	123.50	98.60	97.50
食品制造业	Food Manufacturing	100.10	100.39	103.50	99.80
饮料制造业	Beverage Manufacturing	100.89	82.23	100.70	104.60
烟草制品业	Tobacco Products				
纺织业	Textile Industrial				
纺织服装、鞋、帽制造业	Garments , Shoes and Hats Manufacturing		106.82		
皮革、毛皮、羽毛(绒)及其制品业	Leather,Furs,Down and Related Products	108.19	104.20		
木材加工及木、竹、藤、棕、草制品业	Timber Processing,Bamboo,Cane,Plam,Fiber and Straw Products				
家具制造业	Furniture Manufacturing	97.76	100.00	100.00	100.00
造纸及纸制品业	Papermaking and Paper Products	100.59			
印刷业和记录媒介的复制	Printing and Record Medium Reproduction	93.18	100.00		100.00
文教体育用品制造业	Cultural, Educational and Sports Goods				
石油加工、炼焦及核燃料加工业	Petroleum Processing , Coking and Nuclear Fuel Processing	117.36	107.49	86.20	89.10
化学原料及化学制品制造业	Raw Chemical Materials and Chemical Products	111.82	99.98	93.70	99.80
医药制造业	Medical and Pharmaceutical Products	102.62	112.32	103.00	96.70
化学纤维制造业	Chemical Fiber	84.73			
橡胶制品业	Rubber Products	100.00	107.86	92.40	99.30
塑料制品业	Plastic Products	122.11	99.50	100.00	100.00
非金属矿物制品业	Non-metal Mineral Products	104.19	98.21	95.50	95.90
黑色金属冶炼及压延加工业	Smelting and Pressing of Ferrous Metals	102.17	112.71	94.10	94.10
有色金属冶炼及压延加工业	Smelting and Pressing of Non-ferrous Metals	101.70	117.76	97.10	93.90
金属制品业	Metal Prodcuts	100.61	111.59	99.80	100.00
通用设备制造业	Ordinary Machinery Manufacturing	102.30	97.40	100.00	100.00
专用设备制造业	Special Purpose Equipment Manufacturing	100.39	103.79	100.00	100.00
交通运输设备制造业	Transport Equipment Manufacturing	107.46	97.19		
电气机械及器材制造业	Electric Equipment and Machinery	96.00	96.23	97.70	99.60
通信设备、计算机及其他电子设备制造业	Telecommunications Equipments , Computer and Other Electronic Equipments Manufacturing				
仪器仪表及文化、办公用机械制造业	Instrument,Meters,Cultural and Office Machinery Manufacturing				
工艺品及其他制造业	Handicraft Articles and Others Manfacturing	119.05			
废弃资源和废旧材料回收加工业	Resources Discarded & Waste Materials Recovering and Processing				
电力、热力的生产和供应业	Production & Supply of Electric Power and Heating Power	108.64	104.42	99.40	97.90
燃气生产和供应业	Gas Production and Supply	108.33		100.00	100.00
水的生产和供应业	Tap Water Production and Supply	114.92	100.00	111.90	121.30

4-7 城镇居民家庭人均全部收入及构成
TOTAL INCOME PER CAPITA AND COMPOSITION OF URBAN HOUSEHOLDS

项　目	Item	2014
可支配收入（元）	**Disposable Income（yuan）**	**23043.0**
一、工薪收入	Income of Pay	14048.0
1. 工资及补贴收入	Wage and Subsidy	
2. 其他劳动收入	Other Income	
二、经营净收入	Net Income of Business	3137.0
三、财产性收入	Property Income	1221.0
#1. 利息收入	Interest	
2. 股息与红利收入	Dividend and Bonus	
3. 其他投资收入	Other Investment Income	
4. 保险收益	Insurance proceeds	
5. 出租房屋收入	House Rent Income	
四、转移性收入	Transfer Income	4637.0
#1. 养老金或离退休金	Pensions For Old People and Retired Veterans	
2. 社会救济收入	Social Relief Income	
3. 辞退金	Dismiss Pensions	
4. 赡养收入	Old Alimony	
5. 捐赠收入	Contribution Income	
6. 提取住房公积金	Drawing House Accumulation Fund	
可支配收入	**Disposable Income（%）**	100.0
一、工薪收入	Incom of Pay	61.0
1. 工资及补贴收入	Wage and Subsidy	
2. 其他劳动收入	Other Incom	
二、经营净收入	Net Incom of Business	13.6
三、财产性收入	Property Income	5.3
#1. 利息收入	Interest	
2. 股息与红利收入	Dividend and Bonus	
3. 其他投资收入	Other Investment Income	
4. 保险收益	Insurance proceeds	
5. 出租房屋收入	House Rent Income	
四、转移性收入	Transfer Income	20.1
#1. 养老金或离退休金	Pensions For Old People and Retired Veterans	
2. 社会救济收入	Social Relief Income	
3. 辞退金	Dismiss Pensions	
4. 赡养收入	Old Alimony	
5. 捐赠收入	Contribution Income	
6. 提取住房公积金	Drawing House Accumulation Fund	

4-8 城镇居民家庭平均每人全年消费性支出及构成
LIVING EXPENDITURE PER CAPITA AND COMPOSITION OF URBAN HOUSEHOLDS

项　目	Item	2014
消费性支出（元）	**Total living Expenditures (yuan)**	**10494.0**
一、食　品	Food	3321.0
1. 粮油类	Grain , Oil and Fats	
2. 肉禽蛋水产品类	Meats , Poultry , Eggs and Aquatic Products	
3. 蔬菜类	Vegetables	
4. 调味品	Seasoning	
5. 糖烟酒饮料类	Sugar , Tobacco , Liquor and Drinking	
6. 干鲜瓜果类	Dry and Fresh Fruits	
7. 糕点、奶及奶制品	Cakes , Milk and Milk Products	
8. 其他食品	Other Foods	
9. 饮食服务	Catering Service	
二、衣　着	Clothing	1243.0
三、家庭设备用品及服务	Household Facilities,Articles and Services	740.0
四、医疗保健	Medicine and Medical Services	651.0
五、交通和通信	Transportation and Communications	1016.0
六、教育、文化、娱乐服务	Education,Culture and Recreation Services	1071.0
七、居　住	Residence	2151.0
八、杂项商品及服务	Miscellaneous Commodities and Services	301.0
消费性支出构成（%）	**Composition of Living Expenditure(%)**	**100.0**
一、食　品	Food	31.6
1. 粮油类	Grain , Oil and Fats	
2. 肉禽蛋水产品类	Meats , Poultry , Eggs and Aquatic Products	
3. 蔬菜类	Vegetables	
4. 调味品	Seasoning	
5. 糖烟酒饮料类	Sugar , Tobacco , Liquor and Drinking	
6. 干鲜瓜果类	Dry and Fresh Fruits	
7. 糕点、奶及奶制品	Cakes , Milk and Milk Products	
8. 其他食品	Other Foods	
9. 饮食服务	Catering Service	
二、衣　着	Clothing	11.8
三、家庭设备用品及服务	Household Facilities,Articles and Services	7.1
四、医疗保健	Medicine and Medical Services	6.2
五、交通和通信	Transportation and Communications	9.7
六、教育、文化、娱乐服务	Education,Culture and Recreation Services	10.2
七、居　住	Residence	20.5
八、杂项商品及服务	Miscellaneous Commodities and Services	2.9

4-9 主要年份城镇居民人均可支配收入增长情况
INCREASE OF URBAN HOUSEHOLDS PRE CAPITA BUDGETARY IN MAJOR YEARS

单位:元 (yuan)

年 份 year	可支配收入 Disposable Income	比上年增加额 Increase Value Over Last year	比上年增长(%) Increase Rate Over Last year	扣除物价上涨因素后 Deducting Price Rising	
				实际收入 Disposable Income	比上年增长 % Increase Rate Over Last year
1957	147.9	18.6	14.4	167.0	12.9
1978	287.0				
1980	345.5	24.5	7.6	366.4	6.1
1985	623.7	69.1	7.6	621.3	-0.4
1990	1395.9	162.5	13.2	1562.5	11.9
1995	3238.0	719.4	28.6	3552.7	9.7
2000	4605.6	299.4	7.0	4590.4	-0.3
2001	5053.7	448.1	9.7	5618.7	11.2
2002	6150.6	1097.0	21.7	6603.6	
2003	6770.4	619.8	10.1		
2004	7306.2	535.8	7.9	8029.2	5.5
2005	8525.9	1219.7	16.7	9622.1	17.0
2006	9765.1	1239.2	14.5	10984.8	9.1
2007	11508.4	1743.3	17.8	13147.0	13.1
2008	13758.2	2249.8	19.6	14696.3	4.4
2009	14585.1	826.8	6.0	14673.1	-0.2
2010	16102.6	1517.5	10.4	17167.8	17.0
2011	18914.9	2812.4	17.5	19725.0	14.9
2012	21482.2	2567.3	13.6	22944.1	16.3
2013	21430.0	1613.0	7.5		
2014	23043.0	1727.0	8.1	23043.0	6.3

4-10 城镇居民人均消费性支出增长情况
INCREASE OF URBAN HOUSEHOLDS PER CAPITA LIVNG EXPENDITURE

单位:元 (yuan)

年 份 year	消费性支出 Living Expenditures	比上年增加额 Increase Value Over Last year	比上年增长(%) Increase Rate Over Last year	扣除物价上涨因素后 Deducting Price Rising	
				实际支出 Expenditure	比上年增长 % Increase Rate Over Last year
1957	149.42	18.32	13.97	168.11	12.51
1978	275.00				
1980	323.24	23.24	7.75	343.15	6.16
1985	566.76	105.28	36.08	683.12	20.53
1990	1101.32	93.51	9.28	1190.42	8.09
1995	2874.41	744.99	34.99	3310.75	15.18
2000	3736.14	264.63	7.62	3747.35	0.30
2001	4006.36		7.23	4352.51	8.64
2002	4694.52	688.16	17.18	5986.56	
2003	5059.38	364.86	7.77		
2004	5476.08	416.70	8.24	7507.92	7.71
2005	6388.53	912.45	16.66	9466.60	23.13
2006	6962.28	573.75	8.90	9688.80	8.36
2007	7749.89	885.09	12.71	11919.70	8.06
2008	9037.97	1288.08	16.62	11262.65	-11.78
2009	9381.29	343.32	3.80	9437.92	-16.20
2010	10140.50	759.21	8.09	12777.62	35.39
2011	12242.62	2102.12	20.73	15240.92	19.28
2012	13440.61	1197.99	9.79	17073.10	12.02
2013					
2014	10494.00	691.00	7.00	10494.00	5.2

4-11 主要年份农村住户每人平均纯收入
PER CAPITA NET INCOME OF RURAL HOUSEHOLDS IN MAJOR YEARS

单位:元 (yuan)

年份 Year	全年纯收入 Year Net Income	按纯收入来源分 By Source		
		一、基本收入 Basic Income	1. 工资性收入 Laborers' Remuneration	2. 家庭经营纯收入 Net Income from Household Business
1999	1066.33	1453.02	493.85	959.17
2000	1491.30	1393.30	555.89	837.41
2001	1250.92	1666.17	528.61	1137.56
2002	1847.91	1579.37	571.00	1008.37
2003	1975.42	1938.88	583.79	1355.09
2004	2202.07	2164.30	638.71	1525.59
2005	2394.18	2330.60	826.49	1504.11
2006	2661.47	2576.19	1024.33	1551.86
2007	3033.45	2831.29	1123.99	1707.30
2008	3354.44	3152.32	1352.85	1799.47
2009	3589.48	3314.30	1500.98	1813.32
2010	4062.90	3694.83	1649.06	2045.77
2011	4936.37	4237.06	2239.07	1997.99
2012	5642.30	4848.77	2591.82	2256.95
2013				
2014				

年份 Year	按纯收入来源分 By Source		按纯收入性质分 Grouped by Type of Income	
	二、转移性收入 Transfer Income	三、财产性收入 Property Income	1. 生产性收入 Productive Income	2. 非生产性收入 Nonproductive Income
1999	14.33	40.56	1453.02	54.89
2000	23.32	6.20	1393.30	29.52
2001	12.14	8.93	1666.17	21.07
2002	21.05	2.11	1579.37	23.16
2003	12.97	23.56	1938.88	36.53
2004	16.20	21.55	2164.30	37.75
2005	12.28	51.30	2330.60	63.58
2006	63.36	21.92	2576.19	85.28
2007	113.62	88.54	2831.29	202.16
2008	173.68	28.44	3152.32	202.12
2009	198.22	76.96	3314.30	275.18
2010	276.38	91.69	3694.83	368.07
2011	482.01	217.30	4237.06	699.31
2012	209.56	583.97	4848.77	793.53
2013				
2014				

主要统计指标解释

居民消费价格指数　反映居民生活消费品及服务项目价格变动趋势和变动程度的相对数，采用链式拉斯贝尔公式，加权平均计算。根据抽样调查方法在全省抽取 17 个调查市、县为填报单位。

商品零售价格指数　反映市场商品零售价格变动趋势和变动程度的相对数，计算方法及样本单位同上。

农业生产资料价格指数　反映农业生产资料价格变动趋势和变动程度的相对数，计算方法同上，根据抽样调查方法在全省抽取 7 个县、市为填报单位。

工业产品出厂价格指数　是反映全部工业产品出厂价格总水平的变动趋势和程度的相对数，根据全省部分重点企业的产品出厂价格的定期调查资料，按加权算术平均公式计算。

原材料、燃料、动力购进价格指数　是反映工业企业购进主要原材料、燃料、动力价格水平变动趋势和程度的相对数。根据全省部分重点企业主要原材料、燃料、动力购进价格的定期调查资料，按加权算术平均公式计算。

房地产价格指数　是反映全社会各类房地产销售、租赁、土地交易价格变动趋势和幅度的相对数。包括房屋销售价格指数、房屋租赁价格指数和土地交易价格指数。

城镇居民家庭就业人口　指从事社会劳动并取得劳动报酬或经营收入的人口。我国的就业方针是："在国家统筹规划和指导下，实行劳动部门介绍就业、自愿组织起来就业和自谋职业相结合"。因此通过这三种方式就业的，不论在全民所有制、集体所有制单位工作或从事个体劳动，不论有固定性职业或临时性职业都是就业人口。

城镇居民家庭总收入　指调查户中生活在一起的所有家庭成员在调查期得到的工资性收入、经营净收入、财产性收入、转移性收入的总和，不包括出售财物和借贷收入。

城镇居民家庭可支配收入　指调查户可用于最终消费支出和其它非义务性支出以及储蓄的总和，即居民家庭可以用来自由支配的收入。它是家庭总收入扣除交纳的个人所得税、个人交纳的社会保障支出以及调查户的记账补贴后的收入。计算公式为：

可支配收入＝家庭总收入－交纳个人所得税－个人交纳的社会保障支出－记账补贴

城镇居民家庭工资性收入　指就业人员通过各种途径得到的全部劳动报酬，包括所从事的主要职业的工资以及从事第二职业、其他兼职和零星劳动得到的其它劳动收入。

城镇居民家庭消费支出　指调查户用于满足家庭日常生活消费需要的全部支出，包括食品、衣着、居住、家庭设备用品及服务、医疗保健、交通和通信、教育文化娱乐服务、杂项商品和服务八大类等。

农村居民家庭纯收入　指农村住户当年从各个来源得到的总收入相应地扣除所发生的费用后的收入总和。纯收入主要用于再生产投入和当年生活消费支出，也可用于储蓄和各种非义务性支出。"农民人均纯收入"是按人口平均的纯收入水平，反映的是一个地区一个农村居民的平均收入水平。计算公式为：

纯收入＝总收入－家庭经营费用支出－税费支出－生产性固定资产折旧－赠送农村内部亲友支出

农村居民家庭生活消费支出　指农村住户用于物质生活和精神生活方面的消费支出。生活消费支出包括食品支出、衣着支出、居住支出、家庭设备用品及服务支出、医疗保健支出、交通和通讯支出、文化教育娱乐用品及服务支出、其他商品和服务支出。

Explanatory Notes on Main Statistical Indicators

Residents Consumer Price Indices reflect the trend and degree of changes in prices of consumer goods and services purchased by urban and rural residents. They are calculated by the weighted arithmetic mean, using Byes formula. According to sampling survey, draw 17 survey cities and counties in total Province as report units.

Retail Price Indices reflect the general change and degree in retail prices of market commodities. The calculating method and sample unit are the same as above.

Indices of Agricultural Productive Materials refer the trend and degree of changes in price of agricultural productive materials. The calculating method is same as above, and drawing 7 survey cities and counties as report units.

Ex–factory Price Indices of Industrial Products reflect the trend and degree of changes in ex–factory prices of all industrial products. They are calculated by the weighted arithmetic mean, according to regular survey data of ex–factory price in part of important enterprises in the province.

Purchasing Price Indices of Raw Materials, Fuels and Power reflect the trend and degree of changes in prices of industrial enterprises purchasing raw materials and fuels. They are calculated by the weighted arithmetic mean, according to regular survey data of major raw materials and fuels purchasing price in part of important enterprises in the province.

Price Indices of Real Estate reflect the trend and degree of changes in price of all kinds real estate selling, renting land and dealing. They include selling price index of house, price index of renting house and price index of land deal.

Employed Population in Urban Households refer to urban residents engaged in certain work and receiving payment for their labor or income from their business operation. Under the overall plan and guidance of our country' s employment policy, there are three means to find a job through employment department providing services, laborers organizing themselves on a voluntary basis and finding jobs all by themselves. Laborers who get jobs by the three means are employed population, regardless of whether they work in state–owned enterprises or collective enterprises with permanent or temporary jobs.

Total Income of Urban Household refers to the total of wages, net business income, property income and transfer income of the membership in sample households. It excludes income of property selling and loans borrow.

Disposable Income of Urban Households refers to the actual income at the disposal of members of the households which can be used for final consumption, other non–compulsory expenditure and savings. This equals to total income minus income tax, expenditure of personal social insurance and subsidies of account. The formula is as follow:

Disposable income of urban households = total income — income tax — expenditure of personal social insurance — subsidies of account.

Income of Wages of Urban Households refers to total wages of employees by all kinds of ways, including wages of major occupation engaged, other income of the second occupation and part–time job or odd labor.

Expenditure of Urban Households for Consumption refers to total expenditure of the sample households for consumption in daily, including eight types, such as food, clothes, residence, household facilities, articles and services, medicine and medical services, transportation and communications, recreation, education and cultural services, miscellaneous commodities and services.

Net Income of Rural Households refers to sum of income in rural households during a year of total income from all sources minus all expenses. Net income is mainly used in re–production input and expenditure in living consumption, also in saving and non–compulsory expenditure. Income of rural households reflects average income level in a region or a rural resident. It is calculated:

Net Income = total income — expenditure in manage expenses — tax and fee — depreciation of fixed assets — expenditure in contribution to relatives and friends inside rural.

Expenditure of Rural Households for Consumption refers to expenditure of rural households used in cultural life and material life for consumption, which includes expenditures on food, clothing, housing, equipments and articles, health care, transportation and communication, culture, education and recreation articles and services, other commodities and services.

农村经济

AGRICULTRAL ECONOMYS

资料整理人员

李志宏　石 全　唐丽萍　张秀兰

樊翠兰　刘 琛　李 鹏

农村经济
AGRICULTURAL ECONOMY

农林牧渔业总产值	Gross Output Value of Farming, Forestry Animal Husbandry and Fishery	107.86	亿元	（100 million yuan）
农作物播种面积	Sown Areas of Farm Crops	320.82	千公顷	（1000 hectares）

农林牧渔业总产值构成（%）

Composition of Gross Output Value of Farming Forestry, Animal Husbandry and Fishery（%）

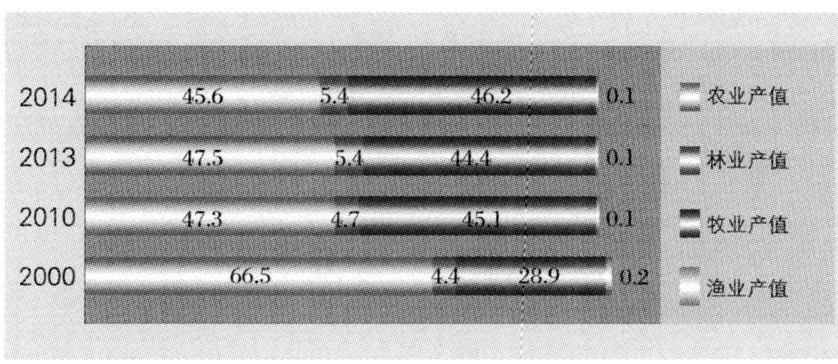

主要农产品产量（万吨）

Output of Major Farm Crops（10 000 tons）

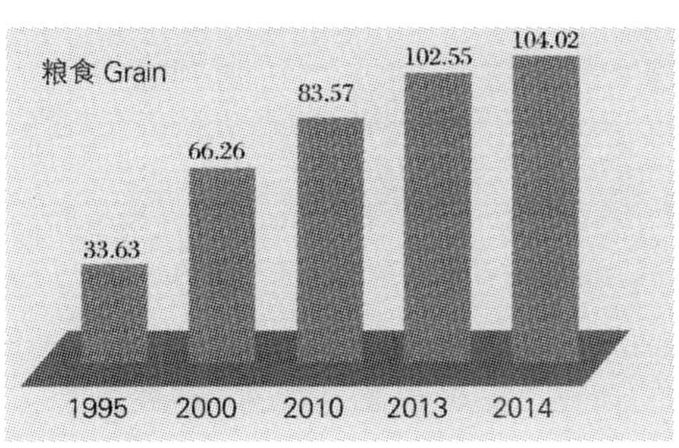

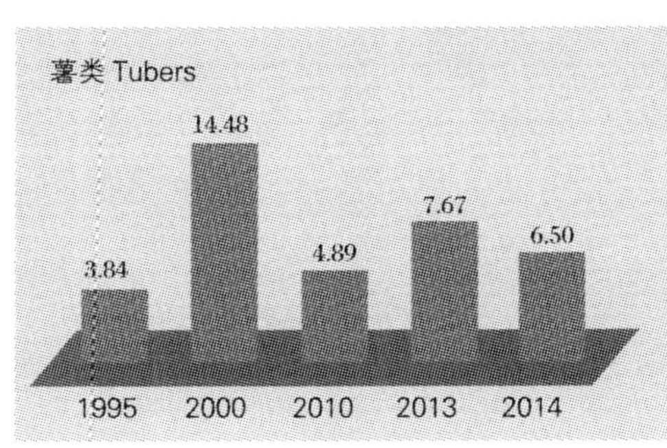

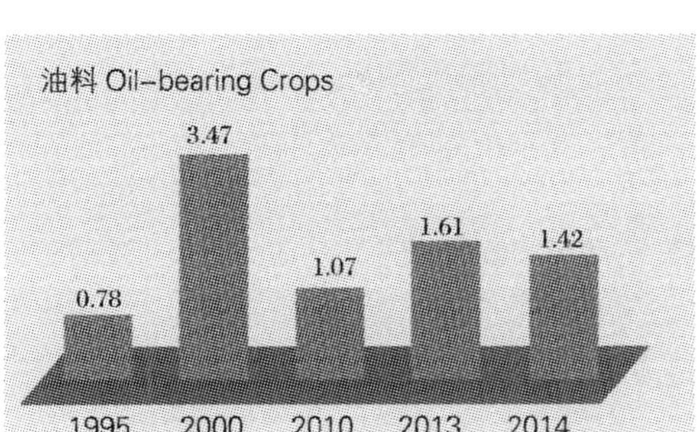

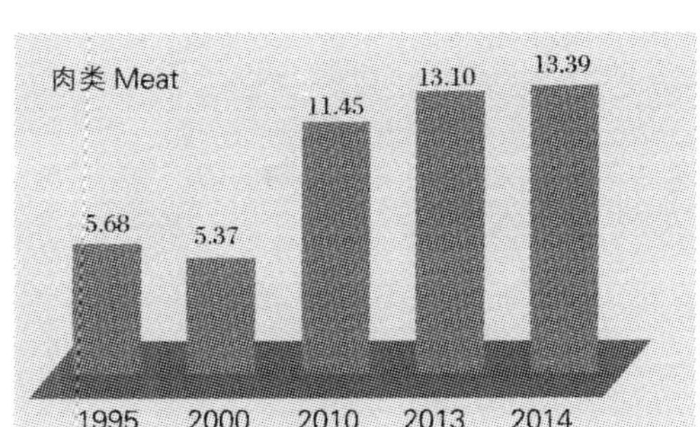

5-1 农村基层组织情况
RURAL GROSS -ROOTS ORGANIZATIONS

指　　标	Item	2000	2005	2010	2013	2014
一、农村基层组织情况	Basic Conditions of Rural Grassroots Units					
1. 乡（镇）政府　（个）	Number of Township and Town Governments (unit)	146	99	99	99	99
# 镇政府	Number of Town Governments	25	33	33	33	33
2. 村民委员会　（个）	Number of Villager's Committees (unit)	2275	1973	1961	1966	1969
二、乡村户数　（万户）	Number of Rural Households (10 000 households)	47	49	56	65	65
三、乡村人口　（万人）	Rural Population (10 000 persons)	163	166	171	171	171
四、乡村劳动力　（万人）	Number of Rural Laborers (10 000 persons)	65	66	71	73	74
1. 按性别分	Group by Sxual Distinction					
男劳动力	Male	37	38	41	41	41
女劳动力	Female	28	28	30	32	33
2. 按行业分	Group by Sector					
农林牧渔业	Farming, Forestry, Animal Husbandry and Fishery	43	43	43	42	43
# 林牧渔业	Forestry, Animal Husbandry and Fishery	3	4			
工　业	Industry	6	6	6	6	6
建 筑 业	Construction	3	3	5	6	6
交通运输、仓储及邮电通讯业	Transportation Storage, Post and Telecommunication Services	4	5	6	6	6
批发、零售贸易业、餐饮业	Wholesale, Retail Sale and Catering Trades	3	4	6	4	4
其他非农行业	Other Non-agricultural Trades	6	5	5	9	10

5-2 主要年份农林牧渔业总产值
GROSS OUTPUT VALUE OF FARMING,FORESTRY,ANIMAL HUSBANDRY AND FISHERY IN MAJOR YEARS

按当年价格计算 (at current price)

年 份 Year	农林牧渔业总产值(万元) Total (10 000 yuan)	农业产值 Farming	#种植业 Planting	林业产值 Forestry	牧业产值 Animal Husbandry	渔业产值 Fishery	农林牧渔服务业产值 Farming,Forestry, Animal,Husbandry and Fishery service
1965	23845	17106	17106	1422	4853		
1970	34936	27250	27250	2266	4798		
1975	56847	43319	43319	2158	8363		
1980	55783	36326	36326	3448	10973		
1985	96704	65031	65031	6730	17961		
1990	98056	68792	68792	4243	23419		
1995	178725	96936	93937	8168	73411	210	
2000	231272	156498	152888	9595	64717	462	
2005	421187	221707	221707	19572	163927	853	15128
2006	377095	223753	137915	20549	120471	1015	11307
2007	385267	164588	90407	26627	180534	780	12738
2008	543104	226123	146748	16738	281396	650	18197
2009	584842	207513	116970	27790	330841	672	18026
2010	666368	315003	209011	31521	300717	590	18537
2011	845440	374641	239356	38906	409250	641	22002
2012	923587	417353	251786	51342	428282	854	25756
2013	1015461	481945	281014	54331	450742	968	27475
2014	1078606	491771	295928	57802	498785	965	29283

注：由于国家统计报表制度的改革，2003年以后农林牧渔业总产值口径有变动。一是总产值中包括了农林牧渔服务业产值；二是其中的“农业产值”中不包括“农民家庭兼营工业”；三是林业产值中“竹木采运”产值为社会口径。

Note: The ranage of gross output value of farming,forestry,animal husbandry and fishery is adjustedin 2003,for state statistical system reform. The first,the data of gross output value included output value of service,The second ,the data of farming ourput value exclude industry run by peasant households.The third,the date of bamboo &wood collection and transportation is include total sociery.

5-3 农林牧渔业增加值
ADDITIONAL VALUE OF FARMING,FORESTRY,ANIMAL HUSBANDRY AND FISHERY

单位：万元 (10 000 yuan)

指 标	Item	2000	2005	2010	2013	2014
一、农林牧渔业总产值	Gross Output Value	231272	421187	666368	1015461	1078606
农 业	Farming	156498	221707	315003	481945	491771
林 业	Forestry	9595	19572	31521	54331	57802
牧 业	Animal Husbandry	64717	163927	300717	450742	498785
渔 业	Fishery	462	853	590	968	965
农林牧渔服务业	Farming, Forestry, Animal Husbandry and Fishery		15128	18537	27475	29283
二、农林牧渔业中间消耗	Intermediate Material Consumption	106245	202114	303755	467861	495408
农 业	Farming	66317	102961	135833	213648	215881
林 业	Forestry	5709	12919	14206	29827	31117
牧 业	Animal Husbandry	34145	78793	142272	207469	231375
渔 业	Fishery	74	427	381	443	439
农林牧渔服务业	Farming, Forestry, Animal Husbandry and Fishery		7014	11063	16474	16597
三、农林牧渔业增加值	Added Value	125027	219073	362613	547600	583197
农 业	Farming	90181	118746	179170	268296	275891
林 业	Forestry	3886	6653	17315	24505	26685
牧 业	Animal Husbandry	30572	85134	158445	243273	267410
渔 业	Animal Husbandry	388	426	209	525	526
农林牧渔服务业	Farming, Forestry, Animal Husbandry and Fishery		8114	7474	11001	12686

注：本表口径同5-2。

Note:The range of the data in this table is same with table 5-2.

5-4 耕地面积增减情况
INCREASE AND DECREASE OF CULTIVATED AREA

单位：千公顷 (1 000 ha)

项　目	Item	2000	2005	2006	2007
一、年末实有耕地面积	Cultivated Areaat the Year-end	442.78	362.10	358.28	360.55
按总人口平均每人耕地（公顷）	Per Cultivated Area by Total Population(ha)	0.15	0.12	0.11	0.11
1. 水　田	Paddy Fields	0.29	0.29	0.29	0.29
2. 旱　地	Dry Fields	442.49	361.81	357.99	360.26
# 水浇地	Irrigable Land	97.26	97.68	96.11	96.94
二、当年增加耕地面积	Increased Area in the Year	0.07	0.52	7.78	4.03
# 新开荒地面积	Bring Barren under Cultivation	0.07	0.51	0.35	0.39
三、当年减少耕地面积	Decrease in Cultivated Area	0.43	9.04	11.60	1.76
#1. 国家基建占地	Capital Construction of the Government	0.13	0.03	0.07	0.21
占减少耕地面积（%）	Percentage to Decrease in Cultivated Area	29.8	0.38	0.61	11.93
2. 其他基建占地	Other Construction		0.14	0.14	1.36
占减少耕地面积（%）	Percentage to Decrease in Cultivated Area		1.52	1.24	77.27
3. 退耕还林还草占地	Cultivated Area Replaced by Fofest and Gress Land		8.08	8.44	0.11
占减少耕地面积（%）	Percentage to Decrease in Cultivated Area		89.40	72.76	6.25
四、年末耕地面积中	Among Cultivated Area Year-end				
常用耕地面积	Cultivated Area Changed Gardan		313.39	311.86	316.31
占年末耕地面积（%）	Percentage Cultivated Area Year-end		86.55	87.04	87.73

5-5 主要年份耕地面积
AREA UNDER CULTIVATION IN MAJOR YEARS

单位：千公顷 (1 000 ha)

年　份 Year	耕地面积 Cultivated Area	# 旱　地 Dry Fields	有效灌溉面　积 Effective Irrigated Area	# 机电灌溉面积 Mechanical and Electrical Irrigated Area	机耕地面积 Area Cultivated by Machine
1965	412.08		61.35		
1970	366.19		71.51		
1975	377.76		83.63		
1980	385.33		90.46		
1985	35.02		91.73		
1990	348.74		107.32	78.49	220.83
1995	346.33	346.30	113.19	81.94	221.03
2000	442.78	442.49	97.54	84.90	263.20
2005	362.10	361.82	114.03	84.98	130.91
2006	358.28	357.99	116.89	51.08	127.06
2007	360.55	360.26	118.06	43.12	128.08
2008	372.35		119.23	49.90	154.92
2009			119.01	69.23	166.07
2010			124.55	79.17	192.25
2011			126.79	85.64	180.74
2012			130.11	97.50	194.21
2013			134.14	113.12	208.23
2014			139.36	112.90	209.20

5-6 主要年份主要农作物播种面积
SOWN AREAS OF MAJOR FARM CROPS IN MAJOR YEARS

单位：千公顷 (1 000 ha)

年 份 Year	总播种面积 Total Sown Area	#粮食作物 Grain Crops	#谷 物 Cereal	#油 料 Oil-bearing Crops	#甜 菜 Beetroots	#蔬 菜 Vegetable
1965	421.07	375.28		18.93	2.27	6.25
1970	373.13	323.60		17.71	2.69	6.68
1975	377.97	333.39		17.89	3.65	8.05
1980	385.15	313.43		45.32	2.10	7.05
1985	353.81	263.43		63.27	2.76	9.66
1990	349.89	275.16	202.15	46.31	4.07	11.36
1995	351.61	282.49	179.41	30.01	7.10	19.23
2000	352.81	263.24	146.75	46.73	1.15	24.12
2001	276.78	213.53	133.31	29.59	0.80	16.76
2002	334.03	248.76	148.18	37.17	0.86	24.64
2003	307.76	221.53	133.59	32.25	0.58	26.54
2004	296.82	235.13	173.00	24.16	0.20	23.25
2005	303.25	241.69	184.65	25.31	0.25	21.67
2006	311.07	254.37	196.28	21.44	0.60	19.48
2007	317.29	269.54	210.32	19.22	0.56	15.53
2008	319.00	268.23	210.02	22.51	0.53	17.01
2009	316.57	267.77	210.62	19.71	0.33	18.01
2010	319.13	275.60	217.67	26.76	0.34	15.26
2011	319.52	276.82	217.52	16.21	0.62	15.34
2012	321.73	278.94	220.72	15.87	0.91	18.76
2013	322.23	279.46	220.05	15.68	0.51	19.28
2014	320.82	279.36	222.25	15.25	0.28	18.73

5-7 农作物播种面积
SOWN AREAS OF FARM CROPS

单位：千公顷　　(1 000 ha)

指　标	Item	2005	2006	2007	2008	2009	2010	2013	2014
农作物总播种面积	**Total Sown Area**	**303.25**	**311.07**	**317.29**	**319.00**	**316.57**	**319.13**	**322.23**	**320.82**
一、粮　食	**Grain**	**241.69**	**254.37**	**269.54**	**268.23**	**267.77**	**275.60**	**279.46**	**279.36**
(一)谷　物	Cereal	184.65	196.28	210.32	210.02	210.62	217.67	220.05	222.25
#稻　谷	Rice	0.11	0.12	0.13	0.06	0.01	0.01	0.01	0.01
小　麦	Wheat								
玉　米	Corn	139.81	141.18	154.91	153.38	150.65	158.71	161.22	161.72
谷　子	Millet	20.22	21.62	20.55	19.85	17.30	18.70	16.65	19.22
高　粱	Sorghum	1.34	1.33	1.57	1.54	2.20	2.57	2.31	2.89
莜　麦	Nakedoats	6.71	7.19	7.30	8.39	8.99	9.10	9.16	9.21
(二)豆　类	Beans	27.26	28.53	29.38	31.54	31.37	32.21	28.99	28.15
#大　豆	Soybean	12.93	13.84	12.61	13.46	13.52	13.73	11.98	11.54
(三)薯　类	Tubers	29.78	29.56	29.84	26.67	25.78	25.72	30.42	28.97
#马铃薯	Potato	29.78	29.56	29.84	26.67	25.78	25.72	30.42	28.93
二、油　料	**Oil-bearing Crops**	**25.31**	**21.44**	**19.22**	**22.51**	**19.71**	**17.68**	**15.68**	**15.25**
#花　生	Peanuts	0.05	0.05	0.03	0.03	0.02	0.09	0.03	0.03
油　菜	Rapeseeds	0.05			0.01	0.01			
芝　麻	Sesame								
胡　麻	Benne	16.35	13.65	12.80	16.13	12.36	11.12	9.84	9.59
向日葵	Sunflower	5.63	4.95	4.25	3.55	3.68	3.76	3.39	3.87
三、棉 花	**Cotton**			**0.05**					
四、麻 类	**Fiber Crops**								
五、甜 菜	**Beetroots**	**0.25**	**0.60**	**0.56**	**0.53**	**0.33**	**0.34**	**0.51**	**0.28**
六、烟 叶	**Tobacco**	**0.09**							
七、药 材	**Medicinal Materials**	**1.82**	**4.87**	**4.70**	**4.42**	**4.17**	**4.15**	**2.19**	**2.31**
八、蔬菜、瓜类	**Vegetables and Melons**	**25.49**	**24.98**	**18.96**	**20.53**	**21.90**	**18.64**	**22.22**	**21.52**
#蔬　菜	Vegetables	21.67	19.48	15.53	17.01	18.01	15.26	19.28	18.73
九.其他作物	**Others**	**8.60**	**4.81**	**4.26**	**2.78**	**2.69**	**2.73**	**2.17**	**2.10**
#青饲料	Greenfeed	7.11	3.70	3.41	1.84	1.93	2.42	1.86	2.04

5-8 主要年份主要农作物产量
OUTPUT OF MAJOR FARM CROPS IN MAJOR YEARS

单位：吨 (ton)

年份 Year	粮食 Grein	1.谷物 Cereal	#稻谷 Rice	#小麦 Wheat	#玉米 Corn	#谷子 Millet
1965	251870			7055	37285	67320
1970	387335			12510	98355	94975
1975	572685			11915	231715	107315
1980	478265			10845	173420	94785
1985	603593			40874	148387	112701
1990	707623		477	44660	246203	86595
1995	336325	273347	572	37205	163426	25104
2000	662555	474170	1066	2096	320667	57226
2001	127702	100586	452	373	86144	4753
2002	635054	460896	648	54	339905	45928
2003	591280	444579	717	6	348538	36131
2004	784296	665965	360	5	598752	24944
2005	772129	671262	710		598759	35836
2006	762909	669915	602		583822	37603
2007	492328	440717	456		398372	16741
2008	697209	623928	375		555417	26329
2009	506445	458890	63		419727	13511
2010	835672	756687	14		662378	35129
2011	859000	769568	40		673994	32561
2012	949000	856943	32		754508	35075
2013	1025489	916334	26		817828	33265
2014	1040249	948304	56		857131	32722

年份 Year	#高粱 Sorghum	2.豆类 Beans	#大豆 Soybean	3.薯类 Tubers	#马铃薯 Potato	油料 Oil-bearing Crops
1965	23615		8840	49665		5025
1970	23510		15760	69920		7050
1975	28180		10460	79795		3910
1980	6550		7410	81995		21125
1985	5254		18873	101170		62124
1990	5031		19778	134244	134064	48092
1995	2419	24546	9394	38432	38061	7848
2000	7233	43542	18299	144843	144561	34715
2001	916	3395	1400	23721	23711	3205
2002	7340	43828	18222	130330	130302	35158
2003	5166	36586	15359	110115	110099	27914
2004	3085	24913	12447	93418	93418	21626
2005	3064	22982	13073	77885	77885	20059
2006	2703	23704	13108	69290	69290	18050
2007	1532	13686	5649	37925	37925	10285
2008	2991	20715	8946	52566	52566	14963
2009	1883	13613	6930	33941	33941	7304
2010	6616	30097	14292	48889	48889	10663
2011	4917	30832	13368	58600	58600	13572
2012	6277	32847	13900	59210	59210	15077
2013	8406	32421	14934	76734	76734	16076
2014	9188	26954	11075	64991	64839	14219

5-8 续表 continued

单位：吨 (ton)

年 份 Year	麻 类 Fiber Crops	甜 菜 Beetroots	烟 叶 Tobacco	蔬 菜 Vegetable
1965		11732		121863
1970		14826		190655
1975		23248		222002
1980		27481		186180
1985		62292		333459
1990		108484		432241
1995	31	103753	311	555441
2000	55	25341	587	879847
2001	12	6597	164	492091
2002	15	19691	398	1066249
2003	1221	14065	533	1057695
2004	2	3640	444	971692
2005		4465	511	903678
2006		15343		850950
2007		11338		612036
2008		19397		609719
2009		9694		627263
2010		8357		575265
2011		29261		631057
2012		50063		740136
2013		22775		809831
2014		14666		807296

5-9 主要年份主要油料作物产量
OUTPUT OF MAJOR OIL-BEARING CROPS IN MAJOR YEARS

单位：吨 (ton)

年 份 Year	花生果 Peanuts	油菜籽 Rapeseeds	胡麻籽 Benne	向日葵籽 Sunflower	蓖麻籽 Castor bean
1995	297		1803	3801	2
1996	422		20848	18841	
1997	525		12003	8834	
1998	472		18192	16123	140
1999	41		2829	3324	192
2000	366		9609	16277	1994
2001	88	5	1329	1460	
2002	187		15020	13589	
2003	465		12270	9479	
2004	164		12415	5263	
2005	148	41	11222	6229	
2006	122		10115	5191	
2007	78		6291	2949	
2008	54	4	9840	3374	25
2009	30	4	4487	1465	
2010	94	1	5831	3271	
2011	16		7381	3701	
2012	17		8503	3419	
2013	45		9412	3979	
2014	26		8287	4009	

5-10 主要年份主要农作物单位面积产量
MAJOR FARM CROPS OUTPUT PER HECTARE IN MAJOR YEARS

单位：公斤 / 公顷 (kg/ha)

年 份 Year	粮 食 Grain	谷 物 Cereals	稻 谷 Rice	小 麦 Wheat	玉 米 Corn	谷 子 Millet	高 粱 Sorghum
1965	671			382	1467		
1970	1197			633	2444		
1975	1718			564	3247		
1980	1526			523	2727		
1985	2291			3802	4925		
1990	2572			3544	5522		
1995	1191	1524	3575	2654	3234	966	1322
2000	2517	3231	7614	3327	5513	1985	2318
2001	598	755	2511	1865	1234	272	375
2002	2551	3110	3600	2700	4839	1836	2323
2003	2669	3301	3585	600	4911	1708	2034
2004	3336	3850	3273	500	4594	1792	2448
2005	3195	3635	6455		4283	1772	2287
2006	2999	3413	5017		4135	1739	2032
2007	1827	2095	3508		2572	815	976
2008	2599	2971	6250		3621	1326	1942
2009	1891	2179	4500		2786	781	855
2010	3032	3477	2283		4173	1878	2571
2011	3104	3539	6650		4245	1940	2691
2012	3402	3882	5312		4660	1951	3120
2013	3669	4164	5580		5073	1998	3641
2014	3723	4268	7001		5300	1703	3176

年 份 Year	豆 类 Beans	薯 类 Tubers	油 料 Oil-bearing Crops	麻 类 Fiber Crops	甜 菜 Beetroots	烟 叶 Tobacco
1965		864	265		5168	
1970		1290	398		5512	
1975		1588	219		6369	
1980		1716	466		13086	
1985		2558	982		22570	
1990		2556	1038		26655	
1995	521	686	261	775	14613	2073
2000	788	2366	743	1375	22036	2795
2001	99	517	108	600	8246	2050
2002	864	2608	946	813	22897	3317
2003	884	2365	866	1878	24250	5330
2004	878	2766	895	500	18200	6343
2005	843	2615	793		17860	5678
2006	831	2344	842		25572	
2007	466	1271	535		20246	
2008	657	1971	665		36598	
2009	434	1317	371		29691	
2010	935	1901	603		24471	
2011	960	2154	837		47127	
2012	1065	2164	950		54912	
2013	1118	2522	1026		64632	
2014	958	2244	932		530483	

5-11 主要年份按人口平均的主要农产品产量
MAJOR AGRICULTURAL OUTPUT PER CAPITA IN MAJOR YEARS

单位：公斤 / 人 (kg/person)

年 份 Year	粮 食 Grain		油 料 Oil-bearing Crops	猪牛羊肉 Pork，Beef and Mutton	禽 蛋 Poultry-Eggs
	按总人口 By Total Population	按农村劳动 力 By Laborer			
1965	157.54	622.05	3.15	2.85	1.09
1970	213.65	827.64	3.89	1.97	1.07
1975	285.16	1113.74	1.95	2.92	0.93
1980	224.65	1004.76	9.92	4.53	1.06
1985	261.13	1100.04	26.88	8.15	4.91
1990	282.93	1178.59	19.23	11.49	6.25
1995	128.17	537.43	2.99	21.64	7.53
2000	220.63	962.47	11.56	17.88	5.57
2001	42.19	185.61	1.06	17.52	5.43
2002	208.00	915.00	11.53	19.93	5.92
2003	192.00	843.00	9.08	22.49	6.83
2004	253.22	1091.18	6.98	25.37	7.82
2005	247.53	1059.21	6.43	27.87	8.47
2006	242.91	1036.49	5.75	29.69	8.90
2007	155.82	652.18	3.26	19.01	7.99
2008	219.35	910.49	4.71	30.36	9.67
2009	158.50	646.97	2.29	34.02	11.70
2010	251.64	1177.00	3.21	32.29	10.17
2011	257.21	1085.47	4.06	33.82	12.34
2012	282.68	1183.53	4.49	35.95	11.76
2013	303.86	1261.48	4.76	36.49	11.72
2014	306.68	1219.69	4.19	37.85	13.51

5-12 主要年份造林面积和果园面积
AFFORESTED AREA AND ORCHARD IN MAJOR YEARS

年 份 Year	造林面积（千公顷）Afforestation Area (1 000 ha)	# 用材林 Timber Forest	零星植树（万株）Planting Trees Piecemeal (10 000 unit)	果园面积（千公顷）Area of Orchards (1 000 ha)	# 苹果园面积 Area of Apple Orchards
1965	13.49		1111.41	2.31	2.29
1970	15.57		1353.47	3.23	2.79
1975	6.03		729.17	3.83	3.89
1980	16.52		1895.77	5.39	5.48
1985	40.89		1620.88	5.29	5.33
1990	17.25		1416.33	7.55	7.56
1995	35.07	12.93	1327.70	10.61	5.46
2000	29.62	2.15	1281.60	8.47	3.25
2001	17.85	1.41	1206.98	7.73	2.70
2002	66.86	1.00	1206.52	8.13	2.60
2003	71.29	0.03	888.56	8.02	2.67
2004	33.42	0.10	957.83	8.54	2.84
2005	33.13		748.00	8.27	2.51
2006	30.71		411.00	8.00	2.53
2007	25.55		693.70	7.72	2.36
2008	25.80	0.05	550.00	7.73	2.28
2009	20.48		740.00	7.83	2.31
2010	21.61		800.00	7.17	1.44
2011	29.94		800.00	7.19	1.04
2012	32.31		800.00	8.12	0.82
2013	21.58		1000.00	6.58	0.82
2014	30.36		1000.00	6.79	0.65

5-13 造林和果、桑园面积
AFFORESTED AREA, ORCHARD AND MULBERRY FIELD

项　　目	Item	2005	2010	2013	2014
一、当年造林面积	Afforestation Area in the Year	33131	21608	21576	30362
#用材林	Timber Forest				
经济林	Economic Forest	1038	5360	5007	3934
防护林	Shelter Forest	32093	15747	15422	24389
薪炭林	Fuel Forest		501	1147	2039
二、育苗面积	Area of Growing Seedings	2515	3144	4405	5999
#本年新育	Area of Growing Seedings in the year	1221	1457	1707	1656
三、零星植树(万株)	Planting Trees Piecemeal (10 000 unit)	748	800	1000	1000
四、年末果园面积	Area of Orchards at Year-end	8268	7167	6580	6789
#苹果园	Apple Orchards	2506	1439	818	650
梨园	Pears Orchards	465	192	162	138
葡萄园	Grapes Orchards	753	292	366	330

5-14 主要林产品与水果产量
OUTPUT OF MAJOR FOREST PRODUCTS AND FRUITS

单位:吨 (ton)

指　　标	Item	2005	2010	2013	2014
一、主要林产品产量	Output of Major Forest Products	835	25534	27441	13371
核桃	Walnuts	760	476	630	705
板栗	Chinese Chestnut				
二、水果产量	Output of Fruits	12777	14033	29422	28791
#苹果	Apples	2196	2455	3839	1984
梨	Pears	763	622	908	419
葡萄	Grapes	5079	4438	7066	7197
红枣(鲜枣)	Jujube	1	1	12	
柿子(鲜柿)	Persimmon				
沙果	Chinese Pear Leaved Crab-apple	692	61	111	300
桃	Peach	135	269	232	151
杏	Apricot	3433		15624	17026

5-15 畜牧业生产情况
NUMBER OF LIVESTOCK AND LIVESTOCK PRODUCTS

项　目	Item	2005	2010	2013	2014
一、大牲畜年末存栏(头)	Larger Animals at Year-end (head)	368968	318293	252712	237744
#从事农事劳役的	Drough	226086	184385	65116	43768
1.牛　(头)	Cattle and Buffaloes(head)	220070	187917	147614	157585
#良种及改良种乳牛	Milch Cows of Fine Breed and Improved Varieties	32805	52525	48068	52338
2.马　(匹)	Horses (head)	3536	2456	1813	1049
3.驴　(头)	Donkeys (head)	72169	69247	62081	57393
4.骡　(头)	Mules (head)	73189	58672	41204	21720
二、猪年末存栏(头)	Number of Hogsat Year end (head)	600493	678882	566641	620864
#能繁殖的母猪	Reproducable Hogs	56104	85608	68619	74586
三、羊年末存栏(只)	Sheep and Goats at Year-end (head)	1575462	1406404	1299414	1617674
1.山　羊	Goats	445133	537863	443011	534027
2.绵　羊	Sheep	1130329	868541	856403	1083647
四、家禽年末存栏(只)	Poultry at Year-end (head)	3107845	3439900	3601800	4171100
五、养蜂年末箱数(箱)	Number of Beehives (boxe)	1005			
六、养兔年末存栏(只)	Rabbits at Year-end (head)	159031	130400	115300	87900
七、猪、牛、羊出栏	Slaughtered Pork, Beef and Mutton				
猪全年出栏(头)	Slaughtered Pork in the Year (head)	817922	991189	924475	993007
牛全年出栏(头)	Slaughtered Bee in the Year(head)	48418	67553	78984	76792
羊全年出栏(只)	Slaughtered Mutton in the Year (head)	1041675	1066170	1173979	1365288
八、当年肉类总产量(吨)	Total Output of Meat (ton)	93292	114494	131033	133870
#猪肉产量	Pork	65248	81349	94365	96322
牛肉产量	Beef	5820	8854	10341	10136
羊肉产量	Mutton	15875	17023	18440	21920
禽肉产量	Poultry	3904	4186	4697	5131
兔肉产量	Rabbit	409	389	289	241
九、畜禽产品产量　(吨)	Output of Poulty Product (ton)	90920	150786	469276	522568
1.奶　类	Milk	63094	115698	214470	237879
#牛　奶	Cow Milk	62617	115404	213555	236895
2.绵羊毛产量	Sheep Wool	1177	1064	1265	1439
3.山羊毛产量	Goats Wool	144	159	277	339
4.羊绒产量	Cashere	79	66	149	177
5.禽蛋产量	Poultry Eggs	26409	33784	39554	45836
6.蜂蜜产量	Honey	17	15	6	3
7.蚕茧产量	Silkworm Cocoons				

5-16 主要年份肉类产量和猪羊头数
OUTPUT OF MEAT AND NUMBER OF HOGS,SHEEP AND GOATS IN MAJOR YEARS

年份 Year	猪牛羊肉产量（吨）Output of Pork, Beef and Mutton (ton)	肉猪出栏头数（头）Slaughtered Fattened Hogs (head)	猪年末头数（头）Hogs at year-end (head)	羊年末只数（只）Sheep and Goats (head)	山羊 Goats	绵羊 Sheep
1965	4546	87810	225200	687821	236236	451585
1970	3568	77172	164900	550865	208174	342691
1975	5868	108024	210000	687273	260147	427126
1980	9638	180806	273300	617707	197886	419821
1985	18837	217941	259900	425200	65773	359427
1990	28737	240850	260829	738434	121421	617013
1995	56792	478450	459259	941807	145081	796726
2000	53696	495972	432521	1156490	258110	898380
2005	86943	817922	600493	1575462	445133	1130329
2006	56427	556290	518111	1171311	417244	754067
2007	60082	595823	579744	1191190	440495	750695
2008	96514	963665	652221	1483902	522608	961294
2009	108700	994975	706996	1591285	530893	1059060
2010	107226	991189	678882	1406404	537863	868541
2011	112939	846742	554051	1204183	489580	714603
2012	120039	884730	547056	1315590	566687	748903
2013	123146	924475	566641	1299414	443011	856403
2014	128378	993007	620864	1617674	534027	1083647

5-17 水产品产量
OUTPUT OF AQUATIC PRODUCTS

单位：吨 (ton)

指标	Item	2006	2007	2008	2009	2010	2013	2014
淡水产品产量	Freshwater Aquatic Products	1040	1050	834	855	720	1120	1092
#鱼类产量	Fish	1040	1050	834	855	720	1120	1092
1. 养殖产量	Aquiculture Products	1040	1050	834	855	720	1120	1092
#池塘	Pond	300	300		184	157	355	327
湖泊	Lakes							
水库	Reservoir	600	610		671	563	765	765
河沟	Brook							
2. 捕捞产量	Catching in Ocean							

5-18 农业机械拥有量
AGRICULTURAL MACHINERY

（年末数） (end of year)

项　目	Item	2000	2005	2010	2013	2014
农业机械总动力　（千瓦特）	**Total Power of Agricultural Machinery (kw)**	**1336923**	**1360699**	**1605533**	**1850074**	**1928865**
大中型农用拖拉机　（台）	Larger and Medium Tractors (unit)	2048	2061	6089	11177	11964
（千瓦特）	(kw)	84828	85582	173606	304610	333096
小型农用拖拉机　（台）	Mini-tractors for Agriculture (unit)	12903	13483	13528	11475	11598
（千瓦特）	(kw)	147628	169131	160791	139841	139010
大中型拖拉机配套机具（部）	Number of Large and Medium Tractor Towing Farm Machinery (unit)	2326	2357	7082	14786	15823
小型拖拉机配套机具　（部）	Mini-Tractor Towing Farm Machinery (unit)	9961	15816	20034	19738	20092
农用排灌动力机械　（台）	Drainage and Irrigation Machinery (unit)	8263	8280	8677	9461	9206
（千瓦特）	(kw)	113617	113629	118363	141890	137153
农用水泵　（台）	Pumps (unit)	8463	8718	9883	8516	8746
联合收割机　（台）	Combine Harvesters (unit)	2		40	536	775
割晒机　（台）	Motorized Harvesters (unit)	37	5	523	579	602
机动脱粒机　（台）	Motorized Thresher (unit)	1944	1770	3689	4985	6299
农用运输车　（辆）	Wagones for Agriculture (unit)	24172	29870	37278	44958	45481
（千瓦特）	(kw)	276174	398080	720845	921181	926658
机动喷粉（雾）器　（部）	Motorized Sprayers (unit)	202	195	517	1017	1070

5-19 农业现代化情况
AGRICULTURAL MODERNIZATION

项　　目	Item	2005	2010	2013	2014
一、农业机械化情况	**Agricultural Mechanization**				
1. 当年实际机耕面积 （千公顷）	Area Cultivated by Machine at This Current Year (1 000 ha)	130.91	192.25	208.23	209.20
2. 当年机械播种面积 （千公顷）	Area Sown by Machine at This Year (1 000 ha)	47.69	130.13	154.15	171.32
占总播种面积 （%）	Percentage to Total Sown Area (%)	15.73	40.78	47.84	53.40
3. 当年机械收获面积 （千公顷）	Mechanical Harvest Area at This Year (1 000 ha)	6.62	28.21	70.14	72.69
占总播种面积 （%）	Percentage to Total Sown Area (%)	2.18	8.84	21.77	22.66
二、农田水利情况	**Farm Water Conservancy Condition**				
年末有效灌溉面积 （千公顷）	Effective Irrigated area at End of Year(1 000 ha)	114.03	124.55	134.14	139.36
# 机电灌溉面积 （千公顷）	Mechanical and Electrical Irrigated Area (1 000 ha)	84.98	79.17	113.12	112.90
	Cultivated Area (%)				
机电井数量 （眼）	Number of Motor-electric-pumped Well (unit)	7644	8211	8523	8670
三、农村用电情况	**Electricity Consumed Condition**				
1. 农村用电量 （万千瓦小时）	Electricity Consumed (10 000 kwh)	20850	29587	33866	33984
2. 农村小型水电站个数 （个）	Hyrdopower Station in Rural Areas (unit)				
四、农用化肥情况	**Chemical Fertilizers Condition**				
农用化肥施用实物量 （吨）	Agricultural Consumption of Chemical Fertilizers (ton)	261678	290511	299893	290095
1. 氮肥实物量 （吨）	Nitrogenous Fertilizer (ton)	158651	161687	159944	151325
折纯量 （吨）	By Effective Component (ton)	38958	40905	42236	38566
2. 磷肥实物量 （吨）	Phosphate Fertilizer (ton)	70906	76404	73356	63504
折纯量 （吨）	By Effective Component (ton)	13215	14625	14710	12350
3. 钾肥实物量 （吨）	Potash Fertilizer (ton)	4494	7313	7905	9849
折纯量 （吨）	By Effective Component (ton)	2242	3506	3828	4700
4. 复合肥实物量 （吨）	Compound Fertilizer (ton)	27627	45107	58688	65417
折纯量 （吨）	By Effective Component (ton)	13706	22210	29829	32372

5-20 主要年份化肥施用量、小水电站和农村用电量

CONSUMPTION OF CHEMICAL FERTILIZER,NUMBER OF SMALL HYDRO-POWER STATION AND ELECTRICITY CONSUMPTION IN RURAL AREAS IN MAJOR YEARS

年 份 Year	农用化肥施用量 （实物量、吨） Consumption of Chemical Fertilizer Applie (ton)	农村小型水电站 Hyrdopower Station in Rural Areas		农村用电量 （万千瓦小时） Electricity Consumed in Rural Area (10 000 kwh)
		个 数 （个） Number	发电能力 （千瓦） Generation Capacity (kw)	
1965	5284			511
1970	19328			2026
1975	59675			4650
1980	119146			6525
1985	132934			8149
1990	175500			12782
1995	232265	2	290	17386
2000	255320			20996
2001	226647			21101
2002	245507			22134
2003	254766			22120
2004	262537			22868
2005	261678			20850
2006	267151			21953
2007	271209			24173
2008	270908			24916
2009	255947			27009
2010	290511			29587
2011	291629			30192
2012	296196			32391
2013	299893			33866
2014	290095			33984

主要统计指标解释

乡村户数 指长期(一年以上)居住在乡镇(不包括城关镇)行政管理区域内的住户，还包括居住在城关镇所辖行政村范围内的农村住户。户口不在本地而在本地居住一年及以上的住户也包括在本地农村住户内；有本地户口，但举家外出谋生一年以上的住户，无论是否保留承包耕地都不包括在本地农村住户范围内。不包括乡村地区内的国有经济的机关、团体、学校、企业、事业单位的集体户。

乡村人口 乡村地区常住居民户数中的常住人口数，即经常在家或在家居住 6 个月以上，而且经济和生活与本户连成一体的人口。外出从业人员在外居住时间虽然在 6 个月以上，但收入主要带回家中，经济与本户连为一体，仍视为家庭常住人口；在家居住，生活和本户连成一体的国家职工、退休人员也为家庭常住人口，但是现役军人、中专及以上（走读生除外）的在校学生以及常年在外且已有稳定职业与居住场所的外出从业人员，不应作为家庭常住人口。

乡村从业人员 指乡村人口中劳动年龄在 16 周岁以上实际参加生产经营活动并取得实物或货币收入的人员，包括劳动年龄内经常参加劳动的人员，也包括超过劳动年龄但经常参加劳动的人员，但不包括户口在家的在外学生、现役军人和丧失劳动能力的人，也不包括待业人员和家务劳动者。从业人员按从事主业时间最长（时间相同按收入）分为农林牧渔业从业人员、工业从业人员、建筑业从业人员、交通运输业、仓储及邮电通信业从业人员、信息传输、计算机服务业和软件业从业人员、批零贸易业、餐饮业从业人员、其他非农行业从业人员。

农林牧渔业总产值 指以货币表现的农林牧渔业的全部产品总量和对农林牧渔业生产进行的各种支持性服务活动的价值。它反映一定时期内农林牧渔业生产总规模和总成果，是观察农林牧渔业生产水平和发展速度，研究农林牧渔业内部比例关系、农林牧渔业与工业、农林牧渔业与国家建设、人民生活比例关系的重要指标，同时也是计算农林牧渔业劳动生产率和农林牧渔业增加值的基础资料。

1957 年以前的农林牧渔业总产值中包括了厩肥和农民自给性手工业（如农民自制衣服、鞋、袜，自己从事粮食初步加工等）。1958 年及以后，林业中增加了村及村以下竹木采伐产值；牧业中取消了厩肥产值；副业中取消了农民自给性手工业产值，增加了村及村以下办的工业产值；渔业中增加了海洋捕捞水产品产值。1980 年及以后，在副业中增加了农民家庭兼营工业商品部分的产值。从 1984 年起村及村以下工业产值划归工业。从 1993 年起取消副业，将野生动物的捕猎划入牧业，野生植物采集和农民家庭兼营商品性工业划归农业。从 2003 年起，执行新的国民经济行业分类标准，农林牧渔业总产值中包括了农林牧渔服务业产值。林业中增加了森林采运业产值。农业中取消了家庭兼营商品性工业产值，将野生林产品的采集划归林业。

农林牧渔业增加值 指农、林、牧、渔业生产及农林牧渔服务业提供服务活动所增加的价值，为农林牧渔业现价总产值扣除农林牧渔业现价中间投入后的余额，是农、林、牧、渔及其服务业各单位生产经营对社会所作的贡献。从宏观上来说，农林牧渔业增加值是计算国内生产总值的基础；从微观上来说，农林牧渔业增加值能客观反映农林牧渔业各生产单位或行业的投入、产出、效益、速度和收入等情况。

年末耕地总资源 指能够种植农作物的田地。包括当年实际耕种的熟地；新开荒且已种植的地；“沿海”、“沿湖”地区已围垦利用三年以上的“海涂”、“湖田”；弃耕、休闲不满三年，随时可以复耕的地；因灾害或其他因素，虽然当年内未种植农作物但仍可复耕的地；以种植农作物为主，附带种植桑树、果树和其他林的地；年年进行耕耘种草的地；南方小于 1 米、北方小于 2 米宽的沟、渠、路、田埂。不包括因灾害或其他因素，已不能复耕的地；弃耕、休闲满三年的地，或者虽不满三年，但已经成为荒地的土地；不进行耕耘，种植牧草已成为永久性草地的土地；专业性的桑园、茶园、果园、果木苗圃地、芦苇地、天然草场等；以混凝土等铺设的温室、玻璃室，导致栽培的植物体与地面隔绝的基地。

有效灌溉面积 具有一定水源，地块比较平整，灌溉工程或设备已经配套，在一般年景下当年能够进行正常灌溉的耕地面积。在一般情况下，有效灌溉面积应等于灌溉工程或设备已经配套，能够进行正常灌溉的水田和水浇地之和。

农作物播种面积 指实际播种或移植有农作物的面积。凡是实际种植有农作物的面积，不论种植在耕地上还是种植在非耕地上，均包括在农作物播种面积中。在播种季节基本结束后，因遭灾而重新改种和补种的农作物面积，也包括在内。

农作物总产量 指本年度内生产的各种农作物总产量，不论计划内外、数量多少，耕地与非耕地上的农作物产量，都应统计在内。包括粮食、棉花、油料、麻类、糖类、药材、蔬菜、瓜类及其他农作物。

期末畜禽存栏数 本报告期末，农村与城市的全部畜禽存栏数。除科学研究单位专门用于试验研究的牲畜和军马。

农业机械总动力 指主要用于农、林、牧、渔业的各种动力机械的动力总和。包括耕作机械、排灌机械、收获机械、农用运输机械、植物保护机械、牧业机械、林业机械、渔业机械和其他农业机械。内燃机按引擎马力折成瓦（特）计算、电动机按功率折成瓦（特）计算。不包括专门用于乡、镇、村、组办工业、基本建设、非农业运输、科学试验和教学等非农业生产方面用的动力机械与作业机械。

农用化肥施用量 指本年内实际用于农业生产的化肥数量，包括氮肥、磷肥、钾肥和复合肥。化肥施用量要求按折纯量计算数量。折纯量是指把氮肥、磷肥、钾肥分别按含氮、含五氧化二磷、含氧化钾的百分之百成份进行折算后的数量。复合肥按其所含主要成分折算。公式为：折纯量 = 实物量 × 某种化肥有效成份含量的百分比。

农村用电量 本年度内，扣除在农村中的国有工业、交通、基建等单位的用电量以后的农村生产和生活的全年用电总量。包括国家电网供电和农村自办电站供电量。

Explanatory Notes on Main Statistical Indicators

Number of Households in Villages refers to households resident on a long term basis (i.e. 1 year or more) in administrative districts in townships (not including urban townships), including rural households resident in areas under the jurisdiction of urban townships. Households whose household registration is not in the locality yet resident for one year or more are included among the rural households. Households having local household registration yet the whole household having left for somewhere else for work for one year or more, whether still retaining contracted farmland, are not included among the local rural households. Also not included are collective households associated with institutions of the State economy, organizations, schools and enterprises.

Rural Population refers to residential population of residential households in rural areas, i.e. who stay at home usually or residing at home above 6 months and link closely to the household in economy and livelihood. Persons who engaged outside above 6 months while take their income back to home and link closely with the household in economy, are still calculated as rural population. National workers and retirees who reside at home at the same time link closely with the household are still calculated as rural population, while enlisted man, secondary specialized and above students(except day–students) and persons engaged outside for years having stable jobs and living places can' t be calculated as rural population.

Rural Persons Engaged refer to persons in the rural labor force aged over 16 years who are engaged in actual production and management activities and receive payment in kind or wages, including those covered within the labor force age bracket and regularly participating in production activities, and those who are out of the labor force age bracket yet also participating in production activities regularly. Students studying in other places with their permanent residence registered in local areas, servicemen and persons incapable of working are not included. Also not included are those who are waiting for jobs and those engaged in housework. Persons employed are classified as persons engaged in agriculture, forestry, animal husbandry or fishery activities; persons engaged in industrial activities; persons engaged in construction activities; persons engaged in transport, storage and telecommunications activities; persons engaged in information transmission, computer services and software industry; persons engaged in wholesale and retail trade and catering activities; and persons engaged in other non–agriculture activities. In case the person is engaged in more than one type of work, classification is according to the industry in which he works most of the time (where time is the same income would be the criterion).

Gross Output of Farming, Forestry, Animal Husbandry and Fishery refers to the total volume of products of farming, forestry, animal husbandry and fishery and value of service for farming, forestry, animal husbandry and fishery productive activity in value terms. It reflects total scale and results of farming, forestry, animal husbandry and fishery productive in a period time. It' s a important indicator to watch production level and rate, research interior percentage, percentage with industry, state construction and people' s livelihood. It' s also basic to calculate productivity and value added.

Prior to 1957, China' s gross agricultural output value included barnyard manure and handicraft products for self–consumption (clothes, shoes, stockings and initial grain processing undertaken by peasants). Since 1958, cutting and felling of bamboo and trees by villages and other cooperative organizations under villages have been included in forestry; value of barnyard manure has been excluded from animal husbandry; self consumed handicrafts have not been included from, while the output value of industries run by villages and cooperative organizations under village has been included in sideline occupations; and the output value of fish catches by motor fishing boats has been added to fishery. Since 1980, the value of handicraft products made for sale by individuals in industries run by villages and under villages has been included in the sector of industry. Since 1993, the subdivision wild animals have been cancelled, and the hunting of wild animals has been classified into animal husbandry and the gathering of wild plants and commodity industry run by rural household have been included in farming. A new industrial classification of economic activities was introduced in 2003. Under the new classification, value of services to agriculture, output value of agriculture, value of wood felling and transport is include in forestry, value of industrial output by rural households is not included in agriculture and the collection of wild forest products is taken from agriculture and included in forestry.

Value added of Farming, Forestry, Animal Husbandry and Fishery refers to new increasing value through farming, forestry, animal husbandry and fishery and services for farming, forestry, animal husbandry and fishery minus their intermediate consumption. That is the devotion to the society of the unit. It' s a base to calculate GDP in macroscopic. It reflects input and output, results, rate and income of the units in microscopic.

Irrigated Area refers to area of land that are effectively irrigated, i.e. relatively level land, where there are water sources or complete sets of irrigation facilities to lift and move adequate water for irrigation purpose under normal conditions. Under normal institutions, irrigated area is the sum of watered fields and irrigated fields where irrigation systems or eauipment have been installed for regular irrigation purpose.

Resources of Cultivated Area at the Year–end refers to farm land for growing crops, including cultivated land, newly cultivated land and planted crops in the current year, cultivated seashore land and lake used over three years, farmland left without cultivation or fallow land for less than three years and cultivated at any time , land un–planted for disaster or other reasons and been cultivated , rotation land of crops, farmland with some fruit trees, mulberry trees and other tress ,grass land cultivated every years. It also includes and ditches, roads and ridge which wide is less than one meter in South, less than two meters in North. It excludes land which couldn' t be cultivated for disasters and other factors, farmland left without cultivated or fallow land more than three years, wasteland less than three years, grass land forever, the land of mulberry fields, tea plantations, orchards, nurseries of young plant, reed land, natural grassland, land of warm room and glass room built with concrete, bringing about plants isolation with field.

Sown Area of Crops refers to area of land sown or transplanted with crops regardless of being in cultivated area or non–cultivated area. area of land re–sown due to natural disasters is also included.

The Total Output of Crops refers to the total output of all kinds of crops this year. It does not matter if they are included in the plans the amount is large or small or the crops are grown on the cultivated land or on uncultivated land. The crops include grain cotton oil hemp sugar herbs vegetables melons and other crops.

Number of Livestock or Poultry in Stock at End of the Period refers to the total number of livestock and poultry in urban and rural area at end of the report period. It doesn' t include livestock and army horse using for experiment and research.

Total Power of Farm Machinery refers to total mechanical power of machinery in farming forestry animal husbandry and fishery including plough irrigation and drainage harvesting transport plant protection stock breeding forestry and fishery. The power of internal combustion engines is required to convert horsepower into watts and the power of electric motors is required to be converted into watts. Machinery employed for non–agricultural transport scientific experiments and teaching is excluded.

Consumption of Chemical Fertilizers in Agriculture refers to the quantity of chemical fertilizers applied in agriculture in the year, including nitrogenous fertilizer, phosphate fertilizer, potash fertilizer and compound fertilizer. It is calculated in terms of volume of effective components by means of converting the gross weight of the respective fertilizers into weight containing effective component (e.g. nitrogen content in nitrogenous fertilizer, phosphorous pentoxide contents in phosphate fertilizer and potassium oxide contents in potash fertilizer). Compound fertilizer is converted in regard to its major components. The formula is: Volume of effective component = physical quantity × effective component of certain chemical fertilizer (%)

Consumption of Rural Areas refers to the total electricity consumption for rural production and living in the year, which deduct consumption of national industry, transportation and capital construction units in rural areas. It includes the supply of national power grid and power station building by rural residents.

工 业

INDUSTRY

资 料 整 理 人 员

柴桂存　　任　旭　　范海峰
潘　伟　　李春香　　海　龙

工 业
INDUSTRY

工业总产值	Grpss Industrial Output Value	1081.08	亿元	(100 million yuan)
轻工业	Light Industry	81.96	亿元	(100 million yuan)
重工业	Heavy Industry	999.12	亿元	(100 million yuan)
工业增加值	Total Value Added of Industry	383.92	亿元	(100 million yuan)

原煤（万吨）
Coal （10 000 tons）

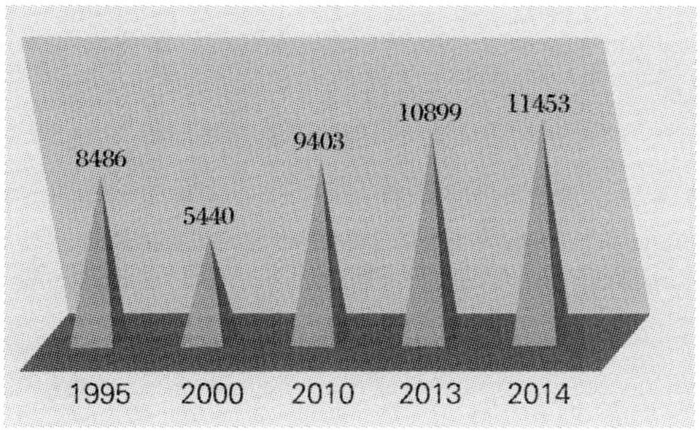

发电量（亿千瓦时）
Electricity （100 million KWH）

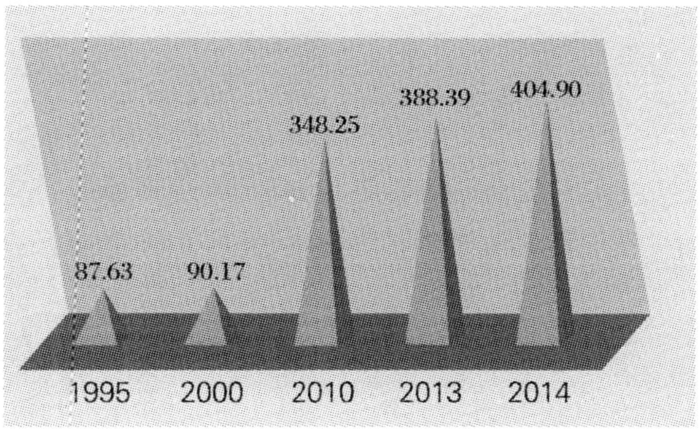

水泥（万吨）
Cement （10 000 tons）

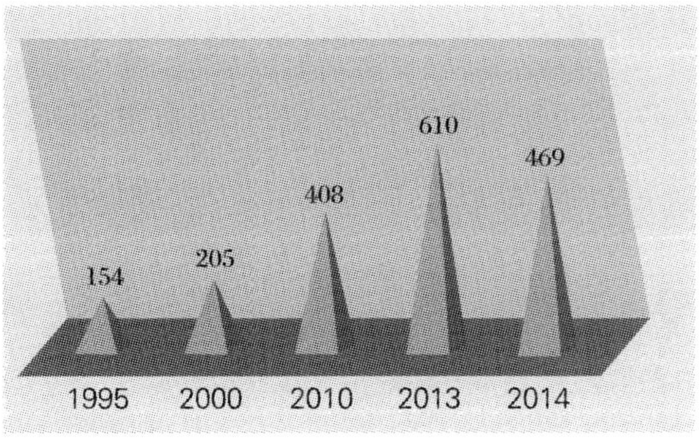

钢（万吨）
Steel （10 000 tons）

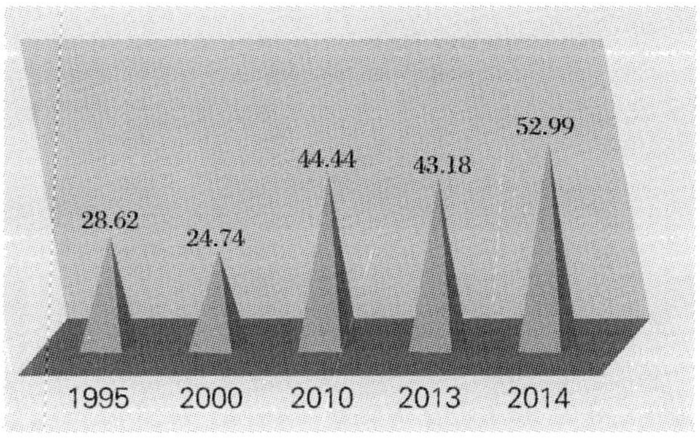

6-1 主要年份工业企业单位数
NUMBER OF INDUSTRIAL ENTERPRISES IN MAJOR YEARS

单位：个 (unit)

年 份 Year	工业企业单位数 Number of Industrial Enterprises	按隶属关系分 Grouped by Belonging		按经济类型分 Grouped by Ownership		
		中央企业 Central Enterprise	地方企业 Local Enterprise	国有经济 State-owned Enterprise	集体经济 Collective-owned Enterprise	其他经济 Other Ownership
1995	1363	28	315	343	973	
2000	384	8	233	241	106	37
2001	386	7	213	220	107	59
2002	380	7	373	209	98	73
2003	405	8	397	201	99	105
2004	645	15	630	324	122	199
2005	404	7	397	140	115	149
2006	524	8	516	117	218	189
2007	441	8	433	81	173	187
2008	327	7	320	53	86	188
2009	219	8	211	26	26	167
2010	203	11	192	22	15	166
2011	147	11	136	17	7	123
2012	169	16	153	20	8	141
2013	176	15	161	4	7	165
2014	173	17	156	3	5	165

年 份 Year	按轻重工业分 Grouped by Light & Heavy Industry		按企业规模分 Grouped by Size of Enterprises		
	轻工业 Light Industry	重工业 Heavy Industry	大型企业 Large Enterprise	中型企业 Medium-sized Enterprise	小微企业 Small Micro-sized Enterprise
1995	432	931	15	32	1298
2000	110	274	15	29	340
2001	110	276	14	29	343
2002	105	275	14	28	338
2003	101	304	8	35	362
2004	141	504	10	54	581
2005	72	332	9	46	349
2006	73	451	8	50	466
2007	63	378	9	57	375
2008	54	273	8	51	268
2009	49	170	9	38	172
2010	36	167	10	38	155
2011	20	127	8	46	93
2012	21	148	10	48	111
2013	23	153	10	38	128
2014	27	146	10	42	121

注：(1)1998-2006 年为国有企业、大中型企业和年产品销售收入 500 万元及以上非国有企业口径；2007-2010 年为年主营业务收入 500 万元以上的工业法人企业口径；2011 年为年主营业务收入 2000 万元以上的工业法人企业口径。

(2)2011 年企业规模划分采用新标准。

Notes: (1)Enterprises in this table contains enterprises which is state-owned, large & medium-sized and non-state-owned with sales above 5 million yuan from 1998 to 2006; enterprises whose major business revenue is above 5 million yuan from 2007 to 2010; enterprises whose major business revenue is above 20 million yuan in 2011.

(2)Enterprise size uses new standards in 2011.

6-2 主要年份工业总产值
GROSS INDUSTRIAL OUTPUT VALUE IN MAJOR YEARS

单位：万元 (10 000yuan)

年 份 Year	工业总产值 Gross Industrial Output Value	轻工业 Light Industry	重工业 HeavyIndustry	按隶属关系分 Grouped by Belonging: 中央企业 Central Enterprise	地方企业 Local Enterprise
1965	109775	19737	90038		
1970	161579	38480	123099		
1975	235601	54194	181407		
1980	317112	65131	251981		
1985	533174	93522	439653		
1990	743209	138378	604831		
1995	1020155	181701	838454	322671	327937
2000	1261332	140135	1121197	272052	266405
2005	3681102	283856	3397246	624901	3056201
2006	4102337	323285	3779052	783763	3318574
2007	5243488	465978	4777510	876828	4366660
2008	6034315	458087	5576228	891538	5142777
2009	5359741	426294	4933448	917457	4442285
2010	7375905	398561	6977343	1675309	5700596
2011	9742657	485397	9257260	1980368	7762289
2012	10755513	666793	10088720	2141520	8613993
2013	10519123	771665	9747458	1917372	8601751
2014	10810774	819574	9991200	1872331	8938443

年 份 Year	按经济类型分 Grouped by Ownership: 国有经济 State-owned Enterprise	集体经济 Collective Owned Enterprise	其他经济 Other Ownership	按企业规模分 Grouped by Size of Enterprises: 大型企业 Large Enterprise	中型企业 Medium-sized Enterprise	小微企业 Small Micro-sized Enterprise
1965	95889	13886				
1970	150994	10585				
1975	210321	25280				
1980	272246	49255				
1985	400082	133093				
1990	530251	212958				
1995	650608	323388		435996	118745	465254
2000	538458	154061	268813	746866	118600	395866
2005	1964565	226715	1489822	2072579	735400	873123
2006	764461	294507	3043369	2242292	940692	919354
2007	911072	440790	3891626	2865840	1066888	1310760
2008	1036029	434324	4563962	3767410	1200115	1066790
2009	716692	181346	4461703	3944596	997294	417851
2010	1059270	68042	6248593	5306753	1449578	619573
2011	778516	58817	8905324	6771756	2081396	889505
2012	1408373	52908	9294233	7990265	1720204	1045045
2013	120790	57891	10340442	7765676	1510786	1242661
2014	126155	67326	10617293	8483628	1346133	981013

6-3 工业增加值

单位：万元

指　标	Item	2000	2001	2002
总　计	**Total**	**575599**	**691326**	**795604**
按轻重工业分	**Grouped by Light and Heavy Industry**			
轻工业	Light Industry	49481	52944	76473
重工业	Heavy Industry	526118	638382	719131
按规模分	**Group by Size of Enterprises**			
大型企业	Large Enterprise	373546	472249	482177
中型企业	Medium-sized Enterprise	53074	57427	103992
小微企业	Small micro-sized Eneterprise	148979	161650	209436
按行业分	**Grouped by Sector**			
煤炭采选业	Coal Mining and Dressing	263746	322122	384015
石油和天然气开采业	Petroleum and Natural Gas Extraction			
黑色金属矿采选业	Ferrous Metals Mining and Dressing	1575	3846	6535
有色金属矿采选业	Nonferrous Metals Mining and Dressing	780	2138	6436
非金属矿采选业	Nonmetal Minerals Mining and Dressing	12559	13689	15588
其他矿采选业	Other Minerals Mining and Dressing			
木材及竹材采运业	Logging and Transport of Timber and Bamboo			
农副食品食品加工业	Food Processing	10690	2564	1888
食品制造业	Food Manufacturing	556	3866	3747
饮料制造业	Beverage Manufacturing	6326	5285	4961
烟草加工业	Tobacco Processing			
纺织业	Textile Industrial	1		
服装及其他纤维制品制造业	Garments and Other Fiber Products			
皮革、毛皮、羽绒及其制品业	Leather，Furs，Down and Related Products	-29	276	574
木材加工及竹．藤．棕．草制品业	Timber Processing，Bamboo，Cane，Palm Fiber and Straw Products	63	14	22
家具制造业	Furniture Manufacturing	64	72	110
造纸及纸制品业	Papermaking and Paper Products	44	21	51
印刷业	Printing	271	162	823
文教体育用品制造业	Cultural，Educational and Sports Goods			
石油加工及炼焦业	Petroleum Processing and Coking	1373	1454	1027
化学原料及化学制品制造业	Raw Chemical Materials and Chemical Products	35949	37913	36758
医药制造业	Medical and Pharmaceutical Products	17104	21464	46984
化学纤维制造业	Chemical Fiber	2349	3110	3534
橡胶制品业	Rubber Products		235	458
塑料制品业	Plastic Products	1836	1792	592
非金属矿物制品业	Nonmetal Mineral Products	25518	22983	27743
黑色金属冶炼及压延加工业	Smelting and Pressing Of Ferrous Metals	12720	13185	21477
有色金属冶炼及压延加工业	Smelting and Pressing Of Non ferrous Metals	2073	1561	1915
金属制品业	Metal Prodcuts	1284	927	2665
普通机械制造业	Ordinary Machinery Manufacturing	2109	2416	3101
专用设备制造业	Special Purpose Equipment Manufacturing	804	1331	1984
交通运输设备制造业	Transport Equipment Manufacturing	33826	54638	54855
电气机械及器材制造业	Electric Equipment and Machinery	1802	1973	955
电子及通信设备制造业	Electronic and Telecommunications Equipments	1322	1461	1508
仪器仪表及文化．办公用机械制造业	Instrument，Meters，Cultural and Office	59	40	
其他制造业	Other Manufacturing	6967	7988	5276
电力、蒸汽、热水的生产和供应业	Electric Power，Steam and Hot Water Productions	125430	150242	147174
煤气生产和供应业	Gas Production and Supply	-1029	3047	2250
自来水生产和供应业	Tap Water Production and Supply	5557	6097	6113

DITIONAL ADDED TO GROSS INDUSTRIAL OUTPUT VALUE

(10 000 yuan)

2003	2004	2005	2006	2007	2008	2009	2010	2011	2012	2013	2014
1026339	**1360631**	**1546098**	**1742987**	**2285754**	**2507992**	**2249611**	**2850680**	**3518742**	**4187423**	**3996439**	**3839156**
82126	107481	104631	120320	203744	195721	187397	153826	149227	224563	193748	174322
944212	1253150	1441467	1622667	2082010	2312271	2062214	2696854	3369515	3962860	3802691	3664834
687440	687784	943470	995323	1266347	1830834	1655641	2059780	2502690	3301364	3150884	3124142
169847	351830	259846	368973	467792	189476	381066	562644	769237	524956	351241	404064
169051	321017	342782	378690	551615	487682	212904	228256	246815	361103	494315	310950
535064	771527	913802	982331	1308320	1545735	1337044	1918278	2560584	3147138	2954563	2683669
19368	24766	34730	30037	31321	33986	41010	100028	109913	87998	86596	69658
2039	5152	7590	8466	9513	8630	25170	4418	18066	22289	1513	
17194	22809	33767	38845	52433	65621	14886	14193	2230	1041	1555	5242
7235											
1136	6044	7119	9009	14218	10720	7421	10553	5760	7303	3851	13924
4714	2076	837	613	26896	12695	15107	5878	4251	3405	1382	963
	5127	6741	5449	7341	7498	4356	7014	20358	32151	30867	17169
499				2433							
	149		1595	277	1358	411					
114	209	143		141	405	202	65				
	439	274	123		136	135	149				
301	346	475									
				692							
84	140		286	323	800	520					
1158	674	393	84	370	55	171	253				
	8		504		615	373	775				
6903	11460	9617									
42844	49066	47844	3417	6039	9763	6156	6756	3905	3565	3276	2436
51310	70008	71822	85166	129568	73364	35629	35929	29968	29568	35204	27953
6264	11263	7290	85402	121212	141878	144771	114848	105932	107122	99858	124300
717	1338	-463	5700	18681	10084						
412	1949	240	50	-816	-796	-833					
30350	36372	24090	165	296	268	256	90		148923	127791	101470
33064	55045	53001	50304	42792	60044	72730	129682	140542	63974	40258	24376
4254	20863	26536	44025	62653	119252	42777	42364	39767	70851	47754	18494
232	1000	221	6173	9190	16179	8704	24197	55599	2626	2946	3158
563	44841	46943	1623	2386	2653	1892	1435	824	9418	12689	7371
10030	10998	2927	28008	36220	13070	14198	15951	22483	37309	40009	31775
58862	44412	40766	2990	4219	12131	13870	14312	18712	64731	70306	107815
1219	5758	2712	88344	102026	126567	99093	174692	96566	18477	23386	36160
1481			3276	4125	3770	7147	21607	28804			
30	98				4042	2926	3639				
1354	5099								59551	42792	
	984		245		14048	17879	24632	39609	229308	331280	
179171	145416	197683	250436	283865	200100	320040	163551	200962	1283	1114	518346
1354	-398				4859	2283	1090	983	15031	14999	1395
7018	5596	8998	10321	9022	8460	13288	14301	12926	15031	14999	17968

6-4 工业企业主要经济指标(2014 年)

单位:万元

指标	Item	单位数(个) Number of Enterprises (unit)	#亏损企业 Loss-making Enterprises
总　计	**Total**	**173**	**67**
一、按隶属关系分	**Grouped by Belongs**		
中央企业	Central Enterprises	17	3
省属企业	Province-owned Enterprises	11	3
地、市属企业	Prefectures,Cities-owned Enterprises	11	5
县(旗)属企业	County(Banner)-owned Enterprises	29	18
城市街道企业	Cities'Neighbourhood-owned Enterprises		
镇属企业	Small Town-owned Enterprises		
乡属企业	Township Enterprises	1	
村办企业	Village Enterprises		
其 他	Enterprises of Other Types of Ownership	104	38
二、按登记注册类型分	**Grouped Registered Kind**		
内资企业	Civil Funded Enterprises	161	64
国有企业	State-owned Enterprises	3	1
中央企业	Central Enterprises		
地方企业	Local Enterprises	3	1
集体企业	Collective Owned Enterprises	5	1
股份合作企业	Share Cooperative Holding Enterprises		
联营企业	Joint Owned Enterprises		
国有联营企业	State-owned Joint Owned Enterprises		
集体联营企业	Collective-owned Joint Owned Enterprises		
国有与集体联营企业	State-owned and Collective-owned Joint Owned Enterprises		
其他联营企业	Other Joint Owned Enterprises		
有限责任公司	Limited Responsibility Company	71	34
国有独资公司	Company Exclusively with Investment from State	3	1
其他有限责任公司	Other Limited Responsibility Company	68	33
股份有限公司	Share Holding Limited Company	4	0
私营企业	Privately Owned Enterprises	78	28
私营独资企业	Enterprise Exclusively with Investment from Private	3	2
私营合作企业	Private Partner Enterprises		
私营有限责任公司	Privately Owned Limited Company	71	25
私营股份有限公司	Privately owned Share Holding Limited Company	4	1
其他企业	Enterprises of Other Types of Ownership		
港、澳、台商投资企业	Enterprises Funded by Hongkong,Macao and Taiwan	3	
合资经营企业(港或澳、台资)	Joint Venture		
合作经营企业(港或澳、台资)	Cooperative Enterprise		
港澳台商独资经营企业	Ventures Exclusively with HongKong, Macaoand Taiwan Investment	3	
港澳台商投资股份有限公司	Share Holding Limited Company		
外商投资企业	Foreign Funded Enterprises	9	3
中外合资经营企业	Joint Venture	8	2

MAIN INDICATOR OF INDUSTRIAL ENTERPRISES (2014)

(10 000 yuan)

工业总产值 Gross Industrial Output Value	工业销售产值 Industrial Sales Output Value	实收资本 Real Captial Income	年末资产合计 Total Assets
10810774	**9110058**	**2689115**	**20848783**
1872331	1836478	535325	2790308
6803697	5253775	1306979	13930021
209761	207000	134755	403139
437806	412102	143739	841992
9192	9192	2000	15533
1477987	1391512	566317	2867790
10058572	8409510	2432750	19633408
126155	125714	18810	38944
126155	125714	18810	38944
67326	65408	18523	215210
9114165	7510096	2079539	18004019
44440	44440	26817	111205
9069725	7465656	2052723	17892814
114306	105109	47523	296778
636619	603184	268354	1078458
10795	11761	2795	6606
570469	536264	208359	909878
55355	55160	57200	161974
36639	36639	64493	220584
36639	36639	64493	220584
715563	663909	191873	994791
711592	660327	176873	972778

6-4 续表1

单位：万元

指　标	Item	流动资产合计 Total Circulating Funds
总　计	**Total**	**7207409**
一、按隶属关系分	**Grouped by Belongs**	
中央企业	Central Enterprises	716530
省属企业	Province-owned Enterprises	4820491
地、市属企业	Prefectures,Cities-owned Enterprises	103159
县(旗)属企业	County(Banner)-owned Enterprises	417823
城市街道企业	Cities'Neighbourhood-owned Enterprises	
镇属企业	Small Town-owned Enterprises	
乡属企业	Township Enterprises	10637
村办企业	Village Enterprises	
其 他	Enterprises of Other Types of Ownership	1138769
二、按登记注册类型分	**Grouped Registered Kind**	
内资企业	Civil Funded Enterprises	6821289
国有企业	State-owned Enterprises	15856
中央企业	Central Enterprises	
地方企业	Local Enterprises	15856
集体企业	Collective Owned Enterprises	174920
股份合作企业	Share Cooperative Holding Enterprises	
联营企业	Joint Owned Enterprises	
国有联营企业	State-owned Joint Owned Enterprises	
集体联营企业	Collective-owned Joint Owned Enterprises	
国有与集体联营企业	State-owned and Collective-owned Joint Owned Enterprises	
其他联营企业	Other Joint Owned Enterprises	
有限责任公司	Limited Responsibility Company	5939979
国有独资公司	Company Exclusively with Investment from State	33651
其他有限责任公司	Other Limited Responsibility Company	5906328
股份有限公司	Share Holding Limited Company	63871
私营企业	Privately Owned Enterprises	626663
私营独资企业	Enterprise Exclusively with Investment from Private	5169
私营合作企业	Private Partner Enterprises	
私营有限责任公司	Privately Owned Limited Company	555752
私营股份有限公司	Privately owned Share Holding Limited Company	65742
其他企业	Enterprises of Other Types of Ownership	
港、澳、台商投资企业	Enterprises Funded by Hongkong,Macao and Taiwan	36102
合资经营企业(港或澳、台资)	Joint Venture	
合作经营企业(港或澳、台资)	Cooperative Enterprise	
港澳台商独资经营企业	Ventures Exclusively with HongKong, Macaoand Taiwan Investment	36102
港澳台商投资股份有限公司	Share Holding Limited Company	
外商投资企业	Foreign Funded Enterprises	350017
中外合资经营企业	Joint Venture	346784

continued

(10 000 yuan)

固定资产合计 Total Fixed Assets	固定资产原价 Orginal Value Of Fixed Assets	累计折旧 Total Depreciation	流动负债 Liquid Liabilities
12546467	**12108148**	**5503140**	**6355786**
1828475	2929831	1173077	1481970
8992763	7077646	3746389	2809768
244183	327909	118727	185084
276758	378870	127526	683865
3411	7074	3663	13485
1200877	1386818	333759	1181614
12016129	11458001	5358832	5921339
18642	34444	15802	14917
18642	34444	15802	14917
24020	42119	18220	273978
11493044	10759722	5140642	5060790
66017	105569	39688	48200
11427028	10654153	5100955	5012589
135011	164608	29596	77356
345412	457109	154571	494298
1140	1826	689	4075
272384	375514	139019	457785
71888	79769	14863	32438
116734	124198	7463	50478
116734	124198	7463	50478
413604	525949	136845	383969
396595	506343	134247	383969

6-4 续表2

单位：万元

指　　标	Item	长期负债 Long-Term Liabilities	负债合计 Total Liabilities
总　　计	**Total**	**9454467**	**15895293**
一、按隶属关系分	**Grouped by Belongs**		
中央企业	Central Enterprises	508334	2016511
省属企业	Province-owned Enterprises	8103150	10928864
地、市属企业	Prefectures,Cities-owned Enterprises	33946	219030
县(旗)属企业	County(Banner)-owned Enterprises	74434	758449
城市街道企业	Cities'Neighbourhood-owned Enterprises		
镇属企业	Small Town-owned Enterprises		
乡属企业	Township Enterprises		13485
村办企业	Village Enterprises		
其　他	Enterprises of Other Types of Ownership	734603	1958954
二、按登记注册类型分	**Grouped Registered Kind**		
内资企业	Civil Funded Enterprises	9051184	15044439
国有企业	State-owned Enterprises	1752	16669
中央企业	Central Enterprises		
地方企业	Local Enterprises	1752	16669
集体企业	Collective Owned Enterprises	34	274012
股份合作企业	Share Cooperative Holding Enterprises		
联营企业	Joint Owned Enterprises		
国有联营企业	State-owned Joint Owned Enterprises		
集体联营企业	Collective-owned Joint Owned Enterprises		
国有与集体联营企业	State-owned and Collective-owned Joint Owned Enterprise		
其他联营企业	Other Joint Owned Enterprises		
有限责任公司	Limited Responsibility Company	8883786	13986879
国有独资公司	Company Exclusively with Investment from State	30000	78200
其他有限责任公司	Other Limited Responsibility Company	8853786	13908678
股份有限公司	Share Holding Limited Company	37427	114783
私营企业	Privately Owned Enterprises	128185	652096
私营独资企业	Enterprise Exclusively with Investment from Private	861	6069
私营合作企业	Private Partner Enterprises		
私营有限责任公司	Privately Owned Limited Company	119465	605731
私营股份有限公司	Privately owned Share Holding Limited Company	7859	40297
其他企业	Enterprises of Other Types of Ownership		
港、澳、台商投资企业	Enterprises Funded by Hongkong,Macao and Taiwan	84124	134602
合资经营企业(港或澳、台资)	Joint Venture		
合作经营企业(港或澳、台资)	Cooperative Enterprise		
港澳台商独资经营企业	Ventures Exclusively with HongKong, Macaoand Taiwan Investment	84124	134602
港澳台商投资股份有限公司	Share Holding Limited Company		
外商投资企业	Foreign Funded Enterprises	319159	716252
中外合资经营企业	Joint Venture	319159	703128

continued

(10 000 yuan)

年末所有者权益 Creditors' Equity	主营业务收入 Revenue in Major Business	主营业务成本 Costs of Major Business	主营业务税金及附加 Tax and Extra charges of Major Business
4919338	**22411405**	**20182961**	**85000**
744898	1849051	1434457	13547
2998157	18464713	17034293	56129
184109	222418	166657	1826
82637	441693	386040	3229
2048	9192	7309	236
907489	1424338	1154206	10034
4554817	21708827	19617593	81487
22275	104020	87221	694
22275	104020	87221	694
−58861	169576	153376	1396
3984334	20691361	18774861	73649
33005	40336	29144	249
3951329	20651025	18745717	73400
181994	106674	47687	1228
425075	637195	554448	4520
538	10427	10335	24
302861	566225	505119	4218
121676	60543	38994	278
85983	32827	20642	91
85983	32827	20642	91
278538	669751	544726	3422
269649	664952	542496	2742

6-4 续表 3

单位：万元

指　标	Item	管理费用 Costs of Administr-ation	财务费用 Costs of Finance
总　计	**Total**	**766819**	**489603**
一、按隶属关系分	**Grouped by Belongs**		
中央企业	Central Enterprises	99389	51126
省属企业	Province-owned Enterprises	483641	348340
地、市属企业	Prefectures,Cities-owned Enterprises	32213	6125
县（旗）属企业	County(Banner)-owned Enterprises	46534	20417
城市街道企业	Cities'Neighbourhood-owned Enterprises		
镇属企业	Small Town-owned Enterprises		
乡属企业	Township Enterprises	998	-1
村办企业	Village Enterprises		
其 他	Enterprises of Other Types of Ownership	104045	63596
二、按登记注册类型分	**Grouped Registered Kind**		
内资企业	Civil Funded Enterprises	735064	461968
国有企业	State-owned Enterprises	3517	968
中央企业	Central Enterprises		
地方企业	Local Enterprises	3517	968
集体企业	Collective Owned Enterprises	26699	428
股份合作企业	Share Cooperative Holding Enterprises		
联营企业	Joint Owned Enterprises		
国有联营企业	State-owned Joint Owned Enterprises		
集体联营企业	Collective-owned Joint Owned Enterprises		
国有与集体联营企业	State-owned and Collective-owned Joint Owned Enterprises		
其他联营企业	Other Joint Owned Enterprises		
有限责任公司	Limited Responsibility Company	648313	438572
国有独资公司	Company Exclusively with Investment from State	7655	234
其他有限责任公司	Other Limited Responsibility Company	640658	438337
股份有限公司	Share Holding Limited Company	17283	2980
私营企业	Privately Owned Enterprises	39252	19021
私营独资企业	Enterprise Exclusively with Investment from Private	262	157
私营合作企业	Private Partner Enterprises		
私营有限责任公司	Privately Owned Limited Company	31440	17222
私营股份有限公司	Privately owned Share Holding Limited Company	7550	1642
其他企业	Enterprises of Other Types of Ownership		
港、澳、台商投资企业	Enterprises Funded by Hongkong,Macao and Taiwan	1206	3995
合资经营企业（港或澳、台资）	Joint Venture		
合作经营企业（港或澳、台资）	Cooperative Enterprise		
港澳台商独资经营企业	Ventures Exclusively with HongKong, Macaoand Taiwan Investment	1206	3995
港澳台商投资股份有限公司	Share Holding Limited Company		
外商投资企业	Foreign Funded Enterprises	30549	23640
中外合资经营企业	Joint Venture	29321	23274

continued

(10 000 yuan)

利息支出 Interest Expenditure	利润总额 Total Profits	亏损企业亏损额 Loss of Loss-making Enterprises	利税总额 Total Pre-tax Profits	全部从业人员年平均人数（人） Employmees (person)
493047	**107205**	**322267**	**643415**	**201761**
49635	236992	36781	352105	13646
361130	−146270	158372	186641	136168
6218	7500	9658	20145	5912
20414	−36827	53432	(18324)	21488
	288		1349	418
55649	45523	64025	101501	24129
461289	55642	318132	572408	194937
972	4563	566	12024	3068
972	4563	566	12024	3068
486	−14158	14311	−8741	13056
442325	32616	277365	505001	165903
272	963	121	3111	1576
442054	31653	277244	501890	164327
3251	28980		39750	2002
14255	3642	25891	24374	10908
92	−678	731	−600	133
12854	−5448	25059	13372	9469
1309	9767	101	11602	1306
2826	6884		7297	119
2826	6884		7297	119
28932	44679	4135	63710	6705
28566	46549	2265	64900	6502

6-4 续表 4

单位：万元

指 标	Item	单位数（个）Number of Enterprises (unit)	# 亏损企业 Loss-making Enterprises
中外合作经营企业	Cooperative Enterprises		
外资企业	Enterprises Funded By Foreign Investments	1	1
外商投资股份有限公司	Share Holding Limited Company		
三、按经济组织类型分	**Grouped by Ownership**		
独资企业	Ventures With Exclusively Investment	15	5
国有企业	State-owned Enterprises	3	1
集体企业	Collective Owned Enterprises	5	1
私营独资企业	Enterprises Exclusively with Private Investment	3	2
港澳台商独资经营企业	Enterprises Funded by Overseas Chinese From HongKong, Macao and Taiwan	3	
外资企业	Foreign Funded Enterprises	1	1
合作、合伙企业	Cooperative &Partnership Enterprises		
股份合作企业	Share Cooperative Enterprises		
国有联营企业	State-owned Joint Enterprises		
集体联营企业	Collective-owned Joint Enterprises		
国有与集体联营企业	State & Collective-owned Joint Enterprises		
其他联营企业	Joint Enterprises of Other Types of Ownership, Macao and Taiwan		
私营合伙企业	Private Partnership Enterprises		
合作经营企业（港或澳、台资）	Cooperative Enterprises Funded by HongKong, Macao and Taiwan		
中外合作经营企业	Sino-foreign Cooperative Enterprises		
其他企业（内资）	Enterprises of Other Types (Domestic Funded)		
股份有限公司	Share Holding Limited Company	8	1
股份有限公司（内资）	Share Holding Limited Company (Domestic Funded)	4	
私营股份有限公司	Private Share Holding Limted Company	4	1
港澳台商投资股份有限公司	Share Holding Limited Company Funded by HongKong, Macao and Taiwan		
外商投资股份有限公司	Share Limited Company Funded by Foreign Investment		
有限责任公司	Limited Responsibility Company	150	61
国有独资公司	Enterprises Exclusively Funded by State Investment	3	1
私营有限责任公司	Private Limited Responsibility Company	71	25
合资经营企业（港或澳、台资）	Joint Ventures Funded by HongKong , Macao and Taiwan		
中外合资经营企业	Sino-foreign Joint Ventures	8	2
其他有限责任公司	Limited Responsibility Company of Other Types	68	33
四、在总计中：亏损企业	**of the Total: Loss-making Enterprises**	67	67
在总计中：国有控股企业	of the Total: State-Controlled Share Holding Enterprises	43	12
在总计中：轻工业	of the Total: Light Industry	27	6
重工业	Heavy Industry	146	61
在总计中：大型企业	of the Total: Large-Size Enterprises	10	3
中型企业	Medium-size Enterprises	42	17
小微企业	Small micro-sized Eneterprise	121	47

continued

(10 000 yuan)

工业总产值 Gross Industrial Output Value	工业销售产值 Industrial Sales Output Value	实收资本 Real Captial Income	年末资产合计 Total Assets
3972	3582	15000	22013
244886	243103	119621	503358
126155	125714	18810	38944
67326	65408	18523	215210
10795	11761	2795	6606
36639	36639	64493	220584
3972	3582	15000	22013
169662	160269	104723	458751
114306	105109	47523	296778
55355	55160	57200	161974
10396226	8706687	2464771	19886674
44440	44440	26817	111205
570469	536264	208359	909878
711592	660327	176873	972778
9069725	7465656	2052723	17892814
7271208	5668428	1543857	15270182
9331774	7684758	2109643	18175128
819574	761914	296904	1476846
9991200	8348144	2392211	19371937
8483628	6876318	1597687	15855461
1346133	1285001	573838	2814483
981012	948740	517590	2178838

6-4 续表 5

单位：万元

指　标	Item	流动资产合　计 Total Circul-ating Funds
中外合作经营企业	Cooperative Enterprises	
外资企业	Enterprises Funded By Foreign Investments	3233
外商投资股份有限公司	Share Holding Limited Company	
三、按经济组织类型分	**Grouped by Ownership**	
独资企业	Ventures With Exclusively Investment	235281
国有企业	State-owned Enterprises	15856
集体企业	Collective Owned Enterprises	174920
私营独资企业	Enterprises Exclusively with Private Investment	5169
港澳台商独资经营企业	Enterprises Funded by Overseas Chinese From HongKong, Macao and Taiwan	36102
外资企业	Foreign Funded Enterprises	3233
合作、合伙企业	Cooperative &Partnership Enterprises	
股份合作企业	Share Cooperative Enterprises	
国有联营企业	State-owned Joint Enterprises	
集体联营企业	Collective-owned Joint Enterprises	
国有与集体联营企业	State & Collective-owned Joint Enterprises	
其他联营企业	Joint Enterprises of Other Types of Ownership,Macao and Taiwan	
私营合伙企业	Private Partnership Enterprises	
合作经营企业（港或澳、台资）	Cooperative Enterprises Funded by HongKong,Macao and Taiwan	
中外合作经营企业	Sino-foreign Cooperative Enterprises	
其他企业（内资）	Enterprises of Other Types (Domestic Funded)	
股份有限公司	Share Holding Limited Company	129612
股份有限公司（内资）	Share Holding Limited Company (Domestic Funded)	63871
私营股份有限公司	Private Share Holding Limted Company	65742
港澳台商投资股份有限公司	Share Holding Limited Company Funded by HongKong, Macao and Taiwan	
外商投资股份有限公司	Share Limited Company Funded by Foreign Investment	
有限责任公司	Limited Responsibility Company	6842515
国有独资公司	Enterprises Exclusively Funded by State Investment	33651
私营有限责任公司	Private Limited Responsibility Company	555752
合资经营企业（港或澳、台资）	Joint Ventures Funded by HongKong , Macao and Taiwan	
中外合资经营企业	Sino-foreign Joint Ventures	346784
其他有限责任公司	Limited Responsibility Company of Other Types	5906328
四、在总计中：亏损企业	**of the Total: Loss-making Enterprises**	5440488
在总计中：国有控股企业	of the Total: State-Controlled Share Holding Enterprises	5902329
在总计中：轻工业	of the Total: Light Industry	441818
重工业	Heavy Industry	6765591
在总计中：大型企业	of the Total: Large-Size Enterprises	5422018
中型企业	Medium-size Enterprises	949614
小微企业	Small micro-sized Eneterprise	835776

continued

(10 000 yuan)

固定资产合计 Total Fixed Assets	固定资产原价 Orginal Value Of Fixed Assets	累计折旧 Total Depreciation	流动 负债 Liquid Liabilities
17008	19606	2598	
177544	222193	44772	343449
18642	34444	15802	14917
24020	42119	18220	273978
1140	1826	689	4075
116734	124198	7463	50478
17008	19606	2598	
206899	244376	44459	109794
135011	164608	29596	77356
71888	79769	14863	32438
12162024	11641579	5413908	5902544
66017	105569	39688	48200
272384	375514	139019	457785
396595	506343	134247	383969
11427028	10654153	5100955	5012589
9515545	7732285	4009088	4012833
11586702	10858906	5103152	4901064
683726	769545	165258	532677
11862741	11338603	5337882	5823109
10052012	8875248	4521448	4058709
1395958	1922357	716544	1351694
1098497	1310543	265148	945382

6-4 续表 6

单位：万元

指　　标	Item	长期负债 Long-Term Liabilities
中外合作经营企业	Cooperative Enterprises	
外资企业	Enterprises Funded By Foreign Investments	
外商投资股份有限公司	Share Holding Limited Company	
三、按经济组织类型分	**Grouped by Ownership**	
独资企业	Ventures With Exclusively Investment	86770
国有企业	State-owned Enterprises	1752
集体企业	Collective Owned Enterprises	34
私营独资企业	Enterprises Exclusively with Private Investment	861
港澳台商独资经营企业	Enterprises Funded by Overseas Chinese From HongKong, Macao and Taiwan	84124
外资企业	Foreign Funded Enterprises	
合作、合伙企业	Cooperative &Partnership Enterprises	
股份合作企业	Share Cooperative Enterprises	
国有联营企业	State-owned Joint Enterprises	
集体联营企业	Collective-owned Joint Enterprises	
国有与集体联营企业	State & Collective-owned Joint Enterprises	
其他联营企业	Joint Enterprises of Other Types of Ownership,Macao and Taiwan	
私营合伙企业	Private Partnership Enterprises	
合作经营企业（港或澳、台资）	Cooperative Enterprises Funded by HongKong,Macao and Taiwan	
中外合作经营企业	Sino-foreign Cooperative Enterprises	
其他企业（内资）	Enterprises of Other Types (Domestic Funded)	
股份有限公司	Share Holding Limited Company	45287
股份有限公司（内资）	Share Holding Limited Company (Domestic Funded)	37427
私营股份有限公司	Private Share Holding Limted Company	7859
港澳台商投资股份有限公司	Share Holding Limited Company Funded by HongKong, Macao and Taiwan	
外商投资股份有限公司	Share Limited Company Funded by Foreign Investment	
有限责任公司	Limited Responsibility Company	9322411
国有独资公司	Enterprises Exclusively Funded by State Investment	30000
私营有限责任公司	Private Limited Responsibility Company	119465
合资经营企业（港或澳、台资）	Joint Ventures Funded by HongKong , Macao and Taiwan	
中外合资经营企业	Sino-foreign Joint Ventures	319159
其他有限责任公司	Limited Responsibility Company of Other Types	8853786
四、在总计中：亏损企业	**of the Total: Loss-making Enterprises**	8191065
在总计中：国有控股企业	of the Total: State-Controlled Share Holding Enterprises	9128661
在总计中：轻工业	of the Total: Light Industry	386928
重工业	Heavy Industry	9067540
在总计中：大型企业	of the Total: Large-Size Enterprises	8384712
中型企业	Medium-size Enterprises	558577
小微企业	Small micro-sized Eneterprise	511178

continued

(10 000 yuan)

负债合计 Total Liabilities	年末所有者权益 Creditors' Equity	主营业务收入 Revenue in Major Business	主营业务成本 Costs of Major Business	主营业务税金及附加 Tax and Extra Charges of Major Business
13124	8889	4799	2231	680
444475	58823	321650	273804	2885
16669	22275	104020	87221	694
274012	-58861	169576	153376	1396
6069	538	10427	10335	24
134602	85983	32827	20642	91
13124	8889	4799	2231	680
155080	303671	167217	86682	1506
114783	181994	106674	47687	1228
40297	121676	60543	38994	278
15295738	4556844	21922538	19822475	80609
78200	33005	40336	29144	249
605731	302861	566225	505119	4218
703128	269649	664952	542496	2742
13908678	3951329	20651025	18745717	73400
12256509	3012444	19016800	17570258	62938
14055932	4087296	20844986	18892634	73096
934502	542297	753083	580082	3758
14960791	4377041	21658322	19602879	81242
12444532	3382031	20154680	18365976	66252
1928426	885469	1296267	1013437	14113
1522335	651839	960458	803548	4635

6-4 续表7

单位：万元

指　　标	Item	管理费用 Costs of Administr-ation	财务费用 Costs of Finance
中外合作经营企业	Cooperative Enterprises		
外资企业	Enterprises Funded By Foreign Investments	1228	366
外商投资股份有限公司	Share Holding Limited Company		
三、按经济组织类型分	**Grouped by Ownership**		
独资企业	Ventures With Exclusively Investment	32911	5913
国有企业	State-owned Enterprises	3517	968
集体企业	Collective Owned Enterprises	26699	428
私营独资企业	Enterprises Exclusively with Private Investment	262	157
港澳台商独资经营企业	Enterprises Funded by Overseas Chinese From HongKong, Macao and Taiwan	1206	3995
外资企业	Foreign Funded Enterprises	1228	366
合作、合伙企业	Cooperative &Partnership Enterprises		
股份合作企业	Share Cooperative Enterprises		
国有联营企业	State-owned Joint Enterprises		
集体联营企业	Collective-owned Joint Enterprises		
国有与集体联营企业	State & Collective-owned Joint Enterprises		
其他联营企业	Joint Enterprises of Other Types of Ownership,Macao and Taiwan		
私营合伙企业	Private Partnership Enterprises		
合作经营企业（港或澳、台资）	Cooperative Enterprises Funded by HongKong,Macao and Taiwan		
中外合作经营企业	Sino-foreign Cooperative Enterprises		
其他企业（内资）	Enterprises of Other Types (Domestic Funded)		
股份有限公司	Share Holding Limited Company	24834	4623
股份有限公司（内资）	Share Holding Limited Company (Domestic Funded)	17283	2980
私营股份有限公司	Private Share Holding Limted Company	7550	1642
港澳台商投资股份有限公司	Share Holding Limited Company Funded by HongKong, Macao and Taiwan		
外商投资股份有限公司	Share Limited Company Funded by Foreign Investment		
有限责任公司	Limited Responsibility Company	709074	479067
国有独资公司	Enterprises Exclusively Funded by State Investment	7655	234
私营有限责任公司	Private Limited Responsibility Company	31440	17222
合资经营企业（港或澳、台资）	Joint Ventures Funded by HongKong , Macao and Taiwan		
中外合资经营企业	Sino-foreign Joint Ventures	29321	23274
其他有限责任公司	Limited Responsibility Company of Other Types	640658	438337
四、在总计中：亏损企业	**of the Total: Loss-making Enterprises**	572676	395223
在总计中：国有控股企业	of the Total: State-Controlled Share Holding Enterprises	644760	445600
在总计中：轻工业	of the Total: Light Industry	58227	31812
重工业	Heavy Industry	708592	457791
在总计中：大型企业	of the Total: Large-Size Enterprises	571052	381734
中型企业	Medium-size Enterprises	144732	58230
小微企业	Small micro-sized Eneterprise	51036	49639

continued

(10 000 yuan)

利息支出 Interest Expenditure	利润总额 Total Profits	亏损企业亏损额 Loss of Loss-making Enterprises	利税总额 Total Pre-tax Profits	全部从业人员年平均人数(人) Employmees (person)
365	-1870	1870	-1190	203
4742	-5259	17478	8790	16579
972	4563	566	12024	3068
486	-14158	14311	-8741	13056
92	-678	731	-600	133
2826	6884		7297	119
365	-1870	1870	-1190	203
4560	38747	101	51352	3308
3251	28980		39750	2002
1309	9767	101	11602	1306
483745	73717	304689	583273	181874
272	963	121	3111	1576
12854	-5448	25059	13372	9469
28566	46549	2265	64900	6502
442054	31653	277244	501890	164327
398010	-322267	322267	31834	161409
455103	76983	236836	543807	163733
37587	49930	14446	73648	12440
455460	57275	307821	569768	189321
399009	63972	193201	477634	160117
50643	26284	78959	119426	28300
43396	16949	50107	46356	13344

6-4 续表 8

单位：万元

指　　标	Item	单位数（个）Number of Enterprises (unit)
五、按工业行业大类分	**Grouped by Sector**	
煤炭开采和洗选业	Coal Mining and Dressing	21
石油和天然气开采业	Petroleum and Natural Gas Extraction	
黑色金属矿采选业	Ferrous Metals Mining and Dressing	22
有色金属矿采选业	Nonferous Metals Mining and Dressing	1
非金属矿采选业	Nonmetal Minerals Mining and Dressing	
其他辅助活动	Other Auxiliary Activities	
其他采矿业	Other Minerals Mining and Dressing	
农副食品加工业	Farm Products Processing	6
食品制造业	Food Manufacturing	2
酒、饮料和精制茶制造业	Wine,Beverages and Refined Tea Manufacturing	3
烟草制品业	Tobacoo Products Manfacturing	
纺织业	Textile Industry	
纺织服装、服饰业	Textile Garments Manufacturing	
皮革、毛皮、羽毛(绒)及其制品和制鞋业	Leather, Fur, Feather and its products and Footwear	
木材加工及木、竹、藤、棕、草制造业	Timber Processing ,Bamboo,Cane ,Palm Fiber and Straw Products	
家具制造业	Furniture Manufacturing	
造纸及纸制品业	Paper Making and Paper Products	
印刷业和记录媒介的复制	Printing and Record Medium Reproduction	
文教、工美、体育和娱乐品制造业	Cultural,Educational, Sports and Entertainment Products	1
石油加工、炼焦及核燃料加工业	Petroleum Processing,Coking and Nuclear Fuel Processing	
化学原料及化学制品制造业	Raw Chemical Materials and Chemical Products	9
医药制造业	Medical and Pharmaceutical Products	14
化学纤维制造业	Chemical Fiber	
橡胶和塑料制品业	Rubber and Plastic Products	
非金属矿物制品业	Nonmetal Mineral Products	30
黑色金属冶炼及压延加工业	Smelting and Pressing of Ferrous Metals	8
有色金属冶炼及压延加工业	Smelting and Pressing of Non-ferrous Metals	5
金属制品业	Metal Prodcuts	3
通用设备制造业	Ordinary Machinery Manufacturing	5
专用设备制造业	Special Purpose Equipment Manufacturing	8
汽车制造业	Automobile Manufacturing Industry	4
铁路、船舶、航空航天和其他运输设备制造业	Railroad, Marine, Aviation and Other Transport Equipment Manufacturing Industry	8
电气机械及器材制造业	Electrical Machinery and Equipment Manufacturing Industry	2
计算机、通信设备、及其他电子设备制造业	Telecommunication Equipment,Computer and Other Electronic Product	
仪器仪表制造业	Equipments and Instruments Manufacturing	
其他制造业	Other Mafufacturing Industry	
废弃资源综合利用业	Comprehensive Utilization of Waste Resources	
金属制品、机械和设备修理业	Metal products, Machinery and Equipment Repair Industry	1
电力、热力的生产和供应业	Electric Power，Heat power Production and Supply	19
燃气生产和供应业	Gas Production and Supply	
水的生产和供应业	Tap Water Production and Supply	1

continued

(10 000 yuan)

# 亏损企业 #Loss-making Enterprises	工业总产值 Gross Industrial Output Value	工业销售产值 Industrial Sales Output Value	实收资本 Real Captial Income
14	7106098	5499953	1314581
15	182813	152639	39550
1			7616
2	14446	19557	12630
0	4294	4294	5300
1	88441	86282	50000
1	20447	16360	13263
5	116692	113105	50217
2	658375	601851	191087
10	350199	342366	206291
4	50955	58554	19875
4	70406	67278	57818
	18279	18061	3891
1	63562	58412	27637
1	85602	85145	33827
2	160458	162032	34853
	713756	713427	95728
1	78387	83190	6162
1	2420	2420	600
2	991573	991561	493564
	33572	33572	24624

6-4 续表 9

单位：万元

指标	Item	年末资产合计 Total Assets
五、按工业行业大类分	**Grouped by Sector**	
煤炭开采和洗选业	Coal Mining and Dressing	14037617
石油和天然气开采业	Petroleum and Natural Gas Extraction	
黑色金属矿采选业	Ferrous Metals Mining and Dressing	346765
有色金属矿采选业	Nonferous Metals Mining and Dressing	10305
非金属矿采选业	Nonmetal Minerals Mining and Dressing	
其他辅助活动	Other Auxiliary Activities	
其他采矿业	Other Minerals Mining and Dressing	
农副食品加工业	Farm Products Processing	37711
食品制造业	Food Manufacturing	7504
酒、饮料和精制茶制造业	Wine,Beverages and Refined Tea Manufacturing	129792
烟草制品业	Tobacoo Products Manfacturing	
纺织业	Textile Industry	
纺织服装、服饰业	Textile Garments Manufacturing	
皮革、毛皮、羽毛(绒)及其制品和制鞋业	Leather, Fur, Feather and its products and Footwear	
木材加工及木、竹、藤、棕、草制造业	Timber Processing ,Bamboo,Cane ,Palm Fiber and Straw Products	
家具制造业	Furniture Manufacturing	
造纸及纸制品业	Paper Making and Paper Products	
印刷业和记录媒介的复制	Printing and Record Medium Reproduction	
文教、工美、体育和娱乐品制造业	Cultural,Educational, Sports and Entertainment Products	72842
石油加工、炼焦及核燃料加工业	Petroleum Processing,Coking and Nuclear Fuel Processing	
化学原料及化学制品制造业	Raw Chemical Materials and Chemical Products	406563
医药制造业	Medical and Pharmaceutical Products	1142562
化学纤维制造业	Chemical Fiber	
橡胶和塑料制品业	Rubber and Plastic Products	
非金属矿物制品业	Nonmetal Mineral Products	633881
黑色金属冶炼及压延加工业	Smelting and Pressing of Ferrous Metals	103847
有色金属冶炼及压延加工业	Smelting and Pressing of Non-ferrous Metals	204201
金属制品业	Metal Prodcuts	15364
通用设备制造业	Ordinary Machinery Manufacturing	93494
专用设备制造业	Special Purpose Equipment Manufacturing	223364
汽车制造业	Automobile Manufacturing Industry	265264
铁路、船舶、航空航天和其他运输设备制造业	Railroad, Marine, Aviation and Other Transport Equipment Manufacturing Industry	664924
电气机械及器材制造业	Electrical Machinery and Equipment Manufacturing Industry	64139
计算机、通信设备、及其他电子设备制造业	Telecommunication Equipment,Computer and Other Electronic Product	
仪器仪表制造业	Equipments and Instruments Manufacturing	
其他制造业	Other Mafufacturing Industry	
废弃资源综合利用业	Comprehensive Utilization of Waste Resources	
金属制品、机械和设备修理业	Metal products, Machinery and Equipment Repair Industry	8145
电力、热力的生产和供应业	Electric Power，Heat power Production and Supply	2294064
燃气生产和供应业	Gas Production and Supply	
水的生产和供应业	Tap Water Production and Supply	86435

continued

(10 000 yuan)

流动资产合计 Total Circulating Funds	固定资产合计 Total Fixed Assets	固定资产原价 Orginal Value Of Fixed Assets	累计折旧 Total Depreciation	流动负债 Liquid Liabilities
4810494	9021209	7092649	3838192	2834737
200864	100809	154367	82367	183151
1878	5991	15044	9054	4624
21109	9973	11212	3351	25033
1866	5237	10665	5428	1114
31867	83938	53091	9739	22504
43034	23239	25866	2627	65316
84383	258380	317281	58942	366103
325597	499537	569460	106665	388909
293483	274929	376665	121097	362162
73106	20675	38762	18761	85445
113909	60329	97819	37637	101660
9579	5249	6202	953	11411
62694	10112	14206	4260	47718
181979	22253	36253	14139	259527
136191	97892	143455	51203	153646
418834	149853	227456	95188	486033
59400	1662	6482	4820	28508
7228	916	965	518	8182
311568	1832481	2810997	1000752	890204
18345	61803	99252	37449	29801

6-4 续表 10

单位：万元

指 标	Item	长期负债 Long-Term Liabilities
五、按工业行业大类分	**Grouped by Sector**	
煤炭开采和洗选业	Coal Mining and Dressing	8080655
石油和天然气开采业	Petroleum and Natural Gas Extraction	
黑色金属矿采选业	Ferrous Metals Mining and Dressing	23732
有色金属矿采选业	Nonferous Metals Mining and Dressing	
非金属矿采选业	Nonmetal Minerals Mining and Dressing	
其他辅助活动	Other Auxiliary Activities	
其他采矿业	Other Minerals Mining and Dressing	
农副食品加工业	Farm Products Processing	736
食品制造业	Food Manufacturing	335
酒、饮料和精制茶制造业	Wine,Beverages and Refined Tea Manufacturing	1450
烟草制品业	Tobacoo Products Manfacturing	
纺织业	Textile Industry	
纺织服装、服饰业	Textile Garments Manufacturing	
皮革、毛皮、羽毛(绒)及其制品和制鞋业	Leather, Fur, Feather and its products and Footwear	
木材加工及木、竹、藤、棕、草制造业	Timber Processing ,Bamboo,Cane ,Palm Fiber and Straw Products	
家具制造业	Furniture Manufacturing	
造纸及纸制品业	Paper Making and Paper Products	
印刷业和记录媒介的复制	Printing and Record Medium Reproduction	
文教、工美、体育和娱乐品制造业	Cultural,Educational, Sports and Entertainment Products	
石油加工、炼焦及核燃料加工业	Petroleum Processing,Coking and Nuclear Fuel Processing	
化学原料及化学制品制造业	Raw Chemical Materials and Chemical Products	7168
医药制造业	Medical and Pharmaceutical Products	354406
化学纤维制造业	Chemical Fiber	
橡胶和塑料制品业	Rubber and Plastic Products	
非金属矿物制品业	Nonmetal Mineral Products	34873
黑色金属冶炼及压延加工业	Smelting and Pressing of Ferrous Metals	360
有色金属冶炼及压延加工业	Smelting and Pressing of Non-ferrous Metals	61884
金属制品业	Metal Prodcuts	
通用设备制造业	Ordinary Machinery Manufacturing	1959
专用设备制造业	Special Purpose Equipment Manufacturing	384
汽车制造业	Automobile Manufacturing Industry	45241
铁路、船舶、航空航天和其他运输设备制造业	Railroad, Marine, Aviation and Other Transport Equipment Manufacturing Industry	25229
电气机械及器材制造业	Electrical Machinery and Equipment Manufacturing Industry	4125
计算机、通信设备、及其他电子设备制造业	Telecommunication Equipment,Computer and Other Electronic Product	
仪器仪表制造业	Equipments and Instruments Manufacturing	
其他制造业	Other Mafufacturing Industry	
废弃资源综合利用业	Comprehensive Utilization of Waste Resources	
金属制品、机械和设备修理业	Metal products, Machinery and Equipment Repair Industry	
电力、热力的生产和供应业	Electric Power, Heat power Production and Supply	781928
燃气生产和供应业	Gas Production and Supply	
水的生产和供应业	Tap Water Production and Supply	30000

continued

(10 000 yuan)

负债合计 Total Liabilities	年末所有者权益 Creditors' Equity	主营业务收入 Revenue in Major Business	主营业务成本 Costs of Major Business	主营业务税金及附加 Tax and Extra Charges of Major Business
10919059	3118559	18677012	17192683	61947
214178	132058	152296	136885	2890
4624	5681			2
27543	10122	20596	17869	100
1449	6055	4299	3129	54
37078	92714	87500	59266	840
65316	7526	11202	10883	1
376158	30405	183472	174622	344
743316	399246	595916	464584	2539
421248	211727	330889	281614	2024
89473	14374	61336	61000	356
163544	40157	61971	60831	234
11411	3953	21631	18961	84
49677	43817	55851	46490	219
262116	-38763	190797	171912	1324
198887	66377	162028	145238	525
511262	153603	680286	592141	2268
32634	31505	82638	49400	846
8182	-38	3148	2767	15
1698340	563626	994967	668336	8165
59801	26634	33572	24352	225

6-4 续表 11

单位：万元

指　标	Item	管理费用 Costs of Administration	财务费用 Costs of Finance
五、按工业行业大类分	**Grouped by Sector**		
煤炭开采和洗选业	Coal Mining and Dressing	526012	350960
石油和天然气开采业	Petroleum and Natural Gas Extraction		
黑色金属矿采选业	Ferrous Metals Mining and Dressing	12382	5679
有色金属矿采选业	Nonferous Metals Mining and Dressing	2239	95
非金属矿采选业	Nonmetal Minerals Mining and Dressing		
其他辅助活动	Other Auxiliary Activities		
其他采矿业	Other Minerals Mining and Dressing		
农副食品加工业	Farm Products Processing	2243	435
食品制造业	Food Manufacturing	665	
酒、饮料和精制茶制造业	Wine,Beverages and Refined Tea Manufacturing	2784	1460
烟草制品业	Tobacoo Products Manfacturing		
纺织业	Textile Industry		
纺织服装、服饰业	Textile Garments Manufacturing		
皮革、毛皮、羽毛(绒)及其制品和制鞋业	Leather, Fur, Feather and its products and Footwear		
木材加工及木、竹、藤、棕、草制造业	Timber Processing ,Bamboo,Cane ,Palm Fiber and Straw Products		
家具制造业	Furniture Manufacturing		
造纸及纸制品业	Paper Making and Paper Products		
印刷业和记录媒介的复制	Printing and Record Medium Reproduction		
文教、工美、体育和娱乐品制造业	Cultural,Educational, Sports and Entertainment Products	1805	6202
石油加工、炼焦及核燃料加工业	Petroleum Processing,Coking and Nuclear Fuel Processing		
化学原料及化学制品制造业	Raw Chemical Materials and Chemical Products	20863	16028
医药制造业	Medical and Pharmaceutical Products	43706	23745
化学纤维制造业	Chemical Fiber		
橡胶和塑料制品业	Rubber and Plastic Products		
非金属矿物制品业	Nonmetal Mineral Products	23845	14093
黑色金属冶炼及压延加工业	Smelting and Pressing of Ferrous Metals	3748	2049
有色金属冶炼及压延加工业	Smelting and Pressing of Non-ferrous Metals	6921	4560
金属制品业	Metal Prodcuts	992	325
通用设备制造业	Ordinary Machinery Manufacturing	4963	535
专用设备制造业	Special Purpose Equipment Manufacturing	25321	857
汽车制造业	Automobile Manufacturing Industry	12856	1868
铁路、船舶、航空航天和其他运输设备制造业	Railroad, Marine, Aviation and Other Transport Equipment Manufacturing Industry	59666	432
电气机械及器材制造业	Electrical Machinery and Equipment Manufacturing Industry	1856	359
计算机、通信设备、及其他电子设备制造业	Telecommunication Equipment,Computer and Other Electronic Product		
仪器仪表制造业	Equipments and Instruments Manufacturing		
其他制造业	Other Mafufacturing Industry		
废弃资源综合利用业	Comprehensive Utilization of Waste Resources		
金属制品、机械和设备修理业	Metal products, Machinery and Equipment Repair Industry	286	
电力、热力的生产和供应业	Electric Power，Heat power Production and Supply	6642	59951
燃气生产和供应业	Gas Production and Supply		
水的生产和供应业	Tap Water Production and Supply	7024	-30

continued

(10 000 yuan)

利息支出 Interest Expenditure	利润总额 Total Profits	亏损企业亏损额 Loss of Loss-making Enterprises	利税总额 Total Pre-tax Profits	全部从业人员年平均人数(人) Employmees (person)
356329	-177625	194718	181949	140154
4279	-9076	9742	-919	4179
95	-2402	2402	-2380	268
440	-1382	2107	-670	788
	501		995	393
1461	14772	1870	17592	769
6201	-8868	8868	-8867	228
15812	-32980	36156	-29341	4135
29486	44743	1602	62612	8878
13861	1810	15893	18190	7008
2054	-10440	11125	-6677	899
4550	-10153	13632	-8549	1954
304	606		950	370
335	2588	65	3764	1035
825	-10779	14311	-6585	12331
2253	-56	547	3809	2902
-576	24786		42622	8710
340	27398	21	35276	490
	-1	1	189	57
54999	253599	9209	337469	4829
	164		1987	1384

6-5 国有控股工业企业主要经济指标(2014 年)

单位:万元

指　　标	Item	单位数(个) Number of Enterprises (unit)	# 亏损企业 Loss-making Enterprises
总　　计	**Total**	**43**	**12**
在总计中:	Of the Total		
亏损企业	Loss-making Enterprises	12	12
在总计中:	Of the Total		
中央企业	Central Enterprises	15	2
地方企业	Local Enterprises	28	10
# 省属企业	Province-owned Enterprises	10	2
市属企业	Prefectures，Cities-owned Enterprises	5	2
县(旗)属企业	County(Banner)-owned Enterprises	9	5
在总计中:	Of the Total		
轻工业	Light Industry	4	1
重工业	Heavy Industry	39	11
在总计中:	Of the Total		
大型企业	Large-size Enterprises	6	1
中型企业	Medium-size Enterprises	32	14
小微企业	Small Micro Enterprises	14	3
按工业行业大类分	**Grouped by Sector**		
煤炭开采和洗选业	Coal Mining and Dressing	11	6
石油和天然气开采业	Petroleum and Natural Gas Extraction		
黑色金属矿采选业	Ferrous Metals Mining and Dressing		
有色金属矿采选业	Nonferous Metals Mining and Dressing	1	1
非金属矿采选业	Nonmetal Minerals Mining and Dressing		
其他辅助活动	Other Auxiliary Activities		
其他采矿业	Other Minerals Mining and Dressing		
农副食品加工业	Farm Products Processing		
食品制造业	Food Manufacturing		
酒、饮料和精制茶制造业	Wine,Beverages and Refined Tea Manufacturing		
烟草制品业	Tobacoo Products Manfacturing		
纺织业	Textile Industry		

MIN INDICATORS OF STATE-OWNED SHARE HOLDING INDUSTRIAL ENIERPRISES (2014)

(10 000 yuan)

工业总产值 Gross Industrial Output Value	工业销售产值 Industrial Sales Output Value	实收资本 Real Captial Income	年末资产合计 Total Assets
9331774	**7684758**	**2109643**	**18175128**
6741919	5171577	1316953	13995260
1733466	1705632	506725	2747637
7598309	5979127	1602918	15427491
6779701	5229726	1293979	13859149
94653	93832	96410	264982
264718	244774	70337	373382
489846	437318	144078	914961
8841929	7247440	1965565	17260167
1091418	1087965	320492	1627009
1032173	975086	410309	2140032
129188	129033	165791	787782
6854258	5261889	1269168	13905707
		7616	10305

6-5 续表 1

单位：万元

指　标	Item	单位数(个) Number of Enterprises (unit)	# 亏损企业 Loss-making Enterprises
纺织服装、服饰业	Textile Garments Manufacturing		
皮革、毛皮、羽毛(绒)及其制品和制鞋业	Leather, Fur, Feather and its products and Footwear		
木材加工及木、竹、藤、棕、草制造业	Timber Processing ,Bamboo,Cane ,Palm Fiber and Straw Products		
家具制造业	Furniture Manufacturing		
造纸及纸制品业	Paper Making and Paper Products		
印刷业和记录媒介的复制	Printing and Record Medium Reproduction		
文教、工美、体育和娱乐品制造业	Cultural,Educational, Sports and Entertainment Products	1	1
石油加工、炼焦及核燃料加工业	Petroleum Processing,Coking and Nuclear Fuel Processing		
化学原料及化学制品制造业	Raw Chemical Materials and Chemical Products	3	2
医药制造业	Medical and Pharmaceutical Products	2	
化学纤维制造业	Chemical Fiber		
橡胶和塑料制品业	Rubber and Plastic Products		
非金属矿物制品业	Nonmetal Mineral Products	5	1
黑色金属冶炼及压延加工业	Smelting and Pressing of Ferrous Metals		
有色金属冶炼及压延加工业	Smelting and Pressing of Non-ferrous Metals	2	1
金属制品业	Metal Prodcuts		
通用设备制造业	Ordinary Machinery Manufacturing	1	
专用设备制造业	Special Purpose Equipment Manufacturing		
汽车制造业	Automobile Manufacturing Industry	2	
铁路、船舶、航空航天和其他运输设备制造业	Railroad, Marine, Aviation and Other Transport Equipment Manufacturing Industry	4	
电气机械及器材制造业	Electrical Machinery and Equipment Manufacturing Industry		
计算机、通信设备、及其他电子设备制造业	Telecommunication Equipment,Computer and Other Electronic Product		
仪器仪表制造业	Equipments and Instruments Manufacturing		
其他制造业	Other Mafufacturing Industry		
废弃资源综合利用业	Comprehensive Utilization of Waste Resources		
金属制品、机械和设备修理业	Metal products, Machinery and Equipment Repair Industry		
电力、热力的生产和供应业	Electric Power, Heat power Production and Supply	10	
燃气生产和供应业	Gas Production and Supply		
水的生产和供应业	Tap Water Production and Supply	1	

continued

(10 000 yuan)

工业总产值 Gross Industrial Output Value	工业销售产值 Industrial Sales Output Value	实收资本 Real Captial Income	年末资产合计 Total Assets
20447	16360	13263	72842
63868	65228	39445	334475
435828	387387	106191	755684
202556	201415	103910	243905
14410	13700	22261	118850
19885	16069	7732	30397
152607	153944	32153	247056
650719	651512	90552	600422
883626	883685	392728	1769049
33572	33572	24624	86435

6-5 续表 2

单位：万元

指　标	Item	流动资产合计 Total Circul-ating Funds
总　计	**Total**	**5902329**
在总计中：	Of the Total	
亏损企业	Loss-making Enterprises	4767444
在总计中：	Of the Total	
中央企业	Central Enterprises	685918
地方企业	Local Enterprises	5216411
#省属企业	Province-owned Enterprises	4787528
市属企业	Prefectures，Cities-owned Enterprises	57810
县（旗）属企业	County(Banner)-owned Enterprises	124862
在总计中：	Of the Total	
轻工业	Light Industry	265741
重工业	Heavy Industry	5636588
在总计中：	Of the Total	
大型企业	Large-size Enterprises	313556
中型企业	Medium-size Enterprises	693836
小微企业	Small Micro Enterprises	129853
按工业行业大类分	**Grouped by Sector**	
煤炭开采和洗选业	Coal Mining and Dressing	4717620
石油和天然气开采业	Petroleum and Natural Gas Extraction	
黑色金属矿采选业	Ferrous Metals Mining and Dressing	
有色金属矿采选业	Nonferous Metals Mining and Dressing	1878
非金属矿采选业	Nonmetal Minerals Mining and Dressing	
其他辅助活动	Other Auxiliary Activities	
其他采矿业	Other Minerals Mining and Dressing	
农副食品加工业	Farm Products Processing	
食品制造业	Food Manufacturing	
酒、饮料和精制茶制造业	Wine,Beverages and Refined Tea Manufacturing	
烟草制品业	Tobacoo Products Manfacturing	
纺织业	Textile Industry	

continued

(10 000 yuan)

固定资产合计 Total Fixed Assets	固定资产原价 Orginal Value Of Fixed Assets	累计折旧 Total Depreciation	流动 负债 Liquid Liabilities
11586702	**10858906**	**5103152**	**4901064**
9057831	7078232	3748236	3055889
1816438	2893385	1148667	1461122
9770264	7965521	3954485	3439942
8981266	7056817	3737058	2741685
181370	268629	87260	129703
155239	213349	58245	241282
419600	501579	106463	383908
11167102	10357327	4996689	4517156
1236638	2016915	806196	845644
1072935	1656371	665480	1052360
600091	686090	89199	251904
8993921	7019241	3788728	2762972
5991	15044	9054	4624

6-5 续表 3

单位：万元

指　　标	Item	流动资产合　计 Total Circul-ating Funds
纺织服装、服饰业	Textile Garments Manufacturing	
皮革、毛皮、羽毛(绒)及其制品和制鞋业	Leather, Fur, Feather and its products and Footwear	
木材加工及木、竹、藤、棕、草制造业	Timber Processing ,Bamboo,Cane ,Palm Fiber and Straw Products	
家具制造业	Furniture Manufacturing	
造纸及纸制品业	Paper Making and Paper Products	
印刷业和记录媒介的复制	Printing and Record Medium Reproduction	
文教、工美、体育和娱乐品制造业	Cultural,Educational, Sports and Entertainment Products	43034
石油加工、炼焦及核燃料加工业	Petroleum Processing,Coking and Nuclear Fuel Processing	
化学原料及化学制品制造业	Raw Chemical Materials and Chemical Products	57618
医药制造业	Medical and Pharmaceutical Products	204362
化学纤维制造业	Chemical Fiber	
橡胶和塑料制品业	Rubber and Plastic Products	
非金属矿物制品业	Nonmetal Mineral Products	48771
黑色金属冶炼及压延加工业	Smelting and Pressing of Ferrous Metals	
有色金属冶炼及压延加工业	Smelting and Pressing of Non-ferrous Metals	83503
金属制品业	Metal Prodcuts	
通用设备制造业	Ordinary Machinery Manufacturing	28383
专用设备制造业	Special Purpose Equipment Manufacturing	
汽车制造业	Automobile Manufacturing Industry	126887
铁路、船舶、航空航天和其他运输设备制造业	Railroad, Marine, Aviation and Other Transport Equipment Manufacturing Industry	366933
电气机械及器材制造业	Electrical Machinery and Equipment Manufacturing Industry	
计算机、通信设备、及其他电子设备制造业	Telecommunication Equipment,Computer and Other Electronic Product	
仪器仪表制造业	Equipments and Instruments Manufacturing	
其他制造业	Other Mafufacturing Industry	
废弃资源综合利用业	Comprehensive Utilization of Waste Resources	
金属制品、机械和设备修理业	Metal products, Machinery and Equipment Repair Industry	
电力、热力的生产和供应业	Electric Power，Heat power Production and Supply	204996
燃气生产和供应业	Gas Production and Supply	
水的生产和供应业	Tap Water Production and Supply	18345

continued

(10 000 yuan)

固定资产合计 Total Fixed Assets	固定资产原价 Orginal Value Of Fixed Assets	累计折旧 Total Depreciation	流动 负债 Liquid Liabilities
23239	25866	2627	65316
243928	294277	50109	335656
334559	376461	66387	288791
170577	228703	58126	127442
18961	32301	13340	35823
1924	3793	1869	9646
90374	135533	48763	142819
138653	209598	88399	426911
1502774	2418837	938300	671265
61803	99252	37449	29801

6-5 续表 4

单位：万元

指　标	Item	长期负债 Long-Term Liabilities
总　计	**Total**	14055932
在总计中：	Of the Total	
亏损企业	Loss-making Enterprises	11098531
在总计中：	Of the Total	
中央企业	Central Enterprises	1995664
地方企业	Local Enterprises	12060269
#省属企业	Province-owned Enterprises	10844835
市属企业	Prefectures，Cities-owned Enterprises	160217
县（旗）属企业	County(Banner)-owned Enterprises	302122
在总计中：	Of the Total	
轻工业	Light Industry	727281
重工业	Heavy Industry	13328651
在总计中：	Of the Total	
大型企业	Large-size Enterprises	1176275
中型企业	Medium-size Enterprises	1492658
小微企业	Small Micro Enterprises	580266
按工业行业大类分	**Grouped by Sector**	
煤炭开采和洗选业	Coal Mining and Dressing	10840827
石油和天然气开采业	Petroleum and Natural Gas Extraction	
黑色金属矿采选业	Ferrous Metals Mining and Dressing	
有色金属矿采选业	Nonferous Metals Mining and Dressing	4624
非金属矿采选业	Nonmetal Minerals Mining and Dressing	
其他辅助活动	Other Auxiliary Activities	
其他采矿业	Other Minerals Mining and Dressing	
农副食品加工业	Farm Products Processing	
食品制造业	Food Manufacturing	
酒、饮料和精制茶制造业	Wine,Beverages and Refined Tea Manufacturing	
烟草制品业	Tobacoo Products Manfacturing	
纺织业	Textile Industry	

continued

(10 000 yuan)

负债合计 Total Liabilities	年末所有者权益 Creditors' Equity	主营业务收入 Revenue in Major Business	主营业务 Costs of Major Business	主营业务 税金及附加 Tax and Extra Charges of Major Business
4087296	20844986	18892634	73096	
2896729	18404591	17010979	56116	
723074	1717945	1316828	13292	
3364222	19127041	17575806	59803	
3011314	18440646	17009470	56036	
104765	109480	87418	645	
71260	170618	135441	1661	
187680	432160	363673	1200	
3899616	20412826	18528961	71896	
421836	1066033	780411	8919	
646786	1003749	806724	11167	
204516	110242	60848	142	
3064880	18415470	16954665	60555	
5681			2	

6-5 续表5

单位：万元

指　　标	Item	长期负债 Long-Term Liabilities
纺织服装、服饰业	Textile Garments Manufacturing	
皮革、毛皮、羽毛（绒）及其制品和制鞋业	Leather, Fur, Feather and its products and Footwear	
木材加工及木、竹、藤、棕、草制造业	Timber Processing ,Bamboo,Cane ,Palm Fiber and Straw Products	
家具制造业	Furniture Manufacturing	
造纸及纸制品业	Paper Making and Paper Products	
印刷业和记录媒介的复制	Printing and Record Medium Reproduction	
文教、工美、体育和娱乐品制造业	Cultural,Educational, Sports and Entertainment Products	
石油加工、炼焦及核燃料加工业	Petroleum Processing,Coking and Nuclear Fuel Processing	
化学原料及化学制品制造业	Raw Chemical Materials and Chemical Products	7128
医药制造业	Medical and Pharmaceutical Products	313374
化学纤维制造业	Chemical Fiber	
橡胶和塑料制品业	Rubber and Plastic Products	
非金属矿物制品业	Nonmetal Mineral Products	2266
黑色金属冶炼及压延加工业	Smelting and Pressing of Ferrous Metals	
有色金属冶炼及压延加工业	Smelting and Pressing of Non-ferrous Metals	57622
金属制品业	Metal Prodcuts	
通用设备制造业	Ordinary Machinery Manufacturing	150
专用设备制造业	Special Purpose Equipment Manufacturing	
汽车制造业	Automobile Manufacturing Industry	38315
铁路、船舶、航空航天和其他运输设备制造业	Railroad, Marine, Aviation and Other Transport Equipment Manufacturing Industry	25116
电气机械及器材制造业	Electrical Machinery and Equipment Manufacturing Industry	
计算机、通信设备、及其他电子设备制造业	Telecommunication Equipment,Computer and Other Electronic Product	
仪器仪表制造业	Equipments and Instruments Manufacturing	
其他制造业	Other Mafufacturing Industry	
废弃资源综合利用业	Comprehensive Utilization of Waste Resources	
金属制品、机械和设备修理业	Metal products, Machinery and Equipment Repair Industry	
电力、热力的生产和供应业	Electric Power，Heat power Production and Supply	576835
燃气生产和供应业	Gas Production and Supply	
水的生产和供应业	Tap Water Production and Supply	30000

continued

(10 000 yuan)

负债合计 Total Liabilities	年末所有者权益 Creditors' Equity	主营业务收入 Revenue in Major Business	主营业务 Costs of Major Business	主营业务 税金及附加 Tax and Extra Charges of Major Business
65316	7526	11202	10883	1
342785	–8309	136635	139333	122
602165	153519	387387	328438	974
129707	114198	178220	149482	1078
93446	25404	17576	15002	150
9796	20601	17914	12977	135
181133	65922	153941	137818	514
452027	148395	618385	536718	1693
1274307	462843	874685	582966	7647
59801	26634	33572	24352	225

6–5 续表 6

单位：万元

指　标	Item	管理费用 Costs of Adminstration	财务费用 Costs of Finance
总　计	**Total**	**644760**	**445600**
在总计中：	Of the Total		
亏损企业	Loss-making Enterprises	509916	364536
在总计中：	Of the Total		
中央企业	Central Enterprises	96901	51154
地方企业	Local Enterprises	547859	394446
#省属企业	Province-owned Enterprises	481786	347852
市属企业	Prefectures，Cities-owned Enterprises	19794	4912
县（旗）属企业	County(Banner)-owned Enterprises	13237	12385
在总计中：	Of the Total		
轻工业	Light Industry	27139	28144
重工业	Heavy Industry	617621	417456
在总计中：	Of the Total		
大型企业	Large-size Enterprises	31698	36568
中型企业	Medium-size Enterprises	111853	43745
小微企业	Small Micro Enterprises	8821	27196
按工业行业大类分	**Grouped by Sector**		
煤炭开采和洗选业	Coal Mining and Dressing	514219	349670
石油和天然气开采业	Petroleum and Natural Gas Extraction		
黑色金属矿采选业	Ferrous Metals Mining and Dressing		
有色金属矿采选业	Nonferous Metals Mining and Dressing	2239	95
非金属矿采选业	Nonmetal Minerals Mining and Dressing		
其他辅助活动	Other Auxiliary Activities		
其他采矿业	Other Minerals Mining and Dressing		
农副食品加工业	Farm Products Processing		
食品制造业	Food Manufacturing		
酒、饮料和精制茶制造业	Wine,Beverages and Refined Tea Manufacturing		
烟草制品业	Tobacoo Products Manfacturing		
纺织业	Textile Industry		

continued

(10 000 yuan)

利息支出 Interest Expenditure	利润总额 Total Profits	亏损企业亏损额 Loss of Loss-making Enterprises	利税总额 Total Pre-tax Profit	全部从业人员年平均人数(人) Employmees (person)
455103	**76983**	**236836**	**543807**	**163733**
369085	-236836	236836	91693	137869
49642	238170	34602	350593	13252
405461	-161188	202235	193214	150481
360545	-144902	157003	186595	135198
4962	-4023	7942	1432	3161
12395	-7616	17168	5468	6255
33760	6483	8868	11359	6626
421343	70500	227969	532448	157107
37074	200062	24998	282425	11127
43646	4297	52673	78712	23814
26558	14521	11390	19025	1500
355070	-166292	182314	185160	137859
95	-2402	2402	-2380	268

6-5 续表 7

单位：万元

指 标	Item	管理费用 Costs of Adminstration	财务费用 Costs of Finance
纺织服装、服饰业	Textile Garments Manufacturing		
皮革、毛皮、羽毛（绒）及其制品和制鞋业	Leather, Fur, Feather and its products and Footwear		
木材加工及木、竹、藤、棕、草制造业	Timber Processing ,Bamboo,Cane ,Palm Fiber and Straw Products		
家具制造业	Furniture Manufacturing		
造纸及纸制品业	Paper Making and Paper Products		
印刷业和记录媒介的复制	Printing and Record Medium Reproduction		
文教、工美、体育和娱乐品制造业	Cultural,Educational, Sports and Entertainment Products	1805	6202
石油加工、炼焦及核燃料加工业	Petroleum Processing,Coking and Nuclear Fuel Processing		
化学原料及化学制品制造业	Raw Chemical Materials and Chemical Products	16659	14683
医药制造业	Medical and Pharmaceutical Products	18310	21972
化学纤维制造业	Chemical Fiber		
橡胶和塑料制品业	Rubber and Plastic Products		
非金属矿物制品业	Nonmetal Mineral Products	12534	6986
黑色金属冶炼及压延加工业	Smelting and Pressing of Ferrous Metals		
有色金属冶炼及压延加工业	Smelting and Pressing of Non-ferrous Metals	2843	246
金属制品业	Metal Prodcuts		
通用设备制造业	Ordinary Machinery Manufacturing	1937	-95
专用设备制造业	Special Purpose Equipment Manufacturing		
汽车制造业	Automobile Manufacturing Industry	12223	1389
铁路、船舶、航空航天和其他运输设备制造业	Railroad, Marine, Aviation and Other Transport Equipment Manufacturing Industry	53563	433
电气机械及器材制造业	Electrical Machinery and Equipment Manufacturing Industry		
计算机、通信设备、及其他电子设备制造业	Telecommunication Equipment,Computer and Other Electronic Product		
仪器仪表制造业	Equipments and Instruments Manufacturing		
其他制造业	Other Mafufacturing Industry		
废弃资源综合利用业	Comprehensive Utilization of Waste Resources		
金属制品、机械和设备修理业	Metal products, Machinery and Equipment Repair Industry		
电力、热力的生产和供应业	Electric Power，Heat power Production and Supply	1404	44049
燃气生产和供应业	Gas Production and Supply		
水的生产和供应业	Tap Water Production and Supply	7024	-30

continued

(10 000 yuan)

利息支出 Interest Expenditure	利润总额 Total Profits	亏损企业亏损额 Loss of Loss-making Enterprises	利税总额 Total Pre-tax Profit	全部从业人员年平均人数（人） Employmees (person)
6201	-8868	8868	-8867	228
14582	-34326	34602	-33381	2930
27559	15186		18239	5014
6990	1109	5540	13164	3277
247	368	3111	1502	612
1	2004		2239	301
2112	490		4252	2692
-575	24458		38042	5937
42821	245090		323852	3231
	164		1987	1384

6-6 外商投资和港澳台投资工业企业主要经济指标 (2014 年)

单位 : 万元

指　　标	Item	单位数(个) Number of Enterprises (unit)
总　　计	**Total**	**12**
在总计中 :	Of the Total	
亏损企业	Loss-making Enterprises	3
在总计中 :	Of the Total	
港、澳、台商投资企业	Enterprises Funded by HongKong, Macao and Taiwan	3
合资经营企业 (港或澳、台资)	Joint Venture	
合作经营企业 (港或澳、台资)	Cooperative Enterprise	
港澳台商独资经营企业	Ventures Exclusively with HongKong Macaoand Taiwan Investment	3
港澳台商投资股份有限公司	Share Holding Limited Company Funded By HongKong, Macao and Taiwan Investment	
外商投资企业	Foreign Funded Enterprises	9
中外合资经营企业	Joint Venture	8
中外合作经营企业	Cooperative Enterprises	
外资企业	Enterprises Funded By Foreign Investments	1
外商投资股份有限公司	Limited Company Funded by Foreign Investment	
在总计中 :	Of the Total: State-Controlled Share	
国家控股企业	Holding Enterprises	3
在总计中 :	Of the Total:	
轻工业	Light Industry	3
重工业	Heavy Industry	9
在总计中 :	Of the Total:	
大型企业	Large-Size Enterprises	2
中型企业	Medium-size Enterprises	2
小微企业	Small Micro Enterprises	8
按工业行业大类分	**Grouped by Sector**	
煤炭开采和洗选业	Coal Mining and Dressing	2
石油和天然气开采业	Petroleum and Natural Gas Extraction	
黑色金属矿采选业	Ferrous Metals Mining and Dressing	
有色金属矿采选业	Nonferous Metals Mining and Dressing	
非金属矿采选业	Nonmetal Minerals Mining and Dressing	
其他辅助活动	Other Auxiliary Activities	
其他采矿业	Other Minerals Mining and Dressing	
农副食品加工业	Farm Products Processing	
食品制造业	Food Manufacturing	

MAIN INDICATORS OF FOREIGN FUNDED ENTERPRISES AND ENTERPRISES FUNDED BY OVERSEAS CHINESE FROM HONGKONG，MACAO & TAIWAN (2014)

(10 000 yuan)

# 亏损企业 Loss-making Enterprises	工业总产值 Gross Industrial Output Value	工业销售产值 Industrial Sales Output Value	实收资本 Real Captial Income	年末资产合计 Total Assets
3	**752202**	**700548**	**256365**	**1215375**
3	60269	51520	33175	43254
	36639	36639	64493	220584
	36639	36639	64493	220584
3	715563	663909	191873	994791
2	711592	660327	176873	972778
1	3972	3582	15000	22013
	482360	434455	129044	828933
1	439799	390968	121191	777698
2	312403	309580	135174	437678
	435828	387387	106191	755684
	123154	128689	27650	134982
3	193221	184472	122524	324709
1	138866	130847	28600	42671

6-6 续表 1

单位：万元

指　标	Item	单位数（个）Number of Enterprises (unit)
酒、饮料和精制茶制造业	Wine,Beverages and Refined Tea Manufacturing	1
烟草制品业	Tobacoo Products Manfacturing	
纺织业	Textile Industry	
纺织服装、服饰业	Textile Garments Manufacturing	
皮革、毛皮、羽毛(绒)及其制品和制鞋业	Leather, Fur, Feather and its products and Footwear	
木材加工及木、竹、藤、棕、草制造业	Timber Processing ,Bamboo,Cane ,Palm Fiber and Straw Products	
家具制造业	Furniture Manufacturing	
造纸及纸制品业	Paper Making and Paper Products	
印刷业和记录媒介的复制	Printing and Record Medium Reproduction	
文教、工美、体育和娱乐品制造业	Cultural,Educational, Sports and Entertainment Products	
石油加工、炼焦及核燃料加工业	Petroleum Processing,Coking and Nuclear Fuel Processing	
化学原料及化学制品制造业	Raw Chemical Materials and Chemical Products	
医药制造业	Medical and Pharmaceutical Products	2
化学纤维制造业	Chemical Fiber	
橡胶和塑料制品业	Rubber and Plastic Products	
非金属矿物制品业	Nonmetal Mineral Products	1
黑色金属冶炼及压延加工业	Smelting and Pressing of Ferrous Metals	
有色金属冶炼及压延加工业	Smelting and Pressing of Non-ferrous Metals	
金属制品业	Metal Prodcuts	
通用设备制造业	Ordinary Machinery Manufacturing	
专用设备制造业	Special Purpose Equipment Manufacturing	
汽车制造业	Automobile Manufacturing Industry	
铁路、船舶、航空航天和其他运输设备制造业	Railroad, Marine, Aviation and Other Transport Equipment Manufacturing Industry	1
电气机械及器材制造业	Electrical Machinery and Equipment Manufacturing Industry	1
计算机、通信设备、及其他电子设备制造业	Telecommunication Equipment,Computer and Other Electronic Product	
仪器仪表制造业	Equipments and Instruments Manufacturing	
其他制造业	Other Mafufacturing Industry	
废弃资源综合利用业	Comprehensive Utilization of Waste Resources	
金属制品、机械和设备修理业	Metal products, Machinery and Equipment Repair Industry	
电力、热力的生产和供应业	Electric Power，Heat power Production and Supply	4
燃气生产和供应业	Gas Production and Supply	
水的生产和供应业	Tap Water Production and Supply	

continued

(10 000 yuan)

# 亏损企业 Loss-making Enterprises	工业总产值 Gross Industrial Output Value	工业销售产值 Industrial Sales Output Value	实收资本 Real Captial Income	年末资产合计 Total Assets
1	3972	3582	15000	22013
	435828	387387	106191	755684
1	3558	3219	2075	2286
	46533	47069	22853	73249
	76621	81621	4797	61733
	46825	46825	76849	257739

6-6 续表 2

单位：万元

指　　标	Item	流动资产合　计 Total Circulating Funds
总　　计	**Total**	**386120**
在总计中：	Of the Total	
亏损企业	Loss-making Enterprises	16121
在总计中：	Of the Total	
港、澳、台商投资企业	Enterprises Funded by HongKong, Macao and Taiwan	36102
合资经营企业（港或澳、台资）	Joint Venture	
合作经营企业（港或澳、台资）	Cooperative Enterprise	
港澳台商独资经营企业	Ventures Exclusively with HongKong Macaoand Taiwan Investment	36102
港澳台商投资股份有限公司	Share Holding Limited Company Funded By HongKong, Macao and Taiwan Investment	
外商投资企业	Foreign Funded Enterprises	350017
中外合资经营企业	Joint Venture	346784
中外合作经营企业	Cooperative Enterprises	
外资企业	Enterprises Funded By Foreign Investments	3233
外商投资股份有限公司	Limited Company Funded by Foreign Investment	
在总计中：	Of the Total: State-Controlled Share	
国家控股企业	Holding Enterprises	250499
在总计中：	Of the Total:	
轻工业	Light Industry	207595
重工业	Heavy Industry	178525
在总计中：	Of the Total:	
大型企业	Large-Size Enterprises	204362
中型企业	Medium-size Enterprises	103274
小微企业	Small Micro Enterprises	78485
按工业行业大类分	**Grouped by Sector**	
煤炭开采和洗选业	Coal Mining and Dressing	30612
石油和天然气开采业	Petroleum and Natural Gas Extraction	
黑色金属矿采选业	Ferrous Metals Mining and Dressing	
有色金属矿采选业	Nonferous Metals Mining and Dressing	
非金属矿采选业	Nonmetal Minerals Mining and Dressing	
其他辅助活动	Other Auxiliary Activities	
其他采矿业	Other Minerals Mining and Dressing	
农副食品加工业	Farm Products Processing	
食品制造业	Food Manufacturing	

continued

(10 000 yuan)

固定资产合计 Total Fixed Assets	固定资产原价 Orginal Value of Fixed Assets	累计折旧 Total Depreciation	流 动 负 债 Liquid Liabilities
530338	**650147**	**144309**	**434447**
25357	43400	18058	18182
116734	124198	7463	50478
116734	124198	7463	50478
413604	525949	136845	383969
396595	506343	134247	383969
17008	19606	2598	
353646	425097	95936	327307
351567	396068	68985	288791
178771	254079	75323	145656
334559	376461	66387	288791
20606	53696	33090	66960
175173	219990	44831	78696
12036	36446	24410	20848

6-6 续表 3

单位：万元

指　标	Item	流动资产合　计 Total Circulating Funds
酒、饮料和精制茶制造业	Wine,Beverages and Refined Tea Manufacturing	3233
烟草制品业	Tobacoo Products Manfacturing	
纺织业	Textile Industry	
纺织服装、服饰业	Textile Garments Manufacturing	
皮革、毛皮、羽毛(绒)及其制品和制鞋业业	Leather, Fur, Feather and its products and Footwear	
木材加工及木、竹、藤、棕、草制造业	Timber Processing ,Bamboo,Cane ,Palm Fiber and Straw Products	
家具制造业	Furniture Manufacturing	
造纸及纸制品业	Paper Making and Paper Products	
印刷业和记录媒介的复制	Printing and Record Medium Reproduction	
文教、工美、体育和娱乐品制造业	Cultural,Educational, Sports and Entertainment Products	
石油加工、炼焦及核燃料加工业	Petroleum Processing,Coking and Nuclear Fuel Processing	
化学原料及化学制品制造业	Raw Chemical Materials and Chemical Products	
医药制造业	Medical and Pharmaceutical Products	204362
化学纤维制造业	Chemical Fiber	
橡胶和塑料制品业	Rubber and Plastic Products	
非金属矿物制品业	Nonmetal Mineral Products	1372
黑色金属冶炼及压延加工业	Smelting and Pressing of Ferrous Metals	
有色金属冶炼及压延加工业	Smelting and Pressing of Non-ferrous Metals	
金属制品业	Metal Prodcuts	
通用设备制造业	Ordinary Machinery Manufacturing	
专用设备制造业	Special Purpose Equipment Manufacturing	
汽车制造业	Automobile Manufacturing Industry	
铁路、船舶、航空航天和其他运输设备制造业	Railroad, Marine, Aviation and Other Transport Equipment Manufacturing Industry	46137
电气机械及器材制造业	Electrical Machinery and Equipment Manufacturing Industry	57136
计算机、通信设备、及其他电子设备制造业	Telecommunication Equipment,Computer and Other Electronic Product	
仪器仪表制造业	Equipments and Instruments Manufacturing	
其他制造业	Other Mafufacturing Industry	
废弃资源综合利用业	Comprehensive Utilization of Waste Resources	
金属制品、机械和设备修理业	Metal products, Machinery and Equipment Repair Industry	
电力、热力的生产和供应业	Electric Power，Heat power Production and Supply	43268
燃气生产和供应业	Gas Production and Supply	
水的生产和供应业	Tap Water Production and Supply	

continued

(10 000 yuan)

固定资产合计 Total Fixed Assets	固定资产原价 Orginal Value of Fixed Assets	累计折旧 Total Depreciation	流 动 负 债 Liquid Liabilities
17008	19606	2598	
334559	376461	66387	288791
914	2722	1823	3598
19087	48636	29549	38516
1519	5060	3541	28444
145214	161215	16001	54251

6-6 续表 4

单位：万元

指　　标	Item	长期负债 Long-Term Liabilities
总　　计	**Total**	**403283**
在总计中：	Of the Total	
亏损企业	Loss-making Enterprises	
在总计中：	Of the Total	
港、澳、台商投资企业	Enterprises Funded by HongKong, Macao and Taiwan	84124
合资经营企业（港或澳、台资）	Joint Venture	
合作经营企业（港或澳、台资）	Cooperative Enterprise	
港澳台商独资经营企业	Ventures Exclusively with HongKong Macaoand Taiwan Investment	84124
港澳台商投资股份有限公司	Share Holding Limited Company Funded By HongKong, Macao and Taiwan Investment	
外商投资企业	Foreign Funded Enterprises	319159
中外合资经营企业	Joint Venture	319159
中外合作经营企业	Cooperative Enterprises	
外资企业	Enterprises Funded By Foreign Investments	
外商投资股份有限公司	Limited Company Funded by Foreign Investment	
在总计中：	Of the Total: State-Controlled Share	
国家控股企业	Holding Enterprises	313374
在总计中：	Of the Total:	
轻工业	Light Industry	313374
重工业	Heavy Industry	89910
在总计中：	Of the Total:	
大型企业	Large-Size Enterprises	313374
中型企业	Medium-size Enterprises	4086
小微企业	Small Micro Enterprises	85824
按工业行业大类分	**Grouped by Sector**	
煤炭开采和洗选业	Coal Mining and Dressing	
石油和天然气开采业	Petroleum and Natural Gas Extraction	
黑色金属矿采选业	Ferrous Metals Mining and Dressing	
有色金属矿采选业	Nonferous Metals Mining and Dressing	
非金属矿采选业	Nonmetal Minerals Mining and Dressing	
其他辅助活动	Other Auxiliary Activities	
其他采矿业	Other Minerals Mining and Dressing	
农副食品加工业	Farm Products Processing	
食品制造业	Food Manufacturing	

continued

(10 000 yuan)

负债合计 Total Liabilities	年末所有者权益 Creditors' Equity	主营业务收入 Revenue in Major Business	主营业务成本 Costs of Major Business	主营业务税金及附加 Tax and Extra Charges of Major Business
850854	**364521**	**702578**	**565368**	**3513**
31306	11948	52997	38031	1082
134602	85983	32827	20642	91
134602	85983	32827	20642	91
716252	278538	669751	544726	3422
703128	269649	664952	542496	2742
13124	8889	4799	2231	680
640681	188252	433025	365387	1296
615289	162409	392186	330669	1654
235565	202112	310392	234699	1859
602165	153519	387387	328438	974
71045	63936	127008	85292	1152
177644	147065	188183	151638	1387
20848	21824	131106	117629	255

6-6 续表5

单位：万元

指　　标	Item	长期负债 Long-Term Liabilities
酒、饮料和精制茶制造业	Wine,Beverages and Refined Tea Manufacturing	
烟草制品业	Tobacoo Products Manfacturing	
纺织业	Textile Industry	
纺织服装、服饰业	Textile Garments Manufacturing	
皮革、毛皮、羽毛(绒)及其制品和制鞋业	Leather, Fur, Feather and its products and Footwear	
木材加工及木、竹、藤、棕、草制造业	Timber Processing ,Bamboo,Cane ,Palm Fiber and Straw Products	
家具制造业	Furniture Manufacturing	
造纸及纸制品业	Paper Making and Paper Products	
印刷业和记录媒介的复制	Printing and Record Medium Reproduction	
文教、工美、体育和娱乐品制造业	Cultural,Educational, Sports and Entertainment Products	
石油加工、炼焦及核燃料加工业	Petroleum Processing,Coking and Nuclear Fuel Processing	
化学原料及化学制品制造业	Raw Chemical Materials and Chemical Products	
医药制造业	Medical and Pharmaceutical Products	313374
化学纤维制造业	Chemical Fiber	
橡胶和塑料制品业	Rubber and Plastic Products	
非金属矿物制品业	Nonmetal Mineral Products	
黑色金属冶炼及压延加工业	Smelting and Pressing of Ferrous Metals	
有色金属冶炼及压延加工业	Smelting and Pressing of Non-ferrous Metals	
金属制品业	Metal Prodcuts	
通用设备制造业	Ordinary Machinery Manufacturing	
专用设备制造业	Special Purpose Equipment Manufacturing	
汽车制造业	Automobile Manufacturing Industry	
铁路、船舶、航空航天和其他运输设备制造业	Railroad, Marine, Aviation and Other Transport Equipment Manufacturing Industry	
电气机械及器材制造业	Electrical Machinery and Equipment Manufacturing Industry	4086
计算机、通信设备、及其他电子设备制造业	Telecommunication Equipment,Computer and Other Electronic Product	
仪器仪表制造业	Equipments and Instruments Manufacturing	
其他制造业	Other Mafufacturing Industry	
废弃资源综合利用业	Comprehensive Utilization of Waste Resources	
金属制品、机械和设备修理业	Metal products, Machinery and Equipment Repair Industry	
电力、热力的生产和供应业	Electric Power，Heat power Production and Supply	85824
燃气生产和供应业	Gas Production and Supply	
水的生产和供应业	Tap Water Production and Supply	

continued

(10 000 yuan)

负债合计 Total Liabilities	年末所有者权益 Creditors' Equity	主营业务收入 Revenue in Major Business	主营业务成本 Costs of Major Business	主营业务税金及附加 Tax and Extra Charges of Major Business
13124	8889	4799	2231	680
602165	153519	387387	328438	974
3598	-1312	3219	1964	266
38516	34733	45639	36949	322
32530	29203	81370	48343	830
140075	117664	49059	29815	186

6-6 续表 6

单位：万元

指　标	Item	管理费用 Costs of Administration	财务费用 Costs of Finance
总　计	**Total**	**31755**	**27635**
在总计中：	Of the Total		
亏损企业	Loss-making Enterprises	2728	363
在总计中：	Of the Total		
港、澳、台商投资企业	Enterprises Funded by HongKong, Macao and Taiwan	1206	3995
合资经营企业（港或澳、台资）	Joint Venture		
合作经营企业（港或澳、台资）	Cooperative Enterprise		
港澳台商独资经营企业	Ventures Exclusively with HongKong Macaoand Taiwan Investment	1206	3995
港澳台商投资股份有限公司	Share Holding Limited Company Funded By HongKong, Macao and Taiwan Investment		
外商投资企业	Foreign Funded Enterprises	30549	23640
中外合资经营企业	Joint Venture	29321	23274
中外合作经营企业	Cooperative Enterprises		
外资企业	Enterprises Funded By Foreign Investments	1228	366
外商投资股份有限公司	Limited Company Funded by Foreign Investment		
在总计中：	Of the Total: State-Controlled Share		
国家控股企业	Holding Enterprises	23314	22647
在总计中：	Of the Total:		
轻工业	Light Industry	19538	22338
重工业	Heavy Industry	12216	5297
在总计中：	Of the Total:		
大型企业	Large-Size Enterprises	18310	21972
中型企业	Medium-size Enterprises	6716	1034
小微企业	Small Micro Enterprises	6728	4629
按工业行业大类分	**Grouped by Sector**		
煤炭开采和洗选业	Coal Mining and Dressing	2488	-28
石油和天然气开采业	Petroleum and Natural Gas Extraction		
黑色金属矿采选业	Ferrous Metals Mining and Dressing		
有色金属矿采选业	Nonferous Metals Mining and Dressing		
非金属矿采选业	Nonmetal Minerals Mining and Dressing		
其他辅助活动	Other Auxiliary Activities		
其他采矿业	Other Minerals Mining and Dressing		
农副食品加工业	Farm Products Processing		
食品制造业	Food Manufacturing		

continued

(10 000 yuan)

利息支出 Interest Expenditure	利润总额 Total Profits	亏损企业亏损额 Loss of Loss-making Enterprises	利税总额 Total Pretax Profit	全部从业人员年平均人数(人) Employmees (person)
31758	**51563**	**4135**	**71007**	**6824**
358	–4135	4135	–1485	506
2826	6884		7297	119
2826	6884		7297	119
28932	44679	4135	63710	6705
28566	46549	2265	64900	6502
365	–1870	1870	–1190	203
28203	15311		20693	5420
27924	13316	1870	17049	5217
3834	38247	2265	53958	1607
27559	15186		18239	5014
984	27543		37620	734
3215	8834	4135	15148	1076
–7	–1179	2179	1511	394

6-6 续表 7

单位：万元

指　　标	Item	管理费用 Costs of Administration	财务费用 Costs of Finance
酒、饮料和精制茶制造业	Wine,Beverages and Refined Tea Manufacturing	1228	366
烟草制品业	Tobacoo Products Manfacturing		
纺织业	Textile Industry		
纺织服装、服饰业	Textile Garments Manufacturing		
皮革、毛皮、羽毛(绒)及其制品和制鞋业	Leather, Fur, Feather and its products and Footwear		
木材加工及木、竹、藤、棕、草制造业	Timber Processing ,Bamboo,Cane ,Palm Fiber and Straw Products		
家具制造业	Furniture Manufacturing		
造纸及纸制品业	Paper Making and Paper Products		
印刷业和记录媒介的复制	Printing and Record Medium Reproduction		
文教、工美、体育和娱乐品制造业	Cultural,Educational, Sports and Entertainment Products		
石油加工、炼焦及核燃料加工业	Petroleum Processing,Coking and Nuclear Fuel Processing		
化学原料及化学制品制造业	Raw Chemical Materials and Chemical Products		
医药制造业	Medical and Pharmaceutical Products	18310	21972
化学纤维制造业	Chemical Fiber		
橡胶和塑料制品业	Rubber and Plastic Products		
非金属矿物制品业	Nonmetal Mineral Products	253	1
黑色金属冶炼及压延加工业	Smelting and Pressing of Ferrous Metals		
有色金属冶炼及压延加工业	Smelting and Pressing of Non-ferrous Metals		
金属制品业	Metal Prodcuts		
通用设备制造业	Ordinary Machinery Manufacturing		
专用设备制造业	Special Purpose Equipment Manufacturing		
汽车制造业	Automobile Manufacturing Industry		
铁路、船舶、航空航天和其他运输设备制造业	Railroad, Marine, Aviation and Other Transport Equipment Manufacturing Industry	5004	675
电气机械及器材制造业	Electrical Machinery and Equipment Manufacturing Industry	1712	359
计算机、通信设备、及其他电子设备制造业	Telecommunication Equipment,Computer and Other Electronic Product		
仪器仪表制造业	Equipments and Instruments Manufacturing		
其他制造业	Other Mafufacturing Industry		
废弃资源综合利用业	Comprehensive Utilization of Waste Resources		
金属制品、机械和设备修理业	Metal products, Machinery and Equipment Repair Industry		
电力、热力的生产和供应业	Electric Power，Heat power Production and Supply	2759	4290
燃气生产和供应业	Gas Production and Supply		
水的生产和供应业	Tap Water Production and Supply		

continued

(10 000 yuan)

利息支出 Interest Expenditure	利润总额 Total Profits	亏损企业亏损额 Loss of Loss-making Enterprises	利税总额 Total Pretax Profit	全部从业人员 年平均人数(人) Employmees (person)
365	-1870	1870	-1190	203
27559	15186		18239	5014
	-86	86	504	124
644	124		2453	406
340	27419		35167	328
2857	11968		14323	355

6-7 大中型工业企业主要经济指标(2014 年)

单位:万元

指　　标	Item	单位数（个）Number of Enterprises (unit)
总　　计	**Total**	**52**
一、按隶属关系分	**Grouped by Belongs**	
中央企业	Central Enterprises	10
省属企业	Province-owned Enterprises	8
地、市属企业	Prefectures， Cities-owned Enterprises	6
县(旗)属企业	County(Banner)-owned Enterprises	11
城市街道企业	Cities' Neighbourhood-owned Enterprises	
镇属企业	Small Town-owned Enterprises	
乡属企业	Township Enterprises	1
其　　他	Enterprises of Other Types of Ownership	16
二、按登记注册类型分	**Grouped by Registered Kind**	
内资企业	Civil Funded Enterprises	48
国有企业	State-owned Enterprises	3
中央企业	Central Enterprises	
地方企业	Local Enterprises	3
集体企业	Collective Owned Enterprises	2
股份合作企业	Share Cooperative Holding Enterprises	
联营企业	Joint Owned Enterprises	
国有联营企业	State-owned Joint Owned Enterprises	
集体联营企业	Collective-owned Joint Owned Enterprises	
国有与集体联营企业	State-owned and Collective-owned	
其他联营企业	Joint Owned Enterprises Other Joint Owned Enterprises	
有限责任公司	Limited Responsibility Company	34
国有独资公司	Company Exclusively with Investment from State	1
其他有限责任公司	Other Limited Responsibility Company	33
股份有限公司	Share Holding Limited Company	3
私营企业	Privately Owned Enterprises	6
私营独资企业	Enterprise Exclusively with Investment from Private	
私营合作企业	Private Partner Enterprises	
私营有限责任公司	Privately Owned Limited Company	4
私营股份有限公司	Privately Owned Share Holding Limited Company	2
其他企业	Enterprises of Other Types of Ownership	
港、澳、台商投资企业	Enterprises Funded by HongKong， Macao and Taiwan	
合资经营企业(港或澳、台资)	Joint Venture	
合作经营企业(港或澳、台资)	Cooperative Enterprise	
港澳台商独资经营企业	Ventures Exclusively with HongKong,	
港澳台商投资股份有限公司	Macaoand Taiwan Investment Share Holding Limited Company	
外商投资企业	Foreign Funded Enterprises	4
中外合资经营企业	Joint Venture	4
中外合作经营企业	Cooperative Enterprises	
外资企业	Enterprises Funded By Foreign Investments	
外商投资股份有限公司	Share Holding Limited Company	
三、按经济组织类型分	**Grouped by Ownership**	
独资企业	Ventures With Exclusively Investment	5

MAIN INDICATORS OF LARGE & MIDIUM-SIZED INDUSTRIAL ENTERPRISES (2014)

(10 000 yuan)

# 亏损企业 Loss-making Enterprises	工业总产值 Gross Industrial Output Value	工业销售产值 Industrial Sales Output Value	实收资本 Real Captial Income	年末资产合计 Total Assets
20	**9829761**	**8161319**	**2171525**	**18669945**
2	1701182	1668765	457568	2452347
3	6761255	5211275	1239668	13648660
3	185603	184338	114994	352136
8	307403	279951	94846	515433
	9192	9192	2000	15533
4	865126	807797	262450	1685836
20	9270780	7645243	2037684	17779279
1	126155	125714	18810	38944
1	126155	125714	18810	38944
1	59722	58444	17495	208876
17	8836421	7230056	1892166	17009779
	33572	33572	24624	86435
17	8802849	7196484	1867542	16923344
	103934	94737	34992	215102
1	144548	136293	74220	306577
1	113328	103943	22720	179566
	31220	32349	51500	127011
	558982	516076	133842	890666
	558982	516076	133842	890666
2	185877	184158	36306	247820

6-7 续表 1

单位：万元

指　标	Item	流动资产合计 Total Circulating Funds
总　计	**Total**	**6371633**
一、按隶属关系分	**Grouped by Belongs**	
中央企业	Central Enterprises	655590
省属企业	Province-owned Enterprises	4800821
地、市属企业	Prefectures，Cities-owned Enterprises	87788
县(旗)属企业	County(Banner)-owned Enterprises	235806
城市街道企业	Cities' Neighbourhood-owned Enterprises	
镇属企业	Small Town-owned Enterprises	
乡属企业	Township Enterprises	10637
其　他	Enterprises of Other Types of Ownership	580990
二、按登记注册类型分	**Grouped by Registered Kind**	
内资企业	Civil Funded Enterprises	6063998
国有企业	State-owned Enterprises	15856
中央企业	Central Enterprises	
地方企业	Local Enterprises	15856
集体企业	Collective Owned Enterprises	169476
股份合作企业	Share Cooperative Holding Enterprises	
联营企业	Joint Owned Enterprises	
国有联营企业	State-owned Joint Owned Enterprises	
集体联营企业	Collective-owned Joint Owned Enterprises	
国有与集体联营企业	State-owned and Collective-owned	
其他联营企业	Joint Owned Enterprises Other Joint Owned Enterprises	
有限责任公司	Limited Responsibility Company	5638132
国有独资公司	Company Exclusively with Investment from State	18345
其他有限责任公司	Other Limited Responsibility Company	5619787
股份有限公司	Share Holding Limited Company	59611
私营企业	Privately Owned Enterprises	180923
私营独资企业	Enterprise Exclusively with Investment from Private	
私营合作企业	Private Partner Enterprises	
私营有限责任公司	Privately Owned Limited Company	127021
私营股份有限公司	Privately Owned Share Holding Limited Company	53902
其他企业	Enterprises of Other Types of Ownership	
港、澳、台商投资企业	Enterprises Funded by HongKong，Macao and Taiwan	
合资经营企业(港或澳、台资)	Joint Venture	
合作经营企业(港或澳、台资)	Cooperative Enterprise	
港澳台商独资经营企业	Ventures Exclusively with HongKong，	
港澳台商投资股份有限公司	Macaoand Taiwan Investment Share Holding Limited Company	
外商投资企业	Foreign Funded Enterprises	307635
中外合资经营企业	Joint Venture	307635
中外合作经营企业	Cooperative Enterprises	
外资企业	Enterprises Funded By Foreign Investments	
外商投资股份有限公司	Share Holding Limited Company	
三、按经济组织类型分	**Grouped by Ownership**	
独资企业	Ventures With Exclusively Investment	185332

continued

(10 000 yuan)

固定资产合计 Total Fixed Assets	固定资产原价 Orginal Value Of Fixed Assets	累计折旧 Total Depreciation	流动负债 Liquid Liabilities
11447970	**10797605**	**5237992**	**5410404**
1567408	2624439	1128751	1370240
8754352	6792879	3696970	2742825
222801	293306	105506	160503
151689	220105	92496	477442
3411	7074	3663	13485
748309	859802	210607	645908
11092805	10367448	5138515	5054653
18642	34444	15802	14917
18642	34444	15802	14917
23248	39934	16806	269941
10887637	10038891	5013608	4642246
61803	99252	37449	29801
10825834	9939639	4976159	4612446
71809	93490	21681	41629
91469	160689	70617	85920
36701	96968	60267	61102
54769	63721	10350	24818
355165	430157	99477	355751
355165	430157	99477	355751
41890	74378	32608	284858

6-7 续表 2

单位：万元

指　　标	Item	长期负债 Long-Term Liabilities
总　　计	**Total**	**8943290**
一、按隶属关系分	**Grouped by Belongs**	
中央企业	Central Enterprises	391933
省属企业	Province-owned Enterprises	7975373
地、市属企业	Prefectures，Cities-owned Enterprises	33354
县（旗）属企业	County(Banner)-owned Enterprises	13718
城市街道企业	Cities' Neighbourhood-owned Enterprises	
镇属企业	Small Town-owned Enterprises	
乡属企业	Township Enterprises	
其　　他	Enterprises of Other Types of Ownership	528912
二、按登记注册类型分	**Grouped by Registered Kind**	
内资企业	Civil Funded Enterprises	8625830
国有企业	State-owned Enterprises	1752
中央企业	Central Enterprises	
地方企业	Local Enterprises	1752
集体企业	Collective Owned Enterprises	4
股份合作企业	Share Cooperative Holding Enterprises	
联营企业	Joint Owned Enterprises	
国有联营企业	State-owned Joint Owned Enterprises	
集体联营企业	Collective-owned Joint Owned Enterprises	
国有与集体联营企业	State-owned and Collective-owned	
其他联营企业	Joint Owned Enterprises Other Joint Owned Enterprises	
有限责任公司	Limited Responsibility Company	8591277
国有独资公司	Company Exclusively with Investment from State	30000
其他有限责任公司	Other Limited Responsibility Company	8561277
股份有限公司	Share Holding Limited Company	12703
私营企业	Privately Owned Enterprises	20095
私营独资企业	Enterprise Exclusively with Investment from Private	
私营合作企业	Private Partner Enterprises	
私营有限责任公司	Privately Owned Limited Company	13812
私营股份有限公司	Privately Owned Share Holding Limited Company	6283
其他企业	Enterprises of Other Types of Ownership	
港、澳、台商投资企业	Enterprises Funded by HongKong， Macao and Taiwan	
合资经营企业(港或澳、台资)	Joint Venture	
合作经营企业(港或澳、台资)	Cooperative Enterprise	
港澳台商独资经营企业	Ventures Exclusively with HongKong,	
港澳台商投资股份有限公司	Macaoand Taiwan Investment Share Holding Limited Company	
外商投资企业	Foreign Funded Enterprises	317459
中外合资经营企业	Joint Venture	317459
中外合作经营企业	Cooperative Enterprises	
外资企业	Enterprises Funded By Foreign Investments	
外商投资股份有限公司	Share Holding Limited Company	
三、按经济组织类型分	**Grouped by Ownership**	
独资企业	Ventures With Exclusively Investment	1755

continued

(10 000 yuan)

负债合计 Total Liabilities	年末所有者权益 Creditors' Equity	主营业务收入 Revenue of Major Business	主营业务成本 Costs of Major Business	主营业务税金及附加 Tax and Extra Charges of Major Business
14372958	**4267499**	**21450947**	**19379413**	**80365**
1763284	660164	1682259	1297519	13206
10734144	2914516	18431271	17016433	56124
193857	158279	198682	148511	1736
491159	24274	321756	288214	2819
13485	2048	9192	7309	236
1177029	508219	807786	621427	6243
13699748	4050044	20936552	18965683	78239
16669	22275	104020	87221	694
16669	22275	104020	87221	694
269945	–61127	161035	146083	1366
13250579	3730301	20436452	18583976	72697
59801	26634	33572	24352	225
13190778	3703667	20402880	18559624	72473
54332	160770	96302	43786	1228
108224	197824	138743	104617	2253
77123	101914	101008	83306	1985
31101	95911	37735	21310	268
673210	217456	514395	413730	2126
673210	217456	514395	413730	2126
286614	–38853	265056	233304	2060

6-7 续表 3

单位：万元

指　　标	Item	管理费用 Costs of Administration	财务费用 Costs of Finance
总　　计	**Total**	**715783**	**439965**
一、按隶属关系分	**Grouped by Belongs**		
中央企业	Central Enterprises	95672	43232
省属企业	Province-owned Enterprises	483366	339462
地、市属企业	Prefectures，Cities-owned Enterprises	26769	6049
县（旗）属企业	County(Banner)-owned Enterprises	39476	8184
城市街道企业	Cities' Neighbourhood-owned Enterprises		
镇属企业	Small Town-owned Enterprises		
乡属企业	Township Enterprises	998	-1
其　他	Enterprises of Other Types of Ownership	69503	43038
二、按登记注册类型分	**Grouped by Registered Kind**		
内资企业	Civil Funded Enterprises	690757	416958
国有企业	State-owned Enterprises	3517	968
中央企业	Central Enterprises		
地方企业	Local Enterprises	3517	968
集体企业	Collective Owned Enterprises	25714	441
股份合作企业	Share Cooperative Holding Enterprises		
联营企业	Joint Owned Enterprises		
国有联营企业	State-owned Joint Owned Enterprises		
集体联营企业	Collective-owned Joint Owned Enterprises		
国有与集体联营企业	State-owned and Collective-owned		
其他联营企业	Joint Owned Enterprises Other Joint Owned Enterprises		
有限责任公司	Limited Responsibility Company	630059	411665
国有独资公司	Company Exclusively with Investment from State	7024	(30)
其他有限责任公司	Other Limited Responsibility Company	623035	411696
股份有限公司	Share Holding Limited Company	17088	384
私营企业	Privately Owned Enterprises	14380	3500
私营独资企业	Enterprise Exclusively with Investment from Private		
私营合作企业	Private Partner Enterprises		
私营有限责任公司	Privately Owned Limited Company	7587	2656
私营股份有限公司	Privately Owned Share Holding Limited Company	6793	844
其他企业	Enterprises of Other Types of Ownership		
港、澳、台商投资企业	Enterprises Funded by HongKong，Macao and Taiwan		
合资经营企业（港或澳、台资）	Joint Venture		
合作经营企业（港或澳、台资）	Cooperative Enterprise		
港澳台商独资经营企业	Ventures Exclusively with HongKong，		
港澳台商投资股份有限公司	Macaoand Taiwan Investment Share Holding Limited Company		
外商投资企业	Foreign Funded Enterprises	25027	23006
中外合资经营企业	Joint Venture	25027	23006
中外合作经营企业	Cooperative Enterprises		
外资企业	Enterprises Funded By Foreign Investments		
外商投资股份有限公司	Share Holding Limited Company		
三、按经济组织类型分	**Grouped by Ownership**		
独资企业	Ventures With Exclusively Investment	29231	1409

continued

(10 000 yuan)

利息支出 Interest Expenditure	利润总额 Total Profits	亏损企业亏损额 Loss of Loss-making Enterprises	利税总额 Total Pretax Profit	全部从业人员年平均人数（人） Employmees (person)
449651	**90256**	**272160**	**597059**	**188417**
42266	230982	34602	340822	12872
352352	-157090	158372	174318	136008
6123	6445	7191	18766	4920
8202	-31501	36636	-15790	19454
	288		1349	418
40708	41133	35360	77594	14745
421109	47527	272160	541200	182669
972	4563	566	12024	3068
972	4563	566	12024	3068
486	-14210	14311	-9015	12837
416245	22205	256583	484566	160990
	164		1987	1384
416245	22041	256583	482579	159606
635	25266		35761	1959
2771	9703	701	17864	3815
2261	3280	701	9710	2865
510	6423		8155	950
28543	42730		55859	5748
28543	42730		55859	5748
1458	-9647	14877	3009	15905

6-7 续表 4

单位：万元

指　　标	Item	单位数（个）Number of Enterpri-ses(unit)
国有企业	State-owned Enterprises	3
集体企业	Collective Owned Enterprises	2
私营独资企业	Enterprises Exclusively with Private Investment	
港澳台商独资经营企业	Enterprises Funded by Overseas Chinese From HongKong, Macao and Taiwan	
外资企业	Foreign Funded Enterprises	
合作、合伙企业	Cooperative & Partnership Enterprises	
股份合作企业	Share Cooperative Enterprises	
国有联营企业	State-owned Joint Enterprises	
集体联营企业	Collective-owned Joint Enterprises	
国有与集体联营企业	State & Collective-owned Joint Enterprises	
其他联营企业	Joint Enterprises of Other Types of Ownership	
私营合伙企业	Private Partnership Enterprises	
合作经营企业（港或澳、台资）	Cooperative Enterprises Funded by HongKong, Macao and Taiwan	
中外合作经营企业	Sino-foreign Cooperative Enterprises	
其他企业（内资）	Enterprises of Other Types (Domestic Funded)	
股份有限公司	Share Holding Limited Company	5
股份有限公司（内资）	Share Holding Limited Company (Domestic Funded)	3
私营股份有限公司	Private Share Holding Limted Company	2
港澳台商投资股份有限公司	Share Holding Limited Company Funded by HongKong,Macao and Taiwan	
外商投资股份有限公司	Share Limited Company Funded by Foreign Investment	
有限责任公司	Limited Responsibility Company	42
国有独资公司	Enterprises Exclusively Funded by State Investment	1
私营有限责任公司	Private Limited Responsibility Company	4
合资经营企业（港或澳、台资）	Joint Ventures Funded by HongKong, Macao and Taiwan	
中外合资经营企业	Sino-foreign Joint Ventures	4
其他有限责任公司	Limited Responsibility Company of Other Types	33
四、在总计中：亏损企业	**Of the Total: Loss-making Enterprises**	20
在总计中：国有控股企业	Of the Total: State-Controlled Share Holding Enterprises	29
在总计中：轻工业	Of the Total: Light Industry	9
重工业	Heavy Industry	43
在总计中：大型企业	Of the Total: Large-Size Enterprises	10
中型企业	Medium-size Enterprises	42
按行业大类分	**Grouped by Sector**	
煤炭开采和洗选业	Coal Mining and Dressing	11

continued

(10 000 yuan)

# 亏损企业 Loss-making Enterprises	工业总产值 Gross Industrial Output Value	工业销售产值 Industrial Sales Output Value	实收资本 Real Captial Income	年末资产合 计 Total Assets
1	126155	125714	18810	38944
1	59722	58444	17495	208876
	135154	127086	86492	342114
	103934	94737	34992	215102
	31220	32349	51500	127011
18	9508731	7850075	2048728	18080011
	33572	33572	24624	86435
1	113328	103943	22720	179566
	558982	516076	133842	890666
17	8802849	7196484	1867542	16923344
20	6961964	5374242	1389210	14592561
9	9202587	7555726	1943852	17387346
	658506	607601	228795	1216163
20	9171256	7553718	1942730	17453782
3	8483628	6876318	1597687	15855461
17	1346133	1285001	573838	2814483
6	6878506	5286182	1271975	13921202

6-7 续表 5

单位：万元

指 标	Item	流动资产合 计 Total Circulating Funds
国有企业	State-owned Enterprises	15856
集体企业	Collective Owned Enterprises	169476
私营独资企业	Enterprises Exclusively with Private Investment	
港澳台商独资经营企业	Enterprises Funded by Overseas Chinese From HongKong, Macao and Taiwan	
外资企业	Foreign Funded Enterprises	
合作、合伙企业	Cooperative & Partnership Enterprises	
股份合作企业	Share Cooperative Enterprises	
国有联营企业	State-owned Joint Enterprises	
集体联营企业	Collective-owned Joint Enterprises	
国有与集体联营企业	State & Collective-owned Joint Enterprises	
其他联营企业	Joint Enterprises of Other Types of Ownership	
私营合伙企业	Private Partnership Enterprises	
合作经营企业(港或澳、台资)	Cooperative Enterprises Funded by HongKong, Macao and Taiwan	
中外合作经营企业	Sino-foreign Cooperative Enterprises	
其他企业(内资)	Enterprises of Other Types (Domestic Funded)	
股份有限公司	Share Holding Limited Company	113513
股份有限公司(内资)	Share Holding Limited Company (Domestic Funded)	59611
私营股份有限公司	Private Share Holding Limted Company	53902
港澳台商投资股份有限公司	Share Holding Limited Company Funded by HongKong,Macao and Taiwan	
外商投资股份有限公司	Share Limited Company Funded by Foreign Investment	
有限责任公司	Limited Responsibility Company	6072788
国有独资公司	Enterprises Exclusively Funded by State Investment	18345
私营有限责任公司	Private Limited Responsibility Company	127021
合资经营企业(港或澳、台资)	Joint Ventures Funded by HongKong, Macao and Taiwan	
中外合资经营企业	Sino-foreign Joint Ventures	307635
其他有限责任公司	Limited Responsibility Company of Other Types	5619787
四、在总计中：亏损企业	**Of the Total: Loss-making Enterprises**	5046816
在总计中：国有控股企业	Of the Total: State-Controlled Share Holding Enterprises	5772476
在总计中：轻工业	Of the Total: Light Industry	327022
重工业	Heavy Industry	6044611
在总计中：大型企业	Of the Total: Large-Size Enterprises	5422018
中型企业	Medium-size Enterprises	949614
按行业大类分	**Grouped by Sector**	
煤炭开采和洗选业	Coal Mining and Dressing	4722746

continued

(10 000 yuan)

固定资产合计 Total Fixed Assets	固定资产原价 Orginal Value Of Fixed Assets	累计折旧 Total Depreciation	流 动 负 债 Liquid Liabilities
18642	34444	15802	14917
23248	39934	16806	269941
126577	157211	32031	66446
71809	93490	21681	41629
54769	63721	10350	24818
11279503	10566016	5173353	5059099
61803	99252	37449	29801
36701	96968	60267	61102
355165	430157	99477	355751
10825834	9939639	4976159	4612446
9287987	7443281	3906828	3538419
10986611	10172816	5013953	4649160
567025	650621	143326	392050
10880945	10146984	5094666	5018354
10052012	8875248	4521448	4058709
1395958	1922357	716544	1351694
9000318	7047835	3810790	2759663

6-7 续表 6

单位：万元

指　标	Item	长期负债 Long-Term Liabilities
国有企业	State-owned Enterprises	1752
集体企业	Collective Owned Enterprises	4
私营独资企业	Enterprises Exclusively with Private Investment	
港澳台商独资经营企业	Enterprises Funded by Overseas Chinese From HongKong, Macao and Taiwan	
外资企业	Foreign Funded Enterprises	
合作、合伙企业	Cooperative & Partnership Enterprises	
股份合作企业	Share Cooperative Enterprises	
国有联营企业	State-owned Joint Enterprises	
集体联营企业	Collective-owned Joint Enterprises	
国有与集体联营企业	State & Collective-owned Joint Enterprises	
其他联营企业	Joint Enterprises of Other Types of Ownership	
私营合伙企业	Private Partnership Enterprises	
合作经营企业(港或澳、台资)	Cooperative Enterprises Funded by HongKong, Macao and Taiwan	
中外合作经营企业	Sino-foreign Cooperative Enterprises	
其他企业(内资)	Enterprises of Other Types (Domestic Funded)	
股份有限公司	Share Holding Limited Company	18986
股份有限公司(内资)	Share Holding Limited Company (Domestic Funded)	12703
私营股份有限公司	Private Share Holding Limted Company	6283
港澳台商投资股份有限公司	Share Holding Limited Company Funded by HongKong,Macao and Taiwan	
外商投资股份有限公司	Share Limited Company Funded by Foreign Investment	
有限责任公司	Limited Responsibility Company	8922548
国有独资公司	Enterprises Exclusively Funded by State Investment	30000
私营有限责任公司	Private Limited Responsibility Company	13812
合资经营企业(港或澳、台资)	Joint Ventures Funded by HongKong, Macao and Taiwan	
中外合资经营企业	Sino-foreign Joint Ventures	317459
其他有限责任公司	Limited Responsibility Company of Other Types	8561277
四、在总计中：亏损企业	**Of the Total: Loss-making Enterprises**	8124047
在总计中：国有控股企业	Of the Total: State-Controlled Share Holding Enterprises	8825396
在总计中：轻工业	Of the Total: Light Industry	371958
重工业	Heavy Industry	8571332
在总计中：大型企业	Of the Total: Large-Size Enterprises	8384712
中型企业	Medium-size Enterprises	558577
按行业大类分	**Grouped by Sector**	
煤炭开采和洗选业	Coal Mining and Dressing	8080655

continued

(10 000 yuan)

负债合计 Total Liabilities	年末所有者权益 Creditors' Equity	主营业务收入 Revenue in Major Business	主营业务成本 Costs of Major Business	主营业务税金及附加 Tax and Extra Charges of Major Business
16669	22275	104020	87221	694
269945	-61127	161035	146083	1366
85433	256681	134037	65096	1497
54332	160770	96302	43786	1228
31101	95911	37735	21310	268
14000912	4049671	21051854	19081012	76809
59801	26634	33572	24352	225
77123	101914	101008	83306	1985
673210	217456	514395	413730	2126
13190778	3703667	20402880	18559624	72473
11680620	2911412	18726851	17296837	60360
13475666	3882780	20734744	18831786	72953
764007	452155	607975	455977	2785
13608951	3815344	20842972	18923436	77579
12444532	3382031	20154680	18365976	66252
1928426	885469	1296267	1013437	14113
10840318	3080883	18443867	16973559	61458

6-7 续表 7

单位：万元

指　　标	Item	管理费用 Costs of Administration	财务费用 Costs of Finance
国有企业	State-owned Enterprises	3517	968
集体企业	Collective Owned Enterprises	25714	441
私营独资企业	Enterprises Exclusively with Private Investment		
港澳台商独资经营企业	Enterprises Funded by Overseas Chinese From HongKong, Macao and Taiwan		
外资企业	Foreign Funded Enterprises		
合作、合伙企业	Cooperative & Partnership Enterprises		
股份合作企业	Share Cooperative Enterprises		
国有联营企业	State-owned Joint Enterprises		
集体联营企业	Collective-owned Joint Enterprises		
国有与集体联营企业	State & Collective-owned Joint Enterprises		
其他联营企业	Joint Enterprises of Other Types of Ownership		
私营合伙企业	Private Partnership Enterprises		
合作经营企业（港或澳、台资）	Cooperative Enterprises Funded by HongKong, Macao and Taiwan		
中外合作经营企业	Sino-foreign Cooperative Enterprises		
其他企业（内资）	Enterprises of Other Types (Domestic Funded)		
股份有限公司	Share Holding Limited Company	23881	1228
股份有限公司（内资）	Share Holding Limited Company (Domestic Funded)	17088	384
私营股份有限公司	Private Share Holding Limted Company	6793	844
港澳台商投资股份有限公司	Share Holding Limited Company Funded by HongKong,Macao and Taiwan		
外商投资股份有限公司	Share Limited Company Funded by Foreign Investment		
有限责任公司	Limited Responsibility Company	662672	437328
国有独资公司	Enterprises Exclusively Funded by State Investment	7024	-30
私营有限责任公司	Private Limited Responsibility Company	7587	2656
合资经营企业（港或澳、台资）	Joint Ventures Funded by HongKong, Macao and Taiwan		
中外合资经营企业	Sino-foreign Joint Ventures	25027	23006
其他有限责任公司	Limited Responsibility Company of Other Types	623035	411696
四、在总计中：亏损企业	**Of the Total: Loss-making Enterprises**	552704	376303
在总计中：国有控股企业	Of the Total: State-Controlled Share Holding Enterprises	635939	418403
在总计中：轻工业	Of the Total: Light Industry	47598	23378
重工业	Heavy Industry	668185	416587
在总计中：大型企业	Of the Total: Large-Size Enterprises	571052	381734
中型企业	Medium-size Enterprises	144732	58230
按行业大类分	**Grouped by Sector**		
煤炭开采和洗选业	Coal Mining and Dressing	521947	349704

continued

(10 000 yuan)

利息支出 Interest Expenditure	利润总额 Total Profits	亏损企业亏损额 Loss of Loss-making Enterprises	利税总额 Total Pretax Profit	全部从业人员年平均人数(人) Employmees (person)
972	4563	566	12024	3068
486	-14210	14311	-9015	12837
1145	31689		43916	2909
635	25266		35761	1959
510	6423		8155	950
447049	68214	257283	550134	169603
	164		1987	1384
2261	3280	701	9710	2865
28543	42730		55859	5748
416245	22041	256583	482579	159606
380969	-272160	272160	73149	156041
428545	62462	225447	524782	162233
29145	58333		78212	9814
420506	31923	272160	518847	178603
399009	63972	193201	477634	160117
50643	26284	78959	119426	28300
355132	-166640	182661	189138	139283

6-7 续表8

单位：万元

指　　标	Item	单位数（个）Number of Enterprises (unit)
石油和天然气开采业	Petroleum and Natural Gas Extraction	
黑色金属矿采选业	Ferrous Metals Mining and Dressing	3
有色金属矿采选业	Nonferous Metals Mining and Dressing	
非金属矿采选业	Nonmetal Minerals Mining and Dressing	
其他辅助活动	Other Auxiliary Activities	
其他采矿业	Other Minerals Mining and Dressing	
农副食品加工业	Farm Products Processing	1
食品制造业	Food Manufacturing	
酒、饮料和精制茶制造业	Wine,Beverages and Refined Tea Manufacturing	1
烟草制品业	Tobacoo Products Manfacturing	
纺织业	Textile Industry	
纺织服装、服饰业	Textile Garments Manufacturing	
皮革、毛皮、羽毛（绒）及其制品和制鞋业	Leather, Fur, Feather and its products and Footwear	
木材加工及木、竹、藤、棕、草制造业	Timber Processing ,Bamboo,Cane ,Palm Fiber and Straw Products	
家具制造业	Furniture Manufacturing	
造纸及纸制品业	Paper Making and Paper Products	
印刷业和记录媒介的复制	Printing and Record Medium Reproduction	
文教、工美、体育和娱乐品制造业	Cultural,Educational, Sports and Entertainment Products	
石油加工、炼焦及核燃料加工业	Petroleum Processing,Coking and Nuclear Fuel Processing	
化学原料及化学制品制造业	Raw Chemical Materials and Chemical Products	4
医药制造业	Medical and Pharmaceutical Products	6
化学纤维制造业	Chemical Fiber	
橡胶和塑料制品业	Rubber and Plastic Products	
非金属矿物制品业	Nonmetal Mineral Products	6
黑色金属冶炼及压延加工业	Smelting and Pressing of Ferrous Metals	1
有色金属冶炼及压延加工业	Smelting and Pressing of Non-ferrous Metals	3
金属制品业	Metal Prodcuts	
通用设备制造业	Ordinary Machinery Manufacturing	2
专用设备制造业	Special Purpose Equipment Manufacturing	2
汽车制造业	Automobile Manufacturing Industry	2
铁路、船舶、航空航天和其他运输设备制造业	Railroad, Marine, Aviation and Other Transport Equipment Manufacturing Industry	5
电气机械及器材制造业	Electrical Machinery and Equipment Manufacturing Industry	1
计算机、通信设备、及其他电子设备制造业	Telecommunication Equipment,Computer and Other Electronic Product	
仪器仪表制造业	Equipments and Instruments Manufacturing	
其他制造业	Other Mafufacturing Industry	
废弃资源综合利用业	Comprehensive Utilization of Waste Resources	
金属制品、机械和设备修理业	Metal products, Machinery and Equipment Repair Industry	
电力、热力的生产和供应业	Electric Power, Heat power Production and Supply	3
燃气生产和供应业	Gas Production and Supply	
水的生产和供应业	Tap Water Production and Supply	1

continued

(10 000 yuan)

# 亏损企业 Loss-making Enterprises	工业总产值 Gross Industrial Output Value	工业销售产值 Industrial Sales Output Value	实收资本 Real Captia Income	年末资产合 计 Total Assets
3	69198	47829	15680	190442
	1391	1391	100	1775
	64598	63943	30000	75486
3	70167	70984	40645	342957
	558945	508696	174071	1052466
2	230181	226413	126910	350734
1	16027	16645	8297	20079
3	46553	46810	48318	179046
	37381	34391	15232	55318
1	55337	54880	22477	182679
	152607	153944	32153	247056
	700165	695578	93350	654187
	76621	81621	4797	61733
1	838512	838441	262895	1248351
	33572	33572	24624	86435

6-7 续表 9

单位：万元

指　标	Item	流动资产合计 Total Circul-ating Funds
石油和天然气开采业	Petroleum and Natural Gas Extraction	
黑色金属矿采选业	Ferrous Metals Mining and Dressing	98436
有色金属矿采选业	Nonferous Metals Mining and Dressing	
非金属矿采选业	Nonmetal Minerals Mining and Dressing	
其他辅助活动	Other Auxiliary Activities	
其他采矿业	Other Minerals Mining and Dressing	
农副食品加工业	Farm Products Processing	317
食品制造业	Food Manufacturing	
酒、饮料和精制茶制造业	Wine,Beverages and Refined Tea Manufacturing	18161
烟草制品业	Tobacoo Products Manfacturing	
纺织业	Textile Industry	
纺织服装、服饰业	Textile Garments Manufacturing	
皮革、毛皮、羽毛(绒)及其制品和制鞋业	Leather, Fur, Feather and its products and Footwear	
木材加工及木、竹、藤、棕、草制造业	Timber Processing ,Bamboo,Cane ,Palm Fiber and Straw Products	
家具制造业	Furniture Manufacturing	
造纸及纸制品业	Paper Making and Paper Products	
印刷业和记录媒介的复制	Printing and Record Medium Reproduction	
文教、工美、体育和娱乐品制造业	Cultural,Educational, Sports and Entertainment Products	
石油加工、炼焦及核燃料加工业	Petroleum Processing,Coking and Nuclear Fuel Processing	
化学原料及化学制品制造业	Raw Chemical Materials and Chemical Products	60752
医药制造业	Medical and Pharmaceutical Products	290199
化学纤维制造业	Chemical Fiber	
橡胶和塑料制品业	Rubber and Plastic Products	
非金属矿物制品业	Nonmetal Mineral Products	99953
黑色金属冶炼及压延加工业	Smelting and Pressing of Ferrous Metals	11383
有色金属冶炼及压延加工业	Smelting and Pressing of Non-ferrous Metals	107296
金属制品业	Metal Prodcuts	
通用设备制造业	Ordinary Machinery Manufacturing	45302
专用设备制造业	Special Purpose Equipment Manufacturing	146042
汽车制造业	Automobile Manufacturing Industry	126887
铁路、船舶、航空航天和其他运输设备制造业	Railroad, Marine, Aviation and Other Transport Equipment Manufacturing Industry	410506
电气机械及器材制造业	Electrical Machinery and Equipment Manufacturing Industry	57136
计算机、通信设备、及其他电子设备制造业	Telecommunication Equipment,Computer and Other Electronic Product	
仪器仪表制造业	Equipments and Instruments Manufacturing	
其他制造业	Other Mafufacturing Industry	
废弃资源综合利用业	Comprehensive Utilization of Waste Resources	
金属制品、机械和设备修理业	Metal products, Machinery and Equipment Repair Industry	
电力、热力的生产和供应业	Electric Power，Heat power Production and Supply	158172
燃气生产和供应业	Gas Production and Supply	
水的生产和供应业	Tap Water Production and Supply	18345

continued

(10 000 yuan)

固定资产合计 Total Fixed Assets	固定资产原价 Orginal Value Of Fixed Assets	累计折旧 Total Depreciation	流动负债 Liquid Liabilities
57288	90264	56664	62800
265	26	5	1673
50911	20510	4600	16564
246081	299490	53169	349390
454046	530833	101271	344012
189267	255730	67860	201426
4262	6607	2345	12427
47035	81923	35034	91673
5366	8823	3457	24259
19956	32989	13034	236458
90374	135533	48763	142819
147703	222621	92503	477483
1519	5060	3541	28444
1071775	1960110	907507	631512
61803	99252	37449	29801

6-7 续表10

单位:万元

指　　标	Item	长期负债 Long-Term Liabilities
石油和天然气开采业	Petroleum and Natural Gas Extraction	
黑色金属矿采选业	Ferrous Metals Mining and Dressing	7945
有色金属矿采选业	Nonferous Metals Mining and Dressing	
非金属矿采选业	Nonmetal Minerals Mining and Dressing	
其他辅助活动	Other Auxiliary Activities	
其他采矿业	Other Minerals Mining and Dressing	
农副食品加工业	Farm Products Processing	
食品制造业	Food Manufacturing	
酒、饮料和精制茶制造业	Wine,Beverages and Refined Tea Manufacturing	
烟草制品业	Tobacoo Products Manfacturing	
纺织业	Textile Industry	
纺织服装、服饰业	Textile Garments Manufacturing	
皮革、毛皮、羽毛(绒)及其制品和制鞋业	Leather, Fur, Feather and its products and Footwear	
木材加工及木、竹、藤、棕、草制造业	Timber Processing ,Bamboo,Cane ,Palm Fiber and Straw Products	
家具制造业	Furniture Manufacturing	
造纸及纸制品业	Paper Making and Paper Products	
印刷业和记录媒介的复制	Printing and Record Medium Reproduction	
文教、工美、体育和娱乐品制造业	Cultural,Educational, Sports and Entertainment Products	
石油加工、炼焦及核燃料加工业	Petroleum Processing,Coking and Nuclear Fuel Processing	
化学原料及化学制品制造业	Raw Chemical Materials and Chemical Products	7168
医药制造业	Medical and Pharmaceutical Products	341958
化学纤维制造业	Chemical Fiber	
橡胶和塑料制品业	Rubber and Plastic Products	
非金属矿物制品业	Nonmetal Mineral Products	4517
黑色金属冶炼及压延加工业	Smelting and Pressing of Ferrous Metals	
有色金属冶炼及压延加工业	Smelting and Pressing of Non-ferrous Metals	61884
金属制品业	Metal Prodcuts	
通用设备制造业	Ordinary Machinery Manufacturing	1367
专用设备制造业	Special Purpose Equipment Manufacturing	354
汽车制造业	Automobile Manufacturing Industry	38315
铁路、船舶、航空航天和其他运输设备制造业	Railroad, Marine, Aviation and Other Transport Equipment Manufacturing Industry	25116
电气机械及器材制造业	Electrical Machinery and Equipment Manufacturing Industry	4086
计算机、通信设备、及其他电子设备制造业	Telecommunication Equipment,Computer and Other Electronic Product	
仪器仪表制造业	Equipments and Instruments Manufacturing	
其他制造业	Other Mafufacturing Industry	
废弃资源综合利用业	Comprehensive Utilization of Waste Resources	
金属制品、机械和设备修理业	Metal products, Machinery and Equipment Repair Industry	
电力、热力的生产和供应业	Electric Power，Heat power Production and Supply	339924
燃气生产和供应业	Gas Production and Supply	
水的生产和供应业	Tap Water Production and Supply	30000

continued

(10 000 yuan)

负债合计 Total Liabilities	年末所有者权益 Creditors' Equity	主营业务收入 Revenue of Major Business	主营业务成本 Costs of Major Business	主营业务税金及附加 Tax and Extra Charges of Major Business
72954	116959	50917	40417	1705
1673	102	2617	1391	39
16564	58922	63943	43039	160
356558	-13601	141796	142844	175
685970	366496	507843	387196	2361
221889	128844	209195	178833	1220
12427	7652	19773	19686	88
153557	25489	51517	54357	202
25627	29691	36236	29441	173
236812	-54134	152787	137403	1213
181133	65922	153941	137818	514
502600	151528	661892	576294	2058
32530	29203	81370	48343	830
972546	246906	839681	584442	7944
59801	26634	33572	24352	225

6-7 续表11

单位：万元

指 标	Item	管理费用 Costs of Administration	财务费用 Costs of Finance
石油和天然气开采业	Petroleum and Natural Gas Extraction		
黑色金属矿采选业	Ferrous Metals Mining and Dressing	7535	2640
有色金属矿采选业	Nonferous Metals Mining and Dressing		
非金属矿采选业	Nonmetal Minerals Mining and Dressing		
其他辅助活动	Other Auxiliary Activities		
其他采矿业	Other Minerals Mining and Dressing		
农副食品加工业	Farm Products Processing	486	43
食品制造业	Food Manufacturing		
酒、饮料和精制茶制造业	Wine,Beverages and Refined Tea Manufacturing	1038	437
烟草制品业	Tobacoo Products Manfacturing		
纺织业	Textile Industry		
纺织服装、服饰业	Textile Garments Manufacturing		
皮革、毛皮、羽毛(绒)及其制品和制鞋业	Leather, Fur, Feather and its products and Footwear		
木材加工及木、竹、藤、棕、草制造业	Timber Processing ,Bamboo,Cane ,Palm Fiber and Straw Products		
家具制造业	Furniture Manufacturing		
造纸及纸制品业	Paper Making and Paper Products		
印刷业和记录媒介的复制	Printing and Record Medium Reproduction		
文教、工美、体育和娱乐品制造业	Cultural,Educational, Sports and Entertainment Products		
石油加工、炼焦及核燃料加工业	Petroleum Processing,Coking and Nuclear Fuel Processing		
化学原料及化学制品制造业	Raw Chemical Materials and Chemical Products	18703	15437
医药制造业	Medical and Pharmaceutical Products	39051	22928
化学纤维制造业	Chemical Fiber		
橡胶和塑料制品业	Rubber and Plastic Products		
非金属矿物制品业	Nonmetal Mineral Products	15955	8066
黑色金属冶炼及压延加工业	Smelting and Pressing of Ferrous Metals	1283	309
有色金属冶炼及压延加工业	Smelting and Pressing of Non-ferrous Metals	5101	4551
金属制品业	Metal Prodcuts		
通用设备制造业	Ordinary Machinery Manufacturing	2715	417
专用设备制造业	Special Purpose Equipment Manufacturing	23547	775
汽车制造业	Automobile Manufacturing Industry	12223	1389
铁路、船舶、航空航天和其他运输设备制造业	Railroad, Marine, Aviation and Other Transport Equipment Manufacturing Industry	57464	384
电气机械及器材制造业	Electrical Machinery and Equipment Manufacturing Industry	1712	359
计算机、通信设备、及其他电子设备制造业	Telecommunication Equipment,Computer and Other Electronic Product		
仪器仪表制造业	Equipments and Instruments Manufacturing		
其他制造业	Other Mafufacturing Industry		
废弃资源综合利用业	Comprehensive Utilization of Waste Resources		
金属制品、机械和设备修理业	Metal products, Machinery and Equipment Repair Industry		
电力、热力的生产和供应业	Electric Power，Heat power Production and Supply		32556
燃气生产和供应业	Gas Production and Supply		
水的生产和供应业	Tap Water Production and Supply	7024	-30

continued

(10 000 yuan)

利息支出 Interest Expenditure	利润总额 Total Profits	亏损企业亏损额 Loss of Loss-making Enterprises	利税总额 Total Pretax Profit	全部从业人员年平均人数(人) Employmees (person)
2598	-4395	4395	-26	2481
43	6		45	363
437	13196		15337	360
15333	-35509	35785	-34123	3316
28666	44967		60844	7707
7819	305	6909	13533	4471
309	-5618	5618	-4720	342
4540	-13562	13562	-12000	1590
213	2401		2930	653
758	-12308	14311	-8954	11729
2112	490		4252	2692
-624	24646		41055	8146
340	27419		35167	328
31975	214693	8920	292596	3572
	164		1987	1384

6-8 工业企业主要经济效益指标(2014 年)

指　标	Item	总资产贡献率(%) Ratio of Profits, Taxes and Interests to Average Assets (%)
总　计	**Total**	**5.45**
一、按隶属关系分	**Grouped by Belongs**	
中央企业	Central Enterprises	14.40
省属企业	Province-owned Enterprises	3.93
地、市属企业	Prefectures，Cities-owned Enterprises	6.54
县(旗)属企业	County(Banner)-owned Enterprises	0.25
城市街道企业	Cities' Neighbourhood-owned Enterprises	
镇属企业	Small Town-owned Enterprises	
乡属企业	Township Enterprises	8.68
村办企业	Village Enterprises	
其　他	Enterprises of Other Types of Ownership	5.48
二、按登记注册类型分	**Grouped by Registered Kind**	
内资企业	Civil Funded Enterprises	5.26
国有企业	State-owned Enterprises	33.37
中央企业	Central Enterprises	
地方企业	Local Enterprises	33.37
集体企业	Collective Owned Enterprises	-3.84
股份合作企业	Share Cooperative Holding Enterprises	
联营企业	Joint Owned Enterprises	
国有联营企业	State-owned Joint Owned Enterprises	
集体联营企业	Collective-owned Joint Owned Enterprises	
国有与集体联营企业	State-owned and Collective-owned	
其他联营企业	Other Joint Owned Enterprises	
有限责任公司	Limited Responsibility Company	5.26
国有独资公司	Company Exclusively with Investment from State	3.04
其他有限责任公司	Other Limited Responsibility Company	5.28
股份有限公司	Share Holding Limited Company	14.49
私营企业	Privately Owned Enterprises	3.58
私营独资企业	Enterprise Exclusively with Investment from Private	-7.69
私营合作企业	Private Partner Enterprises	
私营有限责任公司	Privately Owned Limited Company	2.88
私营股份有限公司	Privately Owned Share Holding Limited Company	7.97
其他企业	Enterprises of Other Types of Ownership	
港、澳、台商投资企业	Enterprises Funded by HongKong， Macao and Taiwan	4.59
合资经营企业(港或澳、台资)	Joint Venture	
合作经营企业(港或澳、台资)	Cooperative Enterprise	
港澳台商独资经营企业	Ventures Exclusively with HongKong，Macaoand Taiwan Investment	4.59
港澳台商投资股份有限公司	Share Holding Limited Company Funded By HongKong,Macao and Taiwan Investment	
外商投资企业	Foreign Funded Enterprises	9.31
中外合资经营企业	Joint Venture	9.61
中外合作经营企业	Cooperative Enterprises	
外资企业	Enterprises Funded By Foreign Investments	-3.75

MAIN INDICATORS ON ECONOMIC BENIFIT OF INDUSTRIAL ENTERPRISES (2014)

资产负债率 (%) Ratio of Debts to Assets (%)	流动资产周转次数 (次/年) Turnover of Working Capital (time/year)	成本费用利润率 (%) Ratio of Profits to Total Costs (%)	产品销售率 (%) Ratio of Sales to Gross Output Value (%)
76.24	**3.11**	**0.50**	**84.27**
72.27	2.58	14.95	98.09
78.46	3.83	-0.82	77.22
54.33	2.16	3.66	98.68
90.08	1.06	-8.13	94.13
86.82	0.86	3.47	100.00
68.31	1.25	3.44	94.15
76.63	3.18	0.27	83.61
42.80	6.56	4.98	99.65
42.80	6.56	4.98	99.65
127.32	0.97	-7.84	97.15
77.69	3.48	0.16	82.40
70.32	1.20	2.60	100.00
77.73	3.50	0.16	82.31
38.68	1.67	42.65	91.95
60.47	1.02	0.59	94.75
91.87	2.02	-6.30	108.95
66.57	1.02	-0.98	94.00
24.88	0.92	20.27	99.65
61.02	0.91	26.64	100.00
61.02	0.91	26.64	100.00
72.00	1.91	7.46	92.78
72.28	1.92	7.82	92.80
59.62	1.48	-48.89	90.18

6-8 续表 1

指 标	Item	总资产贡献率 (%) Ratio of Profits, Taxes and Interests to Average Assets (%)
外商投资股份有限公司	Limited Company Funded by Foreign Investment	
三、按经济组织类型分	**Grouped by Ownership**	
独资企业	Ventures With Exclusively Investment	2.69
国有企业	State-owned Enterprises	33.37
集体企业	Collective Owned Enterprises	-3.84
私营独资企业	Enterprises Exclusively with Private Investment	-7.69
港澳台商独资经营企业	Enterprises Funded by Overseas Chinese From HongKong，Macao and Taiwan	4.59
外资企业	Foreign Funded Enterprises	-3.75
合作、合伙企业	Cooperative & Partnership Enterprises	
股份合作企业	Share Cooperative Enterprises	
国有联营企业	State-owned Joint Enterprises	
集体联营企业	Collective-owned Joint Enterprises	
国有与集体联营企业	State & Collective-owned Joint Enterprises	
其他联营企业	Joint Enterprises of Other Types of Ownership	
私营合伙企业	Private Partnership Enterprises	
合作经营企业（港或澳、台资）	Cooperative Enterprises Funded by HongKong，Macao and Taiwan	
中外合作经营企业	Sino-foreign Cooperative Enterprises	
其他企业（内资）	Enterprises of Other Types (Domestic Funded)	
股份有限公司	Share Holding Limited Company	12.19
股份有限公司（内资）	Share Holding Limited Company (Domestic Funded)	14.49
私营股份有限公司	Private Share Holding Limted Company	7.97
港澳台商投资股份有限公司	Share Holding Limited Company Funded by，HongKongMacao and Taiwan	
外商投资股份有限公司	Share Limited Company Funded by Foreign Investment	
有限责任公司	Limited Responsibility Company	5.37
国有独资公司	Enterprises Exclusively Funded by State Investment	3.04
私营有限责任公司	Private Limited Responsibility Company	2.88
合资经营企业（港或澳、台资）	Joint Ventures Funded by HongKong，Macao and Taiwan	
中外合资经营企业	Sino-foreign Joint Ventures	9.61
其他有限责任公司	Limited Responsibility Company of Other Types	5.28
四、在总计中：亏损企业	**Of the Total: Loss-making Enterprises**	2.81
在总计中：国有控股企业	Of the Total: State-Controlled Share Holding Enterprises	5.50
在总计中：轻工业	Of the Total: Light Industry	7.53
重工业	Heavy Industry	5.29
在总计中：大型企业	Of the Total: Large-Size Enterprises	5.53
中型企业	Medium-size Enterprises	6.04

continued

资产负债率 (%) Ratio of Debts to Assets (%)	流动资产周转次数 (次/年) Turnover of Working Capital (time/year)	成本费用利润率 (%) Ratio of Profits to Total Costs(%)	产品销售率 (%) Ratio of Sales to Gross Output Value (%)
88.30	1.37	-1.68	99.27
42.80	6.56	4.98	99.65
127.32	0.97	-7.84	97.15
91.87	2.02	-6.30	108.95
61.02	0.91	26.64	100.00
59.62	1.48	-48.89	90.18
33.80	1.29	33.36	94.46
38.68	1.67	42.65	91.95
24.88	0.92	20.27	99.65
76.91	3.20	0.35	83.75
70.32	1.20	2.60	100.00
66.57	1.02	-0.98	94.00
72.28	1.92	7.82	92.80
77.73	3.50	0.16	82.31
80.26	3.50	-1.74	77.96
77.34	3.53	0.39	82.35
63.28	1.70	7.45	92.96
77.23	3.20	0.28	83.55
78.49	3.72	0.33	81.05
68.52	1.37	2.16	95.46

6-8 续表 2

指　标	Item	总资产贡献率 (%) Ratio of Profits, Taxes and Interests to Average Assets (%)
小微企业	Small Micro Enterprises	4.12
按行业大类分	**Grouped by Sector**	
煤炭开采和洗选业	Coal Mining and Dressing	3.83
石油和天然气开采业	Petroleum and Natural Gas Extraction	
黑色金属矿采选业	Ferrous Metals Mining and Dressing	0.97
有色金属矿采选业	Nonferous Metals Mining and Dressing	-22.17
非金属矿采选业	Nonmetal Minerals Mining and Dressing	
其他辅助活动	Small Micro Enterprises	
其他采矿业	Other Minerals Mining and Dressing	
农副食品加工业	Farm Products Processing	-0.61
食品制造业	Food Manufacturing	13.26
酒、饮料和精制茶制造业	Wine,Beverages and Refined Tea Manufacturing	14.68
烟草制品业	Tobacoo Products Manfacturing	
纺织业	Textile Industry	
纺织服装、服饰业	Textile Garments Manufacturing	
皮革、毛皮、羽毛(绒)及其制品和制鞋业	Leather, Fur, Feather and its products and Footwear	
木材加工及木、竹、藤、棕、草制造业	Timber Processing ,Bamboo,Cane ,Palm Fiber and Straw Products	
家具制造业	Furniture Manufacturing	
造纸及纸制品业	Paper Making and Paper Products	
印刷业和记录媒介的复制	Printing and Record Medium Reproduction	
文教、工美、体育和娱乐品制造业	Cultural,Educational, Sports and Entertainment Products	(3.66)
石油加工、炼焦及核燃料加工业	Petroleum Processing,Coking and Nuclear Fuel Processing	
化学原料及化学制品制造业	Raw Chemical Materials and Chemical Products	-3.33
医药制造业	Medical and Pharmaceutical Products	8.06
化学纤维制造业	Chemical Fiber	
橡胶和塑料制品业	Rubber and Plastic Products	
非金属矿物制品业	Nonmetal Mineral Products	5.06
黑色金属冶炼及压延加工业	Smelting and Pressing of Ferrous Metals	-4.45
有色金属冶炼及压延加工业	Smelting and Pressing of Non-ferrous Metals	-1.96
金属制品业	Metal Prodcuts	8.16
通用设备制造业	Ordinary Machinery Manufacturing	4.38
专用设备制造业	Special Purpose Equipment Manufacturing	-2.58
汽车制造业	Automobile Manufacturing Industry	2.29
铁路、船舶、航空航天和其他运输设备制造业	Railroad, Marine, Aviation and Other Transport Equipment Manufacturing Industry	6.32
电气机械及器材制造业	Electrical Machinery and Equipment Manufacturing Industry	55.53
计算机、通信设备、及其他电子设备制造业	Telecommunication Equipment,Computer and Other Electronic Product	
仪器仪表制造业	Equipments and Instruments Manufacturing	
其他制造业	Other Mafufacturing Industry	
废弃资源综合利用业	Comprehensive Utilization of Waste Resources	
金属制品、机械和设备修理业	Metal products, Machinery and Equipment Repair Industry	2.32
电力、热力的生产和供应业	Electric Power，Heat power Production and Supply	17.11
燃气生产和供应业	Gas Production and Supply	
水的生产和供应业	Tap Water Production and Supply	2.30

continued

资产负债率 (%) Ratio of Debts to Assets (%)	流动资产周转次数 (次 / 年) Turnover of Working Capital (time/year)	成本费用利润率 (%) Ratio of Profits to Total Costs (%)	产品销售率 (%) Ratio of Sales to Gross Output Value (%)
69.87	1.15	1.87	96.71
77.78	3.88	-0.98	77.40
61.76	0.76	-5.86	83.49
44.87		-102.91	
73.04	0.98	-6.73	135.38
19.31	2.30	13.21	100.00
28.57	2.75	23.26	97.56
89.67	0.26	-46.95	80.01
92.52	2.17	-15.59	96.93
65.06	1.83	8.41	91.41
66.46	1.13	0.57	97.76
86.16	0.84	-15.63	114.91
80.09	0.54	-14.04	95.56
74.27	2.26	2.99	98.81
53.13	0.89	4.98	91.90
117.35	1.05	-5.44	99.47
74.98	1.19	-0.04	100.98
76.89	1.62	3.80	99.95
50.88	1.39	53.08	106.13
100.45	0.44	-0.03	100.00
74.03	3.19	34.51	100.00
69.19	1.83	0.52	100.00

6-9 国有控股工业企业主要经济效益指标(2014 年)

指　标	Item	总资产贡献率 (%) Ratio of Profits, Taxes and Interests to Average Assets (%)
总　计	**Total**	**5.50**
在总计中:	Of the Total	
亏损企业	Loss-making Enterprises	3.29
在总计中:	Of the Total	
中央企业	Central Enterprises	14.57
地方企业	Local Enterprises	3.88
省属企业	Province-owned Enterprises	3.95
地市属企业	Prefectures, Cities-owned Enterprises	2.41
县(旗)属企业	County(Banner)-owned Enterprises	4.78
在总计中:	Of the Total	
轻工业	Light Industry	4.93
重工业	Heavy Industry	5.53
在总计中:	Of the Total	
大型企业	Large-size Enterprises	19.64
中型企业	Medium-size Enterprises	5.72
小微企业	Small Micro Enterprises	5.79
按工业行业大类分	Grouped by Sector	
煤炭开采和洗选业	Coal Mining and Dressing	3.88
石油和天然气开采业	Petroleum and Natural Gas Extraction	
黑色金属矿采选业	Ferrous Metals Mining and Dressing	
有色金属矿采选业	Nonferous Metals Mining and Dressing	-22.17
非金属矿采选业	Nonmetal Minerals Mining and Dressing	
其他辅助活动	Other Auxiliary Activities	
其他采矿业	Other Minerals Mining and Dressing	
农副食品加工业	Farm Products Processing	
食品制造业	Food Manufacturing	
酒、饮料和精制茶制造业	Wine,Beverages and Refined Tea Manufacturing	
烟草制品业	Tobacoo Products Manfacturing	
纺织业	Textile Industry	

MAIN ECONOMIC AND PROFIT INDICATOR OF STATE-CONTROLLED SHARE HOLDING ENTERPRISES (2014)

资产负债率 (%) Ratio of Debts to Assets (%)	流动资产周转次数 (次/年) Turnover of Working Capital (time/year)	成本费用利润率 (%) Ratio of Profits to Total Costs (%)	产品销售率 (%) Ratio of Sales to Gross Output Value (%)
77.34	**3.53**	**0.39**	**82.35**
79.30	3.86	-1.32	76.71
72.63	2.50	16.26	98.39
78.17	3.67	-0.87	78.69
78.25	3.85	-0.81	77.14
60.46	1.89	-3.59	99.13
80.91	1.37	-4.73	92.47
79.49	1.63	1.55	89.28
77.22	3.62	0.36	81.97
72.30	3.40	23.57	99.68
69.75	1.45	0.45	94.47
73.66	0.85	14.99	99.88
77.96	3.90	-0.93	76.77
44.87		-102.91	

6-9 续表

指　　标	Item	总资产贡献率(%) Ratio of Profits, Taxes and Interests to Average Assets (%)
纺织服装、服饰业	Textile Garments Manufacturing	
皮革、毛皮、羽毛(绒)及其制品和制鞋业	Leather, Fur, Feather and its products and Footwear	
木材加工及木、竹、藤、棕、草制造业	Timber Processing ,Bamboo,Cane ,Palm Fiber and Straw Products	
家具制造业	Furniture Manufacturing	
造纸及纸制品业	Paper Making and Paper Products	
印刷业和记录媒介的复制	Printing and Record Medium Reproduction	
文教、工美、体育和娱乐品制造业	Cultural,Educational, Sports and Entertainment Products	-3.66
石油加工、炼焦及核燃料加工业	Petroleum Processing,Coking and Nuclear Fuel Processing	
化学原料及化学制品制造业	Raw Chemical Materials and Chemical Products	-5.62
医药制造业	Medical and Pharmaceutical Products	6.06
化学纤维制造业	Chemical Fiber	
橡胶和塑料制品业	Rubber and Plastic Products	
非金属矿物制品业	Nonmetal Mineral Products	8.26
黑色金属冶炼及压延加工业	Smelting and Pressing of Ferrous Metals	
有色金属冶炼及压延加工业	Smelting and Pressing of Non-ferrous Metals	1.47
金属制品业	Metal Prodcuts	
通用设备制造业	Ordinary Machinery Manufacturing	7.37
专用设备制造业	Special Purpose Equipment Manufacturing	
汽车制造业	Automobile Manufacturing Industry	2.58
铁路、船舶、航空航天和其他运输设备制造业	Railroad, Marine, Aviation and Other Transport Equipment Manufacturing Industry	6.24
电气机械及器材制造业	Electrical Machinery and Equipment Manufacturing Industry	
计算机、通信设备、及其他电子设备制造业	Telecommunication Equipment,Computer and Other Electronic Product	
仪器仪表制造业	Equipments and Instruments Manufacturing	
其他制造业	Other Mafufacturing Industry	
废弃资源综合利用业	Comprehensive Utilization of Waste Resources	
金属制品、机械和设备修理业	Metal products, Machinery and Equipment Repair Industry	
电力、热力的生产和供应业	Electric Power，Heat power Production and Supply	20.73
燃气生产和供应业	Gas Production and Supply	
水的生产和供应业	Tap Water Production and Supply	2.30

continued

资产负债率 (%) Ratio of Debts to Assets (%)	流动资产周转次数（次/年）Turnover of Working Capital (time/year)	成本费用利润率 (%) Ratio of Profits to Total Costs (%)	产品销售率 (%) Ratio of Sales to Gross Output Value (%)
89.67	0.26	–46.95	80.01
102.48	2.37	–20.11	102.13
79.68	1.90	4.12	88.89
53.18	3.65	0.66	99.44
78.63	0.21	2.03	95.07
32.23	0.63	13.52	80.81
73.32	1.21	0.32	100.88
75.28	1.69	4.14	100.12
72.03	4.27	39.00	100.01
69.19	1.83	0.52	100.00

6-10 外商投资和港澳台投资工业企业主要经济效益指标 (2014 年)

指　　标	Item	总资产贡献率 (%) Ratio of Profits, Taxes and Interests to Average Assets(%)
总　　计	**Total**	**8.46**
在总计中 :	Of the Total	
亏损企业	Loss-making Enterprises	-2.61
在总计中 :	Of the Total	
港、澳、台商投资企业	Enterprises Funded by HongKong， Macao and Taiwan	4.59
合资经营企业 (港或澳、台资)	Joint Venture	
合作经营企业 (港或澳、台资)	Cooperative Enterprise	
港澳台商独资经营企业	Ventures Exclusively with HongKong, Macaoand Taiwan Investment	4.59
港澳台商投资股份有限公司	Share Holding Limited Company Funded By HongKong, Macao and Taiwan Investment	
外商投资企业	Foreign Funded Enterprises	9.31
中外合资经营企业	Joint Venture	9.61
中外合作经营企业	Cooperative Enterprises	
外资企业	Enterprises Funded By Foreign Investments	-3.75
外商投资股份有限公司	Limited Company Funded by Foreign Investment	
在总计中 :	Of the Total:	
国家控股企业	State-Controlled Share Holding Enterprises	
在总计中 :	Of the Total:	5.90
轻工业	Light Industry	
重工业	Heavy Industry	5.78
在总计中 :	Of the Total:	13.20
大型企业	Of the Total: Large-Size Enterprises	
中型企业	Medium-size Enterprises	6.06
小微企业	Small Micro Enterprises	28.60
按工业行业大类分	**Grouped by Sector**	5.66
煤炭开采和洗选业	Coal Mining and Dressing	
石油和天然气开采业	Petroleum and Natural Gas Extraction	3.52
黑色金属矿采选业	Ferrous Metals Mining and Dressing	
有色金属矿采选业	Nonferous Metals Mining and Dressing	
非金属矿采选业	Nonmetal Minerals Mining and Dressing	
其他辅助活动	Other Auxiliary Activities	
其他采矿业	Other Minerals Mining and Dressing	
农副食品加工业	Farm Products Processing	
食品制造业	Food Manufacturing	

MAIN ECONOMIC AND PROFIT INDICATORS OF FOREIGN FUNDED ENTERPRISES AND ENTERPRISES FUNDED BY OVERSEAS CHINESE FROM HONGKONG，MACAO & TAIWAN (2014)

资产负债率 (%) Ratio of Debts to Assets (%)	流动资产周转次数（次 / 年）Turnover of Working Capital (time/year)	成本费用利润率 (%) Ratio of Profits to Total Costs (%)	产品销售率 (%) Ratio of Sales to Gross Output Value (%)
70.01	**1.82**	**8.25**	**93.13**
72.38	3.29	-10.06	85.48
61.02	0.91	26.64	100.00
61.02	0.91	26.64	100.00
72.00	1.91	7.46	92.78
72.28	1.92	7.82	92.80
59.62	1.48	-48.89	90.18
77.29	1.73	3.72	90.07
79.12	1.89	3.57	88.90
53.82	1.74	15.16	99.10
79.68	1.90	4.12	88.89
52.63	1.23	29.60	104.49
54.71	2.40	5.42	95.47
48.86	4.28	-0.98	94.23

6-10 续表 1

指 标	Item	总资产贡献率 (%) Ratio of Profits, Taxes and Interests to Average Assets(%)
酒、饮料和精制茶制造业	Wine,Beverages and Refined Tea Manufacturing	-3.75
烟草制品业	Tobacoo Products Manfacturing	
纺织业	Textile Industry	
纺织服装、服饰业	Textile Garments Manufacturing	
皮革、毛皮、羽毛(绒)及其制品和制鞋业	Leather, Fur, Feather and its products and Footwear	
木材加工及木、竹、藤、棕、草制造业	Timber Processing ,Bamboo,Cane ,Palm Fiber and Straw Products	
家具制造业	Furniture Manufacturing	
造纸及纸制品业	Paper Making and Paper Products	
印刷业和记录媒介的复制	Printing and Record Medium Reproduction	
文教、工美、体育和娱乐品制造业	Cultural,Educational, Sports and Entertainment Products	
石油加工、炼焦及核燃料加工业	Petroleum Processing,Coking and Nuclear Fuel Processing	
化学原料及化学制品制造业	Raw Chemical Materials and Chemical Products	
医药制造业	Medical and Pharmaceutical Products	6.06
化学纤维制造业	Chemical Fiber	
橡胶和塑料制品业	Rubber and Plastic Products	
非金属矿物制品业	Nonmetal Mineral Products	22.05
黑色金属冶炼及压延加工业	Smelting and Pressing of Ferrous Metals	
有色金属冶炼及压延加工业	Smelting and Pressing of Non-ferrous Metals	
金属制品业	Metal Prodcuts	
通用设备制造业	Ordinary Machinery Manufacturing	
专用设备制造业	Special Purpose Equipment Manufacturing	
汽车制造业	Automobile Manufacturing Industry	
铁路、船舶、航空航天和其他运输设备制造业	Railroad, Marine, Aviation and Other Transport Equipment Manufacturing Industry	4.23
电气机械及器材制造业	Electrical Machinery and Equipment Manufacturing Industry	57.52
计算机、通信设备、及其他电子设备制造业	Telecommunication Equipment,Computer and Other Electronic Product	
仪器仪表制造业	Equipments and Instruments Manufacturing	
其他制造业	Other Mafufacturing Industry	
废弃资源综合利用业	Comprehensive Utilization of Waste Resources	
金属制品、机械和设备修理业	Metal products, Machinery and Equipment Repair Industry	
电力、热力的生产和供应业	Electric Power，Heat power Production and Supply	6.67
燃气生产和供应业	Gas Production and Supply	
水的生产和供应业	Tap Water Production and Supply	

continued

资产负债率 (%) Ratio of Debts to Assets (%)	流动资产周转次数（次/年） Turnover of Working Capital (time/year)	成本费用利润率 (%) Ratio of Profits to Total Costs (%)	产品销售率 (%) Ratio of Sales to Gross Output Value (%)
59.62	1.48	–48.89	90.18
79.68	1.90	4.12	88.89
157.39	2.35	–3.88	90.47
52.58	0.99	0.29	101.15
52.69	1.42	54.39	106.53
54.35	1.13	32.47	100.00

6-11 大中型工业企业主要经济效益指标（2014 年）

指　　标	Item	总资产贡献率(%) Ratio of Profits, Taxes and Interests to Average Assets (%)
总　计	**Total**	**5.61**
一、按隶属关系分	**Grouped by Belongs**	
中央企业	Central Enterprises	15.62
省属企业	Province-owned Enterprises	3.86
地、市属企业	Prefectures，Cities-owned Enterprises	7.07
县（旗）属企业	County(Banner)-owned Enterprises	-1.47
城市街道企业	Cities' Neighbourhood-owned Enterprises	
镇属企业	Small Town-owned Enterprises	
乡属企业	Township Enterprises	8.68
其 他	Enterprises of Other Types of Ownership	7.02
二、按登记注册类型分	**Grouped by Registered Kind**	
内资企业	Civil Funded Enterprises	5.41
国有企业	State-owned Enterprises	33.37
中央企业	Central Enterprises	
地方企业	Local Enterprises	33.37
集体企业	Collective Owned Enterprises	-4.08
股份合作企业	Share Cooperative Holding Enterprises	
联营企业	Joint Owned Enterprises	
国有联营企业	State-owned Joint Owned Enterprises	
集体联营企业	Collective-owned Joint Owned Enterprises	
国有与集体联营企业	State-owned and Collective-owned	
其他联营企业	Other Joint Owned Enterprises	
有限责任公司	Limited Responsibility Company	5.30
国有独资公司	Company Exclusively with Investment from State	2.30
其他有限责任公司	Other Limited Responsibility Company	5.31
股份有限公司	Share Holding Limited Company	16.92
私营企业	Privately Owned Enterprises	6.73
私营独资企业	Enterprise Exclusively with Investment from Private	
私营合作企业	Private Partner Enterprises	
私营有限责任公司	Privately Owned Limited Company	6.67
私营股份有限公司	Privately Owned Share Holding Limited Company	6.82
其他企业	Enterprises of Other Types of Ownership	
港、澳、台商投资企业	Enterprises Funded by HongKong，Macao and Taiwan	
合资经营企业（港或澳、台资）	Joint Venture	
合作经营企业（港或澳、台资）	Cooperative Enterprise	
港澳台商独资经营企业	Ventures Exclusively with HongKong, Macaoand Taiwan Investment	
港澳台商投资股份有限公司	Share Holding Limited Company Funded By HongKong,Macao and Taiwan Investment	
外商投资企业	Foreign Funded Enterprises	9.48
中外合资经营企业	Joint Venture	9.48
中外合作经营企业	Cooperative Enterprises	
外资企业	Enterprises Funded By Foreign Investments	

MAIN ECONOMIC AND PROFIT INDICATOR OF LARGE AND MEDIUM-SIZED ENTERPRISES (2014)

资产负债率 (%) Ratio of Debts to Assets (%)	流动资产周转次数（次 / 年）Turnover of Working Capital (time/year)	成本费用利润率 (%) Ratio of Profits to Total Costs (%)	产品销售率 (%) Ratio of Sales to Gross Output Value (%)
76.98	**3.37**	**0.44**	**83.03**
71.90	2.57	16.08	98.09
78.65	3.84	−0.88	77.08
55.05	2.26	3.55	99.32
95.29	1.36	−9.38	91.07
86.82	0.86	3.47	100.00
69.82	1.39	5.60	93.37
77.05	3.45	0.24	82.47
42.80	6.56	4.98	99.65
42.80	6.56	4.98	99.65
129.24	0.95	−8.25	97.86
77.90	3.62	0.11	81.82
69.19	1.83	0.52	100.00
77.94	3.63	0.11	81.75
25.26	1.62	41.25	91.15
35.30	0.77	7.92	94.29
42.95	0.80	3.51	91.72
24.49	0.70	22.19	103.62
75.59	1.67	9.25	92.32
75.59	1.67	9.25	92.32

6-11 续表 1

指标	Item	总资产贡献率 (%) Ratio of Profits, Taxes and Interests to Average Assets (%)
外商投资股份有限公司	Share Holding Limited Company	
三、按经济组织类型分组	**Grouped by Ownership**	
独资企业	Ventures With Exclusively Investment	1.80
国有企业	State-owned Enterprises	33.37
集体企业	Collective Owned Enterprises	-4.08
私营独资企业	Enterprises Exclusively with Private Investment	
港澳台商独资经营企业	Enterprises Funded by Overseas Chinese From HongKong，Macao and Taiwan	
外资企业	Foreign Funded Enterprises	
合作、合伙企业	Cooperative & Partnership Enterprises	
股份合作企业	Share Cooperative Enterprises	
国有联营企业	State-owned Joint Enterprises	
集体联营企业	Collective-owned Joint Enterprises	
国有与集体联营企业	State & Collective-owned Joint Enterprises	
其他联营企业	Joint Enterprises of Other Types of Ownership	
私营合伙企业	Private Partnership Enterprises	
合作经营企业（港或澳、台资）	Cooperative Enterprises Funded by HongKong，Macao and Taiwan	
中外合作经营企业	Sino-foreign Cooperative Enterprises	
其他企业（内资）	Enterprises of Other Types (Domestic Funded)	
股份有限公司	Share Holding Limited Company	13.17
股份有限公司（内资）	Share Holding Limited Company (Domestic Funded)	16.92
私营股份有限公司	Private Share Holding Limted Company	6.82
港澳台商投资股份有限公司	Share Holding Limited Company Funded by HongKong,Macao and Taiwan	
外商投资股份有限公司	Share Limited Company Funded by Foreign Investment	
有限责任公司	Limited Responsibility Company	5.52
国有独资公司	Enterprises Exclusively Funded by State Investment	2.30
私营有限责任公司	Private Limited Responsibility Company	6.67
合资经营企业（港或澳、台资）	Joint Ventures Funded by HongKong，Macao and Taiwan	
中外合资经营企业	Sino-foreign Joint Ventures	9.48
其他有限责任公司	Limited Responsibility Company of Other Types	5.31
四、在总计中：亏损企业	**Of the Total: Loss-making Enterprises**	3.11
在总计中：国有控股企业	Of the Total: State-Controlled Share Holding Enterprises	5.48
在总计中：轻工业	Of the Total: Light Industry	8.83
重工业	Heavy Industry	5.38
在总计中：大型企业	Of the Total: Large-Size Enterprises	5.53
中型企业	Medium-size Enterprises	6.04

continued

资产负债率 (%) Ratio of Debts to Assets (%)	流动资产周转次数（次/年）Turnover of Working Capital (time/year)	成本费用利润率 (%) Ratio of Profits to Total Costs (%)	产品销售率 (%) Ratio of Sales to Gross Output Value (%)
115.65	1.43	–3.65	99.08
42.80	6.56	4.98	99.65
129.24	0.95	–8.25	97.86
24.97	1.18	35.13	94.03
25.26	1.62	41.25	91.15
24.49	0.70	22.19	103.62
77.44	3.47	0.34	82.56
69.19	1.83	0.52	100.00
42.95	0.80	3.51	91.72
75.59	1.67	9.25	92.32
77.94	3.63	0.11	81.75
80.05	3.71	–1.49	77.19
77.50	3.59	0.31	82.10
62.82	1.86	11.07	92.27
77.97	3.45	0.16	82.36
78.49	3.72	0.33	81.05
68.52	1.37	2.16	95.46

6-11 续表 2

指标	Item	总资产贡献率 (%) Ratio of Profits, Taxes and Interests to Average Assets (%)
按行业大类分	Grouped by Sector	
煤炭开采和洗选业	Coal Mining and Dressing	3.91
石油和天然气开采业	Petroleum and Natural Gas Extraction	
黑色金属矿采选业	Ferrous Metals Mining and Dressing	1.35
有色金属矿采选业	Nonferous Metals Mining and Dressing	
非金属矿采选业	Nonmetal Minerals Mining and Dressing	
其他辅助活动	Other Auxiliary Activities	
其他采矿业	Other Minerals Mining and Dressing	
农副食品加工业	Farm Products Processing	4.96
食品制造业	Food Manufacturing	
酒、饮料和精制茶制造业	Wine,Beverages and Refined Tea Manufacturing	20.90
烟草制品业	Tobacoo Products Manfacturing	
纺织业	Textile Industry	
纺织服装、服饰业	Textile Garments Manufacturing	
皮革、毛皮、羽毛(绒)及其制品和制鞋业	Leather, Fur, Feather and its products and Footwear	
木材加工及木、竹、藤、棕、草制造业	Timber Processing ,Bamboo,Cane ,Palm Fiber and Straw Products	
家具制造业	Furniture Manufacturing	
造纸及纸制品业	Paper Making and Paper Products	
印刷业和记录媒介的复制	Printing and Record Medium Reproduction	
文教、工美、体育和娱乐品制造业	Cultural,Educational, Sports and Entertainment Products	
石油加工、炼焦及核燃料加工业	Petroleum Processing,Coking and Nuclear Fuel Processing	
化学原料及化学制品制造业	Raw Chemical Materials and Chemical Products	-5.48
医药制造业	Medical and Pharmaceutical Products	8.50
化学纤维制造业	Chemical Fiber	
橡胶和塑料制品业	Rubber and Plastic Products	
非金属矿物制品业	Nonmetal Mineral Products	6.09
黑色金属冶炼及压延加工业	Smelting and Pressing of Ferrous Metals	-21.97
有色金属冶炼及压延加工业	Smelting and Pressing of Non-ferrous Metals	-4.17
金属制品业	Metal Prodcuts	
通用设备制造业	Ordinary Machinery Manufacturing	5.68
专用设备制造业	Special Purpose Equipment Manufacturing	-4.49
汽车制造业	Automobile Manufacturing Industry	2.58
铁路、船舶、航空航天和其他运输设备制造业	Railroad, Marine, Aviation and Other Transport Equipment Manufacturing Industry	6.18
电气机械及器材制造业	Electrical Machinery and Equipment Manufacturing Industry	57.52
计算机、通信设备、及其他电子设备制造业	Telecommunication Equipment,Computer and Other Electronic Product	
仪器仪表制造业	Equipments and Instruments Manufacturing	
其他制造业	Other Mafufacturing Industry	
废弃资源综合利用业	Comprehensive Utilization of Waste Resources	
金属制品、机械和设备修理业	Metal products, Machinery and Equipment Repair Industry	
电力、热力的生产和供应业	Electric Power，Heat power Production and Supply	26.00
燃气生产和供应业	Gas Production and Supply	
水的生产和供应业	Tap Water Production and Supply	2.30

continued

资产负债率 (%) Ratio of Debts to Assets (%)	流动资产周转次数 (次 / 年) Turnover of Working Capital (time/year)	成本费用利润率 (%) Ratio of Profits to Total Costs (%)	产品销售率 (%) Ratio of Sales to Gross Output Value (%)
77.87	3.91	–0.93	76.85
38.31	0.52	–8.69	69.12
94.25	8.26	0.31	100.00
21.94	3.52	29.64	98.99
103.97	2.33	–20.06	101.16
65.18	1.75	10.01	91.01
63.26	2.09	0.15	98.36
61.89	1.74	–26.40	103.86
85.76	0.48	–21.19	100.55
46.33	0.80	7.37	92.00
129.63	1.05	–7.61	99.17
73.32	1.21	0.32	100.88
76.83	1.61	3.89	99.34
52.69	1.42	54.39	106.53
77.91	5.31	34.80	99.99
69.19	1.83	0.52	100.00

6-12 工业产品产量
OUTPUT OF INDUSTRIAL PRODUCTS

产品名称	Item	2000	2005	2010	2013	2014
原 煤 （万吨）	Coal (10000 tons)	5440	8034	9403	10899	11453
炼焦用洗精煤 （万吨）	Clean Coal (10000 tons)		639.27			
煤 气 （万立方米）	Gas(10000 cu.m)	12807	15978	6960	5918	6810
发电量 （万千瓦小时）	Electricity (10000 kwh)	901703	1627048	3482523	3883935	4049005
钢 （万吨）	Steel (10000 tons)	24.74	72.03	44.44	43.18	52.99
生 铁 （万吨）	Pig Iron (10000 tons)	26.86	73.44	50.48	48.98	61.63
成品钢材 （万吨）	Steel Products (10000 tons)	0.58	19.08	8.50	1.04	0.93
铁合金 （万吨）	Ferroalloys(10000 tons)	3.78	17.15	12.38	12.63	7.49
铁矿石原矿量 （万吨）	Iron Ore(10000 tons)		58.08	223.31	375.29	354.93
焦 炭 （万吨）	Coke (10000 tons)	38.46	90.74	18.25	14.68	13.21
#机 焦	#Machine Coke	34.71	61.16	16.37	14.68	13.21
铜 （吨）	Copper (ton)		1476			
锌 （吨）	Zinc (ton)					
铝 （吨）	Aluminium (ton)					
水 泥 （万吨）	Cement (10000 tons)	204.67	304.58	407.96	610.06	468.95
水泥电杆 （万吨）	Cement Wire Pole(10000 tons)	0.39	88			
水泥管 （吨）	Cement Tube(ton)	7386	15			
水泥预制构件 （立方米）	Cement Pre-made Component(cu.m)					
平板玻璃 （万重量箱）	Plate Glass (10000 wt.cases)					
卫生陶瓷 （件）	Sanitary Ceramics Wares(unit)		482000			
釉面砖 （万平方米）	Ceramics Face Bricks(10000 sq.m)					
石棉制品 （吨）	Asbestos Product*(ton)					
砖 （万块）	Brick(10000 units)	64510	46094	57292	21257	18611
瓦 （万片）	Tile(10000 pieces)					
大理石板材 （平方米）	Marble Plate(sq.m)	15768				
花岗石板材 （平方米）	Granite Plate(sq.m)	7031	1452001	3078208	2582393	2915967
木 材 （平方米）	Timber (cu.m)					
人造板 （平方米）	Man-made Timber(cu.m)					
锯 材 （平方米）	Sawn Wood(cu.m)					
硫 酸 （吨）	Sulphuric Acid (ton)					
盐 酸 （吨）	Hydrochloric Acid(ton)		3195	10582	6851	6041
烧 碱 （吨）	Caustic Soda (ton)	2556	30672	17354	15394	14675
纯 碱 （吨）	Soda Ash (ton)	25769				
电 石 （吨）	Calcium Carbide(ton)	110049	87320			
合成氨 （吨）	Synthetic Ammonia(ton)	80645	40605			
化学肥料 （吨）	Chemical Fertilizer (ton)	65666	133834			

6-12 续表 1 continued

产品名称		Item	2000	2005	2010	2013	2014
化学农药	(吨)	Chemical Pesticide (ton)					
油 漆	(吨)	Paint(ton)	2767	3920			
塑 料	(吨)	Plastics(ton)	1580	20586			
合成橡胶	(吨)	Synthetic Rubber(ton)	17044	21432	22247	21807	20395
染 料	(吨)	Dyestuff(ton)					
商品液氯	(吨)	Commdity Liquid Chlorine(ton)					
纯 苯	(吨)	Pure Benzene(ton)					
甲 醛	(吨)	Formaldehyde(ton)					
轮胎外胎	(万条)	Tires Cover(10000 units)					
运输带	(万平方米)	Convey Belt(10000 sq.m)					
胶 鞋	(万双)	Rubber Overshoes(10000 pairs)					
化学原料药	(吨)	Chemical Raw Medicine(ton)	5	3704	5848	13100	18601
中成药	(吨)	Traditional Chinese Patent Medicine(ton)	191	392	342	537	408
矿山设备	(吨)	Mining Equipment(ton)		9293	40698	66740	71082
化工设备	(吨)	Equipment of Chemical Industry(ton)					
工业锅炉	(蒸发量吨)	Industrial Boiler (evaporate rate ton)		107			
内燃机	(万千瓦)	Internal Combustion Engins(10000 kw)	5	20			
金属切削机床	(台)	Metal-Cutting Machine (unit)					
锻压设备	(吨)	Forging and Pressing Equipment(ton)					
起重设备	(吨)	Hoist Equipment(ton)					
泵	(台)	Pump(unit)					
风 机	(台)	Air-Blower(unit)					
气体压缩机	(台)	Air Compressor(unit)					
轴 承	(万吨)	Bearing(10000 tons)					
小型拖拉机	(台)	Mini-Tractor(unit)					
汽 车	(辆)	Motor Vehicle(unit)					
摩托车	(辆)	Motorcycle(unit)					
交流电动机	(万千瓦)	Alternating Current Motors(10000 kw)					
变压器	(万千伏安)	Transformer(10000 kwa)	3.00	8.23	18.42	0.06	0.08
钢芯铝绞线	(吨)	Steel-cored Aluminium Twisted Wire(ton)					
电子元件	(万只)	Electric Component(10000 units)					
半导体分立器件	(万只)	Semiconductor Separate Parts(10000 units)					
化学纤维	(吨)	Chemical Fiber (ton)	13733	23666			
纱	(吨)	Yarn (ton)					
布	(万米)	Cloth (10000 m)					
印染布	(万米)	Printed and Dyed Fabric(10000 m)					

6-12 续表 2 continued

产品名称	Item	2000	2005	2010	2013	2014
针棉织品折用纱（吨）	Knitwear to Cotton Yarn Substitutes(ton)					
毛 线（吨）	Knitting Wool(ton)					
呢 绒（万米）	Woolen Piece Goods(10000 m)					
麻 袋（万条）	Gunnybag(10000 units)					
丝（吨）	Silk(ton)					
丝织品（万米）	Silk Products(10000 m)					
机制纸及纸板（万吨）	Machine-made Paper and Paperboard (10000 tons)					
家用洗衣机（台）	Household Washing Machines (unit)					
表（万只）	Watch(10000 units)					
干电池（万只）	Dry Cell(10000 units)					
日用搪瓷制品（吨）	Household Emamel Products(ton)					
日用陶瓷制品（万件）	Household Ceramics(10000 units)					
日用玻璃制品（吨）	Daily-use Glassware(ton)	8256				
铅 笔（万只）	Pencil(10000 units)					
灯 泡（万只）	Light Bulb(10000 units)					
合成洗涤剂（吨）	Synthetic Detergents (10000 tons)	25492	17633			
肥 皂（吨）	Soap(ton)					
火 柴（万件）	Match(10000 cases)					
油 墨（吨）	Printing Ink(ton)					
机制糖（吨）	Machine-processed Sugar (ton)					
卷 烟（箱）	Cigarettes (case)					
罐 头（万吨）	Canned Food(10000 ton)	750	950			
白 酒（千升）	Liquor (10000 tons)	9240	1026	2191		
啤 酒（千升）	Beer (10000 tons)	43941	63588	173		23471
乳制品（吨）	Dairy Products(ton)		1237	36700	35705	24507
味 精（吨）	Monosodium Glutamate(ton)					
食用植物油（吨）	Edible Vegetable Oil(ton)	1209	1403			
配混合饲料（吨）	Mixed Beverages(ton)	12355		3840	19583	24451
塑料制品（吨）	Plastics Products(ton)					
皮 鞋（万双）	Leather Shoes(10000 pairs)					
日用精铝制品（吨）	Fine Aluminum Products for Daily-use(ton)					
日用不锈钢制品（吨）	Stainless Steel Products for Daily-use(ton)					
家 具（万件）	Furniture(10000 units)	1.23	1.18			
服 装（万件）	Dress(10000 units)	2.63				
布 鞋（万双）	Cloth Shoes(10000 pairs)					
革皮服装（万件）	Leather Cloth(10000 units)					

6-13 主要年份主要工业产品产量
OUTPUT OF MAJOR INDUSTRIAL PRODUCTS IN MAJOR YEAR

年 份 Year	原煤 (万吨) Coal (10 000 tons)	发电量 Electricity (10000 kwh) (万千瓦小时)	钢 (吨) Steel (ton)	成品钢材 (吨) Steel Products (ton)	生 铁 (吨) Pig Iron (ton)	焦炭 (万吨) Coke (10000 tons)	电 石 (吨) Calcium Carbide (ton)	塑 料 (吨) Plastics (ton)
1965	1104	38158	10925					
1970	1325	63089	25734				20124	405
1975	2144	104195	28232				28127	1186
1980	3581	109064	35431	10016	17453		22565	1715
1985	6170	285315	35486	16342	32168		32911	4552
1990	8043	703311	33140	41569	118496		39512	5615
1995	8486	876285	28682	18461	269869	88.26	7345	899
1996	8607	859122	41512	26816	286509	103.71	85265	10581
1997	8083	800053	34407	19735	276597	96.11	88121	9611
1998	6950	909654	248719	3226	292216	80.61	97926	10235
1999	5568	882816	223326	4596	266594	58.37	101510	7279
2000	5440	901703	247396	5785	268589	38.46	110049	1580
2001	5988	835714	266598	6179	277854	67.33	120255	2729
2002	7454	862557	424943	6000	396889	40.00	129336	3533
2003	8332	979096	562158	11200	434140	65.70	107386	
2004	8431	1319880	552252	171334	489780	132.60	89366	16038
2005	8034	1627048	720349	190800	734378	90.74	87320	20586
2006	6916	1857537	798628	218350	745598	85.54	95338	26852
2007	7394	2123587	709421	188493	755857	79.89	113759	29902
2008	6770	1825846	464888	119936	482215	54.24	36292	19562
2009	7138	2642269	340139	10664	375308	25.13		
2010	9403	3482523	444392	84975	504771	18.25		
2011	10719	3906466	397575	20181	454509	15.69		533
2012	10563	3708165	526925	14954	584592	14.98		
2013	10899	3883935	431846	10408	489761	14.68		
2014	11453	4049005	529944	9322	616265	13.21		

6-13 续表 1 continued

年 份 Year	水 泥 (万吨) Cement (10000 tons)	变压器 千伏安 Transformer (kwa)	硫 酸 (万吨) Sulfuric (10000 ton)	合 成 洗涤剂(吨) Synthetic Detergents (ton)	化学肥料(折有效成份 100%，吨) Chemical Fertilizer (Calculated on100% effictive content, ton)			烧 碱 (吨) Caustic Sod (ton)
					合 计 Total	#氮 肥 Nitrogenous	#磷 肥 Phosphate	
1965	57							
1970	76				1117			
1975	88	47282		750	11522			
1980	104	38771		2003	26529			
1985	114	111351		3955	32565			
1990	131	94400		4182	43440			
1995	154	11320	7878	18234	74592			
1996	109	98250	11253	20038	72656			
1997	204	80000	9651	24567	52899	46508	6391	21671
1998	212	31755	2999	27953	59990	57749	2241	18661
1999	195	23600	3388	29368	59657	56240	3417	19354
2000	205	37131		25492	65666	59936	5730	25769
2001	229	43935		23449	109140	108873	267	25690
2002	242	50295		21481	140185	140185		26770
2003	273	49320		18608	115826	115826		
2004	456	107969		17383	147574	147574		26028
2005	305	82285		17633	133834	133834		30672
2006	393	102280		13215	141772	141772		35771
2007	365	126610		16015	122726	122726		39732
2008	172	121865		4464	89192	89192		28514
2009	161	198647		405				11474
2010	408	184169			10300	10300		17354
2011	648	810						20759
2012	659	509						18446
2013	610	587						15394
2014	469	756						14675

6-13 续表 2 continued

年 份 Year	轴承(万套) Bearing (10000 sets)	机车(台) Locomotive (unit)	铁合金(吨) Ferroalloys(ton)	机制纸及纸板(吨) Machine-madePaper and Paperboard (ton)	饮料酒(吨) Alcholic Beverages (ton)	胶鞋(万双) Rubber-Gymshoes (10000 pairs)	合成橡胶(吨) Synghetic Rubber (ton)	布(万米) Cloth (10000 m)
1965		87				120		83
1970	38	251	20			192	5047	89
1975	30	216	1281			289	4439	634
1980	48	325	1682	6722	5419	221	1691	1263
1985	60	276	5202	10955	15364	427	6451	1086
1990	72	42	12466	13610	17777	392	7484	1874
1995	18	113	34725	7736	58029	62	10090	95
1996	25	138	39696	12245	69079	18	12323	47
1997	14	145	31915	8972	71435	81	15194	7
1998	5	148	20812	3149	62404	31	14429	
1999	3	139	22404	1823	63955	2	15231	
2000		139	37833		59519		17044	
2001		134	27378		54451		23756	
2002		139	16227	2323	52398		22498	
2003			27717	2362	57399		22799	
2004		87	145961				17469	
2005		97	171537		64614		21432	
2006		127	192962		65723		23717	
2007		81	244245		43612		25704	
2008		118	113234	754	29599		21514	
2009		110	79989		20332		18368	
2010		243	123846		2364		22247	
2011		356	161553		195		29175	
2012		227	170015				26296	
2013		166	126339				21807	
2014		209	74943				20395	

6-13 续表 3 continued

年 份 Year	化学纤维 (吨) Chemical Fiber (10000tons)	合成氨 (吨) Synthetic Ammonia (ton)	白酒 (吨) Liquor(ton)	啤酒 (吨) Beer(ton)	树脂 (吨) Resin(ton)	糖 (吨) Sugar (ton)
1965						11207
1970						13965
1975					180	5295
1980					431	7606
1985					2127	25304
1990					3758	19101
1995	9638	102438	12639	45204	10818	20110
1996	9860	98672	21434	47335	11131	25916
1997	11112	68840	17274	53824	10105	21093
1998	10690	80969	15014	47450	69182	19702
1999	4820	76463	19712	44243	7944	20718
2000	13733	80645	9240	43941	15016	1938
2001	15770	82828	5947	48504	9641	
2002	18437	54492	2306	50092	12788	
2003	19527	51041	1145	55943	13832	
2004	22950	104750	2280	61422	16038	
2005	23666	40605	1026	63588	20586	
2006	24088	28485	866	64857	26852	23064
2007	32005	28796	1116	42496	29902	16817
2008	19674	25614	2510	27089	19562	19950
2009				20332		18337
2010				173		
2011			195		553	
2012						
2013						
2014				23471		

主要统计指标解释

工业 从事自然资源的开采，对采掘品和农产品进行加工和再加工的物质生产部门。具体包括：(1) 对自然资源的开采，如采矿、晒盐、森林采伐等 (但不包括禽兽捕猎和水产捕捞)；(2) 对农副产品的加工、再加工，如粮油加工、食品加工、轧花、缫丝、纺织、制革等；(3) 对采掘品的加工、再加工，如炼铁、炼钢、化工生产、石油加工、机器制造、木材加工等，以及电力、自来水、煤气的生产和供应等；(4) 对工业品的修理、翻新，如机器设备的修理、交通运输工具 (包括小卧车) 的修理等。

1984 年以前农村的村及村以下办工业归属农业，1984 年以后划归工业。

工业统计调查单位 工业统计调查单位分为两类：独立核算法人工业企业和工业活动单位。

(1) 独立核算法人工业企业 指从事工业生产经营活动的单位。独立核算法人工业企业应同时具备以下条件：①依法成立，有自己的名称、组织机构和场所，能够承担民事责任；②独立拥有和使用资产，承担负债，有权与其他单位签订合同；③独立核算盈亏，并能够编制资产负债表。

(2) 工业活动单位 指在一个场所从事一种或主要从事一种工业生产活动的经济单位。它包括独立核算工业企业按主营业务活动 (即工业生产活动) 划分的主营业务活动单位和非工业企业所属的工业生产活动单位 (即原非独立核算工业生产单位)。工业活动单位，一般应同时具备以下三个条件：①具有一个场所，从事一种或主要从事一种工业活动；②单独组织工业生产、经营或业务活动；③单独核算收入和支出。

本年鉴中涉及的企业登记注册类型：

国有控股企业 国有企业和国有控股企业。国有企业（即过去的全民所有制工业或国营工业）是指企业全部资产归国家所有，并按《中华人民共和国企业法人登记管理条例》规定登记注册的非公司制的经济组织。包括国有企业、国有独资公司和国有联营企业。1957 年以前的公私合营和私营工业，后均改造为国营工业，1992 年改为国有工业，这部分工业的资料不单独分列时，均包括在国有企业内。国有控股企业是对混合所有制经济的企业进行的“国有控股”分类。它是指这些企业的全部资产中国有资产（股份）相对其他所有者中的任何一个所有者占资（股）最多的企业。该分组反映了国有经济控股情况。

集体企业 企业资产归集体所有，并按《中华人民共和国企业法人登记管理条例》规定登记注册的经济组织。是社会主义公有制经济的组成部分。包括城乡所有使用集体投资举办的企业，以及部分个人通过集资自愿放弃所有权并依法经工商行政管理机关认定为集体所有制的企业。

股份有限公司 根据《中华人民共和国企业法人登记管理条例》规定登记注册，其全部注册资本由等额股份构成并通过发行股票筹集资本，股东以其认购的股份对公司承担有限责任，公司以其全部资产对其债务承担责任的经济组织。

港、澳、台商投资企业 企业注册登记类型中的港、澳、台资合资、合作、独资经营企业和股份有限公司之和。

外商投资企业 企业注册登记类型中的中外合资、合作经营企业、外资企业和外商投资股份有限公司之和。

本年鉴中主要年份工业企业单位数涉及的名称为“其他”的企业 指除国有企业、集体企业以外的其他类型工业企业 (单位)。包括股份合作企业、联营企业、私营企业、股份有限公司、有限责任公司；外商投资企业 (中外合资经营、中外合作经营、外资企业)；港、澳、台投资企业 (与大陆合资经营、与大陆合作经营、港、澳、台独资企业) 及其他企业。

轻工业 主要提供生活消费品和制作手工工具的工业。按其所使用的原料不同，可分为两大类：(1) 以农产品为原料的轻工业，是指直接或间接以农产品为基本原料的轻工业。主要包括食品制造、饮料制造、烟草加工、纺织、缝纫、皮革和毛皮制作、造纸以及印刷等工业；(2) 以非农产品为原料的轻工业，是指以工业品为原料的轻工业。主要包括文教体育用品、化学药品制造、合成纤维制造、日用化学制品、日用玻璃制品、日用金属制品、手工工具制造、医疗器械制造、文化和办公用机械制造等工业。

重工业 指为国民经济各部门提供物质技术基础的主要生产资料的工业。按其生产性质和产品用途，可以分为下列三类：(1) 采掘工业，是指对自然资源的开采，包括石油开采、煤炭开采、金属矿开采、非金属矿开采和木材采伐等工业；(2)原材料工业，指向国民经济各部门提供基本材料、动力和燃料的工业。包括金属冶炼及加工、炼焦及焦炭、化学、化工原料、水泥、人造板以及电力、石油和煤炭加工等工业；(3)加工工业，是指对工业原材料进行再加工制造的工业。包括装备国民经济各部门的机械设备制造工业、金属结构、水泥制品等工业，以及为农业提供的生产资料如化肥、农药等工业。

根据上述划分原则，修理业中以重工业产品为修理作业对象的划为重工业，反之划为轻工业。从2003年起轻、重工业内部不再细划分。

工业总产值 是以货币表现的工业企业在一定时期内生产的已出售或可供出售工业产品总量，它反映一定时间内工业生

产的总规模和总水平。它包括：在本企业内不再进行加工，经检验、包装入库(规定不需包装的产品除外)的成品价值，对外加工费收入，自制半成品、在产品期末初差额价值。工业总产值采用“工厂法”计算，即以工业企业作为一个整体，按企业工业生产活动的最终成果来计算，企业内部不允许重复计算，不能把企业内部各个车间(分厂)生产的成果相加。但在企业之间、行业之间、地区之间存在着重复计算。

轻重工业总产值的划分也是按“工厂法”计算的，即一个工业企业在正常情况下生产的主要产品的性质属于轻工业，则该企业的全部工业总产值作为轻工业总产值，生产的主要产品的性质属于重工业，则该企业的全部总产值作为重工业总产值。

工业增加值 指工业企业在报告期内以货币表现的工业生产活动的最终成果。

资产合计 企业拥有或控制的能以货币计量的经济资源。包括各种财产、债权和其他权利。资产按其流动性划分为流动资产、长期投资、固定资产、无形及递延资产和其他资产。

(1)流动资产 企业可以在一年内或者超过一年的一个生产周期内变现或耗用的资产合计。包括现金及各种存款、短期投资、应收及预付款项、存货等。

(2)固定资产 企业固定资产净值、固定资产清理、在建工程、待处理固定资产损失所占用的资金合计。

负债合计 企业承担的能以货币计量，将以资产或劳务偿付的债务。负债一般按偿还期长短分为流动负债和长期负债、递延税项等。

流动负债 企业在一年内或者超过一年的一个营业周期内需要偿还的债务合计，其中包括短期借款、应付及预收款项、应付工资、应交税金和应交利润等。

所有者权益 企业投资人对企业净资产的所有权。企业净资产等于企业全部资产减去全部负债后的余额，其中包括投资者对企业的最初投入，以及资本公积金、盈余公积金和未分配利润，股份制企业即为股东权益。

固定资产原价 企业在建造、购置、安装、改建、扩建、技术改造某项固定资产时所支出的全部货币总额。它一般包括买价、包装费、运杂费和安装费等。

流动资产 是指可以在一年或者超过一年的一个营业周期内变现或者耗用的资产，包括现金及各种存款、短期投资、应收及预付货款、存货等。

主营业务收入 企业销售产品和提供劳务等主要经营业务取得的业务总额。

主营业务成本 企业销售产品和提供劳务等主要经营业务的实际成本。

主营业务税金及附加 企业销售产品和提供工业性劳务等主要经营业务应负担的城市维护建设税、消费税、资源税和教育费附加。

利润总额 企业在生产经营过程中各种收入扣除各种耗费后的盈余，反映企业在报告期内实现的亏盈总额，包括营业利润、补贴收入、投资净收益和营业外收支净额。

应交增值税 企业按税法规定，从事货物销售或提供加工、修理修配劳务等增加货物价值的活动报告期应交纳的增值税额。计算工式为：

应交增值税＝销项税额－(进项税额－进项税额转出)－出口抵减内销产品应纳税额－减免税款＋出口退税

总资产贡献率 映企业全部资产的获利能力，是企业经营业绩和管理水平的集中体现，是评价和考核企业盈利能力的核心指标。计算公式为：

总资产贡献率(%)=(利润总额＋税金总额＋利息支出)/平均资产总额 ×100%

资产负债率 指标既反映企业经营风险的大小，也反映企业利用债权人提供的资金从事经营活动的能力。计算公式：

资产负债率 (%)= 负债总额 / 资产总额 ×100%

工业成本费用利润率 在一定时期内实现的利润与成本费用之比，是反映工业生产成本及费用投入的经济效益指标，同时也是反映降低成本的经济效益的指标。计算公式为：

工业成本费用利润率 (%)= 利润总额 / 成本费用总额 ×100%

产品销售率 指报告期工业销售产值与同期工业总产值之比，是反映工业产品已实现销售的程度，分析工业产销衔接情况，研究工业产品满足社会需求程度的指标。计算公式为：

产品销售率 (%)= 工业销售产值 / 工业总产值 ×100%

亏损面 指亏损企业单位数占全部工业企业单位数的比重。计算公式为：

亏损面 (%) ＝亏损企业单位数 / 全部工业企业单位数 ×100%。

人均实现利税 指全部从业人员年均实现的利税总额。计算公式为：

人均实现利税＝利税总额 / 全部从业人员

Explanatory Notes on Main Statistical Indicators

Industry refers to the material production sector which is engaged in extraction of natural resources and processing and reprocessing of minerals and agricultural products, including (1) extraction of natural resources, such as mining, salt production, logging (but not including hunting and fishing); (2) processing and reprocessing of farm and sideline produces, such as rice husking, flour milling, wine making, oil pressing, cotton ginning, silk reeling, spinning and weaving, and leather making; (3) manufacture of industrial products, such as steel making, iron smelting, chemicals manufacturing, petroleum processing, machine building, timber processing; water and gas production and electricity generation and supply; (4)repairing of industrial products such as the repairing of machinery and means of transport (including cars).

Prior to 1984, the rural industry run by villages and cooperative organizations under village was classified into agriculture. Since 1984, it has been grouped into industry.

Units of Industrial Statistics and Inquiry they are classified into two categories corporate industrial enterprises with independent accounting system and industrial establishments.

(1)Corporate industrial enterprises with independent accounting system refer to enterprises engaging in industrial production activities, which meet the following requirements: ① They are established legally, having their own names, organizations, location, able to take civil liability; ② They possess and use their assets independently, assume liabilities, and are entitled to sign contracts with other units; ③ They are financially independent and compile their own balance sheets.

(2)Industrial establishments refer to economic units which located in one single place and engaged entirely or primarily in one kind of industrial activity, including financially independent industrial enterprises and units engaged in industrial activities under the non industrial enterprises (or financially dependent). Industrial establishments generally meet the following requirements: ① They have each one location and are engaged in one kind of industrial activity each; ② They operate and manage their industrial production activities separately; ③ They have accounts of income and expenditures separately.

types of registeration status concerned in this yearbook:

State-holding enterprises refer to state-owned enterprises and the enterprises which state holds majority shares. State-owned enterprises (industry ownership by the whole people or state-run industry) refers to non-corporation economic units, where the entire assets are owned by the state and which have registered in accordance with the Regulation of the People Republic of China on the Management of Registration of Corporate Enterprises, including the state-owned enterprise, sole state-funded corporation and state-owned joint ownership enterprise. Joint state-private industries and private industries, which existed before 1957, have been transformed into state-run industries. Since 1992, those were named state-owned industries. Statistics on these enterprises has been included in the state-industries since 1957 when separation of data was no longer necessary.

Collective-owned enterprises refers to industrial enterprises where the means of production are owned collectively including urban and rural enterprises invested by collectives and some enterprises which were formerly owned privately but have been registered in industrial and commercial administration agency as collective units through raising fund from the public.

Share-holding corporations ltd. refer to economic units registered in accordance with the regulation of the people' s republic of china on the management of registration of corporate enterprises with total registered capitals divided into equal shares and raised through issuing stocks. each investor hears limited liability to the corporation depending on the holding of shares and the corporation bears liability to its debt to the maximum of its total assets.

Enterprises Funded by Hongkong, Macao and Taiwan refer to all industrial enterprises as the joint-venture, cooperative, sole investment industrial enterprises and limited liability corporations with funds from Hongkong, Macao and Taiwan.

Foreign Funded Enterprises refer to all industrial enterprises registered as the joint-venture, cooperative, sole investment industrial enterprises and limited liability corporations with foreign funds.

Other Enterprises refer to other types of industrial enterprises or units except for state-owned enterprises and collective enterprises, including share holding cooperative enterprises, joint–venture enterprises, private enterprises, share holding limited enterprises, foreign funded enterprises, enterprises funed by Hongkong, Macao and Taiwan and other enterprises.

Light Industry refers to the industry that produces consumer goods and hand tools. It consists of two categories depending on the materials used:

(1)Industries using farm products as raw materials. These are branches of light industry which directly or indirectly use farm products as basic raw materials, including the manufacture of food and beverages, tobacco processing, textile, clothing, fur and leather manufacturing, paper making, printing, etc.

(2)Industries using non farm products as raw materials. These are branches of light industry which use manufactured goods as raw materials, including the manufacture of cultural, educational articles and sports goods chemicals synthetic fiber chemical products for daily use glass products for daily use metal products for daily use hand tools medical apparatus and instruments and the manufacture of cultural and clerical machinery.

Heavy Industry refers to the industry which produces capital goods and provides various sectors of the national economy with necessary material and technical basis. It consists of the following three branches according to the purpose of production or the use of products:

(1)Mining and quarrying industry refers to the industry that extracts natural resources including extraction of petroleum coal metal and non–metal ores and logging.

(2)Raw materials industry refers to the industry that provides various sectors of the national economy with raw materials fuels and power. it includes smelting and processing of metals coking and coke chemistry chemical materials and building materials such as cement plywood and power petroleum refining and coal dressing.

(3)Manufacturing industry refers to the industry that processes raw materials. It includes machine building industry which equips sectors of the national economy industries of metal structure and cement products industries producing means of agricultural production such as chemical fertilizers and pesticides.

According to the above principle of classification the repairing trades which are engaged primarily in repairing products of heavy industry are classified into heavy industry while these engaged in repairing products of light industry are classified into light industry.It is not divided further in the interior of light industry and heavy industry from 2003.

Gross Industrial Output Value is the total volume of industrial products sold or available for sale in value terms which reflects the total achievements and overall scale of industrial production during a given period. It includes the value of the finished products which are not to be further processed in the enterprises and have been inspected packed and put in storage the value of industrial services rendered to other units and the changes in the value of the semi — finished products and products in process between the beginning and closing of the period. the gross industrial output value is calculated with factory method. No double calculations are to be made within the same enterprise. However double counting does occur among different enterprises.

Output value of light and heavy industries is also classified with the factory method. under normal conditions if the major products of an industrial enterprise belong to light industry products the gross output value of that enterprise is classified wholly into light industry; the same principle applies to heavy industry.

Value–added of Industry refers to the final results of industrial production of the industrial trade in money terms during the reference period.

Total Assets refer to all economic resources owned or controlled by enterprises that could be measured in monetary terms including properties creditor equity and other economic rights of all forms. classified by the degree of equitability total assets include circulating assets long term investment fixed assets intangible assets and deferred assets and other assets.

(1)Circulating assets (working capital) refers to assets which can be cashed in or spent or consumed in an operating cycle of one year or over one year including cash all kinds of deposits short term investment receivables advance payment stock etc.

(2)Fixed assets refers to the net value of fixed assets clearance of fixed assets project under construction fixed assets losses in suspense. these are corporations fund holdings.

Total Liabilities refers to the debts measured in monetary terms that enterprises are responsible for repayment in the form of cash assets or labor. Classified by terms of repayment liability include liquid liabilities and long–term liabilities.

Liquid liabilities (also called quick liabilities or immediate liabilities) refers to enterprises total debt payable within an operating cycle of one year or over one year, including short term loans, payables and advance payments, wage payable, taxes payable and profit payable,etc.

Creditors' Equity refers to investors ownership of net assets of the enterprise. It is equal to the total assets of the enterprise minus its total liabilities, including the primary input from investors, capital accumulation fund, surplus accumulation fund and undistributed profit. it is the shareholders equity in share — holding companies.

Original Value of Fixed Assets refers to the original value of all fixed assets owned by industrial enterprises calculated the cost

paid at the time of purchase installation reconstruction expansion and technical innovation and transformation of at the said assets which includes expenses on purchase package transportation and installation etc.

Circulating Assets refers to assets which can be cashed in or spent or consumed in an operating cycle of one year or over one year which includes cash various deposits short term investment and receivable payments and advance payments stock etc.

Sales Revenue of Major Business refers to the revenue from the sales of products by industrial enterprises and the revenue from services provided and etc.

Sales Cost of Major Business refers to the actual cost of products of industrial enterprises and industrial services provided etc.

Tax and Extra Charges on Major Business refer to the tax on city maintenance and construction consumption tax resources tax and extra charges for education which should be borne by the enterprises in selling products and providing industrial services.

Total Profits refer to the surplus gained·by enterprises by deducting costs from all kinds of revenues in business, which reflects the total profits and losses of enterprises in reporting period, including business profits, subsidy revenue, net investment profit and net amount of non–business revenue and expenditure.

Value–added Tax Payable refers to the amount of value–added tax which should be paid by enterprises which are engaged in value–added activities such as goods saling, processing and repairing according to the tax laws of enterprise. It is calculated as follows.

Value–added Tax Payable=Tax on Sales–(Tax on Purchase–Transferred Tax on Purchase)–Tax Payable for the Exported Goods Sold on the Domestic Market–Derated Tax+ Export Rebate.

Ratio of Profits, Taxes and Interests to Average Assets reflects the profit–making capability of all assets of the enterprise and is a key indicator manifesting the performance and management and evaluating the profit–making potential of the enterprise. It is calculated as follows:

Ratio of profits taxes and interests to average assets (%) = [(Total profits + total Taxes + interest payment) ÷ average assets] × 100%

Ratio of Debts to Assets reflect both the operation risk and the capability of the enterprise in making use of the capital from the creditors. It is calculated as follows:

Ratio of debts to assets (%) = (Total debts ÷ total assets) × 100%

Ratio of Profits to Total Industrial Costs refers to the ratio of profits realized in a given period to the total costs in the same period, which reflects the economic efficiency of input cost and is calculated as follows:

Ratio of Profits to Total Industrial Cost(%)=(Total Profits ÷ Total Costs) × 100%

Ratio of Sales to Gross Output Value refers to the sales of industrial products to the gross industrial output value during the reference period and is important in reflecting the linkage between production and sales and the extent of the needs of the society that has been met by the supply of industrial products. It is calculated as follows:

Ratio of Sales to Gross Output Value=Industrial sales ÷ Gross industrial output value (at current prices) × 100%

Range of Deficits refers to the proportion of lossing enterprises in the number of all industrial enterprises.The formular is as follows:

Range of Deficits(%)= (Number of Lossing enterprises ÷ Number of All Industrial Enterprises) × 100%

Per Capita Pre–tax Profits refers to the total pre–tax profits that total employees get per year.The formula is as follows:

Per Capita Pre–tax Profits(%)= (Total Pre–tax Profits ÷ Total Employees) × 100%

建筑业

CONSTRUCTION

资料整理人员

吴　钧　　李　佳　　李　英　　郭云霞　　董　刚

建筑业
CONSTRUCTION

建筑业企业单位数	Number of Construction Enterprises	229	个	(unit)
建筑业企业竣工产值	Completed Output Value of Costruction	84.72	万元	(10 000 yuan)
建筑业企业房屋建筑竣工面积	Floor space of Buildings Completed	365	万平方米	(10 000 sp・m)

建筑业企业总产值（亿元）

Total Outpur Value of Construction Enterprises（100 million yuan）

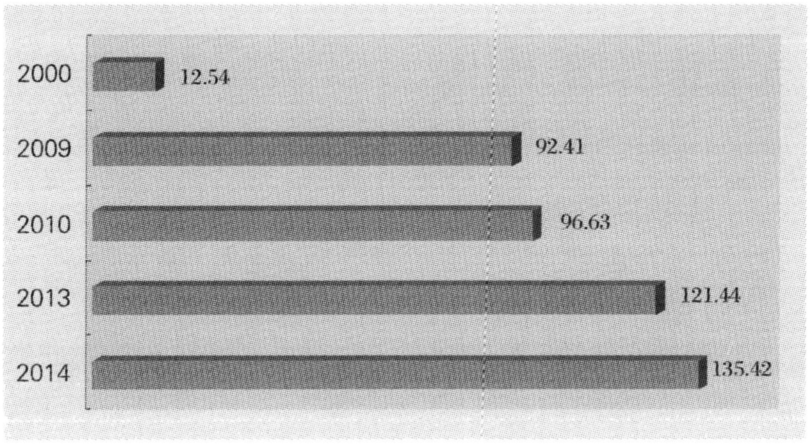

7-1 建筑施工企业主要经济指标
MAJOR ECONOMIC INDICATORS OF CONSTRUCTION ENTERPRISES

指　　标	Item	2014
施工企业个数(个)	Number of Construction Enterprises (unit)	229
计算劳动生产率平均人数(万人)	Average Staff and Workers (10 000 persons)	6
期末从业人数(万人)	Employees at the Year End (10 000 persons)	6
固定资产原价(万元)	Original Value of Fixed Assets (10 000 yuan)	186481
固定资产合计(万元)	Total Fixed Assets (10 000 yuan)	150588
自有机械设备总台数(台)	Number of Machinery and Equipment Owned (set)	7855
自有机械设备净值(万元)	Net Value of Machinery and Equipment Owned (10 000 yuan)	42843
自有机械设备总功率(万千瓦)	Total Power of Machinery and Equipment Owned (10 000 kw)	14
建筑业总产值 (万元)	Output Value of Construction (10 000 yuan)	1354212
竣工产值 (万元)	Output Value of Buildings Completed (10 000 yuan)	847157
固定资产本年折旧(万元)	Depreciation of Fixed Assets (10 000 yuan)	9900
施工面积 (万平方米)	Floor Space of Buildings Under Construction (10 000 sq.m)	764
竣工面积 (万平方米)	Floor Space of Buildings Completed (10 000 sq.m)	365
营业利润 (万元)	Profits of Business (10 000 yuan)	19081
管理费用 (万元)	Costs of Administration (10 000 yuan)	69707
利润总额 (万元)	Total Profits (10 000 yuan)	18913
上缴税金 (万元)	Tax Turned Over to the State (10 000 yuan)	54335
按施工产值计算的全员劳动生产率(元/人)	Overall Labor Productivity In Terms of Output Value (yuan/person)	227316
实收资本金(万元)	Capitals Hold (10 000 yuan)	378217
资产总计 (万元)	Total Assets (10 000 yuan)	1697695
负债合计 (万元)	Total Liabilities (10 000 yuan)	1238770
所有者权益合计 (万元)	Total Creditors Quity (10 000 yuan)	458925
竣工率(按产值计算)(%)	Rate of Completed (By Output Value) (%)	63
技术装备率(元/人)	Value of Machines per Laborer (yuan/person)	7192
动力装备率(千瓦/人)	Power of Machines per Laborer (kw/person)	2
资产负债率(%)	Ratio of Debts to Assets (%)	73
产值利润率(%)	Ratio of Profit to Gross Output Value (%)	1

7-2 建筑业企业总产值和竣工产值(2014年)
GROSS OUTPUT VALUE AND COMPLETED VALUE OF CONSTRUCTION ENTERPRISES(2014)

单位:万元 (10 000yuan)

指　标	Item	建筑业总产值 Total Output Value	#建筑工程 Construction	#安装工程 Installation	竣工产值 Output Value of Building Completed
总　计	**Total**	**1354212**	**1183066.2**	**137216.3**	**847157**
#国有及国有控股	State Owned and State Controlling Share	455043	426107.8	18728.9	261017
按登记注册类型分组	**Grouped by Registered Kind**				
内资企业	Civil Funded Enterprises	1354212	1183066.2	137216.3	847157
国有企业	State-owned Enterprises	106783	88463.2	10475.6	157149
集体企业	Collective-owned Enterprises	35806	33152	2468	8365
股份合作企业	Share Cooperative Enterprises				
联营企业	Joint Ownership Enterprises				
有限责任公司	Limited Responsibility Corporations	533966	499453	25844	180724
国有独资公司	Company Exclusively with Investment from State	301094	295591.2	5502.3	64987
其他有限责任公司	Other Limited Responsibility Company	232873	203862	20342	115737
股份有限公司	Share-holding Limited Corporations	12011	10230	1781	
私营企业	Private-owned Enterprises	665647	551769	96648	50918
私营独资企业	Enterprise Exclusively with Investment from Private				
私营合伙企业	Private Partnership Enterprises				
私营有限责任公司	Private Limited Responsibility Corporations	664682	550804	96648	499953
私营股份有限公司	Private Share-holding Limited Corporations	965	965		965
其他企业	Other Enterprises				
港、澳、台商投资企业	Enterprises Funded by HongKong, Macao and Taiwan				
外商投资企业	Foreign Funded Enterprises				
按国民经济行业分组	**Grouped by Economic Sector**				
房屋和土木工程建筑业	Housing and Civil Engineering Construction	1256840	1130040	101338	776710
房屋工程建筑	Housing	891475	822833.3	56217	532373.6
土木工程建筑	Civil Engineering	365365	307206.3	45121.3	244336.4
建筑安装业	Building Installation	54850	24721.2	24208.3	39425
建筑装饰业	Building Fiting and Decoration	38185	24180.3	11457	27544
其他建筑业	Other Construction	4338	4125.1	213	3478
按隶属关系分组	**Grouped by Subordination**				
中　央	Central	83467	72246.3	10586.7	96139
省	Province	278497	272995	5502.3	85543
地　区	Prefecture	210356	184990	18156.3	120502
县	County	51496	41002	3083	27215
按企业资质等级分组	**Grouped by Grades**				
施工总承包	Overall Contract	1253623	1120512	103265.4	785209
专业承包	Specialized Contract	100589	62555	33950.9	61948

7-3 按主要用途分的房屋建筑竣工面积(2014年)

单位:平方米

指　　标	Item	总　计 Total	厂房、仓库 Factory Building and Warehouse
总　　计	**Total**	**3651988**	**127640**
#国有及国有控股	State Owned and State Controlling Share	502435	22614
按登记注册类型分组	Grouped by Registered Kind		
内资企业	Civil Funded Enterprises	3651988	127640
国有企业	State-owned Enterprises	36429	8165
集体企业	Collective-owned Enterprises	34068	10090
股份合作企业	Share Cooperative Enterprises		
联营企业	Joint Ownership Enterprises		
有限责任公司	Limited Responsibility Corporations	868299	23826
国有独资公司	Company Exclusively with Investment from State	366558	14449
其他有限责任公司	Other Limited Responsibility Company	501741	9377
股份有限公司	Share-holding Limited Corporations		
私营企业	Private-owned Enterprises	2713192	85559
私营独资企业	Enterprise Exclusively with Investment from Private		
私营合伙企业	Private Partnership Enterprises		
私营有限责任公司	Private Limited Responsibility Corporations	2705472	85559
私营股份有限公司	Private Share-holding Limited Corporations	7720	
其他企业	Other Enterprises		
港、澳、台商投资企业	Enterprises Funded by HongKong，Macao and Taiwan		
外商投资企业	Foreign Funded Enterprises		
按国民经济行业分组	Grouped by Economic Sector		
房屋和土木工程建筑业	Housing and Civil Engineering Construction	3623479	125380
房屋工程建筑	Housing	3578644	117615
土木工程建筑	Civil Engineering	44835	7765
建筑安装业	Building Installation	26249	
建筑装饰业	Building Fiting and Decoration		
其他建筑业	Other Construction	2260	2260
按隶属关系分组	Grouped by Subordination		
中　央	Central	5765	5765
省	Province	403353	14449
地　区	Prefecture	256710	12490
县	County	156594	7117
按企业资质等级分组	Grouped by Grades		
施工总承包	Overall Contract	3649428	125380
专业承包	Specialized Contract	2560	2260

FLOOR SPACE OF HOUSES COMPLETED BY MAJOR USE(2014)

(sg.m)

住 宅 Housing	办公用房 Office	批发和零售用房 Wholesale and Retail	住宿和餐饮用房 Lodging and Catering	居民服务业用房 Residential Services	教育用房 Education	文化、体育和娱乐用房 Culture, Sports and Recreation	卫生医疗用房 Public Health	科研用房 Science Research	其他用房 Others
2688876	**69715**	**157841**	**2000**	**92800**	**139829**		**7618**	**372**	**89683**
329811	14823			30869	70619		4288		4147
2688876	69715	157841	2000	92800	139829		7618	372	89683
3000									
23978									
607173	14823	54841		31204	76855		4780		4147
271535	14049				59531		4288		2706
335638	774	54841		31204	17324		492		1441
2054725	54892	103000	2000	61596	62974		2838	372	85536
2054725	54892	103000	2000	61596	62974		2838	372	85536
2688876	45971	157841	2000	92800	139829		5113	372	89683
2685375	45971	157841	2000	61931	139829		5113	372	89683
3501				30869					
	23744						2505		
277461	14049			30869	59531		4288		2706
174500									
123567	774			335	17324		492		1441
2688876	69715	157841	2000	92800	139829		7618	372	89383
									300

7-4 按主要用途分的房屋建筑竣工价值(2014年)

单位:万元

指　　标	Item	总　计 Total	厂房、仓库 Factory Building and Warehouse
总　　计	**Total**	**476081**	**15641**
#国有及国有控股	State Owned and State Controlling Share	70308	4362
按登记注册类型分组	**Grouped by Registered Kind**		
内资企业	Civil Funded Enterprises	476081	15641
国有企业	State-owned Enterprises	4166	1817
集体企业	Collective-owned Enterprises	3290	1060
股份合作企业	Share Cooperative Enterprises		
联营企业	Joint Ownership Enterprises		
有限责任公司	Limited Responsibility Corporations	113657	3810
国有独资公司	Company Exclusively with Investment from State	51507	2545
其他有限责任公司	Other Limited Responsibility Company	62150	1265
股份有限公司	Share-holding Limited Corporations		
私营企业	Private-owned Enterprises	354968	8954
私营独资企业	Enterprise Exclusively with Investment from Private		
私营合伙企业	Private Partnership Enterprises		
私营有限责任公司	Private Limited Responsibility Corporations	354003	8954
私营股份有限公司	Private Share-holding Limited Corporations	965	
其他企业	Other Enterprises		
港、澳、台商投资企业	Enterprises Funded by HongKong, Macao and Taiwan		
外商投资企业	Foreign Funded Enterprises		
按国民经济行业分组	**Grouped by Economic Sector**		
房屋和土木工程建筑业	Housing and Civil Engineering Construction	471234	15582
房屋工程建筑	Housing	463952	13840
木工程建筑	Civil Engineering	7282	1741
建筑安装业	Building Installation	4788	
建筑装饰业	Builing Fiting and Decoration		
其他建筑业	Other Construction	59	59
按隶属关系分组	**Grouped by Subordination**		
中　央	Central	1441	1441
省	Province	57293	2545
地　区	Prefecture	31211	1436
县	County	18606	1206
按企业资质等级分组	**Grouped by Grades**		
施工总承包	Overall Contract	475923	15582
专业承包	Specialized Contract	159	59

VALUE OF HOUSES COMPLETED BY MAJOR USE(2014)

(10 000 yuan)

住 宅 Housing	办公用房 Office	批发和零售用房 Wholesale and Retail Trade	住宿和餐饮用房 Lodging and Catering	居民服务业用房 Residential Services	教育用房 Education	文化、体育和娱乐用房 Culture, Sports and Recreation	卫生医疗用房 Public Health	科研用房 Science Research	其他用房 Others
359683	**12744**	**16459**	**150**	**14804**	**22455**		**1373**	**45**	**2569**
41833	3990			4630	12069		810		715
359683	12744	16459	150	14804	22455		1373	45	2569
450									
2230									
71206	3990	5348		4687	13098		891		715
33559	3851				10283		810		460
37647	139	5348		4687	2816		81		255
285796	8753	11111	150	10116.3	9356		482	45	1854
285796	8753	11111	150	10116	9356		482	45	1854
359683	8412	16459	150	14804	22455		916	45	2569
359178	8412	16459	150	10173	22455		916	45	2569
505				4630					
	4331						457		
34715	3851			4630	10283		810		460
18749									
13359	139			57	2816		81		255
359683	12744	16459	150	14804	22455		1373	45	2469
									100

7-5 建筑业企业房屋建筑面积(2014 年)
BUILDING FLOOR SPACE OF CONSTRUCTION ENTERPRISES(2014)

单位:平方米 (sq.m)

指标	Item	房屋建筑施工面积 Floor Space of Buildings Under Construction	#本年新开工面积 Floor Space of Started This Year	#投标承包的面积 Floor Space of Enter a Bid Contract
总 计	**Total**	**7637190**	**4335426**	**4695011**
#国有及国有控股	State Owned and State Controlling Share	1415890	466077	1385868
按登记注册类型分组	**Grouped by Registered Kind**			
内资企业	Civil Funded Enterprises	7637190	4335426	4695011
国有企业	State-owned Enterprises	42299	30120	16625
集体企业	Collective-owned Enterprises	60593	36159	16564
股份合作企业	Share Cooperative Enterprises			
联营企业	Joint Ownership Enterprises			
有限责任公司	Limited Responsibility Corporations	2328203	1148618	2133624
国有独资公司	Company Exclusively with Investment from State	1231844	310408	1231844
其他有限责任公司	Other Limited Responsibility Company	1096359	838210	901780
股份有限公司	Share-holding Limited Corporations	120000	120000	
私营企业	Private-owned Enterprises	5086095	3000529	2528198
私营独资企业	Enterprise Exclusively with Investment from Private			
私营合伙企业	Private Partnership Enterprises			
私营有限责任公司	Private Limited Responsibility Corporations	5078375	3000529	2528198
私营股份有限公司	Private Share-holding Limited Corporations	7720		
其他企业	Other Enterprises			
港、澳、台商投资企业	Enterprises Funded by HongKong, Macao and Taiwan			
外商投资企业	Foreign Funded Enterprises			
按国民经济行业分组	**Grouped by Economic Sector**			
房屋和土木工程建筑业	Housing and Civil Engineering Construction	7607722	4329892	4668153
房屋工程建筑	Housing	7556812	4299851	4620659
土木工程建筑	Civil Engineering	50910	30041	47494
建筑安装业	Building Installation	26858	2934	26858
建筑装饰业	Building Fiting and Decoration			
其他建筑业	Other Construction	2610	2600	
按隶属关系分组	**Grouped by Subordination**			
中 央	Central	11625	5000	11625
省	Province	1268639	331005	1264291
地 区	Prefecture	616868	555658	386529
县	County	414105	347861	335033
按企业资质等级分组	**Grouped by Grades**			
施工总承包	Overall Contract	7634290	4332826	4695011
专业承包	Specialized Contract	2900	2600	

7-6 建筑业企业资本金及资产(2014年)
CAPITAL AND ASSETS OF CONSTRUCTION ENTERPRISES(2014)

单位:万元 (10 000yuan)

指标	Item	实收资本 Capitals Hold	资产总计 Total Assets	#流动资产合计 Total Circulating Funds	#固定资产合计 Total Fixed Assets
总计	**Total**	**378217**	**1697695**	**1454561**	**150588**
#国有及国有控股	State Owned and State Controlling Share	98640	667218	562965	49822
按登记注册类型分组	**Grouped by Registered Kind**				
内资企业	Civil Funded Enterprises	378217	1697695	1454561	150588
国有企业	State-owned Enterprises	10794	139799	67876	25321
集体企业	Collective-owned Enterprises	5475	46025	34031	5072
股份合作企业	Share Cooperative Enterprises				
联营企业	Joint Ownership Enterprises				
有限责任公司	Limited Responsibility Corporations	142912	754692	692962	40920
国有独资公司	Company Exclusively with Investment from State	74967	501585	476950	21657
其他有限责任公司	Other Limited Responsibility Company	67945	253107	216012	19263
股份有限公司	Share-holding Limited Corporations	5096	14004	12773	1231
私营企业	Private-owned Enterprises	213939	743175	646921	78044
私营独资企业	Enterprise Exclusively with Investment from Private				
私营合伙企业	Private Partnership Enterprises				
私营有限责任公司	Private Limited Responsibility Corporations	213237	741549	646123	77529
私营股份有限公司	Private Share-holding Limited Corporations	702	1626	798	515
其他企业	Other Enterprises				
港、澳、台商投资企业	Enterprises Funded by HongKong, Macao and Taiwan				
外商投资企业	Foreign Funded Enterprises				
按国民经济行业分组	**Grouped by Economic Sector**				
房屋和土木工程建筑业	Housing and Civil Engineering Construction	313961	1566116	1357846	123355
房屋工程建筑	Housing	205458	1002233	903658	79522
土木工程建筑	Civil Engineering	108503	563882	454187	43833
建筑安装业	Building Installation	32005	54806	47010	5166
建筑装饰业	Building Fiting and Decoration	29124	61972	38909	18862
其他建筑业	Other Construction	3127	14801	10797	3206
按隶属关系分组	**Grouped by Subordination**				
中央	Central	11205	192235	141932	9807
省	Province	73351	430903	404898	21210
地区	Prefecture	46040	191637	143053	26923
县	County	8420	22955	16312	5557
按企业资质等级分组	**Grouped by Grades**				
施工总承包	Overall Contract	322964	1506688	1295824	123830
专业承包	Specialized Contract	55253	191007	158738	26758

7-6 续表 continued

单位：万元 (10 000 yuan)

指　标	Item	固定资产原价合计 Original Value of Fixed Assets	固定资产折旧 Deprecia-tion of Fixed Assets	#本年折旧 Deprecia-tion This Year
总　计	**Total**	**186481**	**81022**	**9900**
#国有及国有控股	State Owned and State Controlling Share	65453	35616	2481
按登记注册类型分组	**Grouped by Registered Kind**			
内资企业	Civil Funded Enterprises	186481	81022	9900
国有企业	State-owned Enterprises	24082	9205	1568
集体企业	Collective-owned Enterprises	8655	3770	907
股份合作企业	Share Cooperative Enterprises			
联营企业	Joint Ownership Enterprises	69352	38690	1874
有限责任公司	Limited Responsibility Corporations	37249	24736	707
国有独资公司	Company Exclusively with Investment from State			
其他有限责任公司	Other Limited Responsibility Company	32103	13955	1167
股份有限公司	Share-holding Limited Corporations	2478	1247	269
私营企业	Private-owned Enterprises	81914	28110	5283
私营独资企业	Enterprise Exclusively with Investment from Private			
私营合伙企业	Private Partnership Enterprises			
私营有限责任公司	Private Limited Responsibility Corporations	81490	28017	5254
私营股份有限公司	Private Share-holding Limited Corporations	424	93	29
其他企业	Other Enterprises			
港、澳、台商投资企业	Enterprises Funded by HongKong，Macao and Taiwan			
外商投资企业	Foreign Funded Enterprises			
按国民经济行业分组	**Grouped by Economic Sector**			
房屋和土木工程建筑业	Housing and Civil Engineering Construction	164394	74970	8751
房屋工程建筑	Housing	103158	46781	5548
土木工程建筑	Civil Engineering	61236	28189	3203
建筑安装业	Building Installation	6876	2483	516
建筑装饰业	Building Fiting and Decoration	11360	2549	530
其他建筑业	Other Construction	3851	1020	104
按隶属关系分组	**Grouped by Subordination**			
中　央	Central	10952	7754	1457
省	Province	37485	25419	712
地　区	Prefecture	33839	11021	1476
县	County	7327	2285	375
按企业资质等级分组	**Grouped by Grades**			
施工总承包	Overall Contract	163610	74346	8669
专业承包	Specialized Contract	22870	6676	1231

7-7 建筑业企业负债及所有者权益(2014年)

LIABILITIES AND CREDITORS EQUITY OF CONSTRUCTION ENTERPRISES(2014)

单位：万元　　(10 000 yuan)

指　标	Item	负债合计 Total Liabilities	流动负债 Liquid Liabilities	所有者权益合计 Total Creditors' Equity
总　计	**Total**	**1238770**	**1145731**	**458925**
#国有及国有控股	State Owned and State Controlling Share	553660	499159	113558
按登记注册类型分组	**Grouped by Registered Kind**			
内资企业	Civil Funded Enterprises	1238770	1145731	458925
国有企业	State-owned Enterprises	129505	114083	10294
集体企业	Collective-owned Enterprises	36146	35812	9879
股份合作企业	Share Cooperative Enterprises			
联营企业	Joint Ownership Enterprises			
有限责任公司	Limited Responsibility Corporations	587397	533149	167295
国有独资公司	Company Exclusively with Investment from State	412876	373962	88709
其他有限责任公司	Other Limited Responsibility Company	174521	159187	78586
股份有限公司	Share-holding Limited Corporations	8909	8909	5096
私营企业	Private-owned Enterprises	476814	453778	266361
私营独资企业	Enterprise Exclusively with Investment from Private			
私营合伙企业	Private Partnership Enterprises			
私营有限责任公司	Private Limited Responsibility Corporations	476035	453086	265514
私营股份有限公司	Private Share-holding Limited Corporations	779	693	847
其他企业	Other Enterprises			
港、澳、台商投资企业	Enterprises Funded by HongKong，Macao and Taiwan			
外商投资企业	Foreign Funded Enterprises			
按国民经济行业分组	**Grouped by Economic Sector**			
房屋和土木工程建筑业	Housing and Civil Engineering Construction	1178608	1086668	387508
房屋工程建筑	Housing	747978	671692	254256
土木工程建筑	Civil Engineering	430630	414976	133252
建筑安装业	Building Installation	19290	18979	35516
建筑装饰业	Building Fiting and Decoration	29141	28379	32832
其他建筑业	Other Construction	11732	11704	3069
按隶属关系分组	**Grouped by Subordination**			
中　央	Central	182827	174976	9408
省	Province	343987	305074	86916
地　区	Prefecture	138133	121291	53504
县	County	11856	11545	11099
按企业资质等级分组	**Grouped by Grades**			
施工总承包	Overall Contract	1110430	1028255	396258
专业承包	Specialized Contract	128340	117475	62667

7-8 建筑业企业工程结算收入(2014 年)

REVENUE OF PROJECT SETTLEMENT ACCOUNTS OF CONSTRUCTION ENTERPRISES(2014)

单位:万元 (10 000 yuan)

指 标	Item	营业收入 Business return	主营业务收入 Revenue in Major Business	营业成本 cost in business
总 计	**Total**	**1308185**	**1265464**	**1155977**
#国有及国有控股	State Owned and State Controlling Share	457274	434418	405122
按登记注册类型分组	**Grouped by Registered Kind**			
内资企业	Civil Funded Enterprises	1308185	1265464	1155977
国有企业	State-owned Enterprises	117339	101455	103153
集体企业	Collective-owned Enterprises	35223	33168	25218
股份合作企业	Share Cooperative Enterprises			
联营企业	Joint Ownership Enterprises			
有限责任公司	Limited Responsibility Corporations	516650	509130	462044
国有独资公司	Company Exclusively with Investment from State	294090	291353	260761
其他有限责任公司	Other Limited Responsibility Company	222561	217777	201283
股份有限公司	Share-holding Limited Corporations	12749	12749	11857
私营企业	Private-owned Enterprises	626223	608961	553706
私营独资企业	Enterprise Exclusively with Investment from Private			
私营合伙企业	Private Partnership Enterprises			
私营有限责任公司	Private Limited Responsibility Corporations	625218	607996	553002
私营股份有限公司	Private Share-holding Limited Corporations	1005	965	704
其他企业	Other Enterprises			
港、澳、台商投资企业	Enterprises Funded by HongKong, Macao and Taiwan			
外商投资企业	Foreign Funded Enterprises			
按国民经济行业分组	**Grouped by Economic Sector**			
房屋和土木工程建筑业	Housing and Civil Engineering Construction	1216023	1176226	1079698
房屋工程建筑	Housing	828444	810958	738956
土木工程建筑	Civil Engineering	387580	365268	340742
建筑安装业	Building Installation	47405	45998	38449
建筑装饰业	Building Fiting and Decoration	40560	39083	34225
其他建筑业	Other Construction	4196	4157	3605
按隶属关系分组	**Grouped by Subordination**			
中 央	Central	92816	88363	83210
省	Province	271603	261220	239011
地 区	Prefecture	189810	183796	165335
县	County	54117	53785	48095
按企业资质等级分组	**Grouped by Grades**			
施工总承包	Overall Contract	1205112	1165397	1069702
专业承包	Specialized Contract	103073	100067	86275

7-8 续表 continued

单位：万元 (10 000 yuan)

指　标	Item	主营业务成本 Costs of Major Business	营业税金及附加 Tax and additional expense	主营业务税金及附加 Tax and Extra charges of Major Business
总　计	**Total**	**1125664**	**45052**	**42726**
#国有及国有控股	State Owned and State Controlling Share	388016	14981	13030
按登记注册类型分组	**Grouped by Registered Kind**			
内资企业	Civil Funded Enterprises	1125664	45052	42726
国有企业	State-owned Enterprises	91740	3989	3589
集体企业	Collective-owned Enterprises	24795	1188	1076
股份合作企业	Share Cooperative Enterprises			
联营企业	Joint Ownership Enterprises			
有限责任公司	Limited Responsibility Corporations	455992	17440	15672
国有独资公司	Company Exclusively with Investment from State	259035	9937	8540
其他有限责任公司	Other Limited Responsibility Company	196956	7503	7133
股份有限公司	Share-holding Limited Corporations	11857	565	565
私营企业	Private-owned Enterprises	541280	21870	21824
私营独资企业	Enterprise Exclusively with Investment from Private			
私营合伙企业	Private Partnership Enterprises			
私营有限责任公司	Private Limited Responsibility Corporations	540604	21836	21792
私营股份有限公司	Private Share-holding Limited Corporations	676	34	33
其他企业	Other Enterprises			
港、澳、台商投资企业	Enterprises Funded by HongKong, Macao and Taiwan			
外商投资企业	Foreign Funded Enterprises			
按国民经济行业分组	**Grouped by Economic Sector**			
房屋和土木工程建筑业	Housing and Civil Engineering Construction	1052203	41788	39466
房屋工程建筑	Housing	726991	29103	28999
土木工程建筑	Civil Engineering	325212	12684	10467
建筑安装业	Building Installation	37237	1681	1677
建筑装饰业	Building Fiting and Decoration	32619	1458	1458
其他建筑业	Other Construction	3605	125	125
按隶属关系分组	**Grouped by Subordination**			
中　央	Central	78970	3263	3116
省	Province	230062	8449	6796
地　区	Prefecture	165033	6686	6361
县	County	47888	2365	2362
按企业资质等级分组	**Grouped by Grades**			
施工总承包	Overall Contract	1042206	41617	39295
专业承包	Specialized Contract	83457	3435	3431

7-9 建筑业企业费用情况 (2014 年)
COSTS OF CONSTRUCTION ENTERPRISES(2014)

单位 : 万元 (10 000 yuan)

指　　标	Item	管理费用 Costs of Administration	财务费用 Costs of Finance
总　　计	**Total**	**69707**	**15168**
#国有及国有控股	State Owned and State Controlling Share	28749	9980
按登记注册类型分组	**Grouped by Registered Kind**		
内资企业	Civil Funded Enterprises	69707	15168
国有企业	State-owned Enterprises	8052	656
集体企业	Collective-owned Enterprises	3928	-26
股份合作企业	Share Cooperative Enterprises		
联营企业	Joint Ownership Enterprises		
有限责任公司	Limited Responsibility Corporations	27802	9682
国有独资公司	Company Exclusively with Investment from State	18970	9291
其他有限责任公司	Other Limited Responsibility Company	8832	392
股份有限公司	Share-holding Limited Corporations	363	1
私营企业	Private-owned Enterprises	29563	4854
私营独资企业	Enterprise Exclusively with Investment from Private		
私营合伙企业	Private Partnership Enterprises		
私营有限责任公司	Private Limited Responsibility Corporations	29448	4855
私营股份有限公司	Private Share-holding Limited Corporations	115	-1
其他企业	Other Enterprises		
港、澳、台商投资企业	Enterprises Funded by HongKong, Macao and Taiwan		
外商投资企业	Foreign Funded Enterprises		
按国民经济行业分组	**Grouped by Economic Sector**		
房屋和土木工程建筑业	Housing and Civil Engineering Construction	63205	14809
房屋工程建筑	Housing	41479	14223
土木工程建筑	Civil Engineering	21726	586
建筑安装业	Building Installation	3094	112
建筑装饰业	Building Fiting and Decoration	3102	244
其他建筑业	Other Construction	307	3
按隶属关系分组	**Grouped by Subordination**		
中　央	Central	5215	536
省	Province	18408	9400
地　区	Prefecture	11272	12
县	County	2471	36
按企业资质等级分组	**Grouped by Grades**		
施工总承包	Overall Contract	62148	13912
专业承包	Specialized Contract	7560	1256

7-10 建筑业企业利润及税金情况(2014年)
PROFITS AND TAXES OF CONSTRUCTION ENTERPRISES(2014)

单位：万元 (10 000 yuan)

指标	Item	利润总额 Total Profits	税金总额 Total Taxes	营业税金及附加 Taxes and Extra Charges on Project Settlement Accounts	管理费用中的税金 Taxes in Costs of Administration
总计	**Total**	**18913**	**54335**	**45052**	**1982**
#国有及国有控股	State Owned and State Controlling Share	3136	17536	14981	629
按登记注册类型分组	**Grouped by Registered Kind**				
内资企业	Civil Funded Enterprises	18913	54335	45052	1982
国有企业	State-owned Enterprises	-923	5546	3989	286
集体企业	Collective-owned Enterprises	1683	1532	1188	84
股份合作企业	Share Cooperative Enterprises				
联营企业	Joint Ownership Enterprises				
集体联营企业	Collective Joint Ownership Enterprises				
其他联营企业	Other Joint Ownership Enterprises				
有限责任公司	Limited Responsibility Corporations	5543	19351	17440	461
国有独资公司	Company Exclusively with Investment from State	2417	10750	9937	308
其他有限责任公司	Other Limited Responsibility Company	3125	8601	7503	153
股份有限公司	Share-holding Limited Corporations	-27	1055	565	363
私营企业	Private-owned Enterprises	12637	26851	21870	788
私营独资企业	Enterprise Exclusively with Investment from Private				
私营合伙企业	Private Partnership Enterprises				
私营有限责任公司	Private Limited Responsibility Corporations	12492	26774	21836	781
私营股份有限公司	Private Share-holding Limited Corporations	145	77	34	7
其他企业	Other Enterprises				
港、澳、台商投资企业	Enterprises Funded by HongKong, Macao and Taiwan				
外商投资企业	Foreign Funded Enterprises				
按国民经济行业分组	**Grouped by Economic Sector**				
房屋和土木工程建筑业	Housing and Civil Engineering Construction	16509	50083	41788	1833
房屋工程建筑	Housing	9996	34193	29103	1414
土木工程建筑	Civil Engineering	6513	15890	12684	419
建筑安装业	Building Installation	941	2072	1681	61
建筑装饰业	Building Fiting and Decoration	1406	2029	1458	78
其他建筑业	Other Construction	57	152	125	10
按隶属关系分组	**Grouped by Subordination**				
中央	Central	-1525	3645	3263	253
省	Province	3289.7	9219	8449	292
地区	Prefecture	3189	9069	6686	554
县	County	1039.8	2708	2365	53
按企业资质等级分组	**Grouped by Grades**				
施工总承包	Overall Contract	16728.6	49984	41617	1864
专业承包	Specialized Contract	2185	4351	3435	118

7-10 续表 continued

单位：万元 (10 000yuan)

指　　标	Item	应交所得税 Income Taxes Payable	营业利润 Business Profits	其他业务利润 Profits of Other Business
总　　计	**Total**	**7302**	**19081**	**5860**
＃国有及国有控股	State Owned and State Controlling Share	1925	3386	4101
按登记注册类型分组	**Grouped by Registered Kind**			
内资企业	Civil Funded Enterprises	7302	19081	5860
国有企业	State-owned Enterprises	1271	-884	2773
集体企业	Collective-owned Enterprises	261	1953	1519
股份合作企业	Share Cooperative Enterprises			
联营企业	Joint Ownership Enterprises			
集体联营企业	Collective Joint Ownership Enterprises			
其他联营企业	Other Joint Ownership Enterprises			
有限责任公司	Limited Responsibility Corporations	1450	5806	1351
国有独资公司	Company Exclusively with Investment from State	505	2602	955
其他有限责任公司	Other Limited Responsibility Company	945	3205	397
股份有限公司	Share-holding Limited Corporations	127	-37	
私营企业	Private-owned Enterprises	4193	12243	216
私营独资企业	Enterprise Exclusively with Investment from Private			
私营合伙企业	Private Partnership Enterprises			
私营有限责任公司	Private Limited Responsibility Corporations	4157	12084	216
私营股份有限公司	Private Share-holding Limited Corporations	36	159	
其他企业	Other Enterprises			
港、澳、台商投资企业	Enterprises Funded by HongKong, Macao and Taiwan			
外商投资企业	Foreign Funded Enterprises			
按国民经济行业分组	**Grouped by Economic Sector**			
房屋和土木工程建筑业	Housing and Civil Engineering Construction	6462	16643	5771
房屋工程建筑	Housing	3675	9841	1002
土木工程建筑	Civil Engineering	2787	6802	4769
建筑安装业	Building Installation	330	989	69
建筑装饰业	Building Fiting and Decoration	493	1391	-18
其他建筑业	Other Construction	17	57	39
按隶属关系分组	**Grouped by Subordination**			
中　央	Central	130	-1480	46
省	Province	478	3478	955
地　区	Prefecture	1830	3473	4265
县	County	290	931	-18
按企业资质等级分组	**Grouped by Grades**			
施工总承包	Overall Contract	6504	16852	5690
专业承包	Specialized Contract	798	2229	170

主要统计指标解释

建筑业总产值 建筑业总产值是以货币表现的建筑业企业在一定时期内生产的建筑业产品和服务的总和。建筑业总产值包括建筑工程产值、安装工程产值和其他产值三部分内容。

竣工产值 一般是以单位工程为对象，当该工程按照设计所规定的工程内容全部完成，达到了设计规定的交工条件，经有关部门检查验收鉴定合格的单位工程价值，即为竣工产值。竣工产值包括范围应是报告期内竣工单位工程从开工到竣工的全部自行完成的价值，如果一个单位工程跨两个年度施工，其竣工价值应当包括上年度完成的价值。有些大型单位工程，如大型厂房、高级宾馆、各种管道、公路、铁路等，能够分跨、分层、分段施工并按合同规定，能够分开交付使用的，可以分开计算竣工产值。竣工产值不包括附属辅助企业或内部核算的其他单位为外单位生产和服务的价值。

房屋建筑施工面积 指报告期内施过工的全部房屋建筑面积，它包括本期新开工的面积、上期跨入本期继续施工的房屋面积、上期停缓建在本期恢复施工的房屋面积、本期竣工的房屋面积以及本期施工后又停缓建的房屋面积。

房屋建筑竣工面积 指在报告期内房屋建筑按照设计要求已全部完工，达到了使用条件，经检查验收鉴定合格的房屋建筑面积。

竣工房屋价值 指在报告期内按规定已经上报竣工的房屋本身的建造价值。一般按房屋设计和预算规定的内容计算。可按“竣工结算价”或“中标价”填报。

工程结算收入 指本企业承包工程实现的工程价款结算收入以及向发包单位收取的除工程价款以外按规定列作营业收入的各种款项，如临时设施费、劳动保险费、施工机构调迁费等以及向发包单位收取的各种索赔款。

工程结算利润 指已结算工程实现的利润。其计算公式为：

工程结算利润＝工程结算收入—工程结算成本—经营费用—工程结算税金及附加

利润总额 指企业在工程施工生产过程中，取得工程价款收入、机械作业收入等，扣除投入的成本及其他一系列费用，再加减非经营性质的收支及投资收益，即为施工企业全年实现的利润总额（或亏损总额）。亏损以“–”表示。

营业利润 指企业生产经营活动所实现的利润。分为主营业务利润和其他利润。

营业利润＝工程结算利润＋其他业务利润－管理费用－财务费用

资产 是企业拥有或控制的能以货币计量的经济资源，包括各种财产、债权和其他权利。建筑业企业的资产按其流动性分为：流动资产、长期投资、固定资产、无形资产、递延资产和其他资产。即：

资产总计＝流动资产＋长期投资＋固定资产＋无形资产＋递延资产＋其他资产

负债 是企业所承担的能以货币计量、将以资产或劳务偿付的债务。负债一般按其偿还期长短分为流动负债和长期负债。

所有者权益 是企业投资人对企业净资产的所有权，企业净资产等于企业全部资产减去全部负债后的余额。其中包括实收资本、资本公积、盈余公积和未分配利润四部分。

经营费用 指企业从事施工生产活动过程中发生的各项费用。包括应由企业负担的运输费、装卸费、包装费、保险费、维修费、展览费、差旅费、广告费和其他经费。

劳动、失业保险费 指企业向社会保障部门和保险公司为本单位职工支付的劳动保险、失业保险的费用。

Explanatory Notes on Main Statistical Indicators

Gross Output Value of Construction refers to total of construction products and services, expressed in money terms, completed by construction enterprises during a given period of time. It includes three parts: output value of construction projects, output value of installation projects and output value of others.

Output Value of Building Completed refers to the value of unit project that is completed in accordance with the requirements of the design , up to the standard for handing in , and has been checked and accepted by concerned departments as qualified one. It includes entire value of the completed project from start to completing in the reference period. If a project is under construction in two years, the output value of building completed should include completed value last year. Some large projects, such as large factory building, senior hotel, pipelines, roads, railways, which can be constructed by span, layer or fragment and can be put into use separately by contract, can calculate their output value separately. It excludes the value of products and services which affiliated enterprises or other inner accounting units provide to outer units.

Floor Space of Buildings Under Construction refers to total floor space of buildings under construction during the reference period , including newly started buildings , buildings started earlier and continued during the reference period , and buildings suspended earlier but restarted during the reference period , buildings completed during the reference period , and buildings under construction and then suspended during the reference period.

Floor Space of Buildings Completed refers to the floor space of buildings that are completed in reference period in accordance with the requirement of the design , up to the standard for putting into use ,and have been checked and accepted by concerned departments as qualified ones.

Value of Buildings Completed refers to the constructing value of buildings which have reported completing in accordance with the requirement in reference period. Generally, it calculates by stipulated items in design and budget. It can report in term of settling value while completing or value of attaining contract.

Income from Settlement of Projects refers to the settlement income from the value of the project, received by the construction enterprise who contracts the project, and other charges from the unit of issuing contracts as operational costs in addition to the value of the project, such as temporary facility fee, labor insurance premium, moving cost of construction equipment, as well as various types of claims to the unit of issuing contracts.

Profits from Settlement of Projects refer to profits realized through settled projects. It calculates with the following formula:

Profits from Settlement of Projects = Income from Settlement of Projects Settlement Cost — Running Costs — Settlement Taxes and Extra Charges

Total Profits refer to the income received by the construction enterprise from project and machinery operation reducing costs and other expenses, add or minus non–business revenue, expenditure and yield from investment. That is total profits (total losses) of the construction enterprise all the year round. Losses is expressed with sign "–".

Profits of Business refer to profits realized through the business of enterprises. It includes major business profits and other profits.

Profits of Business = Profits from Settlement of Project + Other Profits — Cost of Administration — Costs of Finance

Total Assets refers to all economic resources, owned or controlled by enterprises, and it could be measured in monetary terms, including properties, creditors equity and other economic rights of all forms. Classified by the degree of equitability, total assets of construction include circulating assets, long term investment, fixed assets, intangible assets, deferred assets and other assets. That is

Total Assets = Circulating Assets + Long Term Investment + Fixed Assets + Intangible Assets + Deferred Assets + Other Assets.

Total Liabilities refer to the debts, measured in monetary terms, that enterprises are responsible for repayment in the form of assets or labor, classified by terms of repayment, liability include liquid liabilities and long–term liabilities.

Creditors' Equity refers to investors' ownership of net assets of the enterprise. It is equal to the total assets of the enterprise minus its total liabilities, including capital hold, capital accumulation fund, surplus accumulation fund and undistributed profit.

Running Costs refer to kinds of costs through constructing activities for enterprises, which include costs of transport, loading and unloading, packing, insurance, maintaining, showing, showing, business trip, advertisement and others.

Insurance of Premium for Labor and Unemployment refers to the money which enterprises pay for premium of labor insurance and unemployment insurance to social security department and insurance company for their employees.

批发零售贸易和餐饮业、对外经济贸易

WHOLE SALE AND RETAIL TRADE, CATERING TRADE

资 料 整 理 人 员

闫　溥　　白　晔　　曹雅珍

于利青　　张　昱　　王丽晶

批发零售贸易和餐饮业

WHOLESALE AND RETAIL TRADE CATERING

社会消费品零售总额	Total Value of Retail			
	Sales of Consumer Goods	541.43	亿元	(100 million yuan)
城镇零售额	Town	427.18	亿元	(100 million yuan)
乡村零售额	Village	114.25	亿元	(100 million yuan)

社会消费品零售总额（亿元）

Total Retail Sales of Consumer Goods（100 million yuan ）

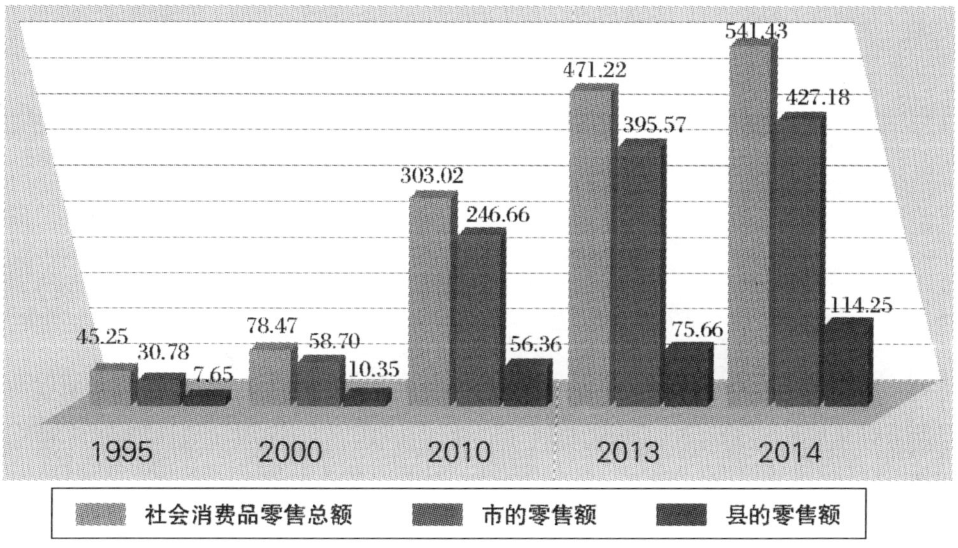

8-1 主要年份社会消费品零售总额
TOTAL RETAIL SALES OF CONSUMER GOODS IN ANAJOR YEARS

单位：万元 (10 000 yuan)

年份 Year	社会消费品零售总额 Total Retail Sales of Consumer Goods	市 City	县 county	县以下 Below County
1990	232519	151884	49346	31289
1995	452543	307811	76492	68240
2000	784684	587012	103549	94123
2005	1329000	955409	199173	174418
2006	1529403	1053752	260088	215563
2007	1849535	1253143	322098	274294
2008	2326300	1606953	387672	331702
2009	2647366	1734637	532114	380616
2010	3030170	2466551	563620	
2011	3565754	2961809	603944	
2012	4136539	3564849	571689	
2013	4712235	3955682	756553	
2014	5414288	4271815	1142473	

注：2010年使用新的城乡划分，城镇零售额为2466551万元，乡村零售额为563620万元。
Note:Total urban retail sales of consumer goods is 2466.5 million yuan, and rural retail sales is5636.2 million yuan in 2010 by using the new division of urban and rural

8-2 社会消费品零售额
TOTAL RETAIL SALES OF CONSUMER GOODS

单位：万元 (10 000 yuan)

指标	Item	2013	2014
社会消费品零售总额	**Total**	**4712235.1**	**5414287.7**
按销售地区分	By Selling Region		
城镇	Town	3955681.9	4271814.8
乡村	Village	756553.2	1142472.9
按行业分	By Sector		
批发零售贸易业	Wholesale and Retail Sale Trades	4206679.5	4849872.3
限额以上贸易企业	Enterprises above Designated	1886684.8	1709188.2
限额以下及个体户贸易业	Enterprises below Designated and Individual	2319994.7	3140684.1
住宿和餐饮业	Hotels and Catering Trade	505555.6	564415.4
限额以上企业	Enterprises above Designated	140595	90367.8
限额以下企业及个体户	Enterprises below Designated and Individual	364960.6	474047.6
其他	Others		

8-3 限额以上连锁批发零售业经营情况(2014年)
MANAGEMENT OF CHAIN ENTERPRISES ABOVE DESIGNATED SIZE IN WHOLESALE AND RETAIL TRADE(2014)

指 标	Item	合 计 Total	直营店 Stores Opened Directly	加盟店 Union Stores
一、门店总数(个)	**Number of Store(uint)**	**23**	**23**	
二、年末零售业营业面积(平方米)	**Areas of Stores(sq.m)**	**162053**	**162053**	
三、年末从业人员(人)	**Employees(person)**	**2480**	**2480**	
四、商品购进总额(千元)	**Total Value of Purchased** Commodities(1 000 yuan)	**396200**	**396200**	
#统一配送商品购进额	Value of Unified Distribution	396200	396200	
#自有配送中心配送商品购进额	Disrtibuted by Distribution Center Possessed Themselves	14380	14380	
非自有配送中心配送商品购进额	Distributed by Distribution Center Than Their Own			
五、商品销售额(千元)	**Sales(1 000 yuan)**	**1092150**	**1092150**	
#零售额	Retail	1092150	1092150	

8-4 餐饮业销售情况(2014年)
CATERING TRADE (2014)

单位:万元 (10000 yuan)

项 目	Item	法人企业数(个) Number of Corporative Enterprises	营业总收入 Total Business Revenue	#零售额 Retail Sale
总 计	**Total**	**96**	**130027**	**97215**
一、住宿业	Lodging	28	43969	27664
#旅游饭店	Tourist Hotel	16	39687	26927
二、餐饮业	Cating Trade	68	86058	69551
#正餐服务	Dinner	68	86058	69551

8-5 限额以上批发和零售业法人企业财务状况(2014 年)

单位：千元

指 标	Item	流动资产合 计 Total Circulating Assets
总 计	**Total**	**2054698**
一、批发业	**Wholesale Trade**	**1409578**
#国有控股	State Owned and State Controlling Share	
1. 按登记注册类型分组	Grouped by Registered Kind	
内资企业	Civil Funded Enterprises	1409364
国有企业	State-owned Enterprises	144820
集体企业	Collective-owned Enterprises	5309
股份合作企业	Share Cooperative Enterprises	
联营企业	Joint Venture Enterprises	
国有与集体联营企业	State-owned and Collective-owned Joint Enterprises	
有限责任公司	Limited Responsibility Corporations	1156255
国有独资公司	Company Exclusively with Investment from State	428242
其他有限责任公司	Other Limited Responsibility Company	728013
股份有限公司	Share-holding Limited Corporations	
私营企业	Private-owned Enterprises	102980
私营独资企业	Enterprise Exclusively with Investment from Private	
私营合伙企业	Private Partnership Enterprises	
私营有限责任公司	Private Limited Responsibility Corporations	
私营股份有限公司	Private Share-holding Limited Corporations	
其他企业	Others	
港、澳、台商投资企业	Enterprises Funded by HongKong, Macao and Taiwan	214
合资经营企业(港或澳、台资)	Joint Venture	
港、澳、台商独资经营企业	Solely Owned	
港、澳、台商投资股份有限公司	Share Holding Limited Corporation	
外商投资企业	Foreign Funded Enterprises	
中外合资经营企业	Joint Venture	
2. 按批发行业小类分组	Grouped by Economic Sector	
农畜产品批发	Wholesale of Farm and Animal Products	4424
食品、饮料及烟草制品批发	Wholesale of Food, Beverage and Tobaccos	94552
#米、面制品及食用油批发	Rice , Flour and Edible Oil	1414
烟草制品批发	Tobacoo Products Manufacturing	90449
纺织、服装及日用品批发	Wholesale of Textiles, Garments and Daily Articles	214
#服装批发		
文化、体育用品及器材批发	Wholesale of Culture , Sports Articles and Equipments	
医药及医疗器材批发	Wholesale of Medicines and Medical Appliances	4624
矿产品、建材及化工产品批发	Wholesale of Mineral Products Buildingand Chemical Products	1300413
#煤炭及制品批发	Coal and Related Products	856819
石油及制品批发	Petroleum and Related Products	13111
金属及金属矿批发	Metals and Metals Materials	10547
建材批发	Building Materials	412873
化肥批发	Chemical Fertilizer	
机械设备、五金交电及电子产品批发	Wholesale of Machinery, Hardwares,Transport	2959
#汽车、摩托车及零配件批发	Motor Vehicles, Motorcycles and Parts	2959
家用电器批发	Electronic Household Equipments	214
计算机、软件及辅助设备批发	Computer , Software and Auxiliary Equipments	
贸易经纪与代理	Trade Broker and Agency	
其他批发	Other Wholesales	2392

FINANCIAL INDICATORS OF CORPORATION ENTERPRISES IN WHOLESALE AND RETAIL TRADE ABOVE DESIGNATED SIZE(2014)

(1 000 yuan)

#存 货 Inventory	固定资产合计 Total Fixed Assets	累计折旧 Total Depreciation of Fixed Assets	#本年折旧 This Year	资产总计 Total Assets
367586	**444544**	**219869**	**36778**	**2648515**
140361	**97934**	**72011**	**7517**	**1562033**
140361	97934	72011	7517	1561819
23689	26275	24156	2042	179940
987	454	1096	2	5991
73298	38812	31466	2242	1238154
1641	3742	7070	514	446173
71657	35070	24396	1729	791982
42387	32393	15294	3231	137733
				214
1980	3020	1097	79	8055
20312	20574	12066	1771	118415
514	567	113	29	2031
17985	19610	10893	1739	113069
				214
999	195	12		4860
116040	73712	58117	5650	1424094
106816	68079	50526	4788	961165
6636	1574	1686	75	14684
360	25	29	8	10572
1241	2532	4646	450	428902
1088	37	54	17	3026
1088	37	54	17	3026
				214
-58	396	665		3369

8-5 续表1

单位：千元

指　标	Item	流动资产合计 Total Circulating Assets
二、零售业	**Retail Trade**	**645120**
# 国有控股	State Owned and State Controlling Share	
1. 按登记注册类型分组	Grouped by Registered Kind	
内资企业	Civil Funded Enterprises	596296
国有企业	State-owned Enterprises	9300
集体企业	Collective-owned Enterprises	1912
股份合作企业	Share Cooperative Enterprises	
联营企业	Joint Ownership Enterprises	
集体联营企业	Collective Joint Ownership Enterprises	
有限责任公司	Limited Responsibility Corporations	120252
其他有限责任公司	Other Limited Responsibility Company	120252
股份有限公司	Share-holding Limited Corporations	28624
私营企业	Private-owned Enterprises	416739
私营独资企业	Enterprise Exclusively with Investment from Private	2760
私营合伙企业	Private Partnership Enterprises	
私营有限责任公司	Private Limited Responsibility Corporations	413979
私营股份有限公司	Private Share-holding Limited Corporations	
其他企业	Others	19470
港、澳、台商投资企业	Enterprises Funded by HongKong，Macao and Taiwan	40794
合资经营企业(港或澳、台资)	Joint Venture Enterprises	40794
港、澳、台商独资经营企业	Solely Owned Entersprises	
港、澳、台商投资股份有限公司	Share Holding Limited Corporation	
外商投资企业	Foreign Funded Enterprises	8030
中外合资经营企业	Joint Venture	
外资企业	Enterprises Funded by Foreign Invetments	8030
2. 按零售行业小类分组	Grouped by Retail Trade	
综合零售	General Retail Sales Trade	150752
# 百货零售	Daily Goods	145079
超级市场零售	Supermarkets	5378
食品、饮料及烟草制品专门零售	Retail of Food，Beverage and Tobaccos	3320
纺织、服装及日用品专门零售	Retail of Textiles，Garments and Daily Articles	2176
# 服装零售	Garments	1184
文化、体育用品及器材专门零售	Retail of Culture , Sports Articles and Equipments	68160
# 图书零售	Books and Mangzines	8142
医药及医疗器材专门零售	Retail of Medicines and Medical Appliances	18283
# 药品零售	Medicines	17073
汽车、摩托车、燃料及零配件专门零售	Retail of Motor Vehicles，Motorcycles, Feuls and Parts	274445
# 汽车零售	Motor Vehicles	220608
机动车燃料零售	Vehicle Feuls	52724
家用电器及电子产品专门零售	Retail of Household Electronic Equipments and Products	23439
# 家用电器零售	Household Electronic Equipments	11281
计算机、软件及辅助设备零售	Computer , Software and Auxiliary Equipments	7391
通信设备零售	Communication Equipments	4767
五金、家具及室内装修材料专门零售	Retail of Hardwares , Furniture and Room Decorative Building	27548
无店铺及其他零售	No Fixed Stores and Other Retails	76997

continued

(1 000 yuan)

#存 货 Inventory	固定资产合计 Total Fixed Assets	累计折旧 Total Depreciation of Fixed Assets	#本年折旧 This Year	资产总计 Total Assets
227225	**346610**	**147858**	**29261**	**1086482**
215960	313169	137812	26987	994614
3640	946	646	470	12597
724	655	239	39	2641
22808	209833	89342	18037	345043
22808	209833	89342	18037	345043
18118	24321	15645	2013	64121
164946	76801	31349	6370	547386
340	538	956	139	5133
164606	76263	30393	6231	542254
5725	612	592	58	22825
9660	32943	8399	2174	82774
9660	32943	8399	2174	82774
1604	498	1647	100	9095
1604	498	1647	100	9095
59710	18591	5517	1089	180323
58134	17426	5271	870	173419
1346	92	36	13	5507
1716	4687	499	51	8085
575	2163	782	72	4495
263	470	627	27	1681
38384	11158	4345	1191	92053
3280	886	560	467	11360
2728	433	297	64	20144
2671	386	212	38	18887
101721	55362	39955	6506	379186
78814	27253	19134	4074	281964
22749	28107	20802	2432	96109
6210	16927	3137	751	42127
1975	118	255	54	12354
3067	16616	2727	676	24716
1168	193	155	21	5057
5901	3099	802	283	33313
10281	234189	92523	19255	326755

8-5 续表 2

单位：千元

指　　标	Item	负债合计 Total Liabilities
总　　计	**Total**	**2411966**
一、批发业	**Wholesale Trade**	**1379270**
# 国有控股	State Owned and State Controlling Share	
1. 按登记注册类型分组	Grouped by Registered Kind	
内资企业	Civil Funded Enterprises	1379056
国有企业	State-owned Enterprises	70445
集体企业	Collective-owned Enterprises	4344
股份合作企业	Share Cooperative Enterprises	
联营企业	Joint Venture Enterprises	
国有与集体联营企业	State-owned and Collective-owned Joint Enterprises	
有限责任公司	Limited Responsibility Corporations	1181501
国有独资公司	Company Exclusively with Investment from State	421314
其他有限责任公司	Other Limited Responsibility Company	760187
股份有限公司	Share-holding Limited Corporations	
私营企业	Private-owned Enterprises	122766
私营独资企业	Enterprise Exclusively with Investment from Private	25
私营合伙企业	Private Partnership Enterprises	
私营有限责任公司	Private Limited Responsibility Corporations	122741
私营股份有限公司	Private Share-holding Limited Corporations	
其他企业	Others	
港、澳、台商投资企业	Enterprises Funded by HongKong, Macao and Taiwan	214
合资经营企业(港或澳、台资)	Joint Venture	
港、澳、台商独资经营企业	Solely Owned	
港、澳、台商投资股份有限公司	Share Holding Limited Corporation	214
外商投资企业	Foreign Funded Enterprises	
中外合资经营企业	Joint Venture	
2. 按批发行业小类分组	Grouped by Economic Sector	
农畜产品批发	Wholesale of Farm and Animal Products	3821
食品、饮料及烟草制品批发	Wholesale of Food, Beverage and Tobaccos	7018
# 米、面制品及食用油批发	Rice , Flour and Edible Oil	777
烟草制品批发	Tobacoo Products Manufacturing	3911
纺织、服装及日用品批发	Wholesale of Textiles, Garments and Daily Articles	214
# 服装批发		
文化、体育用品及器材批发	Wholesale of Culture , Sports Articles and Equipments	
医药及医疗器材批发	Wholesale of Medicines and Medical Appliances	5244
矿产品、建材及化工产品批发	Wholesale of Mineral Products Buildingand Chemical Products	1357996
# 煤炭及制品批发	Coal and Related Products	932413
石油及制品批发	Petroleum and Related Products	7939
金属及金属矿批发	Metals and Metals Materials	8920
建材批发	Building Materials	402195
化肥批发	Chemical Fertilizer	
机械设备、五金交电及电子产品批发	Wholesale of Machinery, Hardwares,Transport	2917
# 汽车、摩托车及零配件批发	Motor Vehicles, Motorcycles and Parts	
家用电器批发	Electronic Household Equipments	214
计算机、软件及辅助设备批发	Computer , Software and Auxiliary Equipments	
贸易经纪与代理	Trade Broker and Agency	
其他批发	Other Wholesales	2061

continued

(1 000 yuan)

所有者权益合计 Total Creditors Equity	#实收资本 Capital Hold	#国家资本 State	#集体资本 Collective	#法人资本 Legal Person	#个人资本 Individual
236549	**294191**	**75951**	**1036**	**134417**	**75737**
182763	**149777**	**60766**	**664**	**65654**	**22693**
182763	149777	60766	664	65654	22693
109495	10470	6755		3625	90
1647	2491		491	2000	
56653	97586	53965	174	36064	7385
24859	22473	20953		1520	
31794	75113	33011	174	34544	7385
14968	39231	47		23965	15219
890	890				890
14077	38340	47		23965	14328
4234	2604	749			1855
111397	4361	50	446	2975	890
1254	1240			350	890
109158	2625			2625	
-384	225	215		10	
66098	142072	59587	219	62319	19948
28752	112904	38546	45	61249	13065
6746	5526		174		5353
1652	1550			40	1510
26707	20050	20000		30	20
109	350			350	
1308	166	166			

8-5 续表3

单位：千元

指　标	Item	负债合计 Total Liabilities
二、零售业	**Retail Trade**	**1032696**
#国有控股	State Owned and State Controlling Share	
1. 按登记注册类型分组	Grouped by Registered Kind	
内资企业	Civil Funded Enterprises	969481
国有企业	State-owned Enterprises	7301
集体企业	Collective-owned Enterprises	1382
股份合作企业	Share Cooperative Enterprises	
联营企业	Joint Ownership Enterprises	
集体联营企业	Collective Joint Ownership Enterprises	
有限责任公司	Limited Responsibility Corporations	426357
其他有限责任公司	Other Limited Responsibility Company	426357
股份有限公司	Share-holding Limited Corporations	56831
私营企业	Private-owned Enterprises	453885
私营独资企业	Enterprise Exclusively with Investment from Private	1908
私营合伙企业	Private Partnership Enterprises	
私营有限责任公司	Private Limited Responsibility Corporations	451977
私营股份有限公司	Private Share-holding Limited Corporations	
其他企业	Others	23725
港、澳、台商投资企业	Enterprises Funded by HongKong，Macao and Taiwan	59000
合资经营企业(港或澳、台资)	Joint Venture Enterprises	59000
港、澳、台商独资经营企业	Solely Owned Enterspruses	
港、澳、台商投资股份有限公司	Share Holding Limited Corporation	
外商投资企业	Foreign Funded Enterprises	4215
中外合资经营企业	Joint Venture	
外资企业	Enterprises Funded by Foreign Invetments	4215
2. 按零售行业小类分组	Grouped by Retail Trade	
综合零售	General Retail Sales Trade	172000
#百货零售	Daily Goods	168609
超级市场零售	Supermarkets	2436
食品、饮料及烟草制品专门零售	Retail of Food， Beverage and Tobaccos	4772
纺织、服装及日用品专门零售	Retail of Textiles，Garments and Daily Articles	7250
#服装零售	Garments	5208
文化、体育用品及器材专门零售	Retail of Culture , Sports Articles and Equipments	57116
#图书零售	Books and Mangzines	6270
医药及医疗器材专门零售	Retail of Medicines and Medical Appliances	15550
#药品零售	Medicines	14363
汽车、摩托车、燃料及零配件专门零售	Retail of Motor Vehicles，Motorcycles, Feuls and Parts	317956
#汽车零售	Motor Vehicles	236838
机动车燃料零售	Vehicle Feuls	80115
家用电器及电子产品专门零售	Retail of Household Electronic Equipments and Products	35053
#家用电器零售	Household Electronic Equipments	10097
计算机、软件及辅助设备零售	Computer , Software and Auxiliary Equipments	2953
通信设备零售	Communication Equipments	
五金、家具及室内装修材料专门零售	Retail of Hardwares , Furniture and Room Decorative Building	26065
无店铺及其他零售	No Fixed Stores and Other Retails	396936

continued

(1 000 yuan)

所有者权益合计 Total Creditors Equity	#实收资本 Capital Hold	#国家资本 State	#集体资本 Collective	#法人资本 Legal Person	#个人资本 Individual
53787	**144414**	**15185**	**371**	**68764**	**53044**
25133	135014	15185	371	66414	53044
5296	4668	206		4462	
1259	197		60	105	32
-81314	39373	14844	40	19579	4910
-81314	39373	14844	40	19579	4910
7290	0	0			
93501	87635	135	271	42268	44960
3225	2561			2196	364
90277	85074	135	271	40072	44596
-900	3142				3142
23774	9400			2350	
23774	9400			2350	
4880					
4880					
8324	9037			6765	2272
4810	5575			3965	1610
3072	3020			2800	220
3314	982		10	839	133
-2755	1381			1351	30
-3527	1301			1301	
34938	21363			4962	16401
5090	4462			4462	
4595	4097	42	40	716	3299
4524	3997	42	40	716	3199
61231	60236	4268	250	33088	22630
45126	51218	4062	200	27557	19400
15993	8967	206		5531	3230
7075	10669			6300	4369
2257	1050				1050
2104	2200			1200	1000
7248	7594		71	5173	2350
-70181	29055	10875		9570	1560

8-5 续表4

单位：千元

指　　标	Item	主营业务收入 Revenue in Major Business
总　　计	**Total**	**12721181**
一、批发业	**Wholesale Trade**	**11159128**
#国有控股	State Owned and State Controlling Share	
1.按登记注册类型分组	Grouped by Registered Kind	
内资企业	Civil Funded Enterprises	11156064
国有企业	State-owned Enterprises	392165
集体企业	Collective-owned Enterprises	15529
股份合作企业	Share Cooperative Enterprises	
联营企业	Joint Venture Enterprises	
国有与集体联营企业	State-owned and Collective-owned Joint Enterprises	
有限责任公司	Limited Responsibility Corporations	10549519
国有独资公司	Company Exclusively with Investment from State	4247224
其他有限责任公司	Other Limited Responsibility Company	6302294
股份有限公司	Share-holding Limited Corporations	
私营企业	Private-owned Enterprises	198851
私营独资企业	Enterprise Exclusively with Investment from Private	5435
私营合伙企业	Private Partnership Enterprises	
私营有限责任公司	Private Limited Responsibility Corporations	193416
私营股份有限公司	Private Share-holding Limited Corporations	
其他企业	Others	
港、澳、台商投资企业	Enterprises Funded by HongKong, Macao and Taiwan	3064
合资经营企业(港或澳、台资)	Joint Venture	
港、澳、台商独资经营企业	Solely Owned	
港、澳、台商投资股份有限公司	Share Holding Limited Corporation	3064
外商投资企业	Foreign Funded Enterprises	
中外合资经营企业	Joint Venture	
2.按批发行业小类分组	Grouped by Economic Sector	
农畜产品批发	Wholesale of Farm and Animal Products	14368
食品、饮料及烟草制品批发	Wholesale of Food, Beverage and Tobaccos	336933
#米、面制品及食用油批发	Rice , Flour and Edible Oil	10152
烟草制品批发	Tobacoo Products Manufacturing	321444
纺织、服装及日用品批发	Wholesale of Textiles, Garments and Daily Articles	3064
#服装批发		
文化、体育用品及器材批发	Wholesale of Culture , Sports Articles and Equipments	
医药及医疗器材批发	Wholesale of Medicines and Medical Appliances	11316
矿产品、建材及化工产品批发	Wholesale of Mineral Products Buildingand Chemical Products	10782094
#煤炭及制品批发	Coal and Related Products	6479448
石油及制品批发	Petroleum and Related Products	29338
金属及金属矿批发	Metals and Metals Materials	11877
建材批发	Building Materials	4221771
化肥批发	Chemical Fertilizer	
机械设备、五金交电及电子产品批发	Wholesale of Machinery, Hardwares,Transport	10171
#汽车、摩托车及零配件批发	Motor Vehicles, Motorcycles and Parts	10171
家用电器批发	Electronic Household Equipments	3064
计算机、软件及辅助设备批发	Computer , Software and Auxiliary Equipments	
贸易经纪与代理	Trade Broker and Agency	
其他批发	Other Wholesales	1183

continued

(1 000 yuan)

主营业务成本 Costs in Major Business	主营业务税金及附加 Taxes and Extra Charges	其他业务利润 Profits of Other Business	管理费用 Costs of Administration
12476690	**29576**	**80463**	**88717**
11004487	**21444**	**65729**	**44648**
11001531	21444	65724	44648
305746	19577	63604	19341
11857	49	80	1205
10522241	1218	1435	16891
4241861	785		5277
6280381	432	1435	11614
161686	600	604	7211
5017	163		48
156669	437	604	7163
2957		6	
2957		6	
13598	1		241
251280	19693	63684	16777
8966	184		337
238361	19479	63604	15573
2957		6	
10915	7		323
10715058	1736	2039	26788
6420981	1287	1494	20829
28338	27	34	501
10618	53	45	247
4216953	364		3813
9960	1		85
9960	1		85
2957		6	
720	7		433

8-5 续表 5

单位：千元

指　　标	Item	主营业务收入 Revenue in Major Business
二、零售业	**Retail Trade**	**1562053**
#国有控股	State Owned and State Controlling Share	
1. 按登记注册类型分组	Grouped by Registered Kind	
内资企业	Civil Funded Enterprises	1488607
国有企业	State-owned Enterprises	18200
集体企业	Collective-owned Enterprises	8606
股份合作企业	Share Cooperative Enterprises	
联营企业	Joint Ownership Enterprises	
集体联营企业	Collective Joint Ownership Enterprises	
有限责任公司	Limited Responsibility Corporations	333759
其他有限责任公司	Other Limited Responsibility Company	333759
股份有限公司	Share-holding Limited Corporations	357625
私营企业	Private-owned Enterprises	760133
私营独资企业	Enterprise Exclusively with Investment from Private	12431
私营合伙企业	Private Partnership Enterprises	
私营有限责任公司	Private Limited Responsibility Corporations	747702
私营股份有限公司	Private Share-holding Limited Corporations	
其他企业	Others	10284
港、澳、台商投资企业	Enterprises Funded by HongKong, Macao and Taiwan	53835
合资经营企业(港或澳、台资)	Joint Venture Enterprises	53835
港、澳、台商独资经营企业	Solely Owned Entersprises	
港、澳、台商投资股份有限公司	Share Holding Limited Corporation	
外商投资企业	Foreign Funded Enterprises	19611
中外合资经营企业	Joint Venture	
外资企业	Enterprises Funded by Foreign Invetments	19611
2. 按零售行业小类分组	Grouped by Retail Trade	
综合零售	General Retail Sales Trade	174345
#百货零售	Daily Goods	163279
超级市场零售	Supermarkets	8675
食品、饮料及烟草制品专门零售	Retail of Food, Beverage and Tobaccos	14577
纺织、服装及日用品专门零售	Retail of Textiles, Garments and Daily Articles	18778
#服装零售	Garments	7645
文化、体育用品及器材专门零售	Retail of Culture , Sports Articles and Equipments	73031
#图书零售	Books and Mangzines	12239
医药及医疗器材专门零售	Retail of Medicines and Medical Appliances	50381
#药品零售	Medicines	50092
汽车、摩托车、燃料及零配件专门零售	Retail of Motor Vehicles, Motorcycles, Feuls and Parts	932123
#汽车零售	Motor Vehicles	509645
机动车燃料零售	Vehicle Feuls	418030
家用电器及电子产品专门零售	Retail of Household Electronic Equipments and Products	70870
#家用电器零售	Household Electronic Equipments	38903
计算机、软件及辅助设备零售	Computer , Software and Auxiliary Equipments	6889
通信设备零售	Communication Equipments	
五金、家具及室内装修材料专门零售	Retail of Hardwares , Furniture and Room Decorative Building	95195
无店铺及其他零售	No Fixed Stores and Other Retails	132754

continued

(1 000 yuan)

主营业务成本 Costs in Major Business	主营业务税金及附加 Taxes and Extra Charges	其他业务利润 Profits of Other Business	管理费用 Costs of Administration
1472202	**8132**	**14733**	**44070**
1420129	7268	14369	39505
16169	16	68	752
7815	16	380	606
344942	2759	1811	8189
344942	2759	1811	8189
344850	269	18	3224
696995	3981	12092	26422
11201	157	1	551
685794	3824	12091	25871
9358	228		313
36241	781	365	4327
36241	781	365	4327
15833	83		237
15833	83		237
156198	1704	10433	7544
146906	1590	10433	7400
7214	31		110
12994	9	9	429
15941	151	1824	1530
6407	108	1517	1335
61538	1520	68	3040
10562		68	430
47433	52	30	899
47170	47	30	853
887405	1050	1015	19704
482500	655	609	13703
400857	386	26	5680
62173	252	990	2753
33016	123	481	1584
6213	40	128	572
90467	2604		1427
138054	790	365	6744

8-5 续表 6

单位：千元

指　　标	Item	财务费用 Costs of Finance
总　　计	**Total**	**33537**
一、批发业	**Wholesale Trade**	**15217**
#国有控股	State Owned and State Controlling Share	
1. 按登记注册类型分组	Grouped by Registered Kind	
内资企业	Civil Funded Enterprises	15217
国有企业	State-owned Enterprises	-1112
集体企业	Collective-owned Enterprises	79
股份合作企业	Share Cooperative Enterprises	
联营企业	Joint Venture Enterprises	
国有与集体联营企业	State-owned and Collective-owned Joint Enterprises	
有限责任公司	Limited Responsibility Corporations	15669
国有独资公司	Company Exclusively with Investment from State	619
其他有限责任公司	Other Limited Responsibility Company	15050
股份有限公司	Share-holding Limited Corporations	
私营企业	Private-owned Enterprises	581
私营独资企业	Enterprise Exclusively with Investment from Private	60
私营合伙企业	Private Partnership Enterprises	
私营有限责任公司	Private Limited Responsibility Corporations	522
私营股份有限公司	Private Share-holding Limited Corporations	
其他企业	Others	
港、澳、台商投资企业	Enterprises Funded by HongKong, Macao and Taiwan	
合资经营企业(港或澳、台资)	Joint Venture	
港、澳、台商独资经营企业	Solely Owned	
港、澳、台商投资股份有限公司	Share Holding Limited Corporation	
外商投资企业	Foreign Funded Enterprises	
中外合资经营企业	Joint Venture	
2. 按批发行业小类分组	Grouped by Economic Sector	
农畜产品批发	Wholesale of Farm and Animal Products	107
食品、饮料及烟草制品批发	Wholesale of Food, Beverage and Tobaccos	-1073
#米、面制品及食用油批发	Rice, Flour and Edible Oil	128
烟草制品批发	Tobacoo Products Manufacturing	-1200
纺织、服装及日用品批发	Wholesale of Textiles, Garments and Daily Articles	
#服装批发	Wholesale of Garments	
文化、体育用品及器材批发	Wholesale of Culture, Sports Articles and Equipments	
医药及医疗器材批发	Wholesale of Medicines and Medical Appliances	37
矿产品、建材及化工产品批发	Wholesale of Mineral Products Buildingand Chemical Products	16115
#煤炭及制品批发	Coal and Related Products	15494
石油及制品批发	Petroleum and Related Products	-2
金属及金属矿批发	Metals and Metals Materials	-5
建材批发	Building Materials	618
化肥批发	Chemical Fertilizer	
机械设备、五金交电及电子产品批发	Wholesale of Machinery, Hardwares,Transport	31
#汽车、摩托车及零配件批发	Motor Vehicles, Motorcycles and Parts	31
家用电器批发	Electronic Household Equipments	
计算机、软件及辅助设备批发	Computer, Software and Auxiliary Equipments	
贸易经纪与代理	Trade Broker and Agency	
其他批发	Other Wholesales	-1

continued

(1 000 yuan)

# 利息支出 Interest Expenses	营业利润 Business Profits	利润总额 Total Profits	应交所得税 Income Tax Payable	本年应付工资总额 Total Payable Wages	本年应交增值税 Value-added Tax Payable
2513	**-18756**	**-12654**	**16279**	**124558**	**29178**
1853	**23304**	**25795**	**12852**	**20249**	**19601**
1853	23191	25682	12852	20245	19579
1230	44958	45088	12623	10189	14357
2	16	16	22	516	491
598	-16523	-15978	741	6626	1508
1	662	1059	5	1300	99
597	-17185	-17037	736	5325	1409
23	-5260	-3444	-534	2914	3222
	88			9	4
23	-5348	-3444	-534	2905	3219
	113	113		5	23
	113	113		5	23
26	113	140	4	374	
1202	46636	46198	12979	8276	14029
1	425		337	52	4
1200	46181	46168	12619	7801	13788
	113	113		5	23
	-87	-59		68	5
623	-23342	-20513	-134	11204	5545
611	-24596	-22078	-152	9413	5395
4	-320	-292	4	306	83
5	37	39	11	293	27
	2331	2317	0	602	5
	-130	-86	3	167	
	-130	-86	3	167	
	113	113		5	23
1	1	1		155	

8-5 续表 7

单位：千元

指 标	Item	财务费用 Costs of Finance
二、零售业	**Retail Trade**	**18321**
# 国有控股	State Owned and State Controlling Share	
1. 按登记注册类型分组	Grouped by Registered Kind	
内资企业	Civil Funded Enterprises	17207
国有企业	State-owned Enterprises	14
集体企业	Collective-owned Enterprises	9
股份合作企业	Share Cooperative Enterprises	
联营企业	Joint Ownership Enterprises	
集体联营企业	Collective Joint Ownership Enterprises	
有限责任公司	Limited Responsibility Corporations	5752
其他有限责任公司	Other Limited Responsibility Company	5752
股份有限公司	Share-holding Limited Corporations	462
私营企业	Private-owned Enterprises	10180
私营独资企业	Enterprise Exclusively with Investment from Private	39
私营合伙企业	Private Partnership Enterprises	
私营有限责任公司	Private Limited Responsibility Corporations	10141
私营股份有限公司	Private Share-holding Limited Corporations	
其他企业	Others	792
港、澳、台商投资企业	Enterprises Funded by HongKong, Macao and Taiwan	1086
合资经营企业(港或澳、台资)	Joint Venture Enterprises	1086
港、澳、台商独资经营企业	Solely Owned Entersprises	
港、澳、台商投资股份有限公司	Share Holding Limited Corporation	
外商投资企业	Foreign Funded Enterprises	28
中外合资经营企业	Joint Venture	
外资企业	Enterprises Funded by Foreign Invetments	28
2. 按零售行业小类分组	Grouped by Retail Trade	
综合零售	General Retail Sales Trade	3603
# 百货零售	Daily Goods	3454
超级市场零售	Supermarkets	145
食品、饮料及烟草制品专门零售	Retail of Food, Beverage and Tobaccos	27
纺织、服装及日用品专门零售	Retail of Textiles, Garments and Daily Articles	70
# 服装零售	Garments	59
文化、体育用品及器材专门零售	Retail of Culture , Sports Articles and Equipments	1763
# 图书零售	Books and Mangzines	15
医药及医疗器材专门零售	Retail of Medicines and Medical Appliances	18
# 药品零售	Medicines	18
汽车、摩托车、燃料及零配件专门零售	Retail of Motor Vehicles, Motorcycles, Feuls and Parts	6464
# 汽车零售	Motor Vehicles	5491
机动车燃料零售	Vehicle Feuls	973
家用电器及电子产品专门零售	Retail of Household Electronic Equipments and Products	229
# 家用电器零售	Household Electronic Equipments	164
计算机、软件及辅助设备零售	Computer , Software and Auxiliary Equipments	27
通信设备零售	Communication Equipments	
五金、家具及室内装修材料专门零售	Retail of Hardwares , Furniture and Room Decorative Building	583
无店铺及其他零售	No Fixed Stores and Other Retails	5565

continued

(1 000 yuan)

#利息支出 Interest Expenses	营业利润 Business Profits	利润总额 Total Profits	应交所得税 Income Tax Payable	本年应付工资总额 Total Payable Wages	本年应交增值税 Value-added Tax Payable
660	**-42060**	**-38450**	**3427**	**104309**	**9577**
609	-50914	-47259	1410	90747	9097
16	75	89	33	289	154
	133	77	17	303	51
255	-33595	-29180	207	17513	3193
255	-33595	-29180	207	17513	3193
1	-11066	-13123		11940	520
336	-5457	-4032	1152	60302	5076
3	385	273	23	465	108
333	-5842	-4305	1129	59837	4968
	-1004	-1090		400	104
51	7443	7396	2017	12618	2
51	7443	7396	2017	12618	2
	1411	1414		944	478
	1411	1414		944	478
14	-1814	-1607	8	10487	802
14	-2068	-1704		9865	787
	92	47	8	383	13
	118	137	47	795	64
1	-274	-198	60	720	80
1	-660	-583		291	80
15	684	1059	476	37949	1044
15	56	70	29	169	38
12	298	248	78	1358	248
12	312	262	78	1322	248
425	-16026	-17869	534	26096	5979
417	-5126	-4857	485	12642	5010
8	-10962	-13015	48	13293	968
2	-321	-89	201	4206	1153
2	833	841	186	1201	811
	-49	48	15	277	38
4	-473	-207	6	1024	149
186	-24252	-19924	2017	21674	57

8-6 限额以上住宿和餐饮业法人企业经营情况(2014 年)

单位：千元

指 标	Item	法人企业数(个) Number of Corporative Enterprises (unit)	年末从业人员数(人) Number of Employees at Year-end (person)
总 计	**Total**	**96**	**13520**
一、住宿业	**Hotels**	**28**	**3819**
#国有控股	State Controlling Share		
1. 按登记注册类型分组	Grouped by Registered Kind		
内资企业	Civil Funded Enterprises	28	3819
国有企业	State-owned Enterprises		
集体企业	Collective-owned Enterprises		
股份合作企业	Share Cooperative Enterprises		
有限责任公司	Limited Responsibility Corporations	14	2164
国有独资公司	Company Exclusively with Investment from State		
其他有限责任公司	Other Limited Responsibility Corporations		
股份有限公司	Share-holding Limited Corporations		
私营企业	Private-owned Enterprises	14	1655
私营独资企业	Enterprise Exclusively with Investment from Private		
私营合伙企业	Private Partnership Enterprises		
私营有限责任公司	Private Limited Responsibility Corporations		
私营股份有限公司	Private Share-holding Limited Corporations		
其他企业	Others		
港、澳、台商投资企业	Enterprises Funded by HongKong,Macao and Taiwan		
合资经营企业(港或澳、台资)	Joint Venture		
合作经营企业(港或澳、台资)	Cooperative		
外商投资企业	Foreign Funded Enterprises		
中外合资经营企业	Joint Venture		
2. 按住宿行业小类分组	Grouped by Hotels		
旅游饭店	Resturants for Trip	16	3256
一般旅馆	Ordinary Hotels	9	362
其他住宿服务	Others	3	201

MANAGEMANT OF HOTEL AND CATERING CORPORATION ENTERPRISES ABOVE DESIGNATED SIZE(2014)

(1 000 yuan)

营业额 Business Volume	客房收入 Revenue of Guest Room	餐费收入 Revenue of Dining	商品销售收入 Revenue of Sales of Commodities	其他收入 Other Revenue	年末餐饮营业面积（平方米） Operating Area of Catering Services at Year-end (sq.m)
130027	**27895**	**92799**	**4416**	**4917**	**212928**
43969	**13187**	**26250**	**1414**	**3118**	**53012**
43969	13187	26250	1414	3118	53012
26355	8440	14853	1039	2025	24654
17614	4747	11397	376	1094	28358
39687	10586	25830	1097	2174	39474
2281	2069	202		11	12980
2001	533	218	317	933	558

8-6 续表

单位：千元

指　标	Item	法人企业数（个）Number of Corporative Enterprises (unit)	年末从业人员数（人）Number of Employees at Year-end (person)
二、餐饮业	**Catering**	**68**	**9701**
# 国有控股	State Owned and State Controlling Share		
1. 按登记注册类型分组	Grouped by Registered Kind		
内资企业	Civil Funded Enterprises	68	9701
国有企业	State-owned Enterprises	3	301
集体企业	Collective-owned Enterprises	1	50
股份合作企业	Share Cooperative Enterprises		
有限责任公司	Limited Responsibility Corporations	15	1873
国有独资公司	Company Exclusively with Investment from State		
其他有限责任公司	Other Limited Responsibility Company		
股份有限公司	Share-holding Limited Corporations		
私营企业	Private-owned Enterprises	47	7321
私营独资企业	Enterprise Exclusively with Investment from Private		
私营合伙企业	Private Partnership Enterprises		
私营有限责任公司	Private Limited Responsibility Corporations		
私营股份有限公司	Private Share-holding Limited Corporations		
其他企业	Others	2	156
港、澳、台商投资企业	Enterprises Funded by HongKong，Macao and Taiwan		
合资经营企业（港或澳、台资）	Joint Venture		
港、澳、台商独资经营企业	Solely Owned Entersprises		
港、澳、台商投资股份有限公司	Share Holding Limited Corporation		
外商投资企业	Foreign Funded Enterprises		
中外合资经营企业	Joint Venture		
外资企业	Enterprises Funded by Foreign Invetments		
2. 按餐饮行业小类分组	Grouped by Catering Services		
正餐服务	Dinner	68	9701
快餐服务	Fast Food		
其他餐饮服务	Others		

continued

(1 000 yuan)

营业额 Business Volume	客房收入 Revenue of Guest Room	餐费收入 Revenue of Dining	商品销售收入 Revenue of Sales of Commodities	其他收入 Other Revenue	年末餐饮营业面积（平方米）Operating Area of Catering Services at Year-end (sq.m)
86058	**14708**	**66549**	**3002**	**1799**	**159916**
86058	14708	66549	3002	1799	159916
1921	388	1288	91	153	8860
321	129	156	36		1000
17677	1402	14336	962	977	27583
64093	12790	48723	1913	668	121391
2046		2046			1082
86058	14708	66549	3002	1799	159916

8-7 限额以上住宿和餐饮业法人企业主要财务状况(2014 年)

单位：千元

指　标	Item	流动资产合计 Total Circulating Assets
总　计	**Total**	**137472**
一、住宿业	Hotels	46356
#国有控股	State Controlling Share	
1. 按登记注册类型分组	Grouped by Registered Kind	
内资企业	Civil Funded Enterprises	46356
国有企业	State-owned Enterprises	
集体企业	Collective-owned Enterprises	
股份合作企业	Share Cooperative Enterprises	
有限责任公司	Limited Responsibility Corporations	29629
国有独资公司	Company Exclusively with Investment from State	
其他有限责任公司	State-funded Corporations	29629
股份有限公司	Share-holding Limited Corporations	
私营企业	Private-owned Enterprises	16727
私营独资企业	Enterprise Exclusively with Investment from Private	63
私营合伙企业	Private Partnership Enterprises	
私营有限责任公司	Private Limited Responsibility Corporations	16664
私营股份有限公司	Private Share-holding Limited Corporations	
其他企业	Others	
港、澳、台商投资企业	Enterprises Funded by HongKong，Macao and Taiwan	
合资经营企业(港或澳、台资)	Joint Venture	
合作经营企业(港或澳、台资)	Cooperative	
外商投资企业	Foreign Funded Enterprises	
中外合资经营企业	Joint Venture	
2. 按住宿行业小类分组	Grouped by Hotels	
旅游饭店	Resturants for Trip	42805
一般旅馆	Ordinary Hotel	3072
其他住宿服务	Others	479

FINANCIAL INDICATORS OF CORPORATION ENTERPRISES IN HOTELS AND CATERING ABOVE DESIGNATED SIZE(2014)

(1 000 yuan)

# 存 货 Inventory	固定资产合计 Total Fixed Assets	累计折旧 Total Depreciation of Fixed Assets	# 本年折旧 This Year	资产总计 Total Assets
19346	**115924**	**59067**	**8722**	**320441**
4325	46237	32596	3578	110452
4325	46237	32596	3578	110452
2584	19575	20640	2540	62153
2584	19575	20640	2540	62153
1741	26662	11956	1037	48299
62	27			90
1679	26635	11956	1037	48209
3977	44784	31556	3444	104556
245	903	582	115	4862
103	550	458	19	1034

8-7 续表 1

单位：千元

指　标	Item	流动资产合　计 Total Circulating Assets
二、餐饮业	**Catering**	**91116**
#国有控股	State Controlling Share	
1. 按登记注册类型分组	Grouped by Registered Kind	
内资企业	Civil Funded Enterprises	91116
国有企业	State-owned Enterprises	581
集体企业	Collective-owned Enterprises	578
股份合作企业	Share Cooperative Enterprises	
有限责任公司	Limited Responsibility Corporations	10755
国有独资公司	Company Exclusively with Investment from State	
其他有限责任公司	Other Limited Responsibility Company	10755
股份有限公司	Share-holding Limited Corporations	
私营企业	Private-owned Enterprises	78889
私营独资企业	Enterprise Exclusively with Investment from Private	247
私营合伙企业	Private Partnership Enterprises	
私营有限责任公司	Private Limited Responsibility Corporations	78642
私营股份有限公司	Private Share-holding Limited Corporations	
其他企业	Others	313
港、澳、台商投资企业	Enterprises Funded by HongKong，Macao and Taiwan	
合资经营企业(港或澳、台资)	Joint Venture	
港、澳、台商独资经营企业	Solely Owned Entersprises	
港、澳、台商投资股份有限公司	Share Holding Limited Corporation	
外商投资企业	Foreign Funded Enterprises	
中外合资经营企业	Cooperative Enterprises	
外资企业	Enterprises Funded by Foreign Invetments	
2. 按餐饮行业小类分组	Grouped by Catering Services	
正餐服务	Dinner	91116
快餐服务	Snack	
其他餐饮服务	Others	

continued

(1 000 yuan)

# 存　货 Inventory	固定资产合计 Total Fixed Assets	累计折旧 Total Depreciation of Fixed Assets	# 本年折旧 This Year	资产总计 Total Assets
15022	**69686**	**26471**	**5144**	**209989**
15022	69686	26471	5144	209989
288	478	14	6	1174
10	76	23		655
1709	3459	3170	276	16825
1709	3459	3170	276	16825
12803	65596	23155	4842	190946
111	615	108	6	889
12692	64981	23046	4835	190057
211	78	109	21	391
15022	69686	26471	5144	209989

8-7 续表 2

单位：千元

指 标	Item	负债合计 Total Liabilities
总 计	**Total**	**297027**
一、住宿业	**Hotels**	**106553**
# 国有控股	State Controlling Share	
1. 按登记注册类型分组	Grouped by Registered Kind	
内资企业	Civil Funded Enterprises	106553
国有企业	State-owned Enterprises	
集体企业	Collective-owned Enterprises	
股份合作企业	Share Cooperative Enterprises	
有限责任公司	Limited Responsibility Corporations	65749
国有独资公司	Company Exclusively with Investment from State	
其他有限责任公司	State-funded Corporations	65749
股份有限公司	Share-holding Limited Corporations	
私营企业	Private-owned Enterprises	40805
私营独资企业	Enterprise Exclusively with Investment from Private	19
私营合伙企业	Private Partnership Enterprises	
私营有限责任公司	Private Limited Responsibility Corporations	40785
私营股份有限公司	Private Share-holding Limited Corporations	
其他企业	Others	
港、澳、台商投资企业	Enterprises Funded by HongKong，Macao and Taiwan	
合资经营企业（港或澳、台资）	Joint Venture	
合作经营企业（港或澳、台资）	Cooperative	
外商投资企业	Foreign Funded Enterprises	
中外合资经营企业	Joint Venture	
2. 按住宿行业小类分组	Grouped by Hotels	
旅游饭店	Resturants for Trip	102334
一般旅馆	Ordinary Hotel	3558
其他餐饮服务	Others	661

continued

(1 000 yuan)

所有者权益合计 Total Creditors Equity	#实收资本 Capital Hold	#国家资本 State	#集体资本 Collective	#法人资本 Legal Person	#个人资本 Individual
23414	**105159**	**718**	**790**	**53917**	**49735**
3898	**26435**	**500**	**20**	**6435**	**19480**
3898	26435	500	20	6435	19480
–3596	16520	500	20	2710	13290
–3596	16520	500	20	2710	13290
7494	9915			3725	6190
71	65			65	
7423	9850			3660	6190
2222	23727		20	6000	17707
1304	2348	500		135	1713
373	360			300	60

8-7 续表 3

单位：千元

指　标	Item	负债合计 Total Liabilities
二、餐饮业	**Catering**	**190474**
#国有控股	State Controlling Share	
1. 按登记注册类型分组	Grouped by Registered Kind	
内资企业	Civil Funded Enterprises	190474
国有企业	State-owned Enterprises	454
集体企业	Collective-owned Enterprises	107
股份合作企业	Share Cooperative Enterprises	
有限责任公司	Limited Responsibility Corporations	16019
国有独资公司	Company Exclusively with Investment from State	
其他有限责任公司	Other Limited Responsibility Company	16019
股份有限公司	Share-holding Limited Corporations	
私营企业	Private-owned Enterprises	173658
私营独资企业	Enterprise Exclusively with Investment from Private	652
私营合伙企业	Private Partnership Enterprises	
私营有限责任公司	Private Limited Responsibility Corporations	173006
私营股份有限公司	Private Share-holding Limited Corporations	
其他企业	Others	235
港、澳、台商投资企业	Enterprises Funded by HongKong，Macao and Taiwan	
合资经营企业(港或澳、台资)	Joint Venture	
港、澳、台商独资经营企业	Solely Owned Entersprises	
港、澳、台商投资股份有限公司	Share Holding Limited Corporation	
外商投资企业	Foreign Funded Enterprises	
中外合资经营企业	Cooperative Enterprises	
外资企业	Enterprises Funded by Foreign Invetments	
2. 按餐饮行业小类分组	Grouped by Catering Services	
正餐服务	Dinner	190474
快餐服务	Snack	
其他餐饮服务	Others	

continued

(1 000 yuan)

所有者权益合计 Total Creditors Equity	#实收资本 Capital Hold	#国家资本 State	#集体资本 Collective	#法人资本 Legal Person	#个人资本 Individual
19515	**78724**	**218**	**770**	**47482**	**30255**
19515	78724	218	770	47482	30255
720	248	218		30	
547	600		600		
806	5297		170	2061	3066
806	5297		170	2061	3066
17288	72475			45391	27084
237	153			1	152
17051	72323			45390	26932
155	104				104
19515	78724	218	770	47482	30255

8-7 续表 4

单位：千元

指 标	Item	主营业务收入 Revenue in Major Business
总 计	**Total**	**129972**
一、住宿业	**Hotels**	**43320**
# 国有控股	State Controlling Share	
1. 按登记注册类型分组	Grouped by Registered Kind	
内资企业	Civil Funded Enterprises	43320
国有企业	State-owned Enterprises	
集体企业	Collective-owned Enterprises	
股份合作企业	Share Cooperative Enterprises	
有限责任公司	Limited Responsibility Corporations	25323
国有独资公司	Company Exclusively with Investment from State	
其他有限责任公司	State-funded Corporations	25323
股份有限公司	Share-holding Limited Corporations	
私营企业	Private-owned Enterprises	17997
私营独资企业	Enterprise Exclusively with Investment from Private	242
私营合伙企业	Private Partnership Enterprises	
私营有限责任公司	Private Limited Responsibility Corporations	17755
私营股份有限公司	Private Share-holding Limited Corporations	
其他企业	Others	
港、澳、台商投资企业	Enterprises Funded by HongKong，Macao and Taiwan	
合资经营企业（港或澳、台资）	Joint Venture	
合作经营企业（港或澳、台资）	Cooperative	
外商投资企业	Foreign Funded Enterprises	
中外合资经营企业	Joint Venture	
2. 按住宿行业小类分组	Grouped by Hotels	
旅游饭店	Resturants for Trip	39082
一般旅馆	Ordinary Hotel	2237
其他住宿服务	Others	2001

continued

(1 000 yuan)

主营业务成本 Costs in Major Business	主营业务税金及附加 Taxes and Extra Charges in Major Business	其他业务利润 Profits of Other Business	管理费用 Costs of Administration
59795	**6922**	**7055**	**31557**
14817	**2421**	**300**	**13966**
14817	2421	300	13966
8288	1442	300	6703
8288	1442	300	6703
6530	979		7263
36	2		96
6494	977		7167
13814	2186	173	12660
695	122	127	880
308	113		426

8-7 续表 5

单位：千元

指　标	Item	主营业务收入 Revenue in Major Business
二、餐饮业	**Catering**	**86653**
# 国有控股	State Controlling Share	
1. 按登记注册类型分组	Grouped by Registered Kind	
内资企业	Civil Funded Enterprises	86653
国有企业	State-owned Enterprises	1921
集体企业	Collective-owned Enterprises	321
股份合作企业	Share Cooperative Enterprises	
有限责任公司	Limited Responsibility Corporations	17548
国有独资公司	Company Exclusively with Investment from State	
其他有限责任公司	Other Limited Responsibility Company	17548
股份有限公司	Share-holding Limited Corporations	
私营企业	Private-owned Enterprises	64817
私营独资企业	Enterprise Exclusively with Investment from Private	982
私营合伙企业	Private Partnership Enterprises	
私营有限责任公司	Private Limited Responsibility Corporations	63834
私营股份有限公司	Private Share-holding Limited Corporations	
其他企业	Others	2046
港、澳、台商投资企业	Enterprises Funded by HongKong，Macao and Taiwan	
合资经营企业（港或澳、台资）	Joint Venture	
港、澳、台商独资经营企业	Solely Owned Enterprises	
港、澳、台商投资股份有限公司	Share Holding Limited Corporation	
外商投资企业	Foreign Funded Enterprises	
中外合资经营企业	Cooperative Enterprises	
外资企业	Enterprises Funded by Foreign Invetments	
2. 按餐饮行业小类分组	Grouped by Catering Services	
正餐服务	Dinner	86653
快餐服务	Snack	
其他餐饮服务	Others	

continued

(1 000 yuan)

主营业务成本 Costs in Major Business	主营业务税金及附加 Taxes and Extra Charges in Major Business	其他业务利润 Profits of Other Business	管理费用 Costs of Administration
44978	**4501**	**6755**	**17592**
44978	4501	6755	17592
1419	87		340
147	8		29
10261	999	578	3235
10261	999	578	3235
32054	3303	6178	13980
565	65		80
31489	3238	6178	13900
1098	105		9
44978	4501	6755	17592

8-7 续表6

单位：千元

指 标	Item	财务费用 Costs of Finance
总 计	**Total**	**8511**
一、住宿业	**Hotels**	**3587**
# 国有控股	State Controlling Share	
1. 按登记注册类型分组	Grouped by Registered Kind	
内资企业	Civil Funded Enterprises	3587
国有企业	State-owned Enterprises	
集体企业	Collective-owned Enterprises	
股份合作企业	Share Cooperative Enterprises	
有限责任公司	Limited Responsibility Corporations	2492
国有独资公司	Company Exclusively with Investment from State	
其他有限责任公司	State-funded Corporations	2492
股份有限公司	Share-holding Limited Corporations	
私营企业	Private-owned Enterprises	1095
私营独资企业	Enterprise Exclusively with Investment from Private	
私营合伙企业	Private Partnership Enterprises	
私营有限责任公司	Private Limited Responsibility Corporations	1095
私营股份有限公司	Private Share-holding Limited Corporations	
其他企业	Others	
港、澳、台商投资企业	Enterprises Funded by HongKong，Macao and Taiwan	
合资经营企业（港或澳、台资）	Joint Venture	
合作经营企业（港或澳、台资）	Cooperative	
外商投资企业	Foreign Funded Enterprises	
中外合资经营企业	Joint Venture	
2. 按住宿行业小类分组	Grouped by Hotels	
旅游饭店	Resturants for Trip	3573
一般旅馆	Ordinary Hotel	8
其他住宿服务	Others	7

continued

(1 000 yuan)

#利息支出 Interest Expense	营业利润 Business Profits	利润总额 Total Profits	应交所得税 Income Tax Payable	本年应付工资总额 Total Payable Wages
6587	**-27864**	**-26636**	**158**	**31135**
3087	**-8742**	**-8382**	**5**	**10436**
3087	-8742	-8382	5	10436
2365	-5130	-5053	5	6138
2365	-5130	-5053	5	6138
722	-3612	-3329		4298
				47
722	-3612	-3329		4251
3086	-8006	-7916	3	8791
1	-525	-254		950
	-211	-213	1	695

8-7 续表7

单位：千元

指　标	Item	财务费用 Costs of Finance
二、餐饮业	**Catering**	**4924**
# 国有控股	State Controlling Share	
1. 按登记注册类型分组	Grouped by Registered Kind	
内资企业	Civil Funded Enterprises	4924
国有企业	State-owned Enterprises	1
集体企业	Collective-owned Enterprises	
股份合作企业	Share Cooperative Enterprises	
有限责任公司	Limited Responsibility Corporations	119
国有独资公司	Company Exclusively with Investment from State	
其他有限责任公司	Other Limited Responsibility Company	119
股份有限公司	Share-holding Limited Corporations	
私营企业	Private-owned Enterprises	4803
私营独资企业	Enterprise Exclusively with Investment from Private	7
私营合伙企业	Private Partnership Enterprises	
私营有限责任公司	Private Limited Responsibility Corporations	4797
私营股份有限公司	Private Share-holding Limited Corporations	
其他企业	Others	1
港、澳、台商投资企业	Enterprises Funded by HongKong，Macao and Taiwan	
合资经营企业(港或澳、台资)	Joint Venture	
港、澳、台商独资经营企业	Solely Owned Entersprises	
港、澳、台商投资股份有限公司	Share Holding Limited Corporation	
外商投资企业	Foreign Funded Enterprises	
中外合资经营企业	Cooperative Enterprises	
外资企业	Enterprises Funded by Foreign Invetments	
2. 按餐饮行业小类分组	Grouped by Catering Services	
正餐服务	Dinner	4924
快餐服务	Snack	
其他餐饮服务	Others	

continued

(1 000 yuan)

# 利息支出 Interest Expense	营业利润 Business Profits	利润总额 Total Profits	应交所得税 Income Tax Payable	本年应付工资总额 Total Payable Wages
3499	**–19122**	**–18254**	**153**	**20699**
3499	–19122	–18254	153	20699
	–208	–48		499
	–52	–52		36
–1	–2203	–2135	25	3985
–1	–2203	–2135	25	3985
3499	–16634	–15994	127	15802
6	–22	–22	28	133
3493	–16612	–15972	99	15669
1	–25	–25		378
3499	–19122	–18254	153	20699

8-8 限额以上批发零售业商品销售类值(2014 年)

SALES VALUE OF ENTERPRISES ABOVE DESIGNATED SIZE IN WHOLESALE AND RETAIL TRADE BY CATEGORY OF COMMODITIES(2014)

单位：千元 (1000 yuan)

指　　标	Item	销售额 Total	批发额 Wholesales	零售额 Retail Sales
总　　计	**Total**	**13481000**	**11892204**	**1589566**
一、批发业	**Wholesale Trade**	**11824416**	**11780695**	**43721**
1. 粮油、食品、饮料、烟酒类	Food, Beveragers, Tobacoo and Liquor	393227	391439	1788
#粮油、食品类	Food and Oil	11802	10053	1749
饮料类	Beverages	1412	1373	39
烟酒类	Tobacco and Liquor	376089	376089	
2. 服装、鞋帽、针纺织品类	Clothing, Shoes and Hats, Textiles	3064	3064	
#服装类	Garments			
鞋帽类	Shoes and Hats			
针纺织品	Textiles			
3. 化妆品类	Cosmetics			
4. 金银珠宝类	Gold Silver and Jewels			
5. 日用品类	Daily Use Goods			
#洗涤用品类	Detergent			
儿童玩具类	Toy			
6. 五金、电料类	Hardware and Electrical Appliances			
7. 体育、娱乐用品类	Sports and Recreation Articles			
8. 书报杂志类	Books Newspapers and Magazines			
9. 电子出版物及音像制品类	Electronic Publications and Audiovisual Products			
10. 家用电器和音像器材类	Household Electrical and Sound Acoustic Appliances	3064	3064	
11. 中西药品类	Chinese and Western Medicine	11316	11316	
#西　药	Western Medicine	4643	4643	
中草药及中成药类	Chinese Medicine	6673	6673	
12. 文化办公用品类	Culture and Office Articles			
13. 家具类	Furnitures			
14. 通讯器材类	Communication Equipments			
15. 煤炭及制品类	Coal and Related Products	5213360	5177350	36011
16. 木材及制品类	Timber and Related Products			
17. 石油及制品类	Petroleum and Related Products	28695	26251	2444
18. 化工材料及制品类	Chemical Materials			
#化肥类	Chemical Fertilizer			
19. 金属材料类	Metal Materials	11703	11455	249
20. 建筑及装潢材料类	Building and Decoration Materials	6100826	6100826	
21. 机电产品及设备类	Mechanical and Electrical Products and Equipments			
#农机类	Farm Machineries			
22. 汽车类	Motor Vehicles	9891	9226	666
23. 种子饲料类	Seeds and Forages			
24. 棉麻类	Cotton Ambery Local and Animal Products			
25. 其他类	Others	1183	1183	

8-8 续表 continued

单位：千元 (1 000 yuan)

指标	Item	销售额 Total	批发额 Wholesales	零售额 Retail Sales
二、零售业	**Retail Trade**	**1657354**	**111509**	**1545845**
1. 粮油、食品、饮料、烟酒类	Food, Beveragers, Tobacoo and Liquor	14743	900	13843
#粮油、食品类	Food and Oil	4683	50	4633
饮料类	Beverages			
烟酒类	Tobacco and Liquor	3394		3394
2. 服装、鞋帽、针纺织品类	Clothing, Shoes and Hats, Textiles	24251		24251
#服装类	Garments	13307		13307
鞋帽类	Shoes and Hats	4376		4376
针纺织品	Textiles	6568		6568
3. 化妆品类	Cosmetics			
4. 金银珠宝类	Gold Silver and Jewels	64462		64462
5. 日用品类	Daily Use Goods			
#洗涤用品类	Detergent			
儿童玩具类	Toy			
6. 五金、电料类	Hardware and Electrical Appliances	95130	7503	87627
7. 体育、娱乐用品类	Sports and Recreation Articles			
8. 书报杂志类	Books Newspapers and Magazines	13791		13791
9. 电子出版物及音像制品类	Electronic Publications and Audiovisual Products			
10. 家用电器和音像器材类	Household Electrical and Sound Acoustic Appliances			
11. 中西药品类	Chinese and Western Medicine	55245	1125	54120
#西　药	Western Medicine			
中草药及中成药类	Chinese Medicine			
12. 文化办公用品类	Culture and Office Articles			
13. 家具类	Furnitures	75146		75146
14. 通讯器材类	Communication Equipments			
15. 煤炭及制品类	Coal and Related Products			
16. 木材及制品类	Timber and Related Products			
17. 石油及制品类	Petroleum and Related Products			
18. 化工材料及制品类	Chemical Materials			
#化肥类	Chemical Fertilizer			
19. 金属材料类	Metal Materials			
20. 建筑及装潢材料类	Building and Decoration Materials			
21. 机电产品及设备类	Mechanical and Electrical Products and Equipments			
#农机类	Farm Machineries			
22. 汽车类	Motor Vehicles	533795	12376	521419
23. 种子饲料类	Seeds and Forages			
24. 棉麻类	Cotton Ambery Local and Animal Products			
25. 其他类	Others	5692	5692	

8-9 限额以上批发零售贸易、餐饮业基本情况 (2014 年)

BASIC STATE OF ENTERPRISES ABOVE DESIGNATED SIZE IN WHOLESALE, RETAIL SALE AND CATERING TRADES (2014)

项目	Item	法人企业(个) Number of Corporative Enterprises (unit)	从业人数(人) Number of Employees (person)
总计	**Total**	**315**	**22826**
一、批发业	**Wholesale Trades**	**64**	**5007**
#国有及国有控股	State-owned or Controlling Share Holding		
#内资企业	Domestic-funded Enterprises	63	4996
#国有企业	State-owned Enterprises	12	2206
集体企业	Collective-owned Enterprises	3	202
股份合作企业	Cooperative Enterprises		
联营企业	Joint Ownership Enterprises		
有限责任公司	Limited liability Corporations	21	1544
股份有限公司	Share-holding Corporations Ltd		
私营企业	Private-owned Enterprises	27	1044
二、零售业	**Retail Sale Trades**	155	14299
#国有及国有控股	State-owned or Controlling Share Holding		
#内资企业	Domestic-funded Enterprises	153	13263
#国有企业	State-owned Enterprises	3	224
集体企业	Collective-owned Enterprises	4	102
股份合作企业	Cooperative Enterprises		
有限责任公司	Limited liability Corporations	34	3768
股份有限公司	Share-holding Corporations Ltd	2	1040
私营企业	Private-owned Enterprises	108	8000
其他企业	Others	2	129
三、住宿业	**Lodging**	**28**	**3819**
#国有及国有控股	State-owned or Controlling Share Holding		
#内资企业	Domestic-funded Enterprises	28	3819
#国有企业	State-owned Enterprises		
集体企业	Collective-owned Enterprises		
股份合作企业	Cooperative Enterprises		
联营企业	Cooperative Enterprises		
有限责任公司	Limited liability Corporations	14	2164
股份有限公司	Share-holding Corporations Ltd		
私营企业	Private-owned Enterprises	14	1655
其他企业	Others		
四、餐饮业	**Catering Trades**	**68**	**9701**
#国有及国有控股	State-owned or Controlling Share Holding		
#内资企业	Domestic-funded Enterprises	68	9701
#国有企业	State-owned Enterprises	3	301
集体企业	Collective-owned Enterprises	1	50
股份合作企业	Cooperative Enterprises		
有限责任公司	Limited liability Corporations	15	1873
股份有限公司	Share-holding Corporations Ltd		
私营企业	Private-owned Enterprises	47	7321

8-10 海关进出口贸易总额
TOTAL VALUE OF IMPORTS AND EXPORTS OF CUSTOMS

单位：万美元 (USD10000)

年份 Year	进出口总额 Total	出口总额 Exports	进口总额 Imports
1994	334	288	45
1995	1525	1511	14
1996	2801	2800	1
1997	1493	1493	
1998	2339	1320	919
1999	2659	1579	1080
2000	2931	2803	123
2001	3913	2672	1241
2002	4948	2518	2430
2003	7573	5122	2451
2004	13569	8048	5521
2005	14716	9243	5472
2006	14628	12490	2138
2007	26849	18174	8675
2008	23681	19593	4088
2009	19500	11400	8100
2010	56767	12493	44274
2011	43123	9791	33332
2012	50395	23400	26995
2013	47815	21493	26322
2014	48172	30235	17937

8-11 旅游事业发展情况
DEVELOPMENT OF TOURISM

年 份 Year	国内旅游接待人数（万人次）Domestic Tourists (ten thousand persons-times)	国际旅游人数总计（万人次）Number of International Tourists (ten thousand persons-times)	外国人（人次）Foreigners (person-times)	港澳和台湾同胞（人次）Compatriots from Hongkong，acao and Taiwan (person-times)	#台湾同胞（人次）#Taiwan (person-times)	国内旅游接待收入（亿元）Revenue from Domestic Tourists (100 million yuan)	旅游外汇收入（万美元）Foreign Exchange Earnings (USD1000)
1980		1.12	7053	4024		0.008	37
1981		0.82	4828	3276		0.008	47
1982		1.34	10692	2660		0.009	45
1983		1.45	12089	2372		0.01	58
1984		1.32	10934	2235		0.01	50
1985		1.28	11574	1132		0.02	42
1986	40	1.82	15645	2349		0.05	67
1987	42	2.17	18328	3223		0.08	111
1988	50	1.87	16285	2282		0.47	92
1989	15	0.89	7598	1282		0.16	49
1990	27	1.49	10018	4726		0.16	85
1995	59	2.83	23318	4966		0.32	609
1996	69	3.14	17285	3414		0.50	775
1997	60	3.50	32032	2937		1.51	848
1998	69	3.59	32257	3047		0.99	716
1999	223.40	3.76	35683	1648		9.25	1051
2000	241	4.33	40115	3070	1726	10.39	1200
2001	292	5.61	51441	4679	3157	11.77	1662
2002	350	6.73	53030	14304	5979	14.28	1884
2003	280.90	2.96	25578	4059	1586	10.69	894
2004	596.64					19.16	
2005	716.42	8.01	59617	20492	7562	31.36	2297
2006	812.10	9.94	73958	25424	8973	44.96	3295
2007	920.72	12.66	97589	28983	13436	60.03	4187
2008	1013.79	16.00	121953	38056	16430	75.04	5520
2009	1161.90	17.01	134962	35146	13651	93.55	5431
2010	1369.77	24.18	202300	39500	18000	113.24	7310
2011	1592.68	23.49	189900	45000	22100	130.90	8651
2012	1890.29	27.75	228000	49500		156.20	10224
2013	2324.56	31.27	257801	54928	28456	192.90	11748
2014	2752.90	6.18	50572	11250	5670	236.50	3520

主要统计指标解释

批发零售贸易业 指专门从事批发和零售贸易活动的经济部门。我国长期以来把专门从事商品流通的机构分为国内商业、对外贸易业和物资供销业。新的国家统计报表制度根据《国民经济行业分类与代码》(国标修订方案)，将专门从事商品流通的行业统称为批发零售贸易业。

批发零售贸易业法人企业 指具备如下条件的批发零售贸易企业：(1)依法成立，有自己的名称、组织机构和场所，能够承担民事责任；(2)独立拥有和使用资产，承担负债，有权与其他单位签订合同；(3)独立核算盈亏，并能够编制包括资产负债表在内的全部会计帐户。

限额以上批发企业 年主营业务收入2000万元及以上为限额以上批发企业。

限额以上零售企业 年主营业务收入500万元及以上为限额以上零售企业。

社会消费品零售总额 指批发和零售业、住宿和餐饮业以及其他行业直接售给城乡居民和社会集团的消费品零售额。其中，对居民的消费品零售额，是指售给城乡居民用于生活消费的商品金额；对社会集团的消费品零售额，是指售给机关、社会团体、部队、学校、企事业单位、居委会或村委会等，公款购买的用作非生产、非经营使用与公共消费的商品金额。社会消费品零售总额包括：售给城乡居民作为生活消费用的商品金额和修建房屋用的建筑材料，以及售给来华的外国人、华侨、港澳台同胞的消费品金额。不包括城市居民间或居民委托信托商店卖出的商品和售给农业、工业、建筑业等行业用于生产的商品。

批发和零售业零售额 指专门从事商品专卖业务的、各种经济类型的批发和零售业企业、产业活动单位和个体户，直接售给居民和社会集团的消费品零售额。

住宿和餐饮业零售额 指专门从事提供食宿服务、进行食品烹饪调制的住宿和餐饮业企业、产业活动单位和个体户，直接向居民和社会集团出售主食、菜肴、烟酒饮料和其他商品取得的餐费收入和商品销售额，包括各行业企业或单位附设的对外营业的旅馆、火车餐车、轮船餐厅、机场餐厅的零售额，不包括机关、团体、学校、企事业单位不对外营业的职工食堂所出售的餐费收入。

其他行业零售额 指批发和零售业、住宿和餐饮业法人企业、产业活动单位、个体户以外的其他行业的法人企业、产业活动单位或个体户，从事生活消费用品零售活动或者提供食宿服务所取得的商品销售额和餐费收入。

门店总数 指该连锁企业所拥有的全部连锁门店数量，包括总店(如果总公司有门店的话)和全部直营分店、加盟分店数。其中，总店作为一个直营店处理。此外，有的地区分出控股店，控股店按直营店统计。直营店和加盟店之和应小于等于门店总数。

连锁企业(或称连锁店、连锁公司) 指在核心企业或总店的领导下，由分散的、经营同类商品或服务的企业或活动单位，采取共同方针，实行集中采购和分散销售的有机结合，通过规范化经营，实现规模效益的经济联合组织形式。一般连锁店应由若干个分店组成。其经营特征：(1)经营同类商品；(2)使用统一商号；(3)统一采购配送，采购与销售相分离(部分商品可根据物流合理和保质保鲜原则由供应商直接送货到门店，其余均由总部统一配送)。连锁店总店(总部)指连锁店的核心企业或管理中心。连锁店分店指连锁店所属各分散经营的企业或活动单位，也可称分店或成员店。

连锁店包括下列三种形式：

直营连锁 指连锁店铺由连锁公司全资或控股开设，在总部的直接控制下，开展统一经营的连锁经营形式。

特许连锁 指拥有注册商标、企业标志、专利、专有技术等经营资源的企业(特许人)，以合同形式将其拥有的经营资源许可其他经营者(被特许人)使用，被特许人按合同约定在统一的经营模式下开展经营，并向特许人支付特许经营费用的连锁经营形式。

自愿连锁 指若干个店铺或企业自愿组合起来，在不改变各自资产所有权关系的情况下，以同一个品牌形象面对消费者，以共同进货为纽带开展的连锁经营形式。

亿元以上商品交易市场 指经有关部门和组织批准设立，有固定场所、设施，有经营管理部门年成交额在亿元及以上的商品交易市场和监管人员，常年或实际开业三个月以上。

限额以上住宿企业 年主营业务收入200万元及以上为限额以上住宿企业。

限额以上餐饮企业 年主营业务收入200万元及以上为限额以上餐饮企业。

住宿和餐饮业零售额 指专门从事提供食宿服务、进行食品烹饪调制的住宿和餐饮业企业、产业活动单位和个体户，直接向居民和社会集团出售主食、菜肴、烟酒饮料和其他商品取得的餐费收入和商品销售额，包括各行业企业或单位附设的对外营业的旅馆、火车餐车、轮船餐厅、机场餐厅的零售额，不包括机关、团体、学校、企事业单位不对外营业的职工食堂所出售的餐费收入。

门店总数 指该连锁企业所拥有的全部连锁门店数量，包括总店和全部直营分店、加盟分店数。其中，总店作为一个直营店处理。此外，有的地区分出控股店，控股店按直营店统计。直营店和加盟店之和应小于等于门店总数。

连锁企业（或称连锁店、连锁公司） 指在核心企业或总店的领导下，由分散的、经营同类商品或服务的企业或活动单位，采取共同方针，实行集中采购和分散销售的有机结合，通过规范化经营，实现规模效益的经济联合组织形式。一般连锁店应由若干个分店组成。其经营特征：(1)经营同类商品；(2)使用统一商号；(3)统一采购配送，采购与销售相分离（部分商品可根据物流合理和保质保鲜原则由供应商直接送货到门店，其余均由总部统一配送）。连锁店总店（总部）指连锁店的核心企业或管理中心。连锁店分店指连锁店所属各分散经营的企业或活动单位，也可称分店或成员店。

连锁店包括下列三种形式：

直营连锁 指连锁店铺由连锁公司全资或控股开设，在总部的直接控制下，开展统一经营的连锁经营形式。

特许连锁 指拥有注册商标、企业标志、专利、专有技术等经营资源的企业（特许人），以合同形式将其拥有的经营资源许可其他经营者（被特许人）使用，被特许人按合同约定在统一的经营模式下开展经营，并向特许人支付特许经营费用的连锁经营形式。

自愿连锁 指若干个店铺或企业自愿组合起来，在不改变各自资产所有权关系的情况下，以同一个品牌形象面对消费者，以共同进货为纽带开展的连锁经营形式。

国际旅游（外汇）收入 入境旅游者在中国（大陆）境内旅行、游览过程中用于交通、参观游览、住宿餐饮、购物、娱乐等全部花费。

海外旅游者 指来华入境的海外游客中，在我国旅游住宿设施内至少停留一夜的外国人、港澳台同胞。海外旅游者不包括下列人员：(1)应邀来华访问的政府部长以上官员及其随行人员；(2)外国驻华使馆官员，外交人员以及随行的家庭服务人员和赡养者；(3)常驻我国一年以上的外国专家、留学生、记者、商务机构人员等；(4)乘座国际航班过境不需要通过护照检查进入我国口岸的中转旅客；(5)边境地区往来的居民；(6)回大陆定居的港澳台同胞；(7)正在我国定居的外国人和原已出境要返回在我国定居的外国侨民；(8)归国的我国出国人员。

国内旅游者人数 指我国大陆居民和在我国常驻一年以上的外国人、华侨、港澳台同胞离开常驻地在境内其它地方的旅游设施内至少停留一夜，最长不超过12个月的人数。

进出口总额 指实际进出我国国境的货物总金额。包括对外贸易实际进出口货物，来料加工装配进出口货物，国家间、联合国及国际组织无偿援助物资和赠送品，华侨、港澳台同胞和外籍华人捐赠品，租赁期满归承租人所有的租凭货物，进料加工进出口货物，边境地方贸易及边境地区小额贸易进出口货物（边民互市贸易除外），中外合资经营企业，中外合作经营企业，外商独资经营企业进出口货物和公用物品，到、离岸价格在规定限额以上的进出口货样和广告品（无商业价值、无使用价值和免费提供出口的除外），从保税仓库提取在中国境内销售的进出口货物，以及其他进出口货物。进出口总额用以观察一个国家在对外贸易方面的总规模。我国规定出口货物按离岸价格统计，进口货物按到岸价格统计。

实际利用外资 指我国各级政府、部门、企业和其他经济组织通过对外借款、吸收外商直接投资以及用其他方式筹措的境外现汇、设备、技术等。

对外借款 是我国利用外资的主要部分。包括我国通过外国政府贷款、国际金融组织贷款、外国银行商业贷款、出口信贷以及对外发行债券、股票等方式，从境外筹措的资金。

外商直接投资 是指外国企业和经济组织或个人（包括华侨、港澳台同胞以及我国在境外注册的企业）按我国有关政策、法规，用现汇、实物、技术等在我国境内开办外商独资企业，与我国境内的企业或经济组织共同举办中外合资经营企业、合作经营业或合作开发资源的投资（包括外商投资收益的再投资）以及经政府有关部门批准的项目投资总额内企业从境外借入的资金。

对外承包工程　包括各对外承包公司以招标议标承包方式承揽下列业务：(1) 承包国外工程建设项目；(2) 承包我国对外经项目；(3) 承包我国驻外机构的工程建设项目；(4) 承包我国境内利用外资进行建设的工程项目；(5) 与外国承包公司合营或联合包工程项目时我国公司分包部分；(6) 以服务成果向业主收费的技术服务项目 (包括承揽地形地貌测绘；地质资源勘探与普查；建区域规划；提供设计文件、图纸、生产工艺技术资料和工程技术经济咨询；工程项目的可行性考察、研究和评估；进行技术指导和训人员等)；(7) 对外承包兼劳营的房屋开发业务。对外承包工程的营业额是以货币表现的本期内完成的对外承包工程的工作量，包括以前年度签订的合同和本年度新签订的合同在报告期完成的工作量。

对外劳务合作　指以收取工资的形式向业主或承包商提供技术或劳务的活动。我国对外承包公司在境外开办的合营企业，中国公司同时又提供劳务的，其劳务部分也纳入劳务合作统计。劳务合作营业额按报告期内向雇主提交的结算数 (包括工资、加班费和资金等) 统计。

Explanatory Notes on Main Statistical Indicators

Wholesale and Retail Trade refers to the economic sectors specially engaged in wholesale and retail trade. For a long time, we used to classify the institutions engaged in commodity circulating into three categories as domestic trade, foreign trade and goods supply &marketing. According to the "Industrial Classification and Codes for National Economical Activities" (International Revised Edition), economic sectors specially engaged in commodity circulating are generally called "Wholesale and Retail Trade Industry" in the New Statistical Report System of China.

Wholesale and Retail Corporation Enterprises refer to the wholesale and retail trade enterprises satisfy the conditions as follow: (1) They are established legally, having their own names, organizations, location, able to take civil liability; (2) They possess and use their assets independently, assume liabilities, and are entitled to sign contracts with other units; (3) They are financially independent and compile their own balance sheets.

Wholesale Enterprise Above Designated Size refers to wholesale enterprises whose annual revenue of major business amounts to 20 million yuan and over.

Retail Trade Enterprise Above Designated Size refers to retail enterprises whose annual revenue of major business amounts to 5 million yuan and over.

Total Retail Sales of Consumer Goods refer to the sum of retail sales of consumer goods by accommodation and catering industry and other industries directly to urban and rural residents and social groups. Among them, the retail sales of consumer goods to the residents, refers to the amount of consumer goods which is sold to the life of urban and rural residents. The retail sales of consumer goods to social consumer goods group, refers to the amount of goods which is sold to institutions, social organizations, military units, schools, enterprises and institutions, Habitat Authority or the village committee, the public funds used to purchase non–production and non–commercial use and public consumption. Total Retail Sales of Consumer Goods including: the amount of goods sold to urban and rural residents as living consumption and building materials used in housing construction, and the amount of consumer goods sold to China and the foreigners, overseas Chinese, compatriots of Hong Kong, Macao. Total Retail Sales of Consumer Goods exclude urban dwellers or residents commissioned by the Trust shops sell goods and sold to agriculture, industry, construction and other industries for the production of goods.

Total Retail Sales of Wholesale and Retail Trade refer to the sales of consumption goods to residents and social groups by all kinds of independent accounting corporative enterprises, economic units and individuals specially engaged in commodities wholesale and retail trade.

Retail Sales of Hotels and Catering Services refer to the retail sales of providing accommodation, food services, food cooking modulation of the accommodation and catering industry enterprises, industrial units and self–employed activities directly to residents and community groups to sell staple foods, food, beverages and tobacco and other goods. It includes retail sales of restaurants, train dining rooms, train dining rooms, train and bus station dining rooms and airport dining rooms attached all kinds of enterprises, opening to outside. It excludes revenue of hotels to sale food only for guests, nor dining rooms attached all kinds of unit, un–opening to outside.

Retail Sales of Other Sectors refer to the sales value of consumption commodities to residents and social groups by sectors other than wholesale and retail trade, catering trade, manufacturing industries and agricultural producers.

The Number of Stores refers to the total number of enterprises owned by the full number of chain stores, including the headquarters (if a company store it) and all Direct stores, joining a few stores. The headquarters dealing with as a Guide. In addition, the separation of holding some regional stores, shops by holding Guide statistics. Guide and stores and should be less than or equal to the total number of stores.

Chain Enterprises (also called chain stores or chain corporations) refer to a form of joint economic entities under which scattered enterprises or establishments engaged in providing homogeneous commodities or services, with the central leadership of core enterprise or headquarters and guided by common policies, conduct centralized purchase and distributed selling of commodities, in order to gain better efficiency through standardized operation. Consisting of a number of branch stores, the chain stores have in general the following features: (1) homogeneous commodities, (2) unique name of stores, (3) centralized purchase and delivery which is separated from distributed selling operation (most commodities are delivered from the headquarters except some items which, for logistics, quality or freshness considerations, might be delivered by suppliers directly). Chain headquarters (HQ) means the core of enterprises or chain management centre. Chain store chain that owned the decentralized management of the enterprise or activity units, but also said members of shops or stores.

Chain stores include the following three forms:

Regular Chain refers to chain that are invested or controlled by the headquarters. They operate under direct and unified management from the headquarters. Adopting a direct management approach, the headquarters gives orders and controls all retail stores, which follow completely the directives from the headquarters. Large monopolized commercial companies develop and expand their business through purchasing, merging, direct investment and controlling of shares.

Franchise Chain Through contracts, chain stores (or their owners) obtain licenses from the headquarters (franchisee) to use designated trade marks, names, operation know–how, and to sell commodities developed by the headquarters. Under this arrangement, each store in the chain is an independent legal entity and operates under the guidance from the headquarters.

Voluntary Chain refers to the chain business model that several stores or enterprises united together voluntarily to use a same brand image and phachase together under the previous independent property relationship.

Commodities Trading market Over 100 Million Yuan refers to markets approved by the competent government departments, trading places with fixed, regular annual transactions, and a full–time management staff of more than 100 million yuan in turnover.

Hotel Enterprises Above Designated Size refer to hotel enterprises whose annual revenue of major business amounts to 2 million yuan and over.

Catering Enterprises Above Designated Size refer to catering enterprises whose annual revenue of major business amounts to 2 million yuan and over.

Retail Sales of Hotels and Catering Trade refer to the retail sales of providing accommodation, food services, food cooking modulation of the accommodation and catering industry enterprises, industrial units and self–employed activities directly to residents and community groups to sell staple foods, food, beverages and tobacco and other goods. It includes retail sales of restaurants, train dining rooms, train dining rooms, train and bus station dining rooms and airport dining rooms attached all kinds of enterprises, opening to outside. It excludes revenue of hotels to sale food only for guests, nor dining rooms attached all kinds of unit, un–opening to outside.

The Number of Stores refers to the total number of enterprises owned by the full number of chain stores, including the headquarters (if a company store it) and all Direct stores, joining a few stores. The headquarters dealing with as a Guide. In addition, the separation of holding some regional stores, shops by holding Guide statistics. Guide and stores and should be less than or equal to the total number of stores.

Chain Enterprises (also called chain stores or chain corporations) refer to a form of joint economic entities under which scattered enterprises or establishments engaged in providing homogeneous commodities or services, with the central leadership of core enterprise or headquarters and guided by common policies, conduct centralized purchase and distributed selling of commodities, in order to gain better efficiency through standardized operation. Consisting of a number of branch stores, the chain stores have in general the following features: (1) homogeneous commodities, (2) unique name of stores, (3) centralized purchase and delivery which is separated from distributed selling operation (most commodities are delivered from the headquarters except some items which, for logistics, quality or freshness considerations, might be delivered by suppliers directly). Chain headquarters (HQ) means the core of enterprises or chain management centre. Chain store chain that owned the decentralized management of the enterprise or activity units, but also said members of shops or stores.

Chain stores include the following three forms:

Regular Chain: refers to chain that are invested or controlled by the headquarters. They operate under direct and unified management from the headquarters. Adopting a direct management approach, the headquarters gives orders and controls all retail stores, which follow completely the directives from the headquarters. Large monopolized commercial companies develop and expand their business through purchasing, merging, direct investment and controlling of shares.

Franchise Chain: Through contracts, chain stores (or their owners) obtain licenses from the headquarters (franchisee) to use designated trade marks, names, operation know–how, and to sell commodities developed by the headquarters. Under this arrangement, each store in the chain is an independent legal entity and operates under the guidance from the headquarters.

Voluntary Chain: refers to the chain business model that several stores or enterprises united together voluntarily to use a same brand image and phachase together under the previous independent property relationship.

Foreign Exchange Earnings from International Tourism refer to the total expenditures of inbound tourists during their stay in the mainland of China on transportation, sighting, accommodation, food, shopping and entertainment.

Overseas Tourists refer to foreigners and compatriots from Hong Kong, Macao and Taiwan staying at China tourist hotels at least one night. it does not include following: (1)government ministers with accompanies and over officers. (2)officers of embassies

diplomatic persons with accompany of household services and persons supported. (3)foreign experts or students reporters and persons of business agencies all of them residing in china over one year. (4)transfer passengers entering china by international air plane but don' t need examination passport. (5)residents living in frontier regions and keeping intercourse. (6)compatriots from Hong Kong, Macao and Taiwan returning to settle in the mainland. (7) foreigners being settlement in china or national residing in china who leaved the country already but prepared to go back. (8)national resident who leaved the country before but going back now.

Domestic Tourists refer to residents of the mainland of China who stay for one night at least but no more than 12 months at tourist facilities in other places than their permanent residence within the teritory of the mainland China, including foreigners, overseas Chinese and Chinese compatriots from Hong Kong, Macao and Taiwan who have resided in China for over one year.

Total Value of Imports and Exports refers to the real value of commodities imported and exported across the border of China. They include the actual imports and exports through foreign trade, imported and exported goods under the processing and assembling trades and materials, supplies and gifts as aid given gratis between governments and by the United Nations and other international organizations, and contributions donated by overseas Chinese, compatriots in Hong Kong and Macao and Chinese with foreign citizenship, leasing commodities owned by tenant at the expiration of leasing period, the imported and exported commodities processed with imported materials, commodities trading in border areas (excluding mutual exchange goods), the imported and exported commodities and articles for public use of the Sino–foreign joint ventures, cooperative enterprises and ventures with sole foreign investment. Also included is import or export of samples and advertising goods for which CIF or FOB value are beyond the permitted ceiling (excluding goods of no trading or use value and free commodities for export), imported goods sold in China from bonded warehouses and other imported or exported goods. The indicator of the total imports and exports at customs can be used to observe the total size of external trade in a country. In accordance with the stipulation of the Chinese government, imports are calculated at CIF, while exports are calculated at FOB.

Utilization of Foreign Capital refers to remittance, equipment and technology financed from abroad, by loans, foreign direct investment and other forms undertaken by the Chinese governments at all levels, by various departments, enterprises and other economic units.

Foreign Borrowings refer to funds borrowed from abroad through formal signing of borrowing agreements with foreign institutions, including loans of foreign governments, loans of international financial institutions, commercial loans of foreign banks, export credit, and funds raised by Chinese bonds (and shares before 1996) issued abroad. It is an important part of China' s utilization of foreign capitals.

Foreign Direct Investment refers to the investments inside china by foreign enterprises and economic organizations or individuals (including overseas Chinese, compatriots from Hong Kong and Macao, and Chinese enterprises registered abroad) , following the relevant policies and laws of china, for the establishment of ventures exclusively with foreign own investment, Sino–foreign joint ventures and cooperative enterprises or for cooperative exploration of resources with enterprises or economic organizations in China. It includes the re–investment of the foreign entrepreneurs with the profits gained from the investment and the funds that enterprises borrow from abroad in the total investment of projects which are approved by the relevant department of the government.

Contracted Projects with Foreign Countries refer to projects undertaken by Chinese contractors (project contracting companies) through bidding process. They include: (1)overseas civil engineering construction projects financed by foreign investors; (2)overseas projects financed by the Chinese government through its foreign aid programs; (3)construction projects of Chinese diplomatic missions, trade offices and other institutions stationed abroad; (4) construction projects in china financed by foreign investment;(5) sub — contracted projects to be taken by Chinese contractors through a joint umbrella project with foreign contractor (s) ; (6) projects with charges for technical services from overseas operators. it includes geographic and topographic mappings geological resource prospecting and survey planning of construction areas provision of design documents blueprints materials on production process and techniques as well as engineering technical and economic consultation feasibility study research and evaluation of projects technical supervising and staff training. (7) housing development projects. The business income from international contracted projects is the work volume of contracted projects completed during the reference period, expressed in monetary terms, including completed work on projects signed in previous years.

Labor Service Cooperation with Foreign Countries refers to the activities of providing technology and labor services to employers or contractors in the forms of receiving salaries and wages. labor services providing by contractual joint ventures of Chinese international contracting corporations should be included in the statistics of service cooperation with foreign countries. the business income of labor service cooperation is the income in the form of wages and salaries overtime pay bonuses and other remuneration received from the employers during the reference period.

财政、金融

PUBLIC FINANCE, BANKING

资 料 整 理 人 员

王志铭　　杨　雁　　李　涛　　高锦霞　　王少卿

财政、金融
PUBLIC FINANCE , BANKING

公共财政预算收入	Local Governments Revenue	104.94	亿元	(100 million yuan)
公共财政预算支出	Local Governments Expenditure	222.11	亿元	(100 million yuan)
银行存款余额	Budgetary of Bank Deposit	2277.82	亿元	(100 million yuan)
银行贷款余额	Budgetary of Bank Loan	1032.75	亿元	(100 million yuan)

财政收支（亿元）

Financial Revenue and Expenditure（100 million yuan ）

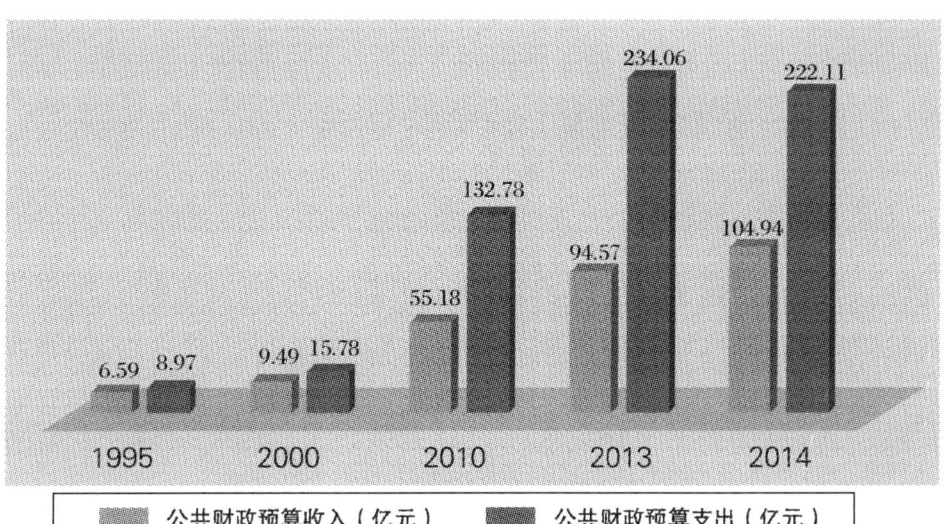

城乡居民储蓄存款余额（亿元）
Resident Saving Deposit urban and Rural（100 million yuan）

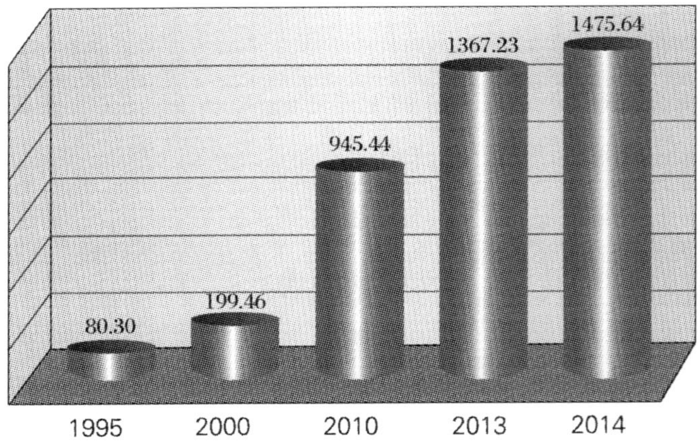

9-1 地方财政收支总额
REGIONAL FLNANCIAL REVENUE AND EXPENDITURE

单位：万元 (10 000 yuan)

年 份 Year	财政总收入 Total Regional Revenue	公共财政预算收入 Local Governments Revenue	公共财政预算支出 Local Governments Expenditure	地方财政收支差额 Balance	指数（以上年为100）Indexes (preceding year=100)	
					收入 Total Revenue	支出 Total Expenditure
1995	110338	65887	89731	-23844	128	117
1996	134507	80159	103273	-23114	122	115
1997	145601	84252	113556	-29304	105	110
1998	159234	94130	120854	-26724	112	106
1999	146257	93086	137761	-44675	99	114
2000	149956	94878	157784	-62906	102	115
2001	167693	106520	212591	-106071	112	135
2002	294395	113270	247181	-133911	128	116
2003	362226	131995	308886	-176891	117	124
2004	456149	153184	369729	-216545	116	119
2005	619888	204173	469007	-264834	133	126
2006	751502	260891	567200	-306309	127	120
2007	930441	367060	745717	-378657	134	131
2008	1222776	466664	992903	-526239	127	133
2009	1209084	476174	1111142	-634968	102	112
2010	1384236	551766	1327751	-775985	115	119
2011	1622559	646407	1692081	-1045674	117	127
2012	1907386	803046	1865565	-1062519	124	110
2013	2006731	945719	2340574	-1394855	118	125
2014		1049448	2221096	-1171648	111	95

9-2 地方财政收支分项目数
REGIONAL FLNANCIAL REVENUE BY ITEMS

单位：万元 (10 000 yuan)

年 份 Year	企业收入 Revenue from Enterprises	各项税收 Taxes	工商税 Industrial and Commercial Taxes	农业税 Agricultural Taxes	其他收入 Other Revenue
1995	4641	61721	48701	964	632
1996	6386	71712	56927	2040	643
1997	7059	78048	63781	1830	1150
1998	5180	83917	72557	1909	844
1999	3433	81646	73176	696	1018
2000	4168	84775	74871	1959	1937
2001	12590	95610	76656	938	1307
2002	5071	87303	83767	3536	3025
2003	2517	99491	96098	3393	8489
2004	12082	106847	104578	2269	3723
2005	11413	150194	150194		1294
2006	18513	173129	173129		1302
2007		258479	250217		
2008		366320			191
2009		380820			847
2010		444815			
2011		521101			
2012		637285			4092
2013		769301			
2014					

年 份 Year	基本建设支出 Expenditures for Capital Construction	农业、林业、水利和气象 Forestry,Water Conservancy	文教科卫支出 Expenditure for Cultrue,Education, Science and Health Care
1995	975	6504	29506
1996	926	1323	33404
1997	1960	8301	36315
1998	1140	8536	39386
1999	521	9608	44014
2000	910	11684	53604
2001	231	13740	67985
2002	488	17706	77586
2003	857	23217	78412
2004	2859	47449	100389
2005	1934	44706	128403
2006	425	49968	157150
2007		57241	215127
2008		60544	307527
2009		90208	404846
2010		122447	435387
2011		141836	511658
2012		157191	699107
2013		199624	687032
2014			

9-3 公共财政预算收入(2014年)
LOCAL GOVERNMENTS REVENUE (2014)

单位:万元 (10 000 yuan)

项　　目	Item	金　额 Value
收入总计	**Total Revenue**	**1049451**
一、税收收入	Total taxes	800919
增值税	Value-added Taxes	158683
国内增值税	Domestic Value-added Taxes	101942
#国有企业增值税	State-owned Enterprises	27560
集体企业增值税	Collective-owned Enterprises	1407
股份制企业增值税	Share Holding Enterprises	60614
联营企业增值税	Joint Owned Enterprises	
港澳台和外商投资企业增值税	Enterprises Invested from Hongkong, Macao ,Taiwan and Foreign	2818
私营企业增值税	Private-owned Enterprises	5443
营业税	Operation Taxes	185953
金融保险业营业税(地方)	Banking and Insurance Operation Taxes (Regional)	14113
一般营业税	Ordinary Operation Taxes	163524
营业税税款滞纳金、罚款收入	Fine for Business Tax Overdue and Penalty Income	147
企业所得税	Enterprises' Income Taxes	153456
个人所得税	Individual Income Taxes	30840
资源税	Resource Taxes	32227
固定资产投资方向调节税	Fixed Assets Investment Orientation Regulation Tax	
城市维护建设税	Taxes on Urban Construction and Maintenance	60823
房产税	House Property Taxes	26966
印花税	Stamp Taxes	21656
城镇土地使用税	Taxes on Use of Urban Land	36096
土地增值税	Land Value-added Taxes	22999
车船税(款)	Taxes on Use of Vehicles, Boats and License	12516
耕地占用税(款)	Taxes on Occuping Cultivated Land	3495
契税(款)	Contract Taxes	55209
烟叶税(款)	Tobacco Taxes	
二、非税收入	Nontaxes	248532
专项收入	Special Incomes	111139
行政事业性收费收入	Incomes from Administrative Fees	373
罚款收入	Penalty Incomes	50366
国有资本经营收入	Business Revenue of State-owned Properties	2043
国有资源(资产)有偿使用收入	Incomes from State-owned Resource Utilization	24609
其他收入	Other Incomes	15193
#捐赠收入	Income from Contribution	1288

9-4 公共财政预算支出(2014 年)
LOCAL GOVERNMENTS EXPENDITURES (2014)

单位:万元 (10 000 yuan)

项 目	Item	金 额 Value
支出总计	**Total Extra-budgetary Expenditure**	**2217880**
一、一般公共服务	Expenditure for Public Services	175442
二、国 防	Expenditure for National Defence	2154
三、公共安全	Expenditure for Public Security	127333
四、教 育	Expenditure for Education	386969
#普通教育	Common	308731
职业教育	Vocational	24448
五、科学技术	Expenditure for Science and Technology	12915
六、文化体育与传媒	Expenditure for Culture,Sport and Medium	60330
#文 化	Culture	13576
体 育	Sport	7849
七、社会保障和就业	Expenditure for Social Security and Employment	298892
#财政对社会保险基金的补助	Subsidy on Social Insurance Fund	34898
行政事业单位离退休补助	Subsidy on Retired Persons in Administrative Department	87542
企业改革补助	Subsidy on Reform of State-owned Enterprises	9985
就业补助	Subsidy on Employment	19874
抚 恤	Pension	13396
城市居民最低生活保障	Subsistence Allowances for Urban Residents	57533
农村最低生活保障	Subsistence Allowances for Rural Residents	27943
八、医疗卫生	Expenditure for Health Services	188240
#医疗卫生管理事务	Administration of Health Services	3170
公立医院	Public Hospitals	43700
公共卫生	Public Health	24723
九、环境保护	Expenditure for Environmental Protection	61337
#污染防治	Prevention of Pollution	15010
退耕还林	Restoring Reclaimed Land to Forest	16767
十、城乡社区事务	Expenditure for Community in both Urban and Rural Areas	158762
#城乡社区公共设施	Public Infrastructure	51079
十一、农林水事务	Expenditure for Agriculture, Forest and Irrigation	199180
十二、交通运输	Expenditure for Transportation	69837
十三、资源勘探电力信息等事务	Expenditure for Resources Exploration, Electricity, Information Affairs	34338
十四、商业服务业等事务	Expenditure for Business, Service Affairs	7217
十五、金融监管等事务支出	Expenditure for Financial Supervision Affairs	527
十六、地震灾后恢复重建支出	Expenditure for Rebuilding after the Earthguake	875
十七、国土资源气象等事务	Expenditure for Land Resource and Meteorology Affairs	1331
十八、住房保障支出	Expenditure for Housing Security	217454
十九、粮油物资储备管理事务	Expenditure for Management of Cereals, Oils and Material Reserves	6132
二十、国债还本付息支出	Expenditure for goverment and public Bonds and its Interest	14423
二十一、其他支出(类)	Other Expenditures	1146208

9-5 税收分经济类型情况(2014年)
TAXES REVENUE BY FORM OF OWNERSHIP (2014)

单位:万元 (10 000 yuan)

项 目	Item	合计 Total	国有企业 Stated-owned Enterprise	集体企业 Collectiveowned Enterprise	其他 Others
税收(地税)	Local Taxes Revenue	749072	79071	11333	28969
营业税	Operation Taxes	265647	21180	5658	7997
企业所得税	Income Taxes of Enterprises	87509	6905	1647	3348
个人所得税	Individual Income Taxes	110115	24350	604	2036
资源税	Resource Taxes	46040	1541	120	
城市维护建设税	Taxes on Urban Construction and Maintenance	60824	7989	1063	908
房产税	House Property Taxes	26967	3422	854	321
印花税	Stamp Taxes	21654	4401	162	386
城镇土地使用税	Land Use Tazxes	36096	8165	623	105
土地增值税	Land Value-added Taxes	23001	220	266	108
车船使用税	Vehicle and Boat Use Taxes	12516	323	336	177
税收(国税)	National Taxes Revenue	1234076	221235	16849	1228
增值税	Value-added Taxes	690439	190605	8778	436
消费税	Consumption Taxes	19807	16530		
企业所得税	Income Taxes of Enterprises	462052	13919	8011	39
个人所得税	Indicidual Income Taxes	19			

项 目	Item	股份有限公司 hare Holding Limited Company	私营企业 Private Enterprise	港澳台投资企业 Enterprise by Hongkong, Macao and Taiwan	外商投资企业 Foreign Funded Enterprise	个体经营 Indiv-idual
税收(地税)	Local Taxes Revenue	566585	16118	5829	5136	35047
营业税	Operation Taxes	209014	7897	4488	1406	7762
企业所得税	Income Taxes of Enterprises	71665	3469			
个人所得税	Individual Income Taxes	67530	746	385	913	13509
资源税	Resource Taxes	42293	2072			
城市维护建设税	Taxes on Urban Construction and Maintenance	47469	659	533	1353	786
房产税	House Property Taxes	19417	236	234	783	1631
印花税	Stamp Taxes	16124	126	35	227	156
城镇土地使用税	Land Use Tazxes	26210	352	139	430	34
土地增值税	Land Value-added Taxes	22284	114			9
车船使用税	Vehicle and Boat Use Taxes	11674	5			1
税收(国税)	National Taxes Revenue	814807	56486	7008	30882	83111
增值税	Value-added Taxes	400263	43617	4252	14217	25932
消费税	Consumption Taxes	225	2213	192	615	32
企业所得税	Income Taxes of Enterprises	411868	9505	2548	16035	
个人所得税	Indicidual Income Taxes					19

9-6 金融机构人民币信贷收支(2014年)
SOURCES AND USES OF CREDIT FUNDS OF FINANCIAL INSTITUTIONS(RMB, 2014)

单位：万元 (10 000 yuan)

项目	Item	金额 Value
资金来源总计	**Total Sources of Funds**	**21032964**
各项存款	Deposits	22778242
单位存款	Corporate Deposit	6563757
#活期存款	Demand Deposits	4682974
定期存款	Time Deposits	1571896
财政存款	Fiscal Deposits	1235735
个人存款	Individual deposit	14904801
#储蓄存款	Savings Deposits	14756446
临时性存款	Temporary deposit	15844
委托存款	Entrusted Deposits	52732
其他存款	Others Deposits	5372
金融债券	Financial Bonds	
应付及暂收款	Account Payable and Temporary	578848
同业往来	Business With Counterpart	23296
各项准备	Preparatory Funds	331098
所有者权益	Creditors' Equity	670580
#实收资本	Actual Received Capital	277652
其　他	Others	-3490715
资金运用总计	**All Uses of Funds**	**21032964**
各项贷款	Loans	10327509
短期贷款	Short-term Loans	3191981
个人贷款及透支	Personal Loans and Draft	721029
单位贷款及透支	Unit Loans and Draft	2412833
普通并购贷款	Ordinary Merger Loans	
银团贷款	Syndicated Loans	
贸易融资	Trade Finance	58118
中长期贷款	Medium-term and Long-term Loans	6038142
个人贷款	Personal Loans	859814
单位贷款	Unit Loans	4868065
普通并购贷款	Ordinary Merger Loans	80278
银团贷款	Syndicated Loans	229985
贸易融资	Trade Finance	
融资租赁	Lease Loans	
委托贷款	Entrusted Loans	
票据融资	Bill Finance	1094292
各项垫款	Advances	3095
有价证券及投资	Securities and Investment	349295
应收及预付款	Account Receivable and Advance Payment	128183
同业往来	Business With Counterpart	3370
行内资金往来	Intercourse of Banks	9324111
金银占款	Positon for Gold and Sliver	
外汇占款	Position for Forex Purchase	
固定资产	Fixed Assets	213836
投资性房地产	Investment Real Estate	
库存现金	Cash Inventory	191112

9-7 主要年份金融机构各项存款余额
BALANCE OF BANK DEPOSITS IN MAJOR YEARS

单位：万元 (10 000 yuan)

年份 Year	存款余额 Balance of Deposits	# 企业存款 Enterprises Deposits	# 财政存款 Treasury Deposits	# 农村存款 Rural Deposits	# 机关团体存款 Deposits of Government gencies and Organizations
1998	2296441	547933	17459	34229	29886
1999	2553893	586440	18937	34525	45684
2000	2743192	599658	22247	41264	52298
2001	3034619	743761	29511	40863	58993
2002	3649878	927034	46233	51682	89836
2003	4325737	1135913	47616	63635	126223
2004	5576276	1593651	63916	97833	186893
2005	7666309	2266050	103195	148841	254644
2006	9109169	2686411	167647	149600	302690
2007	10503474	3152056	286414	250173	399947
2008	12925807	3478565	304234	371694	580807
2009	14820030	4074551	581980	574068	731849
2010	16584637	4924611	678511	112334	1038534
2011	18702166				
2012	20139312				
2013	22584744				
2014	22778242				

9-8 主要年份金融机构各项贷款余额
BALANCE OF BANK LOANS IN MAJOR YEARS

单位：万元 (10 000 yuan)

年份 Year	贷款余额 Balance of Loans	# 工业贷款 Industrial	# 商业贷款 Commercial Loans	# 建筑业贷款 Construction Loans	# 农业贷款 Agricultural Loans
1998	1506900	482155	304087	28937	78477
1999	1538218	481662	354760	24302	87204
2000	1521417	406075	318579	21882	73614
2001	1520909	456029	332019	20348	79664
2002	1694184	480999	333804	24442	93302
2003	1889328	555557	303975	22903	104281
2004	2014315	555103	275834	9104	107943
2005	2209259	441127	256158	10257	124076
2006	2560286	519065	234242	11182	136360
2007	3249815	654199	240396	7880	169812
2008	3669628	688921	190276	4926	284104
2009	4564807	791528	160019	26894	397469
2010	5972070				
2011	6587138				
2012	7705203				
2013	9508272				
2014	10327509				

主要统计指标解释

财政总收入 即一般预算收入与上划中央收入之和，反映本地区当年组织的财政收入总规模，是计算当年地方可用财力的主要依据。与国内生产总值比较，可反映财政的集中程度。

一般预算收入 指按照财政体制规定列入地方预算，直接缴入地方金库的经常性财政收入。1996年政府性基金纳入预算管理后，为区别于基金预算，将地方预算收入改称一般预算收入。具体包括增值税、企业所得税、个人所得税的地方分享部分、其他工商税收、农业四税、专项收入及行政性收费、罚没收入及其他收入。

上划中央收入 指实行分税制财政体制后，增值税的75%部分和消费税划为中央收入，以及从2002年起实行所得税分享改革后，所得税（包括企业所得税、个人所得税）由中央分享部分，这部分收入直接缴入中央金库。根据《预算法》和财政体制规定，上划中央收入属于列入中央预算范围的收入，地方总预算中不予包括。

税收收入 反映政府税收收入。具体包括：增值税、消费税、营业税、企业所得税、个人所得税、固定资产投资方向调节税、城市维护建设税、房产税、印花税、城镇土地使用税、土地增值税、车船税、船舶吨税、车辆购置税、关税、耕地占用税、契税、烟叶税以及其他税收收入等。

非税收入 反映政府非税收入。具体包括：政府性基金收入、专项收入、彩票资金收入、行政事业性收费收入、罚没收入、国有资本经营收入、国有资源（资产）有偿使用收入及其他收入等。

一般预算支出 是指列入地方预算的经常性财政支出，其项目包括经济建设支出、教科文卫等事业支出、国家管理费用支出、国防支出、各项补贴支出及其他支出等。其资金来源包括用地方可用财力安排的支出、上年结余、调入资金和中央专款补助形成的财政支出等。

一般公共事务 反映政府提供一般公共服务的支出。具体包括人大、政协、政府办公厅（室）及相关机构、发展与改革、统计信息、财政、税收、审计、海关、人事、纪检监察、人口与计划生育、商贸、知识产权、工商行政管理、质量技术监督与检验检疫、国土资源、海洋管理、测绘、地震、气象、民族、宗教、港澳台侨、档案、共产党、民主党派及工商联、群众团体、彩票等事务。

公共安全 反映政府维护社会公共安全方面的支出。有关事务包括武装警察、公安、国家安全、检察、法院、司法行政、监狱、劳教、国家保密、缉私警察等。

教育 反映政府教育事务支出。有关具体事务包括教育行政管理、学前教育、小学教育、初中教育、普通高中教育、普通高等教育、初等职业教育、中专教育、技校教育、职业高中教育、高等职业教育、广播电视教育、留学生教育、特殊教育、干部继续教育、教育机关服务等。

科学技术 反映用于科学技术方面的支出。包括科学技术管理事务、基础研究、应用研究、技术研究与开发、科技条件与服务、社会科学、科学技术普及、科技交流与合作。

文化体育与传媒 反映政府在文化、文物、体育、广播影视、新闻出版等方面的支出。

社会保障和就业 反映政府在社会保障与就业方面的支出。有关事项包括社会保障和就业管理事务、民政管理事务、财政对社会保障基金的补助、补充全国社会保障基金、行政事业单位离退休、企业改革补助、就业补助、抚恤、退役安置、社会福利、残疾人事业、城市居民最低生活保障、其他城镇社会救济、农村社会救济、自然灾害生活救助、红十字事务等。

医疗卫生 反映政府医疗卫生方面的支出。具体包括医疗卫生管理事务支出、医疗服务支出、医疗保障支出、疾病预防控制支出、卫生监督支出、妇幼保健支出、农村卫生支出等。

环境保护 反映政府环境保护支出。具体包括：环境保护管理事务支出、环境监测与监察支出、污染治理支出、自然生态保护支出、天然林保护工程支出、退耕还林支出、风沙荒漠治理支出、退牧还草支出、已垦草原退耕还草支出等。

城乡社区事务 反映政府城乡社区事务支出。具体包括：城乡社会管理事务支出、城乡社会规划与管理支出、城乡社区公共设施支出、城乡社区住宅支出、城乡社区环境卫生支出、建设市场管理与监督支出等。

农林水事务 反映政府农林水事务支出。具体包括：农业支出、林业支出、水利支出、农业综合开发支出等。

交通运输 反映政府交通运输方面的支出。包括公路运输支出、水路运输支出、铁路运输支出、民用航空运输支出等。

工业商业金融等事务 反映政府工业、商业、金融等事务支出。具体包括：采掘业支出、制造业支出、电力支出、信息产业支出、旅游业支出、涉外发展支出、粮油事务支出、商业流通事务支出、物资储备支出、金融保险支出、烟草事务支出、安全生产支出、国有资产监督支出、中小企业发展支出、清洁生产支出等。

采掘电力信息等事务 反映政府对采掘电力信息等事务支出。具体包括采掘业支出、制造业支出、建设业支出、电力监管支出、工业和信息产业监管支出、安全生产监管支出、国有资产监管支出、支持中小企业发展和管理支出等。

粮油物资储备及金融监管等事务 反映政府对粮油物资储备及金融监管等事务支出。具体包括：粮油事务支出、商业流通事务支出、物资储备支出、金融业监管支出、旅游业管理与服务支出、涉外发展服务支出等。

其他支出 反映不能划分到上述功能科目的其他政府支出。包括预备费、年初预留、住房改革支出以及其他支出。

当年可用财力 是指按照现行财政体制规定，在预算年度内可统筹安排使用的预算内资金，其来源包括当年一般预算收入、税收返还收入、下级上解收入、转移支付补助，并从中扣减上解上级及补助下级的资金。当年可用财力不包括上年结余资金及中央专款补助。根据《预算法》的规定，当年支出预算应当小于或等于当年可用财力。

存款 企业、机关、团体或居民根据可以收回的原则，把货币资金存入银行或其他信用机构保管并取得一定利息的一种信用活动形式。根据存款对象的不同可划分：企业存款、财政存款、机关团体存款、城镇居民储蓄存款、农村存款等项目。

贷款 银行或其他信用机构根据必须归还的原则，按一定利率，为企业、个人等提供资金的一种信用活动形式。我国银行贷款，分流动资金贷款、农业贷款、固定资产贷款等科目。

城乡居民储蓄年末余额 包括城镇居民储蓄和农民个人储蓄两部分的年末余额。不包括工矿企业、部队、机关团体等集体存款。

Explanatory Notes on Main Statistical Indicators

Overall Financial Revenue refers to the sum of general budget of financial revenue and revenue turned over to the state. It reflects total scale of financial revenue in that year in the region, also it is the major basic counting disposable financial resources. It can reflects financial concentration comparing GDP.

General Budget of Financial Revenue refers to daily financial revenue arranged to regional budget and directly paid to local treasury according regulation of financial system. After government fund brought into budget management in 1996, it was named general budget of financial revenue from regional budget of revenue, for distinction with budget of fund. It includes value added tax, enterprise income tax, part of personal income tax, other industrial and commercial tax, four taxes of agriculture, special tax, and administrative fee, penalty income and other income.

Revenue Turned Over to the State refers to 75 percent of value added tax and consumption tax turned over to the state after implement financial system of tax distribution, and part of income tax shared by state and directly paid to central treasury after implement reform of income tax share from 2002. According to budget law and rule of financial system, revenue turned over to the state belongs to range of state budget, excluded in regional budget.

Tax Revenue refers to the government's tax revenue. It Includles: value–added tax, consumption tax, business tax, enterprise income tax and personal income tax, regulatory tax on investment in fixed assets, urban maintenance and construction tax, housing property tax, stamp tax, urban land use tax, urban land value–added tax, vehicle and ship tax, tonnage tax, tax on the purchase of vehicles, tariff , tax on occupancy of cultivated land, contract tax, tobacco tax and other tax revenue and so on.

Non–tax Income refers to the government's non–tax revenue. Including: governmental funds revenue, special revenue, lottery funds income, administrative and institutional fees income, fine and confiscatory revenue, the state–owned capital operating revenue, income from charge on use of state–owned land, etc.

General Budget of Financial Expenditure refers to daily financial expenditure arranged to regional budget, including expenditure for capital construction, operating expenses of education, science, culture and public health, administrative expenses, expenditure for national defence, expenditure for subsidies and other expenditures. Sources of funds includes expenditure arranged from regional disposable financial resources, surplus last year, funds transferred and state special subsidies.

General Public Affairs reflect the Government's provision of general public service expenditures, Specifically including the NPC and CPPCC National Committee, the Government Office (room) and related agencies, development and reform, statistics, finance, taxation, auditing, customs, personnel, discipline inspection and supervision, population and family planning, commerce, intellectual property rights, industrial and commercial administration, Quality and Technical Supervision, Inspection and Quarantine, land and natural resources, marine management, surveying and mapping, earthquakes, weather, ethnic, religious, Hong Kong, Macao, files, the CPC, democratic parties and the Federation of Industry and Commerce, mass organizations, lottery tickets, and other matters.

Public Safety reflects the Government to safeguard social payments in respect of public safety. Related matters include armed police, public security, national security, prosecution, courts, the administration of justice, prison inmates, the state secrecy, anti–smuggling police and so on.

Education reflects the Government's education expenditure. On specific matters, including education administration, pre–primary, primary education, secondary education, high school education, regular higher education, primary vocational education, secondary education, technical school education, vocational high school education and higher vocational education, radio and television education, the International Education , Special education, cadres and continuing education, educational institutions and so on.

Science and Technology reflects the expenditure. It includes science and technology management services, basic research, applied research, technology research and development, science and technology and service conditions, social science, science and technology popularization of scientific and technological exchanges and cooperation.

Culture, Sports and Media reflects the expenditures of the Government and the media in culture, heritage, sports, Radio, Film and Television, the press, publishing and other areas.

Social Security and Employment reflects expenditures of the Government in the area of employment and social security. Related matters including social security and employment for Management, Home Management Services, the Financial Fund for social security grants, added the National Social Security Fund, retired administrative institutions, enterprises, reform of subsidies, employment subsidies, pension, retirement and placement system, social welfare, disability One cause of the minimum living guarantee for urban residents, other urban social relief, rural social relief, natural disaster relief life, the Red Cross affairs.

Medical and Health Care reflects the Government's health care expenditures. It includes specific health care expenditure management services, medical services spending, health care spending, disease prevention and control expenditure, health expenditure monitoring, maternal and child health care spending, rural health and other expenditures.

Environmental Protection reflects the Government's environmental protection spending. It Specifically includes: the management of environmental protection spending, environmental monitoring and monitoring of expenditures, pollution control spending, the natural ecological protection spending, the natural forest protection project expenditure, expenditure returning farmland to forests, desertification control sandstorms expenditure, expenditure Tuimuhuancao, grassland has been cultivated farmland And grasslands, and other expenditures.

Urban and Rural Community Affairs reflect the Government's expenditure of urban and rural community affairs, Including urban and rural social services expenditure management, urban and rural planning and management of social expenditure, expenditure of public facilities in rural and urban communities, rural and urban communities domestic expenditure, expenditure of urban and rural communities sanitation, management and supervision of the construction market and other expenditures.

Agriculture, Forestry and Water Affairs reflect the Government's water affairs spending. It includes: agricultural expenditure, expenditure forestry, water conservancy expenses, such as the comprehensive agricultural development expenditure.

Transport reflects the Government's transport expenditure. It includes road transport expenditure, waterway transportation expenses, transport expenses, civil aviation and other transport expenses.

Expenditure on Power Information Mining and Other Affairs reflects the government expenditure on power information mining and other affairs, including expenditures on mining, manufacture, construction, supervision of power, industry and information, safety production, national assets and development and management of small and medium-sized enterprises

Expenditure on Management of Cereals, Oils, Material Reserves and Financial Supervision reflects the government expenditure on cereals,oils, material reserves and financial supervision, including expenditures on cereals and oils, commercial circulation affairs,material reserves,financial supervision, management and service of tourism, foreign developing service and so on.

Other Expenses reflect the division can not be subject to the above-mentioned functions of other government expenditures. It includes Yu Bei fei, the beginning of the year set aside, the housing reform expenditure and other expenses.

Disposable Financial Resources in the Year it refer budgetary funds which can be overall arranged and used in the budget year according to current regulation of financial system, including general budget revenue, return revenue of taxes, revenue turned over from below authorities, subside of transfer pavement, deducing funds turning over to high authorities and subside to below authorities. It excludes surplus last year and subsides from central special funds. According to regulation of budgetary law, budget expenditure should be small or equal disposable financial resources in the same year.

Deposit is form of credit by which enterprises, institutions, organizations or households can put money into banks and other credit institutions for sake keeping and interest earning under the principle of free withdrawal. According to different depositors, deposits are divided into enterprise deposits, treasury deposits. Deposits are major sources of the credit funds of banks.

Loan is form of credit by which banks and other credit institutions provide funds at certain interest rate to enterprises and individuals in the light of the principle of unconditional repayment. Loans from Chinese banks include circulating capital loans, fixed assets loans, loans to urban and rural individuals engaged in industrial and commercial business and agriculture loans.

The Saving Deposits of Urban and Rural Residents refers to the total value of savings deposits of urban and rural households in banks and rural credits cooperatives at a given point of time, including the savings deposits of urban residents and the savings deposits of rural residents. The deposits of organizations such as enterprises, military units, government agencies, institutions, are not included.

教育、文化、卫生

EDUCATION, CULTURE AND PUBLIC HEALTH

资 料 整 理 人 员

王志铭　　杨　雁　　李　涛　　高锦霞　　王少卿

教育、文化、卫生
EDUCATION , CULTURE AND PUBLIC HEALTH

普通中学在校学生数	Students Enrollment of Regular			
	Secondary School	17.50	万人	(10 000persons)
中等专业学校在校学生数	Students Enrollment of Specilized			
	Secondary School	2.56	万人	(10 000persons)
卫生机构数	Heslth Institutions	3099	个	(unit)
卫生机构床位数	Beds of Health Intitutions	17368	张	(unit)

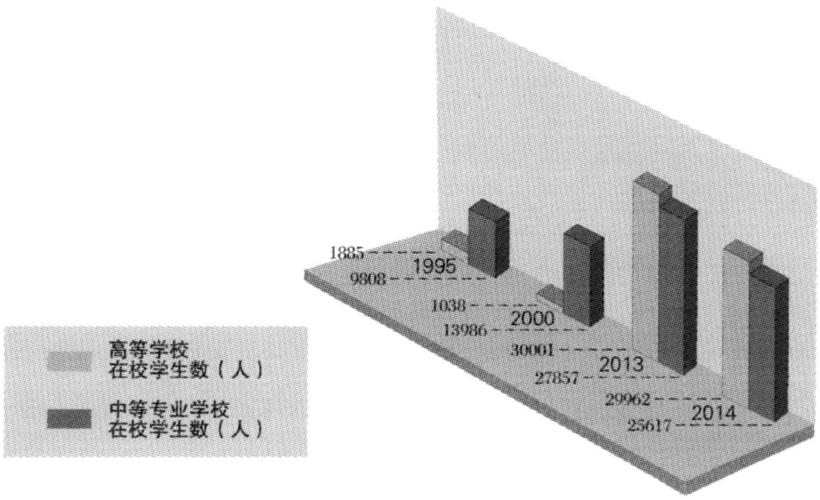

10-1 主要年份各类学校数
SCHOOLS BY LEVEL IN MAJOR YEARS

单位：所 (unit)

年 份 Year	学校数 Number of Schools	# 高等学校 Regular Institutions of Higher Education	# 中等职业技术学校 Vocational Skilled Secondary Schools	# 普通中学 Regular Secondary Schools	# 小 学 Primary Schools
1970	4824	1	6	200	4554
1975	4601	3	11	1190	3397
1980	2863	3	11	772	2077
1985	2898	4	14	461	2419
1990	2911	4	14	386	2507
1995	2770	4	12	293	2461
1996	3149	4	12	294	2442
1997	3244	5	12	287	2452
1998	3338	5	12	286	2426
1999	3227	5	12	289	2415
2000	3163	1	12	300	2460
2001	2756	1	11	296	2278
2002	2676	1	11	292	2222
2003	2671	1	26	295	2209
2004	2605	1	37	292	2133
2005	2465	1	40	290	2007
2006	2193	1	49	279	1735
2007	1988	1	54	277	1533
2008	1780	1	59	268	1421
2009	1669	1	51	263	1220
2010	1470	1	43	259	1050
2011	1283	1	42	248	868
2012	1460	1	42	234	756
2013	1386	1	41	232	631
2014	1206	1	41	219	461

10-2 主要年份各类学校专任教师数
NUMBER OF FULL-TIME TEACHERS BY LEVEL OF SCHOOL IN MAJOR YEARS

单位：人 (person)

年份 Year	专任教师数 Full-Time Teachers	#高等学校 Regular Instiutions of Higher Education	#中等职业技术学校 Vocational Skilled Secondary Schools	#普通中学 Regular Secondary Schools	#小学 Primary Schools
1970	13363	251	680	3765	18665
1975	26864	279	812	8335	17038
1980	22615	234	490	9692	12199
1985	24179	265	690	9915	13309
1990	26481	372	885	11417	13807
1995	28158	423	956	10911	15868
1996	31887	432	901	11156	16132
1997	33492	406	1179	9722	16534
1998	33412	354	950	11483	16951
1999	34852	627	822	12040	17562
2000	34711	276	852	11993	17814
2001	34423	262	928	12722	18467
2002	35365	248	836	13085	19173
2003	36654	268	1218	17116	22565
2004	38382	1559	1353	13885	19899
2005	39327	1697	1592	14445	22215
2006	40446	1889	1971	14627	20288
2007	41009	2120	2028	14741	20413
2008	40181	2120	2449	15109	20386
2009	41351	1541	2092	15813	20567
2010	41852	2167	1801	16916	19595
2011	40985	2206	1783	16205	19324
2012	42152	2104	1907	17976	16585
2013	41474	1652	1890	18059	16458
2014	41598	1671	1895	16221	18189

10-3 主要年份各类学校在校学生数
STUDENTS ENROLLMENT BY LEVEL OF SCHOOL IN MAJOR YEARS

单位：万人 (10 000 persons)

年 份 Year	在校学生数 Number of Student Enrollment	# 高等学校（人） Regular Instiutions of Higher Education(person)	# 中等职业技术学校（人） Vocational Skilled Secondary Schools (person)	# 普通中学 Regular Secondary Schools	# 小 学 Primary Schools
1970	52.3	117	2202	6.10	46.20
1975	71.3	1318	3121	18.80	52.00
1980	53.1	2417	4635	17.60	34.80
1985	46.6	3243	5032	15.90	29.90
1990	42.3	1802	7206	18.80	27.60
1995	48.3	1885	9808	13.40	33.90
1996	57.2	1991	10051	13.30	34.90
1997	60.1	2633	11005	13.00	35.80
1998	60.6	3201	12718	15.70	35.90
1999	61.3	3729	13636	16.85	35.60
2000	61.5	3038	13986	17.98	35.22
2001	61.5	3164	13900	19.37	35.29
2002	63.3	3785	12945	20.78	35.21
2003	65.8	5365	13727	22.74	36.07
2004	66.4	23311	18187	23.06	35.11
2005	65.9	24657	22406	23.10	34.20
2006	65.2	27789	33634	22.48	32.27
2007	64.7	30034	39352	22.57	31.47
2008	64.0	33965	45489	22.67	30.34
2009	61.7	27423	42916	22.59	28.99
2010	60.3	34186	39442	22.79	27.76
2011	57.7	34707	34492	22.05	26.37
2012	58.4	28676	32335	20.45	24.38
2013	51.7	30001	27857	18.15	20.12
2014	50.3	29962	25617	17.50	19.68

10–4 主要年份各类学校毕业生数
NEW STUDENTS ENROLLMENT BY LEVEL OF SCHOOL IN MAJOR YEARS

单位：万人 (10 000person)

年 份 Year	毕业生数 Number of Graduates	# 高等学校（人）Regular Instiutions of Higher Education(person)	# 中等职业技术学校（人）Vocational Skilled Secondary Schools (person)	# 普通中学 Regular Secondary Schools	# 小 学 Primary Schools
1970	8.7		631	3.50	5.20
1975	10.1	186	954	4.40	5.50
1980	9.7	532	1172	4.20	5.30
1985	9.7	521	1841	3.90	5.60
1990	9.6	1058	2795	4.80	4.40
1995	9.2	1088	3034	3.90	4.90
1996	10.0	1100	3178	4.00	5.20
1997	10.4	809	3317	3.60	5.50
1998	11.4	922	9551	4.60	5.40
1999	11.4	1085	3435	4.57	5.91
2000	12.0	379	4417	4.98	6.14
2001	12.0	832	3896	5.06	6.09
2002	12.6	926	3710	5.64	6.15
2003	13.0	860	4686	6.10	5.99
2004	15.7	3401	5167	7.10	5.74
2005	16.5	6126	5019	7.50	6.70
2006	17.0	7389	7019	7.55	5.99
2007	16.5	8621	8700	7.06	5.76
2008	16.0	8621	12817	7.33	5.68
2009	15.6	7700	14142	7.28	5.48
2010	15.2	10898	13019	7.13	5.04
2011	15.7	8370	12852	7.78	4.96
2012	17.1	5986	12129	7.75	5.74
2013	16.3	7817	14229	6.93	4.42
2014	14.6	7826	12555	6.20	3.51

10-5 主要年份广播、电视台(站)数
BROADCASTING STATIONS AND TELEVISION CENTERS IN MAJOR YEARS

单位：个 (unit)

年份 Year	无线、电视广播 Radio Tv Radio			人口覆盖率(%) Population Coverage Rate(%)	
	电视、广播电台 Television Broadcasting Stations	中、短波发射台和转播台 Transmission Stations and Relaying Stations for Medium-short	一千瓦以上发射台及转播台 Transmission Stations and Relaying Stations for1000W and Over	广播 Radio	电视 TV
2000	7	2	6	92.75	96.68
2001	7	2	6	92.75	96.68
2002	7	2	6	93.56	96.68
2003	7	2	6	93.56	96.68
2004	2	1	7	93.56	96.68
2005	2	1	5	93.01	96.72
2006	2	1	6	93.02	96.74
2007	2	1	7	93.18	96.91
2008	2	1	8	93.20	96.92
2009	9	1	8	93.20	96.94
2010	9	1	8	93.22	96.95
2011	10	1	8	93.52	97.07
2012	10	1	8	93.53	97.08
2013	10	1	8	97.10	95.42
2014	10	1	8	98.98	99.49

10-6 主要年份卫生事业情况
NUMBER OF BEDS IN HEAL TH CARE INSTITUTIONS IN MAJOR YEARS

年 份 Year	卫生机构 （个） Health Institutions unit)	# 医 院 Hospital	床位 （张） Beds (unit)	# 医 院 Hospital	专业卫生技术人员 （人） Medical Technical per Sanmel(person)	# 医生 Doctons
1965	167	23	2597	2043	3511	1194
1970	173	23	2764	2207	4144	1327
1975	191	48	3622	3044	6036	1667
1980	218	67	4446	4303	6712	3030
1985	264	71	5462	5124	8839	3743
1990	300	81	6771	6331	9933	4333
1995	548	228	11287	9812	16017	9839
2000	290	59	11248	9312	14588	5811
2001	275	59	11307	9481	14973	5910
2002	299	83	11152	9674	15222	6213
2003	308	92	11538	9786	15519	7421
2004	313	95	11751	9873	15574	7017
2005	313	96	11432	9763	14685	6852
2006	310	98	11908	9878	15188	7074
2007	983	89	11485	9233	16349	7573
2008	1122	103	12289	9640	16188	7411
2009	1079	114	14561	10289	18771	8699
2010	1095	112	14828	10345	19143	8399
2011	3025	111	15639	10974	18624	8318
2012	3067	109	15917	11344	19192	8681
2013	3047	112	17617	12982	19453	8712
2014	3099	110	17368	13186	20089	8992

10-7 卫生机构、床位数、人员数 (2014 年)
INSTITUTIONS，BEDS AND PERSONNEL IN HEALTH INSTITUTIONS (2014)

类　别	Type	机构数（个）Health Institutions (unit)	床位数（张）Beds (unit)	人员合计（人）Personnel (person)	#卫生技术人员 Medical Technical Personnel
总　计	Total	3099	17368	26952	20089
一、医院合计	Total Number of Hospitals	110	13186	17094	13916
综合医院	General Hospitals	68	10075	13368	10997
中医医院	Hospitals of Chinese Medicine	9	830	1108	875
中西医结合医院	Hospitals for Chinese and Western Medicine				
专科医院	Specialized Hospitals	33	2281	2618	2044
口腔医院	Stomatological Hospitals	3	19	98	69
传染病院	Hospitals for Infections Diseases	1	500	663	565
精神病院	Mental Hospitals	2	580	471	364
皮肤病院	Dermatology Hospitals	1	20	25	21
妇产医院	Maternity Hospitals	3	58	121	96
儿童医院	Children Hospitals	1	20	15	10
结核病院	Tuberculosis hospitals	1	303	284	215
职业病院	Hospitals for Occupational Diseases				
肿瘤医院	Tumor Hospitals				
康复医院	Recovered Hospitals				
眼科医院	Ophthalmology Hospitals	1	20	35	25
耳鼻喉科医院	Otolaryngology Hospitals	1	20	59	29
骨科医院	Orthopaedics Hospitals	4	165	144	108
其它专科医院	Other Specialized Hospitals	15	576	703	542
二、疗养院	Sanatoriums	1	120	12	4
三、社区卫生服务中心	Community Medical service Center	116	868	2268	1960
四、卫生院合计	Total Number commune Hospitals	146	2900	1650	1335
城市街道卫生院	Urban Areas Neighbour-hood Hospitals	47	553	260	192
乡镇卫生院	Villages Town Hospitals	99	2347	1390	1143
中心卫生院	Centre Hospitals	31	897	433	349
乡卫生院	Villages(Town) Hospitals	68	1450	957	794
五、门诊部合计	Total Number of Clinics	34	51	548	453
综合门诊部	General Clinics	16	13	329	280
中医门诊部	Chinese Medicine Clinics	1		19	12
中西医结合门诊部	Chinese & Western Medicine Clinics	2		11	10
专科门诊部	Special Clinics	15	38	189	151
六、诊所、卫生所、医务室	General Clinics	824		943	933
七、村卫生室	Village Clinics	1817		2710	221

10-7 续表 continued

类别	Type	机构数（个）Health Institutions (unit)	床位数（张）Beds (unit)	人员合计（人）Personnel (person)	#卫生技术人员 Medical Technical Personnel
八、急救中心	First-add Stations	1		19	14
九、采供血机构	Selection and Supplyment	2		119	97
十、妇幼保健机构	Maternity and Child Care Centers	13	93	298	233
1. 省辖市属	Belong to City of Province	1	1	49	40
地辖市属	Belong to City of Province	4		59	46
县属	Belong to County	6	72	147	109
其他	Other	2	20	43	38
2. 妇幼保健所	Maternity and Child Care Centers	1		21	12
妇幼保健院	Maternity and Child Care Hospitals	4	66	144	109
妇幼保健站	Maternity and Child Care Stations	8	27	133	112
十一、专科疾病防治院(所、站)	Special Prevention Institutions	1	150	205	145
结核病防治院	Tuberculosis Prevention Stations				
职业病防治所	Prevention Stations of Occubational Diseases	1	150	205	145
地方病防治所（站）	Endemic Disease Prevention Stations				
十二、疾病预防控制中心	Diseases Prevention and Control Center				
疾病预防控制中心	Diseases Prevention and Control Center	13		512	362
#卫生防疫站	Sanitation and Anti-epidemic Stations				
预防保健中心	Prevention and Care Center				
十三、卫生监督所	Sanitation Supervision stations	12		401	325
省辖市地属	Belong to City (prefecture) of Province	1		90	80
地辖市属	Belong to City of Province	4		90	66
县属	Belong to county	7		221	179
其他	Other				
十四、医学科学研究机构	Research Institutes of Medical Sciences	1		9	
中医(药)研究院(所)	Research Stations of Chinese Medical				
十五、医学在职培训机构	Medical in -sevrice Training Institutes				
十六、健康教育所（站）	Care Education Institutes	2		48	20
十七、其他	Other	5		108	64

主要统计指标解释

普通高等学校 指按照国家规定的审批程序批准举办，通过全国统一招生考试招收高级中等学校毕业生和具有同等学历者，实施高等教育，培养高等专门人材的学校。包括大学、专门学院、专科学院和短期职业大学。

成人高等学校 指按照国家规定的审批程序批准举办，招收在职高中毕业或同等学历者，利用多种形式对成人实施高等教育，培训相当普通高等学校专科或本科毕业水平的专门人才的学校。包括广播电视大学、职工高等学校、农民高等学校、干部管理学院、教育学院、独立函授学院以及普通高等学校举办的函授、夜大等。

小学学龄儿童入学率 指调查范围内已入小学学习的学龄儿童数占全部小学学龄儿童总数（包括弱智儿童在内，但不包括盲聋哑儿童）的比重。计算公式是：

$$小学学龄儿童入学率=\frac{已入学的小学学龄儿童数}{校内外小学学龄儿童部数}\times 100\%$$

艺术表演团体 指从事戏曲、音乐、舞蹈、杂技等专业艺术表演，有独立帐户，实行单独核算的团体。不包括半工半艺、半农半艺的业余团体。

文化馆 指专门从事群众文化活动的群众文化场馆。不包括临时抽调人员组成、没有编制的农村和街道文化工作队、服务站等。

文化市场经营机构 指经文化市场行政部门审批或已申报登记并领取相关许可证的、从事文化经营和文化服务活动的机构。

图书馆 指各类图书馆的管理与服务（对文献和信息的搜集、整理、存储、利用和管理，向社会公众开放并提供科学、文化等各种知识普及教育）。包括公共图书馆和各类机构内部举办的或单独举办的图书馆的管理与服务。不包括部队系统以及文化馆（文化中心、群众艺术馆）、文化站内设的图书室。

文化艺术研究机构 指有明确的研究方向和任务，有一定水平的学术带头人和一定数量、质量的研究人员，有开展工作的基本条件，主要进行文化艺术研究（含科技）的机构。

博物馆 指为了研究、教育、欣赏的目的，收藏、保护、展示人类活动和自然环境的见证物，向公众开放，非营利性、永久性社会服务机构，包括以博物馆（院）、纪念馆（舍）、美术（艺术）馆、科技馆、陈列馆等专有名称开展活动的单位。

电影放映单位 指具有放映机器设备、固定或不固定的放映场所与专职或兼职的放映技术人员，经文化行政部门登记批准，经常为一定的观众对象映出电影的机构。包括经批准对外开放进行营业，并与电影发行放映管理机构分帐的专用放映单位或军委系统租片单位在内。

电影观众人数 指各类放映单位及军委系统租片单位映出的观众人数。一个观众连续看了一部长片和短片专场规定的短片，为二人次。

艺术表演观众人数 指售票、包场演出或民族地区免费演出艺术表演观众人次数。不包括彩排审查和内部观摩演出的观看人次数。

等级运动员人数 指经考核正式批准授予等级运动员称号的人数。运动员等级分为国际级运动健将、运动健将、一级运动员、二级运动员、三级运动员、少年级运动员。

等级裁判员人数 指经考核正式批准授予等级裁判员称号的人数。裁判员等级分为国际裁判、国家级裁判、一级裁判、二级裁判、三级裁判。

体育场 指有 400 米跑道（中心含足球场），有固定道牙，路道 6 条以上，并有固定看台的田径场。以看台容纳观众人数分：甲级 25000 人以上，乙级 15000–25000 人，丙级 5000–15000 人，丁级 5000 人以下。

体育馆 指有固定看台可供篮球、排球、羽毛球、乒乓球、体操等项目训练比赛活动用的室内场地。以看台容纳观众人数分：甲级 6000 人以上，乙级 4000–6000 人，丙级 2000–4000 人，丁级 2000 以下。

卫生技术人员 指在国民经济各行业从事卫生医务工作的自然科学技术的专业人员。包括：正副主任医师、主治医师、医师、医（护）士和未评定职称的技术人员。

Explanatory Notes on Main Statistical Indicators

Regular Institutions of Higher Education refer to educational establishments set up according to the government evaluation and approval procedures, enrolling graduates from senior secondary schools and providing higher education courses and training for senior professionals. They include full–time universities, colleges, institutions of higher professional education, institutions of higher vocational education and others.

Institutions of Higher Education for Adults refer to educational establishments, set up in line with relevant rules approved by the government, enrolling staff and workers with senior secondary school or equivalent education, and providing higher education courses in many forms of correspondence, spare time, or full time for adults. Professionals thus trained receive a qualification equivalent to graduates studying regular courses at regular universities, colleges and professional colleges. Institutions of higher learning for adults include schools of higher education for staff and workers, schools of higher education for peasants, colleges for management cadres, pedagogical colleges, independent correspondence colleges, Radio and TV universities and other educational establishments.

Enrolment Rate of Primary School Age Children refers to the proportion of school age children enrolled at schools to the total number of school age children both in and outside schools (including retarded children, but excluding blind, deaf and mute children). The formula is:

Enrolment Rate of Primary School Age Children=

$$\frac{\text{Total Primary School–age Children at school}}{\text{Total Primary School–age Children Both at and Outside}} \times 100\%$$

Art Performance Troupes refer to the troupes who are engaged in drama, opera, music, dance, acrobatics or other art performance, have independent accounts with banks and have self–supporting accounting system. Troupes who are engaged partly in industrial or agricultural activities, partly in art performance and the professional troupes organized by the mass are not included. The statistics reflect the scale and level of development of professional art troupes nationally.

Culture Centres refer to mass cultural centres which specialize in mass cultural activities. They do not include rural and street cultural teams or service stations that comprise of temporary transferred staff or personnel who do not have a personnel quota.

Cultural Market Operating Units refer to the units dealing in culture and cultural services, which registered and permitted with the relative certificate by cultural market administration.

Libraries refer to management and services of all kinds of libraries, that is, collect, collate, store and manage literature and information, supply various popular knowledge and education of science and culture openly. They include management and service that are carried out internally and singly by public libraries and all kinds of agencies, but don’t include library rooms of army and culture centers or stations.

Culture and Art Research Institutions refer to institutions that mainly do research on culture and art. These institutions own academic leaders to some degree and research personnel to some quantity and quality, have the basic condition to carry out work under definite research direction and task.

Museums refer to social service agencies which collect, protect, exhibit the evidence of human’s activities and natural environment in an open, non–profit and permanent way. They include museum, memorial hall, art gallery, science museum, exhibition hall and so on.

Film Projection Units refer to units with film projection equipment full or part–time projectionists permanent or non–permanent places approved by related administrative departments to show films regularly for certain groups of audience including those film projection units which have been approved to give commercial shows and run business with independent accounting system as well as those film–renting units of the military system.

Number of Spectators at Film refers to the number of spectator at all type of film projection units and at the film–renting units of the military system. It is counted two person–times when one spectator continuously watches one film and anther short film.

Number of Spectators at Art Performance refers to the number of attendants at commercial shows completely booked shows or free shows given in minority national areas and does not include the number of spectators at rehearsals for examination and internal shows for study.

Number of Athletes in Grades refers to the number of athletes who have been given titles through examination. The titles of athletes include international masters of sports masters of sports first–grade second–grade and third–grade sportsmen and young athletes.

Number of Referees in Grades refers to the number of referees who have been given titles after examination. They are classified as international refers national referees and referees of the first second and third grades.

Stadiums refer to stadiums for track and field events with six lane 400–meter tracks around soccer fields permanent track marks and permanent bleachers. Stadiums are classified according to seating capacity. They include: Class a stadiums seating 25000 people each, class b stadiums seating 15000 to 25000 people each, class c stadiums seating 5000 to 15000 people each and class d stadiums seating fewer than 5000 people.

Gymnasiums refer to indoor sports grounds with permanent seats in which basketball volleyball. Badminton table tennis and gymnastics competitions can be held. Gymnasiums are classified according to seating capacity. They include class a gymnasiums seating over 6000 people. Class b gymnasiums seat 4000 to 6000 people. Class c gymnasiums seating 2000 to 4000 people and class d gymnasiums seating fewer than 2000 people.

Public Health Personnel refer to those personnel engaged in medical and health work in different sectors of the national economy, including director doctors and their deputies, doctors in charge, doctors, paramedics, nurses and technical personnel without professional title.

城市篇

INFORMATION OF CITY

资料整理人员

翟寅生　　孙　亮　　赵宇超　　张振兴　　赵艾林

城市情况
INFORMATION OF CITY

总人口数	Number of Population	177.53	万人	(100 million yuan)
地区生产值	Gross Domestic Product	800.01	万元	(100 million yuan)
工业总产值	Gross Industrial Output Value	962.82	亿元	(100 million yuan)
社会消费品零售额	Total Valueofretal Sales of Consumer Good	424.46	亿元	(100 million yuan)

年末总人口（万人）

Population in the end of year (10 000 persons)

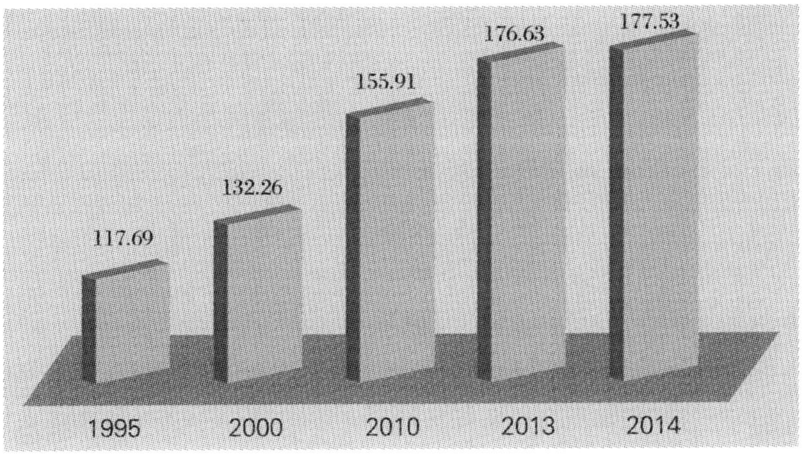

11-1 城市基本情况

指标名称	Item	2000
一、人口、劳动力及土地面积	**Population,Labour and Area of Land**	
年末总人口（万人）	Number of Population at the Year End (10000persons)	132.26
年平均人口(万人)	Average Population of the Year (10000persons)	130.12
年出生人口(人)	Birth Population(person)	37581
年死亡人口(人)	Death Population(person)	9102
年末总户数（万户）	Number of Households(10000 households)	40.18
年末单位从业人员数(万人)	Employee at the End of Year(10000 persons)	43.10
第一产业(农、林、牧渔业)	Primary industry	0.30
第二产业	Secondary industry	23.13
#采掘业	Mining and Quarying	12.01
制造业	Manufacturing Industry	1.28
电力、煤气及水的生产和供应业	Electric Power,Steam &Water Produteion and Supply	1.52
建筑业	Construction	1.32
第三产业	Tertiary Industry	19.67
#交通运输、仓储及邮电通信业	Transport,Storage,Post and Telecommunication	5.35
金融、保险业	Backing and Insurance	0.93
房地产业	Real Estate Trade	0.14
城镇私营和个体从业人员(人)	Self-employed Individuals(person)	24459
年末城镇登记失业人员数(人)	Number of Registered Unemployed Persons(person)	2027
行政区域土地面积(平方公里)	Area of Land (sq.km)	2080
#建成区面积	Developmented Arreas	77
居住用地面积(平方公里)	Area for Housing (sq.km)	
公共设施用地面积(平方公里)	Area of Public Facilities(sq.km)	
工业用地面积(平方公里)	Area for Industry(sq.km)	
二、综合经济	**Economy**	
(一)地区生产总值(当年价格)(万元)	Gross Domestic Product(at current price,10 00 yuan)	1372791
第一产业增加值	Primary Industry	43349
第二产业增加值	Secondary industry	741312

MAJOR INDICATORS OF CITY

2005	2006	2007	2008	2009	2010	2012	2013	2014
143.82	149.05	151.41	153.37	154.69	155.91	156.77	176.63	177.53
143.22	146.43	150.23	152.39	154.03	155.3	156.66	176.18	177.08
13978	18253	17724	15853	16325	25981	14606	14905	25003
6741	4446	4856	5017	5740	11335	9312	7328	7072
48.36	51.26	52.67	53.9	54.99	56.02	58.08	58.52	59.23
38.6	39.89	38.8	36.14	34.81	36.14	37.04	38.42	34.22
0.23	0.24	0.24	0.23	0.08	0.1	0.05	0.05	0.06
21.58	21.97	20.86	20.58	19.5	20.85	21.45	21.67	19.78
13.76	14.02	13.72	13.61	13.36	14.95	13.64	13.72	13.61
5.81	5.53	4.64	4.44	3.71	3.45	4.88	4.72	3.59
1.12	1.29	1.49	1.34	1.23	1.27	1.3	1.13	1.04
0.89	1.13	1.01	1.19	1.2	1.18	1.63	2.1	1.54
16.79	17.68	17.7	15.33	15.23	15.19	15.54	16.7	14.39
5.68	5.3	5.2	1.27	0.98	0.95	2.12	1.13	1.6
0.76	0.76	0.83	0.87	1.25	1.23	1.35		
0.23	0.25	0.25	0.21	1.12	1.09	0.52	0.53	0.43
54454	69063	85697	104988	132478	191032	187149	169777	200727
44700	44100	43900	44000	26931	36003	29395	34614	34975
2080	2080	2080	2080	2080	2080	2080	2080	2080
89	91	91	91	108	108	108	108	
27	27	27	27	33	35	35	35	
12	13	13	13	14	14	14	14	
18	19	19	19	20	20	25	25	
2992601	3297034	3913502	4493022	4881612	5638726	7520161	7742358	8000129
60683	63599	92664	101303	86384	47835	98994	109467	102767
1679625	1801095	2117252	2420658	2467294	2926068	4051277	3876876	3792753

11-1 续表 1

指标名称	Item	2000
第三产业增加值（万人）	Tertiary Industry	588130
地区生产总值（不变价格）（万元）	Gross Domestic Product(at currstant price,10 000 yuan)	1070358
（二）财政、金融、保险	Public Finance & Banking and Insruance	
地方财政一般预算内收入（万元）	Revenue of Local Government (10 000yuan)	71114
地方财政一般预算内支出（万元）	Expenditures of Local Govement (10 000 yuan)	99771
#科学技术费支出	Science	549
教育支出	Education	19057
年末金融机构人民币存款余额（万元）	Blance of Financial Instiutions Deposits at the Year End (10 000 yuan)	2281677
#居民人民币储蓄存款余额	Saving Deposits of Residents in Urban and Rural Areas	1594443
年末金融机构人民币各项贷款余额（万元）	Blance of Financial Instiutions Loans at the Year End(10 000 yuan)	1178244
三、工业	**Industry**	
主营业务收入 2000 万元工业企业主要经济指标	Major Indicators of State-owned and Non-state-owned Above Designated size Industrial Enterprises	
工业企业数（个）	Number of Enterprises (uint)	214
内资企业	Domestic Funded	204
港、澳、台商投资企业	Enterprises Funded by HongKong Macao and Taiwan	3
外商投资企业	Foreign Funded	7
工业总产值（当年价）（万元）	Gross Industrial Output Vaule (at current price ,10 000 yuan)	1107745
内资企业	Domestic Funded	1005777
港、澳、台商投资企业	Enterprises Funded by HongKong Macao and Taiwan	23176
外商投资企业	Foreign Funded	78792
从业人员年平均人数（万人）	Average of Employees(10 000 persons)	22.51
流动资产合计（万元）	Annual Average Balance of Circulating Fumds (10 000 yuan)	1184811
固定资产合计（万元）	Annual Average Balance of Net Value of Fixed Assets (10 000 yuan)	1634538
主营业务收入（万元）	Sales Revenue (10 000 yuan)	1058225
主营业务税金及附加（万元）	Sales Tax and Extre Charges	17129
本年应交增值税（万元）	Value Added Tax Payable (10 000 yuan)	71757
利润总额（万元）	Total of Profits (10 000 yuan)	46979
四、交通运输、邮电通信、能源电力	**Transportation,Posts and Telecommunication, Energy and Eletrical Power**	

continued

2005	2006	2007	2008	2009	2010	2012	2013	2014
1252293	1432340	1703586	1971061	2327935	2664823	3369890	3756015	4104609
2741120	3256786	3714990	3968462	4431211	5000002	7002856	7591460	8123345
176101	228314	290254	393608	402549	461208	688129	810898	891410
303869	361991	456484	655679	649999	808652	1157108	1413442	1354103
1215	1489	3742	5058	4207	4855	5958	6791	9450
46922	57483	85261	127511	177311	206609	242520	207888	216885
6402111	7684545	8730477	10594959	12396102	13304850	16061892	18158757	18137964
3817103	4473486	1973066	6145147	6630614	7451250	9451954	10530919	11419713
1883660	2221086	2861490	3248024	4092510	5288406	6564753	8078388	8868701
202	234	239	162	116	75	91	87	84
199	231	228	149	103	69	83	79	76
		3	2					
3	3	8	11	11	6	8	8	8
2938612	3248484	4360987	5023450	4793017	6188236	9585172	9151589	9628240
2615901	3113615	3956970	4544243	4414308	6027871	8956376	8467608	8916648
		28306	25922					
322711	134869	375711	453285	350831	160365	628796	683981	711592
23.77	24.19	21.81	19.8	20.57	17.55	18.76	18.48	18.17
2136671	2323152	2912088	3448098	4838398	5993251	6830721	9315808	6291328
2180049	2367139	2600956	2906387	4022569	5674055	6907228	9586479	11025736
3532380	3584645	4695208	5303888	5049197	6977151	15276878	16119063	21381714
43679	46845	65141	59339	62806	84665	96114	79537	76876
207277	261594	324150	368941	393400	490503	618964	453757	400323
138335	139012	224763	284994	163740	241730	283378	155504	139445

11-1 续表 2

指标名称	Item	2000
年末邮电局(所)数(处)	Number of Post and Telecommunications Office	63
本地电话用户数(万户)	Number of Subscriber of Local Telephone (10 000 subscnbers)	22.29
年末移动电话用户数(万户)	Number of Subscriber of Mobile Telephone (10 000 subscribers)	14.12
国际互联网用户数(户)	Number of Subscriber of Internet Service (Subscribers)	5395
综合能源消费量(万吨 / 标准煤)	Total Energy Consumption(10 000 tons)	706
全社会用电量(万千瓦时)	Total Electricity (10 000 kw)	406871
#工业用电	Industry	323708
城乡居民生活用电(万千瓦时)	Residential Consumption	22061
五、贸易、外经、旅游	**Domestic Trade,Foreign Trade and Tourism**	
批发零售贸易业商品销售总额(万元)	Total Sale of Wholesale and Retail Trade (10 000 yuan)	710566
社会消费品零售总额(万元)	Total Retail Sale of Consumer Goods (10 000 yuan)	587012
限额以上批发零售	Number of Corporation Engaged in Wholesale and	105
企业数(法人数)(个)	Retail Trade Above Designated Sized (unit)	
六、固定资产投资	**Investment in Fixed Assets**	
固定资产投资完成额(万元)	Total Immvestment in Fixed Assets (10 000 yuan)	299597
#住宅	Residential Buildings	87552
房地产开发投资完成额(万元)	Real Estate Development (10 000 yuan)	78252
#住宅	Residemtial Buildings	63436
全年新增固定资产(万元)	Newly Increased Fixed Assets(10 000 yuan)	379392
商品房屋销售面积(万平方米)	Floor Space of Commercial Houses Selling (10 000 sq.m)	51.14
待售面积(万平方米)	Floor Space of Commercial Houses Lying Idle (10 000 sq.m)	27.09
商品房屋销售额(万元)	Floor Space of Commercial Houses (10 000 yuan)	55249
七、教育、科技、文化、卫生	**Education ,Science & Technology, Culture and Public Health**	
高等学校(所)	Number of Regular Institutions of Higher Education (unit)	4
中等职业教育学校数(所)	Number of Specilized Secondary Schools (unit)	9

continued

2005	2006	2007	2008	2009	2010	2012	2013	2014
65	65	65	59	49	49	51	50	51
59.38	62.63	46.19	44.87	42.6	30.21			
70.09	73.13	99.80	101.00	66.42	166.25			
142937	165291	171751	162412	182665	186195			
951	1122	1229	1028	713	896			
468318	541759	624883	598336	499331	619656	704999	788230	815256
363317	393895	492152	468853	358486	459594	493913	558696	569453
29486	32915	37765	46457	54197	63991	76850	88297	98123
467709	1018408	1150188	778301	1590744	2180640			
955409	1069107	1264500	1841380	1734637	2374141	3246408	3698675	4244590
138	133	106	153	135	159	178	139	175
1482906	1373464	1667773	2143521	3379336	4315613	4863755	5428789	5012125
		194832	563273					
145797	213933	271401	182368	826265	852266	1582089	2195254	2030029
127024		98.02	83403	741108	674094	1060909	1636703	1268366
687613	758056	1269563	993866	1359509	1269872	2386196	3670605	3943484
66.41	79.2	92.44	40.58	47.75	66.9	98.45	114.2	65.29
9.41	16.2	13.21	9.64	33.06	55.23	55.37	87.85	85.71
125518	166231	200554	83946	146360	217032	438472	543700	319946
1	1	1	1	1	1	1	1	1
32	32	33	28	33	28	24	24	25

11-1 续表 3

指标名称	Item	2000
普通中学学校数(所)	Number of Regular Secondary Schools (unit)	105
小学学校数(所)	Number of Primary Schools (unit)	456
普通高等学校教师数(人)	Number of Full-time Teachers in the Regular Instiutions of Higher Education (Person)	1061
中等职业教育学校教师数(人)	Number of Full-time Teachers in the Specilized Secondary Schools (person)	712
普通中学教师数(人)	Number of Full-time Teachers in the Regular Secondary Schools (Person)	6190
小学教师数(人)	Number of Full-time Teachers in the Primary Schools (person)	8857
普通高等学校学生数(人)	Students Emrollment in the Regular Instiutions of Higher Education (person)	8725
高中阶段在校学生数(人)		
中等职业教育学校学生数(人)	Students Emrollment in the Specilized Secondary Schools (person)	11819
普通中学学生数(万人)	Students Emrollment in the Regular Secondary Schools (10 000person)	9.31
小学学生数(万人)	Student Emrollment in the Primary Schools (10 000person)	16.5
成人高等教育在校学生数(人)	Student Emrollment of Adult Education (person)	2203
从事科技活动人员数(人)	persons Emgaged in Sciemtific and Technological Activities (persons)	3915
剧场、影剧院数(个)	Theaters and Music Halls (unit)	5
公共图书馆图书藏量(千册、件)	Total Collections of Public Libraries (1000 volume)	220
医院、卫生院数(个)	Number of Hospitals (unit)	78
医院、卫生院床位数(张)	Beds of Hospitals (bed)	7811
医生数(执业医师+执业助理医师)(人)	Number of Doctors (person)	3712
八、人民生活	**People's Livelihood**	
在岗职工平均人数(万人)	Average Full Employed Staff and Workers (10 000 persons)	43.42
在岗职工工资总额(万元)	Total Wages of Full E mployed Staff and Workers (10 000yuan)	297812
城镇居民人均可支配收入(元)	Per Capita Annual Disposable Income of Urban Residents (yuan)	4606
城镇居民人均消费支出(元)	Per Capita Annual Living Expenditure of Urban Residents (yuan)	3736
(1) 食品	Food	1612
(2) 衣着用品	Clothing	588
(3) 家庭设备、用品及服务	Hosehold Facilities ,Aeticle and Services	239
(4) 医疗保健	Medicine and Medical Services	205
(5) 交通和通讯	Transportation and Telecomunication	197
(6) 娱乐、教育、文化服务	Recreation, aeaducation and a Culture Service	329
(7) 居住	Residence	272

continued

2005	2006	2007	2008	2009	2010	2012	2013	2014
107	109	104	102	102	101	104	105	94
437	403	380	376	362	319	300	211	166
1568	1889	2120	2120	1701	1690	1942	1652	1671
960	1100	1318		1509	1251	1351	1230	1222
7027	7108	7127	7363	7777	7990	8733	8135	8468
10150	10360	10350	10395	10318	9796	8549	9214	9632
26062	27789	30034	33965	30223	30629	36172	30001	29962
						60487	58169	55950
15000	14540	18979	20125	21105	21069	24438	20490	19663
10.98	10.77	10.86	10.91	10.96	10.93	10.12	9.49	9.46
16.77	16.05	15.65	15.56	14.54	14.03	12.73	11.2	11.12
5460	7805	8546	8400	12458	10570	20196	16035	17418
		81390	82800	83250	86497	9483	10034	12258
5	5	5	5	5	5	5	5	5
303	308	282	322	330	378	387	398	372
114	114	114	122	133	109	102	100	99
8667	9203	8536	8839	8966	8948	9419	10976	11295
3822	4700	12238	5386	6487	6309	6398	6450	6740
38.15	38.8	37.77	38.66	34.1	33.45	34.89	35.28	31.34
632929	794668	895398	1036168	988055	1208806	1800639	1941751	1893864
8526	9765	11508	13758	14585	16103	21482	21224	23043
6389	6962	7849	7173	9381	10133	13441	11202	
2372	2442	2920	2993	3056	3571	4746		
921	1023	1153	1208	1351	1421	1759		
393	393	468	635	798	581	719		
522	517	700	942	1021	857	721		
505	619	633	655	666	960	1866		
732	914	962	1357	1180	1124	1722		
776	842	765	1060	1113	1250	1374		

11-1 续表 4

指标名称	Item	2000
居民消费价格指数(上年为 100)	General Residemt Consumer Price Index (last year=100)	107.3
年末离休、退休、退职人员数(万人)	Number of Retired and Resgned Staff & Workers (10 000 person)	11.00
城镇职工基本养老保险参保职工(人)	Number of Staff and Workers Joining Basic Old-age Insurance (person)	
城镇基本医疗保险参保人数(人)	Number of Staff and Workers Joining Basic Medical Insurance (person)	
失业保险参保人数(人)	Number of Staff and Workers Joining Losing-job Insurance (person)	
社会福利院数(个)	Number of Social Welfare Homes (unit)	27
社会福利院床位数(张)	Beds of Social Welfare Homes (bed)	599
社区服务设施数(个)	Number of Urban Welfare Facilities (unit)	680
城镇居民最低生活保障人数(人)	Number of Persons Receiving Lowest Cost-of-living in Urban(person)	3796
九、社会治安	**Public Security**	
交通事故死亡人数(人)	Number of Deaths in the Traffic Accidents (person)	
刑事案件立案数(件)	Number of Criminal Cases Registered (case)	5245
犯罪人数(人)	Number of Criminal Persons (person)	1020
十、市政公用事业	**Urban Public Utilities**	
年末实有城市道路面积(万平方米)	Area of Paved Roads at the End of Year (10 000 sq.m)	757
排水管道总长度(公里)	Length of Sewer Pipeline (km)	302
供水综合生产能力(包括自备水源)(万立方米/日)	Capacity of Water Supply (10 000 cu\day)	66
城市供水总量(万吨)	Auunal Supply of Water (10 000 tons)	13065
#居民生活用水量	Water Consumption for Residential Use	4709
用水人口(万人)	Population with Access to Tap Water (10 000 persons)	114.80
供气总量(人工、天然气)(万立方米)	Supply of Gas (Narural Gas)(10 000 cu.m)	8227
#家庭用量(万立方米)	Consumption for Residential Use	7596
用气人口(人)	Population with Access to Gas (persons)	676500
液化石油气供气总量(吨)	Supply of Liquefied Petroleum Gas (tons)	3910
#家庭用量(吨)	Consumption for Residential Use	3910
用液化气人口(人)	Population with Access to Liquefied Petuoleum Gas (person)	100700
年末实有公共汽(电)车营运车辆数(辆)	Number of Public Transportation Vehiles (year end)	368
全年公共汽(电)车客运总量(万人次)	Number of Passerjer of Public Transportation Vehiles (10 000 person)	6438
年末实有出租汽车数(辆)	Number of Taxis (year-end)	4482
绿地面积(公顷)	Public Green Areas (hectare)	184
建成区绿化覆盖面积(公顷)	Area of Afforestation in the Dvveloped Area (hectare)	1939

continued

2005	2006	2007	2008	2009	2010	2012	2013	2014
101.1	101.5	104.2	107.1	99.4	102.9	102.3	102.7	101.7
12.87	13							
231000	231600	231800	234472	245881	266710	325561		
292000	292600	310000	354972	372076	388758	851370	867593	854557
388000	388000	379000	378339	326202	364889	376866	386599	387861
29	33	34	36	29	37	41	40	45
2436	2819	3055	3378	2204	4328	5216	5592	6260
290	280	280	165	170	168	139	1116	478
143932	142469	142469	142469	143724	146470	148491	139565	107712
130	110	109	78	31	38	34	36	35
6369	5812	7086	6374	6837	7035	602	637	837
863	726	1009	1121	921	750	885	903	1260
913	918	1230	1237	1484	1767	2007	2026	2029
323	324	327	352	391	488	574	606	638
51.53	55.3	55.3	55.3	55.3	56.6	55.3	55.3	59
11930	11532	11763	11115	12948	8060	8716	8816	8621
4155	4405	4435	4239	4069	3489	3814	3439	3281
133.98	139	139	125	126.7	128.1	127.8	127.81	125.18
9338	9350	9470	10018	7672	9212	10706	10782	11794
8277	7761	7781	7832	2487	2638	3186	3495	3815
679200	680300	700400	700400	910000	941800	1205000	1252500	1204300
4500	4600	4800	4830	4980	5000	10612	10756	10772
4360	4426	4625	4725	4790	4800	3250	3496	3314
110000	112000	129000	132000	168000	170000	47500	48600	30000
481	476	606	614	974	811	866	1066	838
8340	8611	9855	11907	14886	12434	17735.71	20900.79	21379.01
4605	4600	4625	4625	4625	4983	4970	4970	4958
498	541	577	597	658	876	4504	4615	4845
2565	2655	2876	2919	3931	4046	4504	4615	4845

主要统计指标解释

城乡居民生活用电　指市民住宅、集体宿舍、招待所、机关、商店、学校等照明用电。

供水总量 指自来水厂供出厂外的全部水量，包括有效供水量及损失水量。

实有公共汽（电）车运营车辆 是指城市公共交通企业可参加营运的全部车辆数。包括技术完好的、在修的、待修的、长期停驶的，以及拟报废尚未经上级主管部门批准报废的运营车辆数。不包括公交企业的油罐车、货车和其他专用车等非运营车，也不包括借入、租入的客运车辆。

公共汽（电）车客运总量　指运送乘客的总人数。包括普通票乘客人次，月票乘客人次和包车乘客人次。普通票乘客人次按上车付现金购票，一张票计算一个人次；月票日乘车次按 5 个人次计算；团体包车，一个乘客按一个人次计算，往返按二个人计算。

供气总量（人工煤气、天然气）　指城市煤气企业向城市生产用户、家庭用户和其他用户供应的全部煤气量，包括外购及损失量。

居民生活用水量　指城市范围内所有居民家庭的日常生活用水。包括城市居民、农民家庭、公共供水站用水。

Explanatory Notes on Main Statistical Indicators

Consumption of Electricity for Residential Use refers to lighting consumption being used in residence, collective dormitory, rest house, department, store and school.

Total Volume of Water Supply refers to total water volume supplied by waterworks including both the effective water supply and loss during water supply.

Number of Public Buses (Trolley Buses) refers to the total number of operational buses available, including the operational vehicles and vehicles in stock. Non–operational vehicles such as tank cars, machine shop cars, trucks and special vehicles and the borrowed passenger vehicles are excluded.

Number of Passengers Carried by Bus (Trolley Bus) refers to the total person–times of passengers carried by buses and trolley bus, including ordinary tickets passengers, monthly tickets passengers and group passengers. A ordinary ticket is calculated as one person–time; monthly tickets in a day are calculated as 5 person–times; a passenger in group is calculated as one person–time, while two person–times for a round trip.

Volume of (Manufactured and Natural Gas) Supply refers to the total volume of gas sold to city produce users, household users and other users by gas corporations, including volume purchased and loss.

Consumption of Water for Households refers to water consumption of total household for daily life in city, including water consumption of urban households, rural households and public water supply.

县区篇

PART OF COUNTY AND REGION

资料整理人员

王志铭　　杨　雁　　李　涛　　高锦霞　　王少卿

12-1 各县区主要经济指标(2014年)
MAJOR ECONOMIC INDICATOR OF SIX CITIES AT PREFECTURE LEVEL (2014)

指　　标	Item	全　市 Region
总户数(万户)	Number of Households (10 000 households)	128.13
总人口(万人)	Number of Population (10 000 persons)	339.19
#非农业人口	Urban	203.66
年末单位从业人员数(万人)	Employee (10 000 persons)	41.97
土地面积(平方公里)	Area of Land (sq.km)	14112
地区生产总值(亿元)	Gross Domestic Product (10 000 yuan)	1001.73
第一产业	Primary Industry	57.05
第二产业	Secondary Industry	445.50
#工业	Industry	378.08
第三产业	Tertiary Industry	499.18
人均生产总值(元)	Gross Domestic Product (yuan)	29607
农林牧渔业总产值(万元)	Gross Output Value of Farming ,Forestry , Animal Husbandry and Fishery (10 000yuan)	1078606
粮食总产量(吨)	Output of Grain (ton)	1040249
肉类总产量(吨)	Output of Meat (ton)	136429
工业企业数(个)	Number of Enterprises (unit)	173
工业总产值(当年价,万元)	Gross Output Value of Industry (at current price, 10 000 yuan)	10810774
本地电话用户数(万户)	Number of T elephone Subscribers (10 000 subscribers)	444.02
年末移动电话用户数(万户)	Number of Moble Telephone Subscribers (10 000 subscriber)	400.22
全年用电量(万千瓦时)	Electricity Consumption (10 000 kwh)	1004460
#工业用电	Industry	672955
固定资产投资总额(万元)	Investment in Fixed Assets (10 000 yuan)	10724080
社会消费品零售总额(万元)	Total Retail Sales of Consumer Goods (10 000 yuan)	5414288
公共财政预算收入(万元)	Local Governments Revenue (10 000yuan)	1049448
公共财政预算支出(万元)	Local Governments Expenditures (10 000 yuan)	2221096
在校学生数	Student Enrollment	
高等学校(人)	Institutions of Highter Education(person)	29962
中等专业学校(人)	Specialized Secondary Schools (person)	25617
普通中学(万人)	Regular Secondary Schools (10 000 persons)	17.50
小　学(万人)	Primary Schools (10 000 Persons)	19.68
医院、卫生院数(个)	Number of Hospital (unit)	256
医院、卫生院床位数(张)	Number of Beds in Hospital (bed)	16086
医生数(人)	Number of Doctors (Person)	8992
农民人均纯收入(元)	Annual Percapita Net Income of Rural Residents (yuan)	7137
在岗职工平均工资(元)	Average Wage of staff and Workers (yuan)	53545
公路通车里程(公里)	Length of Highway (km)	12541

注：工业经济统计口径为主营业务收入2000万元以上工业企业。
Numbers of industry are state−owned enterprises,large & medium−sized enterprises and non−state−owned enterprises with sale over twenty million.

12-1 续表 1 continued

指 标	Item	城 区 chengqu
总人口(万人)	Number of Population (10 000 persons)	73.94
#城镇人口	Urban	73.94
城镇单位从业人员数(万人)	Employee (10 000 persons)	12.06
乡村劳动力(人)	Number of Rural Laborers (Person)	
土地面积(平方公里)	Area of Land (sq.km)	68
地区生产总值(万元)	Gross Domestic Product (10 000 yuan)	1400434
第一产业	Primary Industry	
第二产业	Secondary Industry	560698
#工业	Industry	219101
第三产业	Tertiary Industry	839736
人均生产总值(元)	Gross Domestic Product (yuan)	
农林牧渔业总产值(万元)	Gross Output Value of Farming ,Forestry ,Animal Husbandry and Fishery (10 000yuan)	
粮食总产量(吨)	Output of Grain (ton)	
肉类总产量(吨)	Output of Meat (ton)	
工业企业数(个)	Number of Enterprises (unit)	18
工业总产值(当年价,万元)	Gross Output Value of Industry (at current price, 10000 yuan)	968298
固定资产投资总额(万元)	Investment in Fixed Assets (10 000 yuan)	1512084
社会消费品零售总额(万元)	Total Retail Sales of Consumer Goods (10 000 yuan)	2145950
公共财政预算收入(万元)	Local Governments Revenue (10 000yuan)	42038
公共财政预算支出(万元)	Local Governments Expenditures (10 000 yuan)	121019
农民人均纯收入(元)	Annual Percapita Net Income of Rural Residents (yuan)	
在岗职工平均工资(元)	Average Wage of staff and Workers (yuan)	42736

12-1 续表 2 continued

指　　标	Item	矿　区 kuangqu
总人口 (万人)	Number of Population (10 000 persons)	50.98
#城镇人口	Urban	50.98
城镇单位从业人员数 (万人)	Employee (10000 persons)	1.38
乡村劳动力 (人)	Number of Rural Laborers (Person)	
土地面积 (平方公里)	Area of Land (sq.km)	
地区生产总值 (万元)	Gross Domestic Product (10 000 yuan)	224629
第一产业	Primary Industry	
第二产业	Secondary Industry	25319
#工业	Industry	17301
第三产业	Tertiary Industry	199310
人均生产总值 (元)	Gross Domestic Product (yuan)	
农林牧渔业总产值 (万元)	Gross Output Value of Farming ,Forestry , Animal Husbandry and Fishery (10 000yuan)	
粮食总产量 (吨)	Output of Grain (ton)	
肉类总产量 (吨)	Output of Meat (ton)	
工业企业数 (个)	Number of Enterprises (unit)	9
工业总产值 (当年价 , 万元)	Gross Output Value of Industry (at current price， 10000 yuan)	37739
固定资产投资总额 (万元)	Investment in Fixed Assets (10 000 yuan)	172550
社会消费品零售总额 (万元)	Total Retail Sales of Consumer Goods (10 000 yuan)	845472
公共财政预算收入 (万元)	Local Governments Revenue (10 000yuan)	11641
公共财政预算支出 (万元)	Local Governments Expenditures (10 000 yuan)	119652
农民人均纯收入 (元)	Annual Percapita Net Income of Rural Residents (yuan)	
在岗职工平均工资 (元)	Average Wage of staff and Workers (yuan)	43187

12-1 续表 3 continued

指 标	Item	南 郊 nanjiao
总人口(万人)	Number of Population (10 000 persons)	41.57
#城镇人口	Urban	17.89
城镇单位从业人员数(万人)	Employee (10000 persons)	4.61
乡村劳动力(人)	Number of Rural Laborers (Person)	154175
土地面积(平方公里)	Area of Land (sq.km)	1050
地区生产总值(万元)	Gross Domestic Product (10 000 yuan)	4205524
第一产业	Primary Industry	81094
第二产业	Secondary Industry	3235580
#工业	Industry	3057322
第三产业	Tertiary Industry	888850
人均生产总值(元)	Gross Domestic Product (yuan)	101171
农林牧渔业总产值(万元)	Gross Output Value of Farming ,Forestry , Animal Husbandry and Fishery (10 000yuan)	121742
粮食总产量(吨)	Output of Grain (ton)	63559
肉类总产量(吨)	Output of Meat (ton)	10002
工业企业数(个)	Number of Enterprises (unit)	29
工业总产值(当年价,万元)	Gross Output Value of Industry (at current price, 10000 yuan)	1264242
固定资产投资总额(万元)	Investment in Fixed Assets (10 000 yuan)	2101129
社会消费品零售总额(万元)	Total Retail Sales of Consumer Goods (10 000 yuan)	947283
公共财政预算收入(万元)	Local Governments Revenue (10 000yuan)	94328
公共财政预算支出(万元)	Local Governments Expenditures (10 000 yuan)	136599
农民人均纯收入(元)	Annual Percapita Net Income of Rural Residents (yuan)	11687
在岗职工平均工资(元)	Average Wage of staff and Workers (yuan)	44017

12-1 **续表 4　continued**

指　　标	Item	新　荣 xingrong
总人口(万人)	Number of Population (10 000 persons)	11.04
#城镇人口	Urban	3.39
城镇单位从业人员数(万人)	Employee (10000 persons)	0.90
乡村劳动力(人)	Number of Rural Laborers (Person)	51275
土地面积(平方公里)	Area of Land (sq.km)	1018
地区生产总值(万元)	Gross Domestic Product (10 000 yuan)	281366
第一产业	Primary Industry	41907
第二产业	Secondary Industry	153221
#工业	Industry	152461
第三产业	Tertiary Industry	86238
人均生产总值(元)	Gross Domestic Product (yuan)	25579
农林牧渔业总产值(万元)	Gross Output Value of Farming ,Forestry , Animal Husbandry and Fishery (10 000yuan)	70935
粮食总产量(吨)	Output of Grain (ton)	50474
肉类总产量(吨)	Output of Meat (ton)	5230
工业企业数(个)	Number of Enterprises (unit)	13
工业总产值(当年价,万元)	Gross Output Value of Industry (at current price, 10000 yuan)	205633
固定资产投资总额(万元)	Investment in Fixed Assets (10 000 yuan)	596162
社会消费品零售总额(万元)	Total Retail Sales of Consumer Goods (10 000 yuan)	90662
公共财政预算收入(万元)	Local Governments Revenue (10 000yuan)	15033
公共财政预算支出(万元)	Local Governments Expenditures (10 000 yuan)	61243
农民人均纯收入(元)	Annual Percapita Net Income of Rural Residents (yuan)	7063
在岗职工平均工资(元)	Average Wage of staff and Workers (yuan)	39581

12-1 续表 5 continued

指　　标	Item	阳　高 Yanggao
总人口(万人)	Number of Population (10 000 persons)	27.81
#城镇人口	Urban	10.45
城镇单位从业人员数(万人)	Employee (10000 persons)	1.02
乡村劳动力(人)	Number of Rural Laborers (Person)	11576
土地面积(平方公里)	Area of Land (sq.km)	1668
地区生产总值(万元)	Gross Domestic Product (10 000 yuan)	270460
第一产业	Primary Industry	105339
第二产业	Secondary Industry	47655
#工业	Industry	40842
第三产业	Tertiary Industry	117466
人均生产总值(元)	Gross Domestic Product (yuan)	9743
农林牧渔业总产值(万元)	Gross Output Value of Farming ,Forestry , Animal Husbandry and Fishery (10 000yuan)	216846
粮食总产量(吨)	Output of Grain (ton)	246368
肉类总产量(吨)	Output of Meat (ton)	42069
工业企业数(个)	Number of Enterprises (unit)	8
工业总产值(当年价,万元)	Gross Output Value of Industry (at current price， 10000 yuan)	166299
固定资产投资总额(万元)	Investment in Fixed Assets (10 000 yuan)	715798
社会消费品零售总额(万元)	Total Retail Sales of Consumer Goods (10 000 yuan)	100649
公共财政预算收入(万元)	Local Governments Revenue (10 000yuan)	14217
公共财政预算支出(万元)	Local Governments Expenditures (10 000 yuan)	126266
农民人均纯收入(元)	Annual Percapita Net Income of Rural Residents (yuan)	5748
在岗职工平均工资(元)	Average Wage of staff and Workers (yuan)	39897

12-1 续表 6 continued

指 标	Item	天 镇 Tianzhen
总人口(万人)	Number of Population (10 000 persons)	21.09
#城镇人口	Urban	7.8
城镇单位从业人员数(万人)	Employee (10000 persons)	0.67
乡村劳动力(人)	Number of Rural Laborers (Person)	84351
土地面积(平方公里)	Area of Land (sq.km)	1635
地区生产总值(万元)	Gross Domestic Product (10 000 yuan)	205893
第一产业	Primary Industry	60632
第二产业	Secondary Industry	58798
#工业	Industry	47138
第三产业	Tertiary Industry	86463
人均生产总值(元)	Gross Domestic Product (yuan)	9761
农林牧渔业总产值(万元)	Gross Output Value of Farming ,Forestry , Animal Husbandry and Fishery (10 000yuan)	110705
粮食总产量(吨)	Output of Grain (ton)	161143
肉类总产量(吨)	Output of Meat (ton)	16464
工业企业数(个)	Number of Enterprises (unit)	10
工业总产值(当年价,万元)	Gross Output Value of Industry (at current price， 10000 yuan)	94926
固定资产投资总额(万元)	Investment in Fixed Assets (10 000 yuan)	621167
社会消费品零售总额(万元)	Total Retail Sales of Consumer Goods (10 000 yuan)	85122
公共财政预算收入(万元)	Local Governments Revenue (10 000yuan)	10327
公共财政预算支出(万元)	Local Governments Expenditures (10 000 yuan)	120376
农民人均纯收入(元)	Annual Percapita Net Income of Rural Residents (yuan)	5235
在岗职工平均工资(元)	Average Wage of staff and Workers (yuan)	33218

12-1 续表 7 continued

指 标	Item	广 灵 Guangling
总人口(万人)	Number of Population (10 000 persons)	18.69
#城镇人口	Urban	4.87
城镇单位从业人员数(万人)	Employee (10000 persons)	0.97
乡村劳动力(人)	Number of Rural Laborers (Person)	69838
土地面积(平方公里)	Area of Land (sq.km)	1283
地区生产总值(万元)	Gross Domestic Product (10 000 yuan)	207464
第一产业	Primary Industry	55835
第二产业	Secondary Industry	65873
#工业	Industry	55893
第三产业	Tertiary Industry	85756
人均生产总值(元)	Gross Domestic Product (yuan)	11279
农林牧渔业总产值(万元)	Gross Output Value of Farming ,Forestry , Animal Husbandry and Fishery (10 000yuan)	113827
粮食总产量(吨)	Output of Grain (ton)	150741
肉类总产量(吨)	Output of Meat (ton)	11374
工业企业数(个)	Number of Enterprises (unit)	10
工业总产值(当年价,万元)	Gross Output Value of Industry (at current price, 10000 yuan)	117025
固定资产投资总额(万元)	Investment in Fixed Assets (10 000 yuan)	592308
社会消费品零售总额(万元)	Total Retail Sales of Consumer Goods (10 000 yuan)	87866
公共财政预算收入(万元)	Local Governments Revenue (10 000yuan)	10302
公共财政预算支出(万元)	Local Governments Expenditures (10 000 yuan)	114783
农民人均纯收入(元)	Annual Percapita Net Income of Rural Residents (yuan)	5553
在岗职工平均工资(元)	Average Wage of staff and Workers (yuan)	34548

12-1 续表 8 continued

指　　标	Item	灵　丘 Lingqiu
总人口(万人)	Number of Population (10 000 persons)	23.93
#城镇人口	Urban	6.71
城镇单位从业人员数(万人)	Employee (10000 persons)	1.32
乡村劳动力(人)	Number of Rural Laborers (Person)	101818
土地面积(平方公里)	Area of Land (sq.km)	2730
地区生产总值(万元)	Gross Domestic Product (10 000 yuan)	317178
第一产业	Primary Industry	34017
第二产业	Secondary Industry	150363
#工业	Industry	144880
第三产业	Tertiary Industry	132798
人均生产总值(元)	Gross Domestic Product (yuan)	13355
农林牧渔业总产值(万元)	Gross Output Value of Farming ,Forestry , Animal Husbandry and Fishery (10 000yuan)	73213
粮食总产量(吨)	Output of Grain (ton)	81802
肉类总产量(吨)	Output of Meat (ton)	11298
工业企业数(个)	Number of Enterprises (unit)	25
工业总产值(当年价,万元)	Gross Output Value of Industry (at current price， 10000 yuan)	212079
固定资产投资总额(万元)	Investment in Fixed Assets (10 000 yuan)	822225
社会消费品零售总额(万元)	Total Retail Sales of Consumer Goods (10 000 yuan)	265106
公共财政预算收入(万元)	Local Governments Revenue (10 000yuan)	18713
公共财政预算支出(万元)	Local Governments Expenditures (10 000 yuan)	129282
农民人均纯收入(元)	Annual Percapita Net Income of Rural Residents (yuan)	5804
在岗职工平均工资(元)	Average Wage of staff and Workers (yuan)	32413

12-1 续表 9 continued

指　　标	Item	浑　源 Hunyuan
总人口(万人)	Number of Population (10 000 persons)	35.12
#城镇人口	Urban	13.07
城镇单位从业人员数(万人)	Employee (10000 persons)	1.28
乡村劳动力(人)	Number of Rural Laborers (Person)	146858
土地面积(平方公里)	Area of Land (sq.km)	1966
地区生产总值(万元)	Gross Domestic Product (10 000 yuan)	381086
第一产业	Primary Industry	110008
第二产业	Secondary Industry	121461
#工业	Industry	115598
第三产业	Tertiary Industry	149617
人均生产总值(元)	Gross Domestic Product (yuan)	10882
农林牧渔业总产值(万元)	Gross Output Value of Farming ,Forestry , Animal Husbandry and Fishery (10 000yuan)	177705
粮食总产量(吨)	Output of Grain (ton)	156729
肉类总产量(吨)	Output of Meat (ton)	22458
工业企业数(个)	Number of Enterprises (unit)	10
工业总产值(当年价,万元)	"Gross Output Value of Industry (at current price, 10000 yuan)"	216654
固定资产投资总额(万元)	Investment in Fixed Assets (10 000 yuan)	981693
社会消费品零售总额(万元)	Total Retail Sales of Consumer Goods (10 000 yuan)	282244
公共财政预算收入(万元)	Local Governments Revenue (10 000yuan)	28415
公共财政预算支出(万元)	Local Governments Expenditures (10 000 yuan)	158345
农民人均纯收入(元)	Annual Percapita Net Income of Rural Residents (yuan)	5758
在岗职工平均工资(元)	Average Wage of staff and Workers (yuan)	45992

12-1 续表 10 continued

指　标	Item	左 云 Zuoyun
总人口(万人)	Number of Population (10 000 persons)	15.99
#城镇人口	Urban	7.35
城镇单位从业人员数(万人)	Employee (10000 persons)	1.50
乡村劳动力(人)	Number of Rural Laborers (Person)	58070
土地面积(平方公里)	Area of Land (sq.km)	1314
地区生产总值(万元)	Gross Domestic Product (10 000 yuan)	385379
第一产业	Primary Industry	26678
第二产业	Secondary Industry	162031
#工业	Industry	147800
第三产业	Tertiary Industry	196670
人均生产总值(元)	Gross Domestic Product (yuan)	24162
农林牧渔业总产值(万元)	Gross Output Value of Farming ,Forestry , Animal Husbandry and Fishery (10 000yuan)	53720
粮食总产量(吨)	Output of Grain (ton)	33859
肉类总产量(吨)	Output of Meat (ton)	5898
工业企业数(个)	Number of Enterprises (unit)	8
工业总产值(当年价,万元)	Gross Output Value of Industry (at current price, 10000 yuan)	156747
固定资产投资总额(万元)	Investment in Fixed Assets (10 000 yuan)	1228367
社会消费品零售总额(万元)	Total Retail Sales of Consumer Goods (10 000 yuan)	205728
公共财政预算收入(万元)	Local Governments Revenue (10 000yuan)	53339
公共财政预算支出(万元)	Local Governments Expenditures (10 000 yuan)	110727
农民人均纯收入(元)	Annual Percapita Net Income of Rural Residents (yuan)	9343
在岗职工平均工资(元)	Average Wage of staff and Workers (yuan)	34774

12-1 续表 11 continued

指　标	Item	大 同 Datong
总人口(万人)	Number of Population (10 000 persons)	19.02
#城镇人口	Urban	7.15
城镇单位从业人员数(万人)	Employee (10000 persons)	0.98
乡村劳动力(人)	Number of Rural Laborers (Person)	68549
土地面积(平方公里)	Area of Land (sq.km)	1498
地区生产总值(万元)	Gross Domestic Product (10 000 yuan)	249667
第一产业	Primary Industry	73571
第二产业	Secondary Industry	56034
#工业	Industry	43329
第三产业	Tertiary Industry	120062
人均生产总值(元)	Gross Domestic Product (yuan)	14105
农林牧渔业总产值(万元)	Gross Output Value of Farming ,Forestry , Animal Husbandry and Fishery (10 000yuan)	136090
粮食总产量(吨)	Output of Grain (ton)	95574
肉类总产量(吨)	Output of Meat (ton)	11635
工业企业数(个)	Number of Enterprises (unit)	18
工业总产值(当年价,万元)	Gross Output Value of Industry (at current price, 10000 yuan)	218804
固定资产投资总额(万元)	Investment in Fixed Assets (10 000 yuan)	750397
社会消费品零售总额(万元)	Total Retail Sales of Consumer Goods (10 000 yuan)	142983
公共财政预算收入(万元)	Local Governments Revenue (10 000yuan)	22727
公共财政预算支出(万元)	Local Governments Expenditures (10 000 yuan)	103480
农民人均纯收入(元)	Annual Percapita Net Income of Rural Residents (yuan)	7081
在岗职工平均工资(元)	Average Wage of staff and Workers (yuan)	37638

12-2 经济技术开发区综合情况
KEY STATISTICS OF NEW AND HIGH-TECH DEVELOPMENT DISTRICTS

指　标	Item	2013	2014
当年地区生产总值(万元)	Gross Domestic Product	358857	402565
当年工业总产值(万元)	Gross Industry Output Value	762000	794434
当年进出口总额(万美元)	Total Value Imports and Exports (USD 10 000)	15373.0	20418.0
出口总额(万美元)	Total Value of Exports (USD 10 000)	15243.0	20367.0
进口总额(万美元)	Total Value of Imports (USD 10000)	130.0	51.0
税收收入(万元)	Income of Tax	61869	
当年财政收入(万元)	Financial Revenue	63385	
全区从业人员(万人)	Employmees (10 000 persons)		
当年合同利用外资金额(万美元)	Contract Utilization of Foreign Capital (USD 10 000)		
当年实际使用外资金额(万美元)	Actural Utilization of Foreign Capital (USD 10 000)	130	519
当年入区企业数(个)	Enterprises Registered in the Districts (unit)		
当年引进国内资金(万元)	Funds Introduced from Domestic	39000	62000
#引进省外资金(万元)	Funds Introduced from Outside of Province	39000	62000
科工贸总收入(万元)	Total Income of Technology, Industry and Trade		

12-3 总人口数(2014年)
POPULATION (2014)

单位:人 (person)

县　区	Region	总人口 Population	按性别分 By Sex		按城镇、乡村分(人) By Agricultural or Non-agricultural (person)	
			男　性 Male	女　性 Famle	城镇人口 City	乡村人口 Country
全　市	**Total**	**3391947**	**1732173**	**1659774**	**2036609**	**1355338**
城　区	Chengqu	739398	366745	372653	739398	
矿　区	Kuangqu	509830	259503	250327	509830	
南郊区	Nanjiao	415685	211937	203748	178944	236741
新荣区	Xinrong	110405	57558	52847	33893	76512
阳高县	Yanggao	278132	141799	136333	104466	173666
天镇县	Tianzhen	210928	108875	102053	78443	132485
广灵县	Guanglin	186911	98338	88573	48708	138203
灵丘县	Lingqiu	239304	127267	112037	67148	172156
浑源县	Hunyuan	351190	178869	172321	130748	220442
左云县	Zuoyun	159935	82475	77460	73506	86429
大同县	Datong	190229	98807	91422	71525	118704

12-4 国民经济核算主要指标（2014 年）
MAJOR INDICATORS OF THE NATIONAL COUNT (2014)

县 区 Region	总产出 Total Output	第一产业 Primary Industry	第二产业 Secondary Industry	#工 业 Industry	第三产业 Tertiary Industry	#交通运输仓储邮电业 Transportation Storage and Post	#批发和零售 Wholesale and Retai Trades	#住宿和餐 饮 Lodging and Catering Trades
全 市 Total	**27588990**	**1049323**	**14625406**	**13271194**	**11914261**	**3660426**	**2391303**	**700821**
城 区 Chengqu	5024922		1700607	962570	3324315		1749001	358847
矿 区 Kuangqu	1663910		108017	78461	1555893		1238925	134244
南郊区 Nanjiao	12314716	12314716	9999431	9620176	2193543	831070	351662	138280
新荣区 Xinrong	742815	70935	413285	412594	258595	64015	87137	23828
阳高县 Yanggao	618691	216846	214646	202856	187199	21408	21560	3785
天镇县 Tianzhen	487954	110705	151448	126623	225801	41449	102339	4941
广灵县 Guanglin	493494	106073	261409	226457	126012	13200	19953	4407
灵丘县 Lingqiu	680305	73123	412001	395575	195091	25650	43265	26899
浑源县 Hunyuan	808610	177703	267972	267972	362935	38976	57743	51855
左云县 Zuoyun	925481	53720	415537	371511	456224	128927	151246	27764
大同县 Datong	736479	136477	194653	173826	403549	75512	241726	10992

县 区 Region	地区生产总值 GrossDomestic Productt	第一产业 Primary Industry	第二产业 Secondary Industry	#工 业 Industry	第三产业 Tertiary Industry	#交通运输仓储邮电业 Transportation Storage and Post	#批发和零售 Wholesale and Retai Trades	#住宿和餐 饮 Lodging and Catering Trades
全 市 Total	**10017256**	**570511**	**4454968**	**3780756**	**4991777**	**1085293**	**746416**	**297029**
城 区 Chengqu	1400434		560698	219101	839736		379841	78939
矿 区 Kuangqu	224629		25319	17301	199310		95240	33691
南郊区 Nanjiao	4205524	81094	3235580	3057322	888850	353728	139386	60512
新荣区 Xinrong	281366	41907	153221	152461	86238	19134	17669	7820
阳高县 Yanggao	270460	105339	47655	40842	117466	6302	11146	3212
天镇县 Tianzhen	205893	60632	58798	47138	86463	14911	17240	1862
广灵县 Guanglin	207464	55835	65873	55893	85756	8742	12791	5881
灵丘县 Lingqiu	317178	34017	150363	144880	132798	15995	26882	13978
浑源县 Hunyuan	381086	110008	121461	115598	149617	13941	33331	34773
左云县 Zuoyun	385379	26678	162031	147800	196670	51527	33863	11235
大同县 Datong	249667	73571	56034	43329	120062	23922	31797	5260

12-4 续表 continued

县区 Region		人均地区生产总值（元/人）Per Capita Gap (yuan/person)	资本形成总额 Gross Capital Formation (10 000 yuan)	最终消费（万元）Final Consumption Expenditure (10 000 yuan)	居民总消费水平（元）Household Consumption Expenditure(yuan)	农村居民 Rural Households	城镇居民 Urban Household
全 市	**Total**	**29607**	**7736638**	**4651376**	**10376**	**5085**	**13973**
城 区	Chengqu						
矿 区	Kuangqu						
南郊区	Nanjiao	101171	1965030	2237338	49971	55049	43249
新荣区	Xinrong	25579	135718	144480	6757	5580	12051
阳高县	Yanggao	9743	54248	218736	6552	4684	9756
天镇县	Tianzhen	9761	97396	108497	4212	3063	6153
广灵县	Guanglin	11279	89884	117580	5322	4682	8067
灵丘县	Lingqiu	13355	164439	132900	4652	3970	6483
浑源县	Hunyuan	10882	228287	253314	6353	4590	9425
左云县	Zuoyun	24162	294731	206123	8414	5527	12039
大同县	Datong	14105	141268	112423	5556	4338	8369

12-5 国民经济核算主要指标发展速度（2014年）
THE RATE OF MAJOR INDICATORS OF THE NATIONAL ECONOMY (2014)

以上年为100 (preceding year=100)

县区 Region		总产出 Total Output	第一产业 Primary Industry	第二产业 Secondary Industry	#工业 Industry	第三产业 Tertiary Industry	#交通运输仓储邮电业 Transportation Storage and Post	#批发和零售 Wholesale and Retai Trades	#住宿和餐饮 Lodging and Catering Trades
全 市	**Total**	**107.1**	**104.2**	**109.2**	**108.9**	**104.8**	**107.0**	**105.2**	**113.1**
城 区	Chengqu	106.9	114.1	114.1	119.4	101.2		107.0	107.0
矿 区	Kuangqu	111.1		104.8	102.9	111.5		105.4	119.2
南郊区	Nanjiao	108.6	104.5	109.3	109.0	105.4	110.0	104.3	110.7
新荣区	Xinrong	112.3	101.4	114.1	114.3	112.6	108.8	111.5	168.2
阳高县	Yanggao	104.9	103.5	106.4	106.4	104.4	101.9	111.1	114.1
天镇县	Tianzhen	107.0	109.9	104.6	110.2	110.3	109.8	106.3	113.7
广灵县	Guanglin	113.8	102.9	115.5	110.3	122.2	122.2	122.2	122.5
灵丘县	Lingqiu	90.8	107.5	83.9	83.4	109.0	104.6	108.9	105.4
浑源县	Hunyuan	98.6	106.2	83.6	86.2	108.2	101.0	110.0	119.7
左云县	Zuoyun	107.6	106.5	104.2	102.8	111.1	113.3	117.0	109.2
大同县	Datong	107.2	106.3	110.0	102.8	106.1	114.7	103.3	104.2

12-5 续表 continued

以上年为100 (preceding year=100)

县区 Region	地区生产总值 Gross Domestic Product	第一产业 Primary Industry	第二产业 Secondary Industry	#工业 Industry	第三产业 Tertiary Industry	#交通运输仓储邮电业 Transportation Storage and Post	#批发和零售 Wholesale and Retai Trades	#住宿和餐饮 Lodging and Catering Trades
全市 Total	**107.4**	**104.1**	**110.8**	**110.3**	**104.2**	**112.0**	**104.1**	**110.2**
城区 Chengqu	102.5		108.0	105.8	104.0		107.0	114.3
矿区 Kuangqu	104.6		117.0	114.0	102.7		103.2	105.6
南郊区 Nanjiao	110.8	103.7	112.4	111.6	107.2	111.6	107.1	110.0
新荣区 Xinrong	104.7	106.5	105.7	105.7	102.0	106.0	106.1	101.4
阳高县 Yanggao	104.2	103.8	106.3	104.5	103.5	105.8	106.0	110.1
天镇县 Tianzhen	105.3	104.6	110.3	107.4	102.6	111.0	104.5	98.9
广灵县 Guanglin	105.1	105.2	107.8	105.6	102.2	101.7	103.2	104.5
灵丘县 Lingqiu	98.9	104.8	96.5	96.3	102.1	101.3	103.9	104.5
浑源县 Hunyuan	94.6	102.6	75.0	73.3	105.3	101.2	101.7	113.2
左云县 Zuoyun	105.4	106.6	107.1	107.1	103.5	100.5	106.2	111.2
大同县 Datong	106.2	105.8	108.3	105.6	105.2	111.0	104.4	110.8

县区 Region	资本形成总额 Gross Capital Formation	最终消费 Final Consumption Expenditure	居民总消费水平 Household Consumption Expenditure	农村居民 Rural Households	城镇居民 Urban Household
全市 Total	**108.4**	**104.6**	**107.9**	**108.9**	**107.1**
城区 Chengqu					
矿区 Kuangqu					
南郊区 Nanjiao	100.3	100.3	100.3	100.2	100.5
新荣区 Xinrong	102.1	116.1	116.8	108.7	108.6
阳高县 Yanggao	96.2	100.6	105.8	106.7	105.1
天镇县 Tianzhen	117.1	98.0	98.9	88.5	110.2
广灵县 Guanglin	106.4	107.2	107.2	107.2	107.2
灵丘县 Lingqiu	100.8	98.9	99.6	97.8	103.0
浑源县 Hunyuan	92.9	110.6	108.9	114.6	104.4
左云县 Zuoyun	107.8	105.9	107.3	103.6	109.4
大同县 Datong	104.9	107.4	110.2	111.5	108.5

12-6 城镇单位从业人员(2014年)
NUMBER OF EMPLOYEES IN URBAN UNITS (2014)

单位:人　　(person)

县区 Region	总计 total	#女性 Female	#在岗职工 Fully Employed	劳务派遣人员 Labor Dispatch	#其他从业人员 Others	#国有单位 State-owned Units	#集体单位 Collect-iveowned Units	#外商投资经济 Enterprises with Foreign Investment
全 市 Total	**419697**	**128882**	**386733**	**9589**	**23375**	**172497**	**17462**	**8523**
城 区 Chengqu	120573	46934	98692	6990	14891	63957	3522	2031
矿 区 Kuangqu	13757	7628	12790	425	542	11015	461	140
南郊区 Nanjiao	46066	14685	41129	1014	3923	28517	1047	774
新荣区 Xinrong	8957	2636	8451	140	366	6801	23	181
阳高县 Yanggao	10204	3769	10194	10		7862		
天镇县 Tianzhen	6710	2333	6655	55		6240		
广灵县 Guanglin	9747	3367	8267	55	1425	7044	393	
灵丘县 Lingqiu	13197	4096	11978	39	1180	9090	40	
浑源县 Hunyuan	12840	4169	12665	6	169	11944	52	
左云县 Zuoyun	14990	4012	14464	420	106	9955	244	
大同县 Datong	9760	2857	9420	201	139	8373	28	200
开发区 Developmentzone	10819	3874	9951	234	634	1681	541	5197
驻市单位 Others	142077	28522	142077				11111	

12-7 城镇单位从业人员劳动报酬(2014年)
REWARD OF EMPLOYEES IN URBAN UNITS(2014)

单位:人、千元　　(person, 1000 yuan)

县区 Region	从业人员平均人数 Average Employees	在岗职工 Fully Employed	劳务派遣人员 Labor Dispatch	其他从业人员 Others	从业人员劳动报酬(千元) Reward of Employees (1000 yuan)	在岗职工工资总额 Total Wages of Fully Employed	劳务派遣人员工资总额 Total Wages of Labor Dispatch	其他从业人员劳动报酬 Reward of Others	从业人员平均工资(元) Average Wage of Fully Employed	在岗职工平均工资(元) Average Wage of Fully Employed (yuan)
全 市 Total	**422916**	**387771**	**10119**	**25026**	**22644863**	**21769344**	**308559**	**566960**	**53545**	**55487**
城 区 Chengqu	123565	99599	7329	16637	5280695	4686308	215636	378751	42736	45843
矿 区 Kuangqu	13758	12847	419	492	594166	565493	13682	14991	43187	43659
南郊区 Nanjiao	46428	41503	1135	3790	2043618	1931589	36689	75340	44017	46163
新荣区 Xinrong	8995	8489	140	366	356028	340148	3000	12880	39581	39767
阳高县 Yanggao	10687	10676	10	1	426377	426199	166	12	39897	39899
天镇县 Tianzhen	6744	6689	55		224023	222299	1724		33218	33218
广灵县 Guanglin	9688	8236	55	1397	334697	315805	2017	16875	34548	38333
灵丘县 Lingqiu	13208	11920	88	1200	428112	402244	1515	24353	32413	33624
浑源县 Hunyuan	13261	13081	6	174	609905	606592	251	3062	45992	46370
左云县 Zuoyun	14298	14401	421	106	519106	500587	16804	1715	34774	34907
大同县 Datong	9696	9321	202	173	364935	356982	4781	3172	37638	37988
开发区 Developmentzone	10737	9788	259	690	430278	382175	12294	35809	40074	39262
驻市单位 Others	141221	141221			11032923	11032923			78125	78125

12-8 国有单位从业人员 (2014 年)
NUMBERS OF EMPLOYMEES IN STATE-OWNED UNITIS (2014)

单位：人 (person)

县区 Region		从业人员 Employmees	# 女性 Famele	在岗职工 Fully Employed	劳务派遣人员 Labor Dispatch	其他从业人员 Others
全 市	**Total**	**172479**	**68265**	**152120**	**4340**	**16019**
城 区	Chengqu	63957	25384	50684	3066	10207
矿 区	Kuangqu	11015	6395	124	241	488
南郊区	Nanjiao	28517	11071	24652	721	3144
新荣区	Xinrong	6801	2426	6459		342
阳高县	Yanggao	7862	3170	7852	10	
天镇县	Tianzhen	6240	2263	6224	16	
广灵县	Guanglin	7044	3078	6385	26	633
灵丘县	Lingqiu	9090	3583	8303	16	771
浑源县	Hunyuan	11944	4058	11775		169
左云县	Zuoyun	9955	3371	9780	109	66
大同县	Datong	8373	2588	8140	104	129
开发区	Development zone	1681	878	1580	31	70

12-9 国有单位从业人员劳动报酬 (2014 年)
WAGES OF EMPLOYMEES IN STATE-OWNED UNITIS (2014)

单位：人、千元 (person，1000 yuan)

县区 Region		从业人员平均人数 Average Employees	在岗职工 Fully Emplo-yed	劳务派遣人员 Labor Dispatch	其他从业人员 Others	从业人员劳动报酬（千元）Reward of Employees (1000 yuan)	在岗职工工资总额 Total Wages of Fully Employed	劳务派遣人员工资总额 Total Wages of Labor Dispatch	其他从业人员劳动报酬 Reward of Others	从业人员平均工资（元）Average Wage of Fully Employed	在岗职工平均工资（元）Average Wage of Fully Employed (yuan)
全 市	**Total**	**172443**	**151906**	**4463**	**16074**	**6844862**	**6448714**	**91504**	**304644**	**39693**	**41826**
城 区	Chengqu	64074	50518	3144	10412	2660941	2398193	64913	197835	41529	45900
矿 区	Kuangqu	10964	10321	205	438	506035	488437	4772	12826	46154	46856
南郊区	Nanjiao	28382	24574	800	3008	1059264	985784	18152	55328	37322	39566
新荣区	Xinrong	6806	6464		342	221588	212099		9489	32558	32812
阳高县	Yanggao	7886	7876	10		310780	310614	166		39409	39409
天镇县	Tianzhen	6270	6254	16		206812	206664	148		32984	32984
广灵县	Guanglin	7049	6389	26	634	275800	266919	646	8235	39126	41709
灵丘县	Lingqiu	9055	8275	16	764	312869	300077	176	12616	34552	36214
浑源县	Hunyuan	12003	11829		174	570412	567350		3062	47522	47963
左云县	Zuoyun	9868	9693	109	66	328461	327132	747	582	33285	33450
大同县	Datong	8402	8134	105	163	318879	315333	451	3095	37953	38328
开发区	Developmentzone	1684	1579	32	73	73021	70112	1333	1576	43362	44348

12-10 城镇集体单位从业人员(2014年)
NUMBERS OF EMPLOYMEES IN URBAN COLLECTIVE-OWNED UNITIS (2014)

单位:人 (person)

县区 Region		从业人员 Employmees	#女性 Famele	在岗职工 Fully Employed	劳务派遣人员 Labor Dispatch	其他从业人员 Others
全市	**Total**	**17462**	**9850**	**16893**	**32**	**537**
城区	Chengqu	3522	1438	3074	20	428
矿区	Kuangqu	461	155	458		3
南郊区	Nanjiao	1047	289	952		95
新荣区	Xinrong	23	6	23		
阳高县	Yanggao					
天镇县	Tianzhen					
广灵县	Guanglin	393	142	388		5
灵丘县	Lingqiu	40	10	39		1
浑源县	Hunyuan	52	20	52		
左云县	Zuoyun	244	88	236	3	5
大同县	Datong	28		28		
开发区	Development zone	541	194	532	9	
驻市单位	Others	11111	7508	11111		

12-11 城镇集体单位从业人员劳动报酬(2014年)
WAGES OF EMPLOYMEES IN URBAN COLLECTIVE-OWNED UNITES (2014)

单位:人、千元 (person, 1000 yuan)

县区 Region		从业人员平均人数 Average Employees	在岗职工 Fully Emplo-yed	劳务派遣人员 Labor Dispatch	其他从业人员 Others	从业人员劳动报酬(千元) Reward of Employees (1000 yuan)	在岗职工工资总额 Total Wages of Fully Employed	劳务派遣人员工资总额 Total Wages of Labor Dispatch	其他从业人员劳动报酬 Reward of Others	从业人员平均工资(元) Average Wage of Fully Employed	在岗职工平均工资(元) Average Wage of Fully Employed (yuan)
全市	**Total**	**17967**	**16897**	**67**	**1003**	**571963**	**547077**	**2784**	**22102**	**31834**	**32413**
城区	Chengqu	3979	3065	20	894	135110	114871	906	19333	33956	37529
矿区	Kuangqu	495	457	35	3	9306	8006	1210	90	18800	18732
南郊区	Nanjiao	1036	941		95	28205	25714		2491	27225	27326
新荣区	Xinrong	23	23			308	308			13391	13391
阳高县	Yanggao										
天镇县	Tianzhen										
广灵县	Guanglin	393	388		5	7936	7856		80	20193	20247
灵丘县	Lingqiu	40	39		1	899	881		18	22475	22590
浑源县	Hunyuan	53	53			699	699			13189	13189
左云县	Zuoyun	244	236	3	5	4916	4772	54	90	20148	20192
大同县	Datong	28	28			403	403			14393	14393
开发区	Development zone	545	536	9		18634	18020	614		34191	34191
驻市单位	Others	11131	11131			365547	365547			32840	32840

12-12 全社会固定资产投资主要指标(2014 年)
MAJOR INDICATOR OF INVESTMENT IN FIXED ASSETS IN URBAN AREA (2014)

单位:万元 (10 000 yuan)

县 区 Region		施工项目个数(个) Projects Under Construction	#本年新开工 Newly Started This Year	本年投产项目个数(个) Number of Projects Completed and Put into Use This Year(unit)	本年新增固定资产 Newly Increased Fixed Assets This Year
全 市	**Total**	**1052**	**667**	**760**	**8862473**
城 区	Chengqu	99	32	31	1415229
矿 区	Kuangqu	18	12	11	236867
南郊区	Nanjiao	84	44	62	1463180
新荣区	Xinrong	104	75	86	667736
阳高县	Yanggao	77	62	67	680764
天镇县	Tianzhen	69	50	62	538320
广灵县	Guanglin	59	30	46	766638
灵丘县	Lingqiu	114	77	55	166238
浑源县	Hunyuan	180	135	157	1024203
左云县	Zuoyun	147	78	114	1037412
大同县	Datong	67	54	58	705414
开发区	Development zone	34	18	11	160472
不分地区	Others				

县 区 Region		本年完成投资 Investment Completed This Year	#住宅 Residential	#建筑工程 Construction	#安装工程 Installation
全 市	**Total**	**10724080**	**1645090**	**7233061**	**1460720**
城 区	Chengqu	1512084	710160	1119456	241705
矿 区	Kuangqu	172550	59597	149389	20549
南郊区	Nanjiao	2101129	212578	1176311	386403
新荣区	Xinrong	596162	1450	371896	24546
阳高县	Yanggao	715798	5373	496342	115991
天镇县	Tianzhen	621167	56634	295997	75413
广灵县	Guanglin	592308	93143	416784	58784
灵丘县	Lingqiu	822225	131993	432390	212212
浑源县	Hunyuan	981693	40613	767780	73766
左云县	Zuoyun	1228367	4260	1032177	57793
大同县	Datong	750397	24919	517671	126256
开发区	Development zone	630200	304370	456868	67302
不分地区	Others				

12-12 续表 continued

单位：万元 (10 000 yuan)

县区 Region		#设备工器具购置 Purchase of Equipment and Instruments	其他 Others	新建 New Construction	扩建 Expansion	改建和技术改造 Reconstruction	其他 Others
全　市	**Total**	**1472713**	**557586**	**5646602**	**1604724**	**572535**	**526974**
城　区	Chengqu	25740	125183	375188	97872	37152	1589
矿　区	Kuangqu	769	1843	59762	1500	16315	
南郊区	Nanjiao	369186	169229	631471	460316	143050	380217
新荣区	Xinrong	176673	23047	451096	77907	21251	44438
阳高县	Yanggao	60359	43106	449755	165972	92341	1770
天镇县	Tianzhen	208455	41302	470538	128729	4300	
广灵县	Guanglin	104011	12729	465284	3902	37648	
灵丘县	Lingqiu	177623		478976	106945	61258	
浑源县	Hunyuan	101994	38153	659277	167618	129889	9818
左云县	Zuoyun	137830	567	960237	208040	12216	41769
大同县	Datong	97461	9009	555046	148423	4615	4373
开发区	Development zone	12612	93418	89972	37500	12500	43000
不分地区	Others						

12-13 全社会固定资产投资房屋面积及价值(2014年)

MAIN INDICATORS OF INVESTMENT OF NON-AGTICULTURAL HOUSEHOLDS IN RURAL AREA(2014)

单位：平方米 (sq.m)

县区 Region		本年施工房屋面积 Floor Space of Houses under Construction	#住宅 Residential	本年竣工房屋面积 Floor Space of Buildings Completed	#住宅 Residential	本年竣工房屋价值（万元） Value of uildings Completed (10 000 yuan)	#住宅 Residential
全　市	**Total**	**26326915**	**16331479**	**6383762**	**3562497**	**1172286**	**745635**
城　区	Chengqu	9645680	6760444	3056420	2236840	865595	530370
矿　区	Kuangqu	1448441	796477	658870	146194	60068	36189
南郊区	Nanjiao	4052838	2537948	147174	137063	71749	59216
新荣区	Xinrong	872869	45372	635657	17428	1896	1896
阳高县	Yanggao	225245	184232	25607	24077	4010	3650
天镇县	Tianzhen	635852	390899	107450	93850	10000	10000
广灵县	Guanglin	1745209	1215722	1110321	753722	158605	103951
灵丘县	Lingqiu	1260484	1015710				
浑源县	Hunyuan	1084446	399690	592263	103323		
左云县	Zuoyun	207930	95413	50000	50000	363	363
大同县	Datong	58206	24500				
开发区	Development zone	5089715	2865072				

12-14 房地产开发投资 (2014 年)
INVESTMENT IN REAL ESTATE (2014)

单位：万元 (10 000 yuan)

县区 Region		本年完成投资 Investment Completed This Yesr	#住宅 Residential Buildings	建筑工程 Construction	安装工程 Installation	设备工器具购置 Purchase of Equipment and Instruments	其他费用 Others Expenses
全　　市	**Total**	**2373245**	**1516049**	**1551496**	**436346**	**54695**	**330708**
城　　区	Chengqu	1000283	690371	692586	197827	16893	92977
矿　　区	Kuangqu	94973	59597	87877	4484	769	1843
南郊区	Nanjiao	486075	212578	266983	85182	11034	122876
新荣区	Xinrong	1470	1450	1069			401
阳高县	Yanggao	5960	5373	5583	377		
天镇县	Tianzhen	17600	17513	11128	2170		4302
广灵县	Guanglin	85474	50928	55122	17080	2784	10488
灵丘县	Lingqiu	175046	131993	124383	48434	2229	
浑源县	Hunyuan	15091	12697	9514	1830		3747
左云县	Zuoyun	6105	4260	5538			567
大同县	Datong	37940	24919	17817	11660	8374	89
开发区	Development zone	447228	304370	273896	67302	12612	93418

12-15 房地产开发施工、竣工面积及价值 (2014 年)
FLOOR SPACE AND VALUE OF BUILDINGS UNDER CONSTRUCTION AND COMPLETED IN REAL ESTATE DEVELOPMENT (2014)

单位：平方米 (sq.m)

县区 Region		本年施工房屋面积 Floor Space of Buildings Under Construction This Year	#住宅 Residential Buildings	本年竣工房屋面积 Floor Space of Buildings Completed This Year	#住宅 Residential Buildings	本年竣工房屋价值（万元） Valud of Buildings Completed This Year (10 000 yuan)	#住宅 Residential Buildings
全　　市	**Total**	**21918456**	**14935625**	**4165597**	**3070524**	**1172286**	**745635**
城　　区	Chengqu	9419975	6623104	3052784	2236840	865595	530370
矿　　区	Kuangqu	1018114	796477	230943	146194	60068	36189
南郊区	Nanjiao	3818539	2537948	147174	137063	71749	59216
新荣区	Xinrong	47131	45372	17428	17428	1896	1896
阳高县	Yanggao	194301	184232	25607	24077	4010	3650
天镇县	Tianzhen	114494	114059	43200	43200	10000	10000
广灵县	Guanglin	598461	415722	598461	415722	158605	103951
灵丘县	Lingqiu	1260484	1015710				
浑源县	Hunyuan	261674	218016				
左云县	Zuoyun	127362	95413	50000	50000	363	363
大同县	Datong	58206	24500				
开发区	Development zone	4999715	2865072				

12-16 房地产开发房屋销售额(2014 年)
SALES OF HOUSES IN REAL ESTATE DEVELOPMENT (2014)

单位:万元 (10 000 yuan)

县 区	Region	商品房销售额 Sales of Commercial Houses	住宅 Residential Buildings	#90 平方米以下住房 Below 90 sq.m	# 经济适用房 Economic Buildings
全 市	**Total**	**367814**	**285229**	**40180**	
城 区	Chengqu	251013	180847	25010	
矿 区	Kuangqu				
南郊区	Nanjiao	49736	48302	2555	
新荣区	Xinrong	560	508	488	
阳高县	Yanggao	2910	2550	2185	
天镇县	Tianzhen				
广灵县	Guanglin	44958	35656	7253	
灵丘县	Lingqiu				
浑源县	Hunyuan				
左云县	Zuoyun				
大同县	Datong				
开发区	Development zone	18637	17366	2689	

县 区	Region	# 别墅、高档公寓 Villas and High-grade Apartment Buildings	办公楼 Office Buildings	商业营业用房 Buildings for Business Operation	其 他 Other Buildings
全 市	**Total**		**43380**	**33316**	**5889**
城 区	Chengqu		43380	23942	2844
矿 区	Kuangqu				
南郊区	Nanjiao			1008	426
新荣区	Xinrong			52	
阳高县	Yanggao			360	
天镇县	Tianzhen				
广灵县	Guanglin			6683	2619
灵丘县	Lingqiu				
浑源县	Hunyuan				
左云县	Zuoyun				
大同县	Datong				
开发区	Development zone			1271	

12-17 房地产开发房屋销售面积 (2014 年)

FLOOR SPACE OF HOUSES SOLD IN REAL ESTATE DEVELOPMENT (2014)

单位：平方米 (sq.m)

县 区 Region		商品房销售面积 Floor Space of Connercial Houses Sold	住宅 Residential Buildings	#90 平方米以下住房 Below 90 sq.m	# 经济适用房 Economic Buildings
全 市	**Total**	**816811**	712377	129257	
城 区	Chengqu	503495	431369	74480	
矿 区	Kuangqu				
南郊区	Nanjiao	101295	99391	6860	
新荣区	Xinrong	2269	2095	1995	
阳高县	Yanggao	15207	13677	10365	
天镇县	Tianzhen				
广灵县	Guanglin	148740	123140	27408	
灵丘县	Lingqiu				
浑源县	Hunyuan				
左云县	Zuoyun				
大同县	Datong				
开发区	Development zone	45805	42705	8149	

县 区 Region		# 别墅、高档公寓 Villas and High-grade Apartment Buildings	办公楼 Office Buildings	商业营业用房 Buildings for Business Operation	其 他 Other Buildings
全 市	**Total**		**24516**	**56012**	**23906**
城 区	Chengqu		24516	33387	14223
矿 区	Kuangqu				
南郊区	Nanjiao			951	953
新荣区	Xinrong			174	
阳高县	Yanggao			1530	
天镇县	Tianzhen				
广灵县	Guanglin			16870	8730
灵丘县	Lingqiu				
浑源县	Hunyuan				
左云县	Zuoyun				
大同县	Datong				
开发区	Development zone			3100	

12-18 乡村人口和劳动力(2014年)
RURAL POPULATION AND LABOUR FORCE (2014)

单位：人 (person)

县区 Region		乡村人口 Rural Population	乡村从业人口 Rural Labour Force	#农林牧渔业 Farming, Forestry, Animal Husbandry and Fishery	# 林牧渔业 Forestry, Animal Husbandry and Fishery	工业 Industry
全市	**Total**	**1714735**	**739921**	**429444**		**57602**
城区	Chengqu					
矿区	Kuangqu					
南郊区	Nanjiao	274965	134186	46264		13225
新荣区	Xinrong	88899	43067	22128		7989
阳高县	Yanggao	251504	91967	62967		4443
天镇县	Tianzhen	182311	69921	51974		2518
广灵县	Guanglin	155298	57379	41916		2355
灵丘县	Lingqiu	205465	98135	63306		6439
浑源县	Hunyuan	298467	133975	69108		9915
左云县	Zuoyun	105889	48938	31751		6200
大同县	Datong	141071	56481	38412		3488
开发区	Development zone	10866	5872	1618		1030

县区 Region		建筑业 Construction	交通运输仓储邮电通讯业 Transportation Storage and Telecommunication	批发零售贸易业餐饮业 Wholesale and Retailsale Trade and Catering	其他非农行业 Other Non-agriculture	附：县外从业人员 Attach: Employees Outside County
全市	**Total**	**59672**	**56544**	**40429**	**96230**	
城区	Chengqu					
矿区	Kuangqu					
南郊区	Nanjiao	9727	20438	14179	30353	
新荣区	Xinrong	882	4710	2027	5331	
阳高县	Yanggao	7814	4323	3606	8814	
天镇县	Tianzhen	4816	2462	1904	6247	
广灵县	Guanglin	4078	1837	2059	5134	
灵丘县	Lingqiu	11214	4940	4858	7378	
浑源县	Hunyuan	14617	9451	6758	24126	
左云县	Zuoyun	1964	3890	1554	3579	
大同县	Datong	3881	3893	2539	4268	
开发区	Development zone	679	600	945	1000	

12-19 农林牧渔业总产值(2014年)
GROSS OUTPUT VALUE OF FARMING, FORESTRY, ANIMAL HUSBANDRY AND FISHERY (2014)

按当年价格计算 (at current price)

县区 Region		农林牧渔业总产值(万元) Total (10 000 yuan)	农业产值 Farming	林业产值 Forestry	牧业产值 Animal Husbandry	渔业产值 Fishery	农林牧渔服务业 Farming,Forestry, Animal Husbandry and Fishery Service
全　市	Total	**1078606**	**491771**	**57802**	**498785**	**965**	**29283**
城　区	Chengqu						
矿　区	Kuangqu						
南郊区	Nanjiao	121742	53142	1995	61777	28	4800
新荣区	Xinrong	70935	25307	9393	33015	60	3160
阳高县	Yanggao	216846	109253	2983	99006	104	5500
天镇县	Tianzhen	110705	53684	1951	54773		298
广灵县	Guanglin	113827	59494	6239	42591	109	5395
灵丘县	Lingqiu	73213	29446	5506	36344	168	1750
浑源县	Hunyuan	177705	76964	8788	88749	55	3150
左云县	Zuoyun	53720	20356	9731	22548		1085
大同县	Datong	136090	64127	7394	59983	442	4145
辖　区	Xiaqu	3820		3820			

12-20 农林牧渔业中间消耗(2014年)
INTERMEDIA TE CONSUMPTION OF FARMING,FORESTRY,ANINAL HUSBANDRY AND FISHERY (2014)

按当年价格计算 (at current price)

县区 Region		农林牧渔业中间消耗(万元) Total (10 000 yuan)	农业 Farming	林业 Forestry	牧业 Animal Husbandry	渔业 Fishery	农林牧渔服务业 Farming,Forestry, Animal Husbandry and Fishery Service
全　市	Total	**495408**	**215881**	**31117**	**231375**	**439**	**16597**
城　区	Chengqu						
矿　区	Kuangqu						
南郊区	Nanjiao	40648	23067	312	14758	12	2500
新荣区	Xinrong	29027	8260	3158	15021	48	2540
阳高县	Yanggao	111507	54804	1618	51604	54	3427
天镇县	Tianzhen	50073	23877	1341	24762		93
广灵县	Guanglin	57992	20366	4461	30773	83	2310
灵丘县	Lingqiu	39197	15845	3877	18406	18	1050
浑源县	Hunyuan	67697	30820	3681	32103	44	1050
左云县	Zuoyun	27042	9582	5876	11105		479
大同县	Datong	62519	27004	4529	28657	181	2148
辖　区	Xiaqu	2266		2266			

12-21 畜牧业生产情况(2014年)
NUMBER OF LIVESTOCK AND LIVESTOCK PRODUCTS (2014)

县区 Region		大牲畜年末头数(头) Large Animals (head)	#牛(头) Cattle (head)	猪年末头数(头) Hogs (head)	羊年末只数(只) Sheep and Goats (head)
全　市	**Total**	**237749**	**157587**	**620864**	**1617674**
城　区	Chengqu				
矿　区	Kuangqu				
南郊区	Nanjiao	16231	15434	42643	88784
新荣区	Xinrong	13432	11153	16235	115074
阳高县	Yanggao	49320	36665	256614	213522
天镇县	Tianzhen	36737	17074	97150	158354
广灵县	Guanglin	25435	12957	49830	268687
灵丘县	Lingqiu	34933	20981	38716	213870
浑源县	Hunyuan	27394	17815	63083	190722
左云县	Zuoyun	12896	10622	19013	251760
大同县	Datong	21371	14886	37580	116901

12-21 续表 continued

单位：吨 (ton)

县区 Region		肉类总产量 Output of Meat	#猪肉 Pork	奶类总产量 Output of Milk	羊毛总产量 Output of Wool	禽蛋产量 Poultry Eggs
全　市	**Total**	**136429**	**96322**	**236895**	**1778**	**45836**
城　区	Chengqu					
矿　区	Kuangqu					
南郊区	Nanjiao	10002	7234	65890	142	9926
新荣区	Xinrong	5230	2207	10556	325	1715
阳高县	Yanggao	42069	37842	50822	186	3112
天镇县	Tianzhen	16464	12402	30391	111	4585
广灵县	Guanglin	11374	7109	13536	146	2946
灵丘县	Lingqiu	11298	6430	5420	144	4400
浑源县	Hunyuan	22458	14720	23066	191	4033
左云县	Zuoyun	5898	1958	5800	182	1530
大同县	Datong	11635	6420	31414	351	13589

12-22 粮食、油料产量
OUTPUT OF GRAIN，OIL-BEARING CROPS

单位：吨 (ton)

县区 Region		粮食产量 Output of Grain		油料产量 Output of Oil-bearing Crops	
		2013	2014	2013	2014
全市	**Total**	**1025489**	**1040249**	**16076**	**14219**
城区	Chengqu				
矿区	Kuangqu				
南郊区	Nanjiao	59830	63559	616	519
新荣区	Xinrong	50708	50474	2567	2589
阳高县	Yanggao	250630	246368	1588	1574
天镇县	Tianzhen	162468	161143	1739	1371
广灵县	Guanglin	143222	150741	2114	2165
灵丘县	Lingqiu	79918	81802	1845	1385
浑源县	Hunyuan	155225	156729	2251	2293
左云县	Zuoyun	35207	33859	3087	2207
大同县	Datong	88281	95574	269	117

12-23 主要农业机械拥有量(2014年)
MAJOR AGRICULTURAL MACHINERY (2014)

县区 Region		农业机械总动力(千瓦特) Total Power of Agricultural Machinery (kw)	农用大中型拖拉机(混合台) Large and Medium Agricultural Tractors (unit)	农用小型及手扶拖拉机(混合台) Small Agricultural Tractors (unit)	拖拉机配套农具(部) Nnumber of Tractor Towing Farm Machinery (unit)
全市	**Total**	**1928865**	**11964**	**11598**	**35915**
城区	Chengqu				
矿区	Kuangqu				
南郊区	Nanjiao	358312	1342	933	2021
新荣区	Xinrong	198547	3394	29	4484
阳高县	Yanggao	263640	1245	2245	7375
天镇县	Tianzhen	187722	1002	1238	2719
广灵县	Guanglin	150511	637	1247	3725
灵丘县	Lingqiu	230306	534	534	1790
浑源县	Hunyuan	193128	724	1522	3488
左云县	Zuoyun	125006	979	1990	4078
大同县	Datong	221693	2107	1860	6235
辖区	Xiaqu				

12-24 主要工业产品产量(2014年)
OUTPUT OF MAJOR INDUSTRIAL PRODUCTS (2014)

县区 Region		原煤(万吨) Coal (10 000 tons)	发电量(万千瓦小时) Electricity (10 000 kwh)	钢(吨) Steel (ton)	成品钢材(吨) Steel Products (ton)	生铁(吨) Pig Iron (ton)	焦炭(吨) Coke (ton)	#机焦 Machine Coke
全　市	**Total**	**11453**	**4049005**	**529944**	**9322**	**616265**	**132149**	**132149**
城　区	Chengqu							
矿　区	Kuangqu							
南郊区	Nanjiao	371	2866139		9322			
新荣区	Xinrong	257	15302					
阳高县	Yanggao		21020					
天镇县	Tianzhen		39638			65761		
广灵县	Guanglin		74174					
灵丘县	Lingqiu		24630			505		
浑源县	Hunyuan	201	17684					
左云县	Zuoyun	315	24688					
大同县	Datong							

县区 Region		水泥(万吨) Cement (10 000 tons)	白酒(吨) Liquor (ton)	啤酒(吨) Beer (ton)	化学肥料(吨) Chemical Fertilizer (ton)	#氮肥 Nitro-genous	#磷肥 Phosphate	电石(吨) Calcium Carbide (ton)
全　市	**Total**	**469**	**18601**	**20395**	**74943**	**71082**	**209**	
城　区	Chengqu		3173				209	
矿　区	Kuangqu							
南郊区	Nanjiao	331			42031			
新荣区	Xinrong	2						
阳高县	Yanggao			20395	27443			
天镇县	Tianzhen							
广灵县	Guanglin	114						
灵丘县	Lingqiu	9			5469			
浑源县	Hunyuan							
左云县	Zuoyun							
大同县	Datong					27033		

12-25 工业企业主要经济指标(2014 年)
MAIN INDICATORS ON ECONOMIC OF INDUSTRIAL ENTERPRISES (2014)

单位:万元 (10 000 yuan)

县区 Region		单位数(个) Number of Enterprises (unit)	# 亏损企业 Lossmaking Enterprises	工业总产值 Gross Industrial Output Value	工业增加值(生产法) Value Added of Industry (production way)	工业销售产值 Industrial Sales Output Value	实收资本 Realized Asset Income	年末资产合计 Total Assets At the End of the Year
全市	**Total**	**173**	**67**	**10810774**	**3839156**	**9110058**	**2689115**	**20848783**
城区	Chengqu	18	2	968298	195028	974820	179967	1217972
矿区	Kuangqu	9	2	37739	7622	37204	21090	50729
南郊区	Nanjiao	29	15	1264242	3057322	1252410	502661	2101192
新荣区	Xinrong	13	7	205633	75951	177964	78700	358685
阳高县	Yanggao	8	2	166299	27642	167559	81341	400826
天镇县	Tianzhen	10	1	94926	34403	92046	63870	277769
广灵县	Guanglin	10	4	117025	33422	110150	95201	370762
灵丘县	Lingqiu	25	19	212079	73858	186695	100825	708867
浑源县	Hunyuan	10	3	216654	78872	196804	64386	314083
左云县	Zuoyun	8	5	156747	88583	159089	80507	453802
大同县	Datong	18	3	218804	35660	212386	79003	288020
开发区	Development zone	13	2	633585	130794	577770	189363	1109383

县区 Region		流动资产合计 Circulating Funds	固定资产合计 Value of Fixed Assets	固定资产原价 Original Value of Fixed Assets	累计折旧 Grand Total Fixed Assets Depreciation	流动负债 Liquid Liabilities
全市	**Total**	**7207409**	**12546467**	**12108148**	**5503140**	**6355786**
城区	Chengqu	718538	331821	548378	236004	798011
矿区	Kuangqu	39839	5455	9119	3818	25524
南郊区	Nanjiao	474526	1475160	2551871	1119693	1013824
新荣区	Xinrong	111516	185593	232897	85624	136382
阳高县	Yanggao	72406	313930	303623	24694	292688
天镇县	Tianzhen	49165	153261	169570	16566	100840
广灵县	Guanglin	79993	215852	258992	44214	158778
灵丘县	Lingqiu	408108	226508	321620	124575	379072
浑源县	Hunyuan	74385	184503	211382	27469	139908
左云县	Zuoyun	92735	305676	303916	77256	206145
大同县	Datong	139289	121001	145247	27221	127457
开发区	Development zone	302543	490393	552869	99818	376777

12-26 国有控股工业企业主要经济指标(2014年)
MAIN INDICATORS ON ECONOMIC OF STATE-OWNED CONTROLLING ENTERPRISES (2014)

单位：万元 (10 000 yuan)

县区 Region		单位数(个) Number of Enterprises (unit)	#亏损企业 Lossmaking Enterprises	工业总产值 Gross Industrial Output Value	工业销售产值 Industrial Sales Output Value	实收资本 Realized AssetIncome	年末资产合计 Total Assets At the End of the Year
全　市	**Total**	**43**	**12**	**9331774**	**7684758**	**2109643**	**18175128**
城　区	Chengqu	9	1	795984	793809	159874	1021227
矿　区	Kuangqu						
南郊区	Nanjiao	5	1	949949	938494	366461	1515345
新荣区	Xinrong	3		107412	92584	36842	228232
阳高县	Yanggao	1	1	52784	54632	28000	243603
天镇县	Tianzhen	2		13635	13635	17331	123920
广灵县	Guanglin	2		39846	38827	54700	187285
灵丘县	Lingqiu	5	3	49635	44838	61390	290576
浑源县	Hunyuan	5	2	165229	149813	56767	286036
左云县	Zuoyun	4	2	137241	140073	72937	429603
大同县	Datong	4	1	84731	84290	11427	58080
开发区	Development zone	2		435828	387387	106191	755684

县区 Region		流动资产合计 Circulating Funds	固定资产合计 Value of Fixed Assets	固定资产原价 Original Value of Fixed Assets	累计折旧 Grand Total Fixed Assets Depreciation	流动负债 Liquid Liabilities
全　市	**Total**	**5902329**	**11586702**	**10858906**	**5103152**	**4901064**
城　区	Chengqu	559817	303587	497888	212949	668096
矿　区	Kuangqu					
南郊区	Nanjiao	210753	1201903	2162554	979823	651618
新荣区	Xinrong	50140	143592	172879	64620	69945
阳高县	Yanggao	22438	219633	232220	12587	249871
天镇县	Tianzhen	15810	93732	102697	8965	49843
广灵县	Guanglin	20563	153138	169830	16693	71512
灵丘县	Lingqiu	146414	114892	143299	28407	110466
浑源县	Hunyuan	53037	180555	206996	26576	127062
左云县	Zuoyun	76034	299644	299569	76090	190896
大同县	Datong	29310	19583	23366	5953	46924
开发区	Development zone	204362	334559	376461	66387	288791

12-27 “三资”工业企业主要经济指标(2014 年)

MAIN INDICATORS OF INDUSTRIAL JOINT VENTURES，COOPERATIVES ENTERPRISES AND ENTERPRISES EXCLUSIVELY FUNDED FROM ABROAD,HONGKONG,MACAD AND TAIWAN (2014)

单位：万元 (10 000 yuan)

县区 Region		单位数(个) Number of Enterprises (unit)	#亏损企业 Lossmaking Enterprises	工业总产值 Gross Industrial Output Value	工业销售产值 Industrial Sales Output Value	实收资本 Realized Asset Income	年末资产合计 Total Assets At the End of the Year
全　市	**Total**	**12**	**3**	**752202**	**700548**	**256365**	**1215375**
城　区	Chengqu	2		123154	128689	27650	134982
矿　区	Kuangqu	1	1	3558	3219	2075	2286
南郊区	Nanjiao	2		96313	96313	24856	60871
新荣区	Xinrong	1	1	52739	44720	16100	18955
阳高县	Yanggao	1		12822	12822	11514	41464
天镇县	Tianzhen	1		11727	11727	40664	132856
广灵县	Guanglin	1		12091	12091	12314	46265
灵丘县	Lingqiu						
浑源县	Hunyuan						
左云县	Zuoyun						
大同县	Datong	1	1	3972	3582	15000	22013
开发区	Development zone	2		435828	387387	106191	755684

县区 Region		流动资产合计 Total Circulating Funds	固定资产合计 Value of Fixed Assets	固定资产原价 Original Value of Fixed Assets	累计折旧 Grand Total Fixed Asset Depreciation	流动负债 Liquid Liabilities
全　市	**Total**	**386120**	**530338**	**650147**	**144309**	**434447**
城　区	Chengqu	103274	20606	53696	33090	66960
矿　区	Kuangqu	1372	914	2722	1823	3598
南郊区	Nanjiao	26261	33082	52392	19310	10036
新荣区	Xinrong	11516	7434	21072	13638	14584
阳高县	Yanggao	10530	30255	33506	3251	5597
天镇县	Tianzhen	17673	54471	54471		40982
广灵县	Guanglin	7900	32008	36221	4213	3899
灵丘县	Lingqiu					
浑源县	Hunyuan					
左云县	Zuoyun					
大同县	Datong	3233	17008	19606	2598	
开发区	Development zone	204362	334559	376461	66387	288791

12-28 农村居民人均纯收入 NET INCOME PER CAPITA OF PEASANTS

单位：元 (yuan)

县区 Region		1985	1990	1995	2000	2005	2010	2013	2014
全市	**Total**	**434**	**515**	**1039**	**1539**	**2464**	**4063**	**6365**	**7137**
城区	Chengqu								
矿区	Kuangqu								
南郊区	Nanjiao	894	993	1746	2432	4060	6774	10476	11687
新荣区	Xinrong	411	586	1420	1634	2860	4174	6389	7063
阳高县	Yanggao	369	391	654	959	1981	3417	5186	5748
天镇县	Tianzhen	341	426	344	958	1780	3059	4735	5235
广灵县	Guanglin	238	285	600	1366	1956	3299	4982	5553
灵丘县	Lingqiu	247	299	626	1179	1995	3505	5195	5804
浑源县	Hunyuan	364	391	785	1537	1986	3063	5143	5758
左云县	Zuoyun	762	1008	1386	1918	3301	5425	8413	9343
大同县	Datong	358	467	1304	2086	2636	4361	6364	7081

12-29 建筑业企业总产值和竣工产值(2014年) GROSS OUTPUT VALUE AND COMPLETED VALUE OF CONSTRUCTION (2014)

单位：万元 (10 000 yuan)

县区 Region		总产值 Total Output Value	建筑工程 Construction	安装工程 Installation	其它产值 Other	竣工产值 Output Value of Construction Completed
全市	**Total**	**1354212**	**1183066**	**137216**	**33930**	**847157**
城区	Chengqu	732933	629013	83926	19993	438174
矿区	Kuangqu	17773	16515		1259	15548
南郊区	Nanjiao	280860	260470	19200	1190	169186
新荣区	Xinrong	1343	1343			898
阳高县	Yanggao	8754	7650		1104	7024
天镇县	Tianzhen	4992	4238		755	3937
广灵县	Guanglin	21266	15782		5484	4788
灵丘县	Lingqiu	16426	14105	2321		5895
浑源县	Hunyuan	4191	4191			2373
左云县	Zuoyun	1658	1658			1658
大同县	Datong	20828	15833	3128	1867	14003
开发区	Development zone	243189	212269	28642	2278	183672

12-30 建筑业企业房屋建筑面积 (2014 年)
FLOOR SPACE OF BUILDING CONSTRUCTION (2014)

单位：平方米 (sq.m)

县区 Region		房屋建筑施工面积 Floor Space of Buildings Under Construction	#本年新开工面积 Floor Space of Started This Year	#投标承包面积 Floor Space of Enter a Bid Contract	房屋建筑竣工面积 Floor Spac of Building Completed
全　市	**Total**	**7637190**	**4335426**	**4695011**	**3651988**
城　区	Chengqu	3115205	2103613	2060669	1583115
矿　区	Kuangqu	82964	53530	16564	53978
南郊区	Nanjiao	1498440	521379	1414099	486205
新荣区	Xinrong	10650		10650	10650
阳高县	Yanggao	120978	120978	120978	101889
天镇县	Tianzhen	343320	333333	28820	19376
广灵县	Guanglin	171447	147523	171447	26249
灵丘县	Lingqiu	132360	101210	69210	46000
浑源县	Hunyuan	29458	3842	29458	14180
左云县	Zuoyun	13264			13264
大同县	Datong	98557	44124	21971	73066
开发区	Development zone	2020547	905894	751145	1224016

12-31 建筑业企业增加值 (2014 年)
ADDITIONAL VALUE OF CONSTRUCTION ENTERPRISES (2014)

单位：万元 (10 000 yuan)

县区 Region		合计 Total	本年折旧 Depre-ciation	主营工资总额 Wages Payable in Major Business	工程结算税金及附加 Taxes and Extra Charges on Project Settlement Accounts	营业利润 Profits of Business	管理费用中的税金 Taxes in Management Expenses
全　市	**Total**	**313655**	**9900**	**237640**	**45052**	**19081**	**1982**
城　区	Chengqu	142179	3712	100914	22879	13992	681
矿　区	Kuangqu	11257	52	10338	571	293	4
南郊区	Nanjiao	100030	2238	87274	9595	389	535
新荣区	Xinrong	568		513	46	5	5
阳高县	Yanggao	2619	42	1689	490	370	29
天镇县	Tianzhen	1062	108	649	270	27	8
广灵县	Guanglin	2308	4	1144	1223	-67	4
灵丘县	Lingqiu	2948	61	1760	677	440	9
浑源县	Hunyuan	1868		1366	298	200	4
左云县	Zuoyun	726	54	305	60	295	12
大同县	Datong	4250	279	2854	651	453	13
开发区	Development zone	43840	3350	28836	8293	2683	679

12-32 建筑业企业劳动生产率(2014年)
LABOUR PRODUCTIVITY OF CONSTRUCTION ENTERPRISES (2014)

县区 Region		企业个数(个) Number of Enterprises (unit)	计算劳动生产率的平均人数(人) Staff and Workers (Annual Average) (person)	按总产值计算的劳动生产率(元/人) Overall Labor Productivity in Terms of Total Output Value (yuan/person)	按增加值计算的劳动生产率(元/人) Overall Labor Productivity in Terms of Added value (yuan/person)	人均竣工产值(元/人) Per Capita Output Value of Buildings Completed (yuan/person)
全　市	**Total**	**229**				
城　区	Chengqu	144				
矿　区	Kuangqu	6				
南郊区	Nanjiao	33				
新荣区	Xinrong	1				
阳高县	Yanggao	3				
天镇县	Tianzhen	3				
广灵县	Guanglin	2				
灵丘县	Lingqiu	2				
浑源县	Hunyuan	1				
左云县	Zuoyun	2				
大同县	Datong	8				
开发区	Development zone	24				

12-33 建筑业企业资本金及资产(2014年)
CAPITAL AND ASSETS OF CONSTRUCTION ENTERPRISES (2014)

单位:万元　　(10 000 yuan)

县区 Region		实收资本 Capitals Hold	资产总计 Total Assets	流动资产合计 Total Circulating Funds	固定资产合计 Total Fixed Assets
全　市	**Total**	**378217**	**1697695**	**1454561**	**150588**
城　区	Chengqu	237311	918710	796419	78674
矿　区	Kuangqu	7248	12366	9960	1727
南郊区	Nanjiao	57766	434377	360493	33905
新荣区	Xinrong	105	1201	961	240
阳高县	Yanggao	1098	8545	7959	587
天镇县	Tianzhen	1840	4404	3017	1326
广灵县	Guanglin	3310	5018	3765	1253
灵丘县	Lingqiu	4000	6419	3201	3218
浑源县	Hunyuan	804	4028	3671	357
左云县	Zuoyun	1205	2943	1546	712
大同县	Datong	5822	48914	46315	1621
开发区	Development zone	57709	250772	217257	26967

12-33 续表 comtinued
FLOOR SPACE OF BUILDING CONSTRUCTION (2014)

单位：万元 (10 000 yuan)

县 区 Region		固定资产原价合计 Original Value of Fixed Assets	#生产经营用 Production and Management	固定资产折 旧 Depreciation of Fixed Assets	#本年折旧 Depreciation This Year	无形及递延资产合计 Intangible and Deferre Assets
全 市	**Total**	**186481**		**81022**	**9900**	
城 区	Chengqu	95255		37422	3712	
矿 区	Kuangqu	2230		725	52	
南郊区	Nanjiao	40694		25147	2238	
新荣区	Xinrong	420		180		
阳高县	Yanggao	690		286	42	
天镇县	Tianzhen	1804		477	108	
广灵县	Guanglin	717		46	4	
灵丘县	Lingqiu	3812		811	61	
浑源县	Hunyuan	382		25		
左云县	Zuoyun	805		314	54	
大同县	Datong	3052		1490	279	
开发区	Development zone	36619		14098	3350	

12-34 建筑业企业负债及所有者权益(2014 年)
LIABILITIES AND CREDITORS'EQUITY OF CONSTRUCTION ENTERPRISES (2014)

单位：万元 (10 000 yuan)

县 区 Region		负债合计 Total Liabilities	流动负债合计 Liquid Liabilities	长期负债合计 Long-term Liabilities	所有者权益合计 Total Creditors' Equity
全 市	**Total**	**1238770**	**1145731**		**458925**
城 区	Chengqu	627546	594987		291164
矿 区	Kuangqu	4605	4529		7762
南郊区	Nanjiao	365298	315486		69079
新荣区	Xinrong	16			1185
阳高县	Yanggao	6235	6070		2310
天镇县	Tianzhen	2262	2240		2141
广灵县	Guanglin	1620	1620		3397
灵丘县	Lingqiu	207	207		6212
浑源县	Hunyuan	2899	2899		1129
左云县	Zuoyun	1454	1319		1488
大同县	Datong	42486	40420		6427
开发区	Development zone	184142	175954		66630

12-35 建筑企业利税及利润总额(2014年)
PRE-TAX AND PROFITS OF CONSTRUCTION ENTERPRISES (2014)

单位：万元 (10 000 yuan)

县区 Region		利税总额 Total pretax profits	#利润总额 Total profits	#应交所得税 Income Taxes Payable	主营税及附加 Taxes and Extra Charges on Project Settlement Accounts	管理税 Taxes in Costs of Administration
全 市	**Total**	**70923**	**18913**	**7302**	**42726**	**1982**
城 区	Chengqu	39980	13605	4672	21023	681
矿 区	Kuangqu	1082	265	243	571	4
南郊区	Nanjiao	10623	227	731	9130	535
新荣区	Xinrong	61	5	5	46	5
阳高县	Yanggao	981	370	93	490	29
天镇县	Tianzhen	314	27	9	270	8
广灵县	Guanglin	1226	-3	2	1223	4
灵丘县	Lingqiu	1219	440	92	677	9
浑源县	Hunyuan	594	203	89	298	4
左云县	Zuoyun	422	283	71	56	12
大同县	Datong	1401	470	267	651	13
开发区	Development zone	13021	3021	1029	8293	679

12-36 建筑业企业工程结算收入及营业利润(2014年)
REVENUE OF PROJECT SETTLED ACCOUNTS AND PROFITS OF CONSTRUCTION ENTERPRISES (2014)

单位:万元 (10 000 yuan)

县区 Region		主营业务收入 Revenue of Project Settlement Accounts	主营业务成本 Costs of Project Settlement Accounts	主营业务税金及附加 Taxes and Extra Charges on Project Settlement Accounts	销售费用 Profits of Project Settlement Accounts	营业利润 Profits of Business	其他业务利润 Other Profit from Business	管理费用 Costs of Administration	财务费用 Financial Cost
全 市	**Total**	**1265464**	**1125664**	**42726**	**9651**	**19081**	**5860**	**69707**	**15168**
城 区	Chengqu	673693	601257	21023	7062	13992	4850	32799	2960
矿 区	Kuangqu	15636	13249	571		293		1413	6
南郊区	Nanjiao	270120	234154	9130	712	389	1000	21847	10108
新荣区	Xinrong	1186	1122	46	61	5		62	
阳高县	Yanggao	10628	9003	490	276	370		460	29
天镇县	Tianzhen	3689	3131	270	34	27		223	5
广灵县	Guanglin	20813	19201	1223		-67		436	20
灵丘县	Lingqiu	14462	12495	677	138	440		693	19
浑源县	Hunyuan	8907	8299	298		200		112	-2
左云县	Zuoyun	1658	1169	56	10	295		211	-1
大同县	Datong	19702	15264	651	1256	453	4	1899	152
开发区	Development zone	224970	207320	8293	103	2683	6	9553	1872

12-37 公共财政预算收支总额 (2014 年)
LOCAL GOVERNMENTS OF REVENUE AND EXPENDITURE (2014)

单位：万元 (10 000 yuan)

县 区	Region	一般预算收入 General Budget of Revenue	# 企业所得税 Total Revenue	# 增值税 Value-added Taxes
全 市	**Total**	**1049448**		
城 区	Chengqu	42038	3556	5281
矿 区	Kuangqu	11642	623	1671
南郊区	Nanjiao	94328	10313	13209
新荣区	Xinrong	15033	632	3607
阳高县	Yanggao	14217	615	909
天镇县	Tianzhen	10327	396	535
广灵县	Guanglin	10302	628	655
灵丘县	Lingqiu	18713	1371	1981
浑源县	Hunyuan	28415	447	993
左云县	Zuoyun	53340	3667	5049
大同县	Datong	22727	606	2449
开发区	Development zone	38603	2892	3295

市 名	City	一般预算支出 General Budget of Expenditure	# 一般公共服务 Expenditure for public services	# 教 育 Expenditure on Education	# 社会保障和就业 Expenditure for Social security and employment
全 市	**Total**				
城 区	Chengqu	120945	10265	27723	34284
矿 区	Kuangqu	119579	12748	48130	22751
南郊区	Nanjiao	132335	13151	34277	10543
新荣区	Xinrong	60701	7392	13144	8434
阳高县	Yanggao	125993	10405	27701	18952
天镇县	Tianzhen	119822	8940	25005	13408
广灵县	Guanglin	114780	6353	22328	15390
灵丘县	Lingqiu	129212	7410	22517	21421
浑源县	Hunyuan	159493	15922	33270	28878
左云县	Zuoyun	110807	10983	18599	8521
大同县	Datong	103670	10234	20664	10831
开发区	Development zone	32505	4502	1097	1093

地市篇

PART OF PREFECTURE AND CITY

资料整理人员

王志铭　　杨　雁　　李　涛　　高锦霞　　王少卿

13-1 国民经济核算主要指标（2014年）
MAJOR INDICATORS OF NATIONAL ECONOMIC ACCOUNTING(2014)

单位：万元 (10 000 yuan)

市名 City	总产出 Total Output	第一产业 Primary Industry	第二产业 Secondary Industry	#工业 Industry	第三产业 Tertiary Industry	#交通运输、仓储和邮政业 Transportation, Storage and Post	#批发和零售业 Wholesale and Retail Trade
全省 Total	**344239100**	**14469000**	**234937500**	**192852100**	**94832600**	**17490600**	**13357100**
太原市 Taiyuan	79135522	726667	47639725	24646480	30769130	3163031	6545536
大同市 Datong	27588990	1049323	14625406	13271194	11914261	3660426	2391303
阳泉市 Yangquan	13603170	213740	8433202	6957199	4956227	1062787	1226385
长治市 Changzhi	31707892	1019410	22151354	19939616	8537128	1214083	1420623
晋城市 Jincheng	20480537	780046	13104907	11833608	6595583	994899	898103
朔州市 Shuozhou	26641932	1295944	12324890	11701697	13021098	3211301	4817645
晋中市 Jinzhong	25839555	1757169	16572038	13431461	7510348	1964370	984885
运城市 Yuncheng	32822292	3714150	17672906	15991202	11435236	1905916	2714506
忻州市 Xinzhou	21473336	1152972	10712422	9787753	9607942	1285780	1100636
临汾市 Linfen	33873860	1793499	22252179	19243250	9828183	1743435	2541994
吕梁市 Lvliang	28991537	1249177	20393088	19304357	7349272	1154381	830422

市名 City	地区生产总值 Gross Domestic Product	第一产业 Primary Industry	第二产业 Secondary Industry	#工业 Industry	第三产业 Tertiary Industry	#交通运输、仓储和邮政业 Transportation, Storage and Post	#批发和零售业 Wholesale and Retail Trade
全省 Total	**127614900**	**7888900**	**62939100**	**54710100**	**56786900**	**7971300**	**9900400**
太原市 Taiyuan	25310917	388627	10123118	7028126	14799172	1270083	3375684
大同市 Datong	10017256	570511	4454968	3780756	4991777	1085293	746416
阳泉市 Yangquan	6166154	110090	3369007	2942122	2687057	393940	484422
长治市 Changzhi	13311415	581833	7765112	7333891	4964470	729906	833906
晋城市 Jincheng	10358635	438377	6086174	5636646	3834085	641311	618821
朔州市 Shuozhou	10034100	614332	5427061	5171026	3992707	800597	711300
晋中市 Jinzhong	10423086	1049239	4935000	4275300	4438847	920000	740500
运城市 Yuncheng	12016220	1971921	4967326	4086152	5076973	854365	935826
忻州市 Xinzhou	6803394	662826	3221228	2857805	2919340	396860	352235
临汾市 Linfen	12132401	949345	6592018	5878601	4591038	794447	707437
吕梁市 Lvliang	11013462	687072	6847714	6614170	3478676	581629	531710

13-1 续表 continued

单位：万元 (10 000 yuan)

市 名 City		人均地区生产总值（元/人）Per Capita GDP (yuan/person)	资本形成总额 Gross Capital Formation	最终消费 Final Consumption Expenditure	居民总消费水平（元/人）Household Consumption Expenditure (yuan/person)	农村居民 Rural Households	城镇居民 Urban Household
全 省	**Total**	**35070**	**92497400**	**63655600**	**12622**	**7692**	**17189**
太原市	Taiyuan	59023	14096721	11313826	20695	9368	22823
大同市	Datong	29607	7736638	4651376	10376	5085	13973
阳泉市	Yangquan	44382	4798314	2243642	11491	7079	13921
长治市	Changzhi	39196	9257497	6759270	14668	8616	21312
晋城市	Jincheng	44945	6604983	4072998	11555	7973	14315
朔州市	Shuozhou	57368	5801357	3736363	14681	8582	20396
晋中市	Jinzhong	31465	6723195	5458796	11511	8282	14784
运城市	Yuncheng	22940	8891572	6465242	10032	6485	14591
忻州市	Xinzhou	21796	5160934	3270639	7796	5106	11240
临汾市	Linfen	27557	6825213	5570679	9547	6731	12799
吕梁市	Lvliang	28960	7675418	4695174	8436	5645	12002

13-2 国民经济核算主要指标发展速度（2014 年）
RATE OF MAJOR INDICATORS OF NATIONAL ECONOMIC ACCOUNTING (2014)

上年=100 (last year=100)

市 名 City		总产出 Total Output	第一产业 Primary Industry	第二产业 Secondary Industry	#工 业 Industry	第三产业 Tertiay Industry	#交通运输、仓储和邮政业 Transportation, Storage and Post	#批发和零售业 Wholesale and Retail Trade
全 省	**Total**	**104.8**	**103.8**	**104.1**	**103.0**	**106.8**	**105.6**	**106.2**
太原市	Taiyuan	103.8	104.7	102.7	100.8	105.9	101.2	104.7
大同市	Datong	107.1	104.2	109.2	108.9	104.8	107.0	105.2
阳泉市	Yangquan	103.9	104.7	104.2	104.0	103.3	107.2	101.9
长治市	Changzhi	108.4	105.7	108.8	108.5	107.4	109.3	104.7
晋城市	Jincheng	117.4	119.6	124.0	124.7	105.2	109.2	104.5
朔州市	Shuozhou	96.3	105.8	87.9	87.4	107.2	121.0	102.4
晋中市	Jinzhong	107.6	105.0	108.3	107.2	106.1	112.0	100.1
运城市	Yuncheng	105.7	105.4	106.0	105.5	105.2	108.9	105.1
忻州市	Xinzhou	108.1	107.3	109.3	110.0	107.0	107.4	105.7
临汾市	Linfen	105.0	113.2	104.3	103.2	105.5	108.1	102.5
吕梁市	Lvliang	98.1	104.8	97.3	97.6	100.3	111.9	96.3

13-2 续表 continued

上年 =100 (last year=100)

市名 City	地区生产总值 Gross Domestic Product	第一产业 Primary Industry	第二产业 Secondary Industry	#工业 Industry	第三产业 Tertiary Industry	#交通运输、仓储和邮政业 Transportation, Storage and Post	#批发和零售业 Wholesale and Retail Trade
全省 Total	**104.9**	**104.7**	**103.6**	**103.2**	**107.1**	**108.6**	**105.5**
太原市 Taiyuan	103.3	104.3	101.0	100.8	105.1	101.1	103.0
大同市 Datong	107.4	104.1	110.8	110.3	104.2	112.0	104.1
阳泉市 Yangquan	103.2	104.8	103.5	104.0	102.7	109.7	104.5
长治市 Changzhi	105.1	104.6	105.4	105.1	104.8	108.1	99.6
晋城市 Jincheng	104.8	102.4	105.2	105.1	104.0	112.0	102.7
朔州市 Shuozhou	104.5	104.4	104.2	104.6	105.0	112.0	102.4
晋中市 Jinzhong	106.8	104.1	108.0	107.3	105.6	112.0	100.4
运城市 Yuncheng	105.0	104.8	105.9	104.3	104.1	110.9	105.0
忻州市 Xinzhou	105.4	108.8	106.9	106.7	102.7	102.9	103.9
临汾市 Linfen	104.6	104.4	104.1	103.2	105.5	108.6	102.5
吕梁市 Lvliang	98.0	104.1	96.7	96.8	100.6	112.0	94.7

市名 City	资本形成总额 Gross Capital Formation	最终消费 Final Consumption Expenditure	居民总消费水平 Household Consumption Expenditure	农村居民 Rural Households	城镇居民 Urban Households
全省 Total	**101.7**	**102.3**	**104.0**	**105.4**	**101.8**
太原市 Taiyuan	103.1	105.1	109.8	111.7	109.5
大同市 Datong	108.4	104.6	107.9	108.9	107.1
阳泉市 Yangquan	106.9	101.2	99.8	94.0	100.9
长治市 Changzhi	107.5	104.1	103.4	103.9	101.1
晋城市 Jincheng	108.9	110.6	112.2	112.8	111.5
朔州市 Shuozhou	96.8	99.9	103.0	106.3	100.6
晋中市 Jinzhong	106.7	105.5	106.6	106.1	105.4
运城市 Yuncheng	112.1	105.5	113.1	114.8	109.9
忻州市 Xinzhou	102.6	103.6	103.3	105.8	99.8
临汾市 Linfen	104.3	104.9	106.1	110.8	101.7
吕梁市 Lvliang	95.2	102.3	104.8	104.1	103.2

13-3 基本单位数（2013 年）
NUMBER OF BASIC UNITS（2013）

单位：个 (unit)

市名 City	法人单位数 Corporation Units			产业活动单位数 Active Units	
	合计 Total	单产业法人 Single Industry	多产业法人 Multi-industry	合计 Total	# 多产业法人所属产业活动单位 Units Belong to Multi-industry Corporation
全省 Total	**258920**	**236147**	**22773**	**345722**	**109575**
太原市 Taiyuan	42241	40214	2027	51733	11519
大同市 Datong	18661	17350	1311	24728	7378
阳泉市 Yangquan	9313	8212	1101	13326	5114
长治市 Changzhi	29832	26617	3215	39793	13176
晋城市 Jincheng	20395	17599	2796	27869	10270
朔州市 Shuozhou	13919	13207	712	17824	4617
晋中市 Jinzhong	24060	22308	1752	33232	10924
运城市 Yuncheng	27193	24804	2389	38087	13283
忻州市 Xinzhou	24879	23021	1858	31865	8844
临汾市 Linfen	28233	24101	4132	40225	16124
吕梁市 Lvliang	20194	18714	1480	27040	8326

13-4 基本单位数（2014 年）
NUMBER OF BASIC UNITS（2014）

单位：个 (unit)

市名 City	法人单位数 Corporation Units			产业活动单位数 Active Units	
	合计 Total	单产业法人 Single Industry	多产业法人 Multi-industry	合计 Total	# 多产业法人所属产业活动单位 Units Belong to Multi-industry Corporation
全省 Total	**304889**	**281160**	**23729**	**392428**	**111268**
太原市 Taiyuan	53831	51409	2422	63004	11595
大同市 Datong	20822	19457	1365	26984	7527
阳泉市 Yangquan	10991	9762	1229	15048	5286
长治市 Changzhi	32649	29381	3268	42740	13359
晋城市 Jincheng	24441	21591	2850	31976	10385
朔州市 Shuozhou	17694	16977	717	21576	4599
晋中市 Jinzhong	30742	28876	1866	40355	11479
运城市 Yuncheng	29345	26899	2446	40479	13580
忻州市 Xinzhou	27502	25621	1881	34497	8876
临汾市 Linfen	33184	28978	4206	45367	16389
吕梁市 Lvliang	23688	22209	1479	30402	8193

13-5 按登记注册类型划分基本单位数（2013年）
NUMBER OF BASIC UNITS BY REGISTRATION STATUS（2013）

单位：个 (unit)

市名 City		法人单位数 Corporation Units				产业活动单位数 Active Units			
		合计 Total	内资单位 Civil Funded Enterprises	港澳台商投资单位 Enterprises Funded by HongKong, Macao and Taiwan	外商投资单位 Foreign Funded Enterprises	合计 Total	内资单位 Civil Funded Enterprises	港澳台商投资单位 Enterprises Funded by HongKong, Macao and Taiwan	外商投资单位 Foreign Funded Enterprises
全省	**Total**	**258920**	**258461**	**179**	**280**	**345722**	**344332**	**583**	**807**
太原市	Taiyuan	42241	42084	61	96	51733	51302	177	254
大同市	Datong	18661	18623	13	25	24728	24625	44	59
阳泉市	Yangquan	9313	9295	7	11	13326	13269	30	27
长治市	Changzhi	29832	29795	16	21	39793	39719	30	44
晋城市	Jincheng	20395	20363	9	23	27869	27803	17	49
朔州市	Shuozhou	13919	13906	3	10	17824	17804	7	13
晋中市	Jinzhong	24060	24000	28	32	33232	33108	56	68
运城市	Yuncheng	27193	27155	12	26	38087	37947	57	83
忻州市	Xinzhou	24879	24871	6	2	31865	31810	31	24
临汾市	Linfen	28233	28202	15	16	40225	39995	101	129
吕梁市	Lvliang	20194	20167	9	18	27040	26950	33	57

13-6 按登记注册类型划分基本单位数（2014年）
NUMBER OF BASIC UNITS BY REGISTRATION STATUS（2014）

单位：个 (unit)

市名 City		法人单位数 Corporation Units				产业活动单位数 Active Units			
		合计 Total	内资单位 Civil Funded Enterprises	港澳台商投资单位 Enterprises Funded by HongKong, Macao and Taiwan	外商投资单位 Foreign Funded Enterprises	合计 Total	内资单位 Civil Funded Enterprises	港澳台商投资单位 Enterprises Funded by HongKong, Macao and Taiwan	外商投资单位 Foreign Funded Enterprises
全省	**Total**	**304889**	**304409**	**190**	**290**	**392428**	**390978**	**598**	**852**
太原市	Taiyuan	53831	53668	64	99	63004	62566	177	261
大同市	Datong	20822	20783	14	25	26984	26879	45	60
阳泉市	Yangquan	10991	10974	7	10	15048	14988	29	31
长治市	Changzhi	32649	32612	16	21	42740	42667	29	44
晋城市	Jincheng	24441	24404	10	27	31976	31902	21	53
朔州市	Shuozhou	17694	17680	3	11	21576	21554	7	15
晋中市	Jinzhong	30742	30684	27	31	40355	40225	55	75
运城市	Yuncheng	29345	29307	12	26	40479	40342	57	80
忻州市	Xinzhou	27502	27489	9	4	34497	34428	39	30
临汾市	Linfen	33184	33149	17	18	45367	45117	104	146
吕梁市	Lvliang	23688	23659	11	18	30402	30310	35	57

13-7 按产业分基本单位数及从业人数(2013 年)
NUMBER OF BASIC UNITS AND EMPLOYEES BY INDUSTRY(2013)

市名 City	法人单位 Corporation Units							
	单位数(个) Number of Units (unit)	第一产业 Primary Industry	第二产业 Secondary Industry	第三产业 Tertiary Industry	从业人数(人) Employees (person)	第一产业 Primary Industry	第二产业 Secondary Industry	第三产业 Tertiary Industry
全省 Total	**258920**	**51815**	**34178**	**172927**	**8251157**	**656942**	**3664436**	**3929779**
太原市 Taiyuan	42241	3116	6274	32851	1678856	28710	737897	912249
大同市 Datong	18661	3325	1842	13494	688185	36280	302331	349574
阳泉市 Yangquan	9313	1591	1387	6335	388983	20350	222390	146243
长治市 Changzhi	29832	8514	2978	18340	771991	84721	353964	333306
晋城市 Jincheng	20395	4112	2398	13885	648360	56362	306349	285649
朔州市 Shuozhou	13919	3265	1229	9425	397525	37018	152812	207695
晋中市 Jinzhong	24060	5687	3854	14519	746455	58772	367796	319887
运城市 Yuncheng	27193	6406	4470	16317	903141	128080	401125	373936
忻州市 Xinzhou	24879	4787	3088	17004	546882	52958	188072	305852
临汾市 Linfen	28233	6537	3457	18239	758059	83104	299722	375233
吕梁市 Lvliang	20194	4475	3201	12518	722720	70587	331978	320155

市名 City	产业活动单位 Active Units							
	单位数(个) Number of Units (unit)	第一产业 Primary Industry	第二产业 Secondary Industry	第三产业 Tertiary Industry	从业人数(人) Employees (person)	第一产业 Primary Industry	第二产业 Secondary Industry	第三产业 Tertiary Industry
全省 Total	**345722**	**52001**	**38686**	**255035**	**8857244**	**659547**	**3742760**	**4454937**
太原市 Taiyuan	51733	3129	7203	41401	1833922	28899	816797	988226
大同市 Datong	24728	3339	2135	19254	773548	36404	319851	417293
阳泉市 Yangquan	13326	1604	1811	9911	404944	20464	204443	180037
长治市 Changzhi	39793	8529	3415	27849	814316	85032	350239	379045
晋城市 Jincheng	27869	4133	2792	20944	688704	56670	298179	333855
朔州市 Shuozhou	17824	3276	1425	13123	422096	37363	154799	229934
晋中市 Jinzhong	33232	5706	4350	23176	785369	58961	359224	367184
运城市 Yuncheng	38087	6424	4747	26916	946871	128354	405513	413004
忻州市 Xinzhou	31865	4796	3354	23715	588640	53091	197417	338132
临汾市 Linfen	40225	6579	3998	29648	835637	83585	300972	451080
吕梁市 Lvliang	27040	4486	3456	19098	763197	70724	335326	357147

13-8 按产业分基本单位数及从业人数(2014年)
NUMBER OF BASIC UNITS AND EMPLOYEES BY INDUSTRY(2014)

市名 City	法人单位 Corporation Units							
	单位数(个) Number of Units (unit)	第一产业 Primary Industry	第二产业 Secondary Industry	第三产业 Tertiary Industry	从业人数(人) Employees (person)	第一产业 Primary Industry	第二产业 Secondary Industry	第三产业 Tertiary Industry
全省 Total	**304889**	**61120**	**39550**	**204219**	**8704183**	**739508**	**3696395**	**4268280**
太原市 Taiyuan	53831	3588	7423	42820	1805614	31145	738423	1036046
大同市 Datong	20822	4286	2134	14402	728101	41461	314435	372205
阳泉市 Yangquan	10991	1840	1591	7560	411354	23816	229487	158051
长治市 Changzhi	32649	9234	3269	20146	793603	92175	346355	355073
晋城市 Jincheng	24441	4885	2804	16752	700331	62496	320735	317100
朔州市 Shuozhou	17694	4812	1506	11376	434824	48394	159570	226860
晋中市 Jinzhong	30742	6712	4911	19119	801096	71044	378794	351258
运城市 Yuncheng	29345	6861	4774	17710	907346	132157	387180	388009
忻州市 Xinzhou	27502	5755	3466	18281	558499	57946	185760	314793
临汾市 Linfen	33184	7776	4007	21401	814021	100131	302905	410985
吕梁市 Lvliang	23688	5371	3665	14652	749394	78743	332751	337900

市名 City	产业活动单位 Active Units							
	单位数(个) Number of Units (unit)	第一产业 Primary Industry	第二产业 Secondary Industry	第三产业 Tertiary Industry	从业人数(人) Employees (person)	第一产业 Primary Industry	第二产业 Secondary Industry	第三产业 Tertiary Industry
全省 Total	**392428**	**61371**	**43785**	**287272**	**9043567**	**742565**	**3701230**	**4599772**
太原市 Taiyuan	63004	3600	8276	51128	1816731	31310	783289	1002132
大同市 Datong	26984	4300	2422	20262	784848	41596	318292	424960
阳泉市 Yangquan	15048	1855	1887	11306	400283	24205	193677	182401
长治市 Changzhi	42740	9251	3698	29791	831852	92466	350006	389380
晋城市 Jincheng	31976	4905	3201	23870	737045	62708	319104	355233
朔州市 Shuozhou	21576	4827	1692	15057	451262	48755	161106	241401
晋中市 Jinzhong	40355	6739	5407	28209	839305	71591	373500	394214
运城市 Yuncheng	40479	6880	5048	28551	948207	132363	393121	422723
忻州市 Xinzhou	34497	5817	3718	24962	595008	58177	195099	341732
临汾市 Linfen	45367	7818	4557	32992	875890	100577	297682	477631
吕梁市 Lvliang	30402	5379	3879	21144	763136	78817	316354	367965

13-9 按行业分法人单位数（2013 年）
NUMBER OF CORPORATION UNITS BY SECTOR(2013)

单位：个 (unit)

市 名 City	合 计 Total	农、林、牧、渔业 Farming, Forestry, Animal Husbandry and Fishery	采矿业 Ming Industry	制造业 Manufacturing	电力、热力、燃气及水的生产和供应业 Production and Supply of Electricity, Heat, Gas and Water
全 省 Total	**258920**	**56803**	**5567**	**21628**	**1211**
太原市 Taiyuan	42241	3243	385	3521	106
大同市 Datong	18661	3512	313	1084	72
阳泉市 Yangquan	9313	1690	158	946	68
长治市 Changzhi	29832	9168	505	1846	152
晋城市 Jincheng	20395	4535	313	1531	139
朔州市 Shuozhou	13919	3576	214	707	71
晋中市 Jinzhong	24060	6186	650	2590	131
运城市 Yuncheng	27193	7358	364	3605	111
忻州市 Xinzhou	24879	5363	891	1758	133
临汾市 Linfen	28233	7304	920	1995	119
吕梁市 Lvliang	20194	4868	854	2045	109

市 名 City	建筑业 Construction	批发和零售业 Wholesale and Retail Trade	交通运输、仓储和邮政业 Transport, Storage and Post	住宿和餐饮业 Hotels and Catering Services	信息传输、软件和信息技术服务业 Information Transmission, Software and Information Technology Services
全 省 Total	**6192**	**45404**	**5328**	**3411**	**1744**
太原市 Taiyuan	2354	12720	811	930	1042
大同市 Datong	447	3412	330	347	66
阳泉市 Yangquan	233	1670	164	150	41
长治市 Changzhi	510	4562	430	270	90
晋城市 Jincheng	458	4006	365	252	85
朔州市 Shuozhou	246	2157	363	169	68
晋中市 Jinzhong	502	3343	614	312	59
运城市 Yuncheng	425	3799	681	257	75
忻州市 Xinzhou	323	3227	528	238	53
临汾市 Linfen	460	4424	601	319	100
吕梁市 Lvliang	234	2084	441	167	65

13-9 续表 continued

单位：个 (unit)

市 名 City	金融业 Banking and Insurance	房地产业 Real Estate Trade	租赁和商务服务业 Lease and Business Affairs Services	科学研究和技术服务业 Scientific Reseach, and Technical Services	水利、环境和公共设施管理业 Water, Environmental Protection and Public Facility Management
全 省 Total	**1865**	**6747**	**12053**	**6911**	**2583**
太原市 Taiyuan	336	1921	3861	2129	339
大同市 Datong	143	516	1025	545	207
阳泉市 Yangquan	79	237	403	222	84
长治市 Changzhi	105	630	1007	737	327
晋城市 Jincheng	167	514	1064	466	276
朔州市 Shuozhou	137	306	435	303	128
晋中市 Jinzhong	124	533	856	516	253
运城市 Yuncheng	166	687	808	444	244
忻州市 Xinzhou	215	394	745	518	264
临汾市 Linfen	222	586	1345	660	253
吕梁市 Lvliang	171	423	504	371	208

市 名 City	居民服务、修理和其他服务业 Resident Services, Repair and Other Services	教 育 Education	卫生和社会工作 Health Care and Social Work	文化、体育和娱乐业 Culture, Sports and Recreation	公共管理、社会保障和社会组织 Public Management, Social Security and Social Organization
全 省 Total	**2801**	**10068**	**5321**	**5601**	**57682**
太原市 Taiyuan	780	1487	731	1002	4543
大同市 Datong	213	832	481	401	4715
阳泉市 Yangquan	118	345	177	256	2272
长治市 Changzhi	220	1049	646	647	6931
晋城市 Jincheng	314	710	316	387	4497
朔州市 Shuozhou	132	506	286	257	3858
晋中市 Jinzhong	244	989	435	588	5135
运城市 Yuncheng	183	1096	610	657	5623
忻州市 Xinzhou	194	876	507	456	8196
临汾市 Linfen	265	1207	695	580	6178
吕梁市 Lvliang	138	971	437	370	5734

13-10 按行业分法人单位数（2014年）
NUMBER OF CORPORATION UNITS BY SECTOR(2014)

单位：个 (unit)

市名 City	合计 Total	农、林、牧、渔业 Farming, Forestry, Animal Husbandry and Fishery	采矿业 Ming Industry	制造业 Manufacturing	电力、热力、燃气及水的生产和供应业 Production and Supply of Electricity, Heat, Gas and Water
全省 Total	**304889**	**66666**	**5938**	**23769**	**1552**
太原市 Taiyuan	53831	3752	403	3767	143
大同市 Datong	20822	4506	363	1240	110
阳泉市 Yangquan	10991	1944	160	1064	78
长治市 Changzhi	32649	9920	535	1954	178
晋城市 Jincheng	24441	5425	333	1677	174
朔州市 Shuozhou	17694	5193	237	796	98
晋中市 Jinzhong	30742	7289	702	3014	164
运城市 Yuncheng	29345	7819	386	3748	137
忻州市 Xinzhou	27502	6361	953	1963	176
临汾市 Linfen	33184	8662	958	2279	155
吕梁市 Lvliang	23688	5795	908	2267	139

市名 City	建筑业 Construction	批发和零售业 Wholesale and Retail Trade	交通运输、仓储和邮政业 Transport, Storage and Post	住宿和餐饮业 Hotels and Catering Services	信息传输、软件和信息技术服务业 Information Transmission, Software and Information Technology Services
全省 Total	**8750**	**62599**	**6731**	**3885**	**2955**
太原市 Taiyuan	3205	18230	1091	1098	1465
大同市 Datong	504	3974	389	355	90
阳泉市 Yangquan	317	2370	202	157	94
长治市 Changzhi	641	5673	482	305	130
晋城市 Jincheng	672	5775	418	265	210
朔州市 Shuozhou	387	3412	473	204	97
晋中市 Jinzhong	1049	5470	849	389	298
运城市 Yuncheng	548	4572	789	301	133
忻州市 Xinzhou	391	3916	629	251	79
临汾市 Linfen	653	5953	796	359	213
吕梁市 Lvliang	383	3254	613	201	146

13-10 续表 continued

单位：个 (unit)

市名 City	金融业 Banking and Insurance	房地产业 Real Estate Trade	租赁和商务服务业 Lease and Business Affairs Services	科学研究和技术服务业 Scientific Reseach, and Technical Services	水利、环境和公共设施管理业 Water, Environmental Protection and Public Facility Management
全省 Total	**2133**	**8035**	**16412**	**7966**	**2705**
太原市 Taiyuan	361	2231	5683	2573	362
大同市 Datong	161	535	1070	534	211
阳泉市 Yangquan	95	289	571	287	91
长治市 Changzhi	119	729	1228	761	328
晋城市 Jincheng	189	583	1341	516	291
朔州市 Shuozhou	154	386	572	361	138
晋中市 Jinzhong	195	743	1517	777	275
运城市 Yuncheng	181	797	933	481	249
忻州市 Xinzhou	228	450	904	552	276
临汾市 Linfen	248	725	1774	716	279
吕梁市 Lvliang	202	567	819	408	205

市名 City	居民服务、修理和其他服务业 Resident Services, Repair and Other Services	教育 Education	卫生和社会工作 Health Care and Social Work	文化、体育和娱乐业 Culture, Sports and Recreation	公共管理、社会保障和社会组织 Public Management, Social Security and Social Organization
全省 Total	**4778**	**10345**	**5487**	**6073**	**58110**
太原市 Taiyuan	1472	1536	734	1153	4572
大同市 Datong	272	850	481	400	4777
阳泉市 Yangquan	181	354	185	274	2278
长治市 Changzhi	346	1060	650	681	6929
晋城市 Jincheng	539	739	333	451	4510
朔州市 Shuozhou	247	515	290	276	3858
晋中市 Jinzhong	482	1058	469	675	5327
运城市 Yuncheng	265	1100	633	663	5610
忻州市 Xinzhou	276	883	522	474	8218
临汾市 Linfen	437	1304	727	645	6301
吕梁市 Lvliang	261	946	463	381	5730

13-11 总户数、常住人口数(2014 年)
NUMBER OF HOUSEHOLDS AND RESIDENT POPULATION(2014)

单位：人 (person)

市 名 City		总户数(户) Number of Households (household)	常住人口 Resident Population	按性别分 By Sex		按城镇乡村分 By Urban and Rural	
				男 性 Male	女 性 Famle	城镇人口 Urban	乡村人口 Rural
全 省	Total	13133548	36479599	18729697	17749902	19623157	16856442
太原市	Taiyuan	1138957	4298900	2178098	2120802	3621821	677079
大同市	Datong	1281324	3391947	1732173	1659774	2036609	1355338
阳泉市	Yangquan	527906	1392674	717525	675149	904662	488012
长治市	Changzhi	1194914	3404434	1745894	1658540	1649796	1754638
晋城市	Jincheng	835548	2308946	1160489	1148457	1304291	1004655
朔州市	Shuozhou	687796	1753943	921703	832240	914605	839338
晋中市	Jinzhong	1317043	3320308	1712281	1608027	1675226	1645082
运城市	Yuncheng	1724203	5252258	2691955	2560303	2334465	2917793
忻州市	Xinzhou	1342692	3128460	1618036	1510424	1397179	1731281
临汾市	Linfen	1601402	4414596	2259249	2155347	2081037	2333559
吕梁市	Lvliang	1481763	3813133	1992294	1820839	1703466	2109667

注：本表总户数为公安年报数。
Note: Number of households in the table are obtained from public security department.

13-12 非农业人口增加来源(2014 年)
INCREASE OF NON-AGRICULTURAL POPULATION(2014)

单位：人 (person)

市 名 City		合 计 Total	出 生 Birth	非农业人口迁入 Movement Non-agricultural Population	农业人口转非农人口 Transfering from Agricultural Population	港、澳、台和国外迁入 Movement from Hongkong, Macao, Taiwan and Abroad	复员转业 Demobilized From the Army	其 他 Others
全 省	Total	461765	173843	178521	79696	31	2644	27030
太原市	Taiyuan	79903	33897	31353	9001	11	821	4820
大同市	Datong	53821	26469	16152	7913	2	847	2438
阳泉市	Yangquan	26023	8736	7321	3108		36	6822
长治市	Changzhi	42883	15079	19628	6869		181	1126
晋城市	Jincheng	24106	7846	14535	1646		78	1
朔州市	Shuozhou	18247	7939	8647	812	2	147	700
晋中市	Jinzhong	57160	13855	20109	22150		224	822
运城市	Yuncheng	43300	13876	22614	5838	4	116	852
忻州市	Xinzhou	29271	12002	14236	2263	1	105	664
临汾市	Linfen	40755	16872	12548	5051	7	52	6225
吕梁市	Lvliang	46296	17272	11378	15045	4	37	2560

注：本表总户数为公安年报数。
Note: Number of households in the table are obtained from public security department.

13-13 非私营单位从业人员(2014 年)
NUMBER OF EMPLOYEES IN NON-PRIVATE UNITS(2014)

单位:个 (unit)

市名 City	总计 Total	#女性 Female	在岗职工 Fully Employed	其他从业人员 Others
全省 Total	**4520946**	**1526578**	**4347200**	**173746**
太原市 Taiyuan	1078240	339611	1044983	33257
大同市 Datong	419697	128882	396322	23375
阳泉市 Yangquan	285390	91947	277950	7440
长治市 Changzhi	444742	149749	431863	12879
晋城市 Jincheng	377019	129474	364668	12351
朔州市 Shuozhou	202244	63230	195575	6669
晋中市 Jinzhong	352346	122193	331294	21052
运城市 Yuncheng	376021	150770	359996	16025
忻州市 Xinzhou	253964	85785	244438	9526
临汾市 Linfen	358764	139467	346518	12246
吕梁市 Lvliang	372519	125470	353593	18926

市名 City	#国有单位 State-owned Units	#集体单位 Collective-owned Units	#港澳台投资经济 Enterprises with Investment From Hong Kong, Macao and Taiwan	#外商投资经济 Enterprises with Foreign Investment
全省 Total	**2060208**	**195633**	**111182**	**102906**
太原市 Taiyuan	482200	35641	46390	40652
大同市 Datong	172479	17462	2952	8523
阳泉市 Yangquan	86775	19006	1228	2642
长治市 Changzhi	181523	13366	1744	10297
晋城市 Jincheng	108929	15066	36735	12694
朔州市 Shuozhou	106287	8766	217	3420
晋中市 Jinzhong	158946	15177	8899	7843
运城市 Yuncheng	215795	16937	4777	3357
忻州市 Xinzhou	166514	17481		
临汾市 Linfen	204987	12076	2477	2667
吕梁市 Lvliang	175773	24655	5763	10811

13-14 非私营单位从业人员劳动报酬(2014 年)
REWARD OF EMPLOYEES IN NON-PRIVATE UNITS(2014)

单位：万元 (10 000 yuan)

市名 City		从业人员平均人数(人) Average Employees (person)	在岗职工 Fully Employed	其他从业人员 Others	从业人员劳动报酬 Reward of Employees	在岗职工工资总额 Total Wages of Fully Employed	其他从业人员劳动报酬 Reward of Others	在岗职工平均工资(元) Average Wage of Fully Employed (yuan)
全省	**Total**	**4535369**	**4361514**	**173855**	**22209172**	**21800387**	**408785**	**49984**
太原市	Taiyuan	1090686	1057162	33524	6121856	6013680	108176	56885
大同市	Datong	422916	397890	25026	2264486	2207790	56696	55487
阳泉市	Yangquan	286357	278770	7587	1317883	1302650	15232	46728
长治市	Changzhi	443978	431473	12505	2094727	2073842	20885	48064
晋城市	Jincheng	377323	365285	12038	2046239	2018634	27605	55262
朔州市	Shuozhou	203563	196767	6796	1014668	1001920	12749	50919
晋中市	Jinzhong	354305	333390	20915	1625773	1574740	51033	47234
运城市	Yuncheng	370240	354909	15331	1446251	1413078	33173	39815
忻州市	Xinzhou	254304	245105	9199	1009156	989349	19807	40364
临汾市	Linfen	359776	347739	12037	1461091	1435918	25173	41293
吕梁市	Lvliang	371921	353024	18897	1807043	1768786	38256	50104

13-15 国有单位从业人员(2014 年)
NUMBER OF EMPLOYEES IN STATE-OWNED UNITS(2014)

单位：人 (person)

市名 City		从业人员 Employees	#女性 Female	在岗职工 Fully Employed	其他从业人员 Others
全省	**Total**	**2060208**	**860662**	**1973188**	**87020**
太原市	Taiyuan	482200	176397	467512	14688
大同市	Datong	172479	68265	156460	16019
阳泉市	Yangquan	86775	39005	84026	2749
长治市	Changzhi	181523	78373	175139	6384
晋城市	Jincheng	108929	46074	105800	3129
朔州市	Shuozhou	106287	38584	102152	4135
晋中市	Jinzhong	158946	72401	152970	5976
运城市	Yuncheng	215795	100291	206474	9321
忻州市	Xinzhou	166514	63009	160960	5554
临汾市	Linfen	204987	96382	200466	4521
吕梁市	Lvliang	175773	81881	161229	14544

13-16 国有单位从业人员劳动报酬(2014年)
REWARD OF EMPLOYEES IN STATE-OWNED UNITS(2014)

单位：万元 (10 000 yuan)

市名 City		从业人员平均人数(人) Average Employees (person)	在岗职工 Fully Employed	其他从业人员 Others	从业人员劳动报酬 Reward of Employees	在岗职工工资总额 Total Wages of Fully Employed	其他从业人员劳动报酬 Reward of Others	在岗职工平均工资(元) Average Wage of Fully Employed (yuan)
全省	**Total**	**2051347**	**1965372**	**85975**	**9403907**	**9237384**	**166524**	**47001**
太原市	Taiyuan	480389	465253	15136	2922503	2885596	36907	62022
大同市	Datong	172443	156369	16074	684486	654022	30464	41826
阳泉市	Yangquan	86794	83989	2805	385308	380481	4827	45301
长治市	Changzhi	181652	175305	6347	782260	773583	8677	44128
晋城市	Jincheng	108271	105231	3040	494251	487052	7199	46284
朔州市	Shuozhou	107256	103032	4224	464659	457491	7168	44403
晋中市	Jinzhong	158453	152850	5603	673590	662625	10965	43351
运城市	Yuncheng	210335	201710	8625	834835	818422	16413	40574
忻州市	Xinzhou	166339	161221	5118	634403	625010	9393	38767
临汾市	Linfen	204555	200036	4519	772758	764178	8579	38202
吕梁市	Lvliang	174860	160376	14484	754855	728924	25930	45451

13-17 集体单位从业人员(2014年)
NUMBER OF EMPLOYEES IN COLLECTIVE-OWNED UNITS(2014)

单位：人 (person)

市名 City		从业人员 Employees	#女性 Female	在岗职工 Fully Employed	其他从业人员 Others
全省	**Total**	**195633**	**82251**	**186125**	**9508**
太原市	Taiyuan	35641	13794	33654	1987
大同市	Datong	17462	9850	16925	537
阳泉市	Yangquan	19006	9575	18795	211
长治市	Changzhi	13366	5529	12457	909
晋城市	Jincheng	15066	6291	14363	703
朔州市	Shuozhou	8766	2725	8711	55
晋中市	Jinzhong	15177	6703	14031	1146
运城市	Yuncheng	16937	7315	15485	1452
忻州市	Xinzhou	17481	6339	16143	1338
临汾市	Linfen	12076	5590	11692	384
吕梁市	Lvliang	24655	8540	23869	786

13-18 集体单位从业人员劳动报酬 (2014 年)
REWARD OF EMPLOYEES IN COLLECTIVE-OWNED UNITS(2014)

单位：万元 (10 000 yuan)

市 名 City		从业人员平均人数（人） Average Employees (person)	在岗职工 Fully Employed	其他从业人员 Others	从业人员劳动报酬 Reward of Employees	在岗职工工资总额 Total Wages of Fully Employed	其他从业人员劳动报酬 Reward of Others	在岗职工平均工资（元） Average Wage of Fully Employed (yuan)
全 省	**Total**	**194902**	**184836**	**10066**	**757018**	**737260**	**19759**	**39887**
太原市	Taiyuan	35987	33978	2009	122102	118093	4008	34756
大同市	Datong	17967	16964	1003	57196	54986	2210	32413
阳泉市	Yangquan	18730	18499	231	70431	69878	553	37774
长治市	Changzhi	13082	12145	937	53293	51774	1519	42630
晋城市	Jincheng	15157	14471	686	63341	62286	1055	43042
朔州市	Shuozhou	8718	8663	55	28363	28200	163	32552
晋中市	Jinzhong	14220	12985	1235	62611	59340	3271	45699
运城市	Yuncheng	16815	15371	1444	66319	63844	2475	41536
忻州市	Xinzhou	17717	16396	1321	47496	45338	2158	27652
临汾市	Linfen	12053	11679	374	65185	64408	777	55149
吕梁市	Lvliang	24456	23685	771	120683	119114	1569	50291

13-19 其他单位从业人员 (2014 年)
NUMBER OF EMPLOYEES IN OTHER-OWNED UNITS(2014)

单位：人 (person)

市 名 City		从业人员 Employees	#女 性 Female	在岗职工 Fully Employed	其他从业人员 Others
全 省	**Total**	**2265105**	**583665**	**2187887**	**77218**
太原市	Taiyuan	560399	149420	543817	16582
大同市	Datong	229756	50767	222937	6819
阳泉市	Yangquan	179609	43367	175129	4480
长治市	Changzhi	249853	65847	244267	5586
晋城市	Jincheng	253024	77109	244505	8519
朔州市	Shuozhou	87191	21921	84712	2479
晋中市	Jinzhong	178223	43089	164293	13930
运城市	Yuncheng	143289	43164	138037	5252
忻州市	Xinzhou	69969	16437	67335	2634
临汾市	Linfen	141701	37495	134360	7341
吕梁市	Lvliang	172091	35049	168495	3596

13-20 其他单位从业人员劳动报酬(2014年)
REWARD OF EMPLOYEES IN OTHER-OWNED UNITS(2014)

单位：万元 (10 000 yuan)

市名 City		从业人员平均人数(人) Average Employees (person)	在岗职工 Fully Employed	其他从业人员 Others	从业人员劳动报酬 Reward of Employmees	在岗职工工资总额 Total Wages of Fully Employed	其他从业人员劳动报酬 Reward of Others	在岗职工平均工资(元) Average Wage of Fully Employed (yuan)
全　省	**Total**	**2289120**	**2211306**	**77814**	**12048247**	**11825744**	**222503**	**53479**
太原市	Taiyuan	574310	557931	16379	3077251	3009991	67260	53949
大同市	Datong	232506	224557	7949	1522804	1498782	24021	66744
阳泉市	Yangquan	180833	176282	4551	862144	852292	9852	48348
长治市	Changzhi	249244	244023	5221	1259175	1248485	10690	51163
晋城市	Jincheng	253895	245583	8312	1488648	1469297	19351	59829
朔州市	Shuozhou	87589	85072	2517	521647	516229	5418	60681
晋中市	Jinzhong	181632	167555	14077	889571	852775	36797	50895
运城市	Yuncheng	143090	137828	5262	545096	530811	14285	38513
忻州市	Xinzhou	70248	67488	2760	327257	319002	8255	47268
临汾市	Linfen	143168	136024	7144	623149	607332	15817	44649
吕梁市	Lvliang	172605	168963	3642	931505	920748	10757	54494

13-21 私营单位从业人员和劳动报酬(2014年)
NUMBER AND REWARD OF EMPLOYEES IN PRIVATE UNITS(2014)

单位：人 (person)

市名 City		从业人员 Number of Employees	劳动报酬总额(万元) Total Reward of Employees (10 000 yuan)	平均劳动报酬(元) Average Reward of Employees (yuan)
全　省	**Total**	**2056704**	**6079793**	**29203**
太原市	Taiyuan	419792	1308697	30985
大同市	Datong	131526	366693	28556
阳泉市	Yangquan	49151	122443	24615
长治市	Changzhi	236003	608338	26617
晋城市	Jincheng	159890	414454	25921
朔州市	Shuozhou	103020	314735	30530
晋中市	Jinzhong	214435	686267	32529
运城市	Yuncheng	235252	697077	29358
忻州市	Xinzhou	128784	321806	23665
临汾市	Linfen	151539	461155	30120
吕梁市	Lvliang	227313	778127	30541

13-22 居民家庭生活基本情况 (2013 年)
BASIC LIVING CONDITIONS OF HOUSEHOLDS(2013)

单位：元 (yuan)

市 名 City		居民可支配收入 Disposable Income of Households	城镇居民人均可支配收入 Per Capita Disposable Income of Urban Households	城镇居民人均生活消费支出 Per Capita Living Expenditure of Urban Households	农村居民人均纯收入 Per Capita Net Income of Rural Households	农村居民人均生活消费支出 Per Capita Living Expenditure of Rural Households
全 省	**Total**	**15120**	**22258**	**13763**	**7949**	**6458**
太原市	Taiyuan	21801	23873	13584	11425	8743
大同市	Datong	14844	21316	9803	6441	4993
阳泉市	Yangquan	17911	23115	11477	9760	7175
长治市	Changzhi	15072	22682	12483	9229	7309
晋城市	Jincheng	16515	23126	14057	9135	7609
朔州市	Shuozhou	16204	23886	13347	9149	6940
晋中市	Jinzhong	15727	23589	11826	9100	6332
运城市	Yuncheng	12470	20408	11869	7285	5651
忻州市	Xinzhou	11272	20016	9893	5491	5949
临汾市	Linfen	13779	21820	10506	7862	5113
吕梁市	Lvliang	11557	20005	11052	6140	4912

13-23 居民家庭生活基本情况 (2014 年)
BASIC LIVING CONDITIONS OF HOUSEHOLDS(2014)

单位：元 (yuan)

市 名 City		居民可支配收入 Disposable Income of Households	城镇居民人均可支配收入 Per Capita Disposable Income of Urban Households	城镇居民人均生活消费支出 Per Capita Living Expenditure of Urban Households	农村居民人均纯收入 Per Capita Net Income of Rural Households	农村居民人均生活消费支出 Per Capita Living Expenditure of Rural Households
全 省	**Total**	**16538**	**24069**	**14637**	**8809**	**6992**
太原市	Taiyuan	23579	25768	14430	12616	9444
大同市	Datong	16122	23043	10494	7137	5454
阳泉市	Yangquan	19419	24825	12941	10742	7468
长治市	Changzhi	16501	24565	13319	10311	7996
晋城市	Jincheng	17905	24907	14315	10087	7973
朔州市	Shuozhou	17599	25725	13633	10137	6431
晋中市	Jinzhong	17213	25652	12689	10100	6851
运城市	Yuncheng	13697	22226	13273	8125	6216
忻州市	Xinzhou	12325	21735	10317	6104	6412
临汾市	Linfen	15052	23610	10523	8755	6009
吕梁市	Lvliang	12623	21485	12246	6754	5403

13-24 财政收支总额(2014年)
FINANCIAL REVENUE AND EXPENDITURE(2014)

单位：万元 (10 000 yuan)

市名 City		公共财政收入 Public Finance Revenue	#增值税 Value-added Taxes	#营业税 Operation Taxes	#企业所得税 Enterprises Income Taxes
地区合计	**Total**	**12317782**	**1640209**	**2162474**	**1111531**
太原市	Taiyuan	2588527	327030	684585	281816
大同市	Datong	1049451	158683	185953	153456
阳泉市	Yangquan	470477	78050	89314	45640
长治市	Changzhi	1363251	159784	168335	115458
晋城市	Jincheng	980305	139040	165952	129741
朔州市	Shuozhou	865898	157108	110896	55402
晋中市	Jinzhong	1175159	135576	198431	65836
运城市	Yuncheng	527871	88302	100082	22255
忻州市	Xinzhou	808126	111870	150985	70127
临汾市	Linfen	1182629	119245	161820	72331
吕梁市	Lvliang	1306088	165521	146121	99469

市名 City		公共财政支出 Public Finance Expenditure	#一般公共服务 Public Services	#教育事业费 Education Expenses	#社会保障和就业 Social Security and Employment
地区合计	**Total**	**23962431**	**1854629**	**4289149**	**3105667**
太原市	Taiyuan	3226934	206292	527157	410154
大同市	Datong	2217880	175442	386969	298892
阳泉市	Yangquan	869075	76153	192937	95810
长治市	Changzhi	2440202	178712	392001	393759
晋城市	Jincheng	1617219	117856	322069	203802
朔州市	Shuozhou	1430634	125794	232389	122788
晋中市	Jinzhong	2164411	163079	407156	274343
运城市	Yuncheng	2387663	187050	517383	344427
忻州市	Xinzhou	2139521	201038	369184	305759
临汾市	Linfen	2830807	203957	416684	402035
吕梁市	Lvliang	2638085	219256	525220	253898

13-25 金融机构本外币各项存款和贷款余额 (2014 年)
BALANCE OF DEPOSITS AND LOANS IN FINANCIAL INSTITUTIONS (2014)

单位：亿元 (100 million yuan)

市名 City		各项存款 Balance of Deposits	# 单位存款 Corporate Deposits	# 个人存款 Personal Depostis	# 储蓄存款 Saving Deposits
全省	**Total**	**26942.93**	**10979.18**	**14493.80**	**14193.85**
太原市	Taiyuan	10144.00	5855.20	3532.68	3355.62
大同市	Datong	2282.37	657.07	1494.33	1479.38
阳泉市	Yangquan	1154.15	442.08	698.06	685.11
长治市	Changzhi	1945.94	639.47	1216.06	1196.07
晋城市	Jincheng	1812.62	839.14	879.76	870.62
朔州市	Shuozhou	1121.34	325.36	743.14	736.25
晋中市	Jinzhong	1909.80	546.04	1325.23	1312.47
运城市	Yuncheng	1595.01	398.21	1109.73	1105.00
忻州市	Xinzhou	1545.63	388.73	1114.90	1109.99
临汾市	Linfen	1853.62	508.71	1276.49	1252.69
吕梁市	Lvliang	1578.45	379.17	1103.41	1090.64

市名 City		各项贷款 Balance of Loans	# 短期贷款 Short term	# 中长期贷款 Medium and Long Term	# 个人消费贷款 Personal Consumption
地区合计	**Total**	**16559.41**	**6479.08**	**8774.58**	**1038.49**
太原市	Taiyuan	8054.64	2567.59	4921.63	544.65
大同市	Datong	1032.79	319.24	603.81	52.49
阳泉市	Yangquan	649.38	254.91	359.02	24.48
长治市	Changzhi	1016.93	486.73	423.50	37.47
晋城市	Jincheng	922.08	423.24	447.75	42.37
朔州市	Shuozhou	512.93	204.76	244.89	21.27
晋中市	Jinzhong	1028.02	583.18	385.88	64.30
运城市	Yuncheng	895.29	500.47	330.70	89.57
忻州市	Xinzhou	644.36	298.17	325.01	26.25
临汾市	Linfen	943.40	466.91	378.44	78.74
吕梁市	Lvliang	859.60	373.88	353.95	56.92

13-26 原保险保费收入(2014年)
PREMIUM OF PRIMARY INSURANCE(2014)

单位：万元 (10 000 yuan)

市名 City	合计 Total	财产险 Property Insurance	寿险 Life Insurance	意外险 Accident Insurance	健康险 Health Insurace
全省 Total	**4653746**	**1560274**	**2719221**	**87207**	**287043**
本级 Provincial	177		133	11	32
太原市 Taiyuan	1139432	407665	628729	27555	75482
大同市 Datong	399116	160563	207088	6628	24837
阳泉市 Yangquan	242571	70814	153807	2890	15060
长治市 Changzhi	372134	126817	211042	4639	29636
晋城市 Jincheng	342061	113662	205885	5430	17084
朔州市 Shuozhou	138763	64003	66971	2957	4834
晋中市 Jinzhong	452788	133552	292517	7622	19097
运城市 Yuncheng	527736	156348	323595	9089	38704
忻州市 Xinzhou	276749	95522	158822	6758	15646
临汾市 Linfen	434691	128249	267100	7620	31722
吕梁市 Lvliang	327528	103078	203532	6009	14909

13-27 单位地区生产总值能源消耗(等价值)情况
ENERGY CONSUMPTION PER UNIT OF GDP(EQUIVALENT VALUE)

单位：吨标准煤/万元 (ton of SCE/10 000 yuan)

	2011	2012	2013	2014	2014年比上年增长(%) Increase by Percent over Last Year(%)
全省 Total	**1.76**	**1.69**	**1.58**	**1.52**	**-4.18**
太原市 Taiyuan	1.35	1.28	1.08	1.05	-2.71
大同市 Datong	1.42	1.35	1.53	1.48	-3.52
阳泉市 Yangquan	1.53	1.46	1.54	1.45	-5.63
长治市 Changzhi	1.85	1.78	1.74	1.68	-3.57
晋城市 Jincheng	1.45	1.40	1.30	1.26	-3.41
朔州市 Shuozhou	1.19	1.15	1.93	1.86	-3.65
晋中市 Jinzhong	1.93	1.86	1.60	1.54	-3.89
运城市 Yuncheng	2.48	2.36	2.01	1.89	-5.28
忻州市 Xinzhou	1.78	1.71	1.43	1.36	-4.29
临汾市 Linfen	2.89	2.78	2.43	2.31	-4.89
吕梁市 Lvliang	2.09	1.99	1.72	1.67	-2.28

13-28 固定资产投资主要指标 (2014 年)
MAJOR INDICATORS OF INVESTMENT IN FIXED ASSETS(2014)

单位：万元 (10 000 yuan)

市名 City	施工项目(个) Projects Under Construction(unit)	#本年新开工 Newly Started This Year	本年投产项目(个) Number of Projects Completed and Put into Use This Year(unit)	本年新增固定资产 Newly Increased Fixed Assets This Year
全省 Total	**12818**	**8444**	**9173**	**88257466**
太原市 Taiyuan	1046	434	507	11672800
大同市 Datong	922	640	760	8877483
阳泉市 Yangquan	515	338	368	3384313
长治市 Changzhi	1334	863	955	7174391
晋城市 Jincheng	1194	891	872	6358673
朔州市 Shuozhou	790	471	612	3785928
晋中市 Jinzhong	1352	744	925	9107672
运城市 Yuncheng	1465	1145	1122	9039287
忻州市 Xinzhou	1390	969	977	6957740
临汾市 Linfen	1806	1426	1415	9817494
吕梁市 Lvliang	993	523	658	10221289

市名 City	本年完成投资 Investment Completed This Year	#住宅 Residential Buildings	建筑工程 Construction Projects	安装工程 Installation Projects
全省 Total	**120354560**	**17909781**	**73770724**	**11974035**
太原市 Taiyuan	17460868	5090015	9768988	1695492
大同市 Datong	10724080	1645090	7233061	1460720
阳泉市 Yangquan	5173685	884381	3177234	925508
长治市 Changzhi	12456466	2112822	8661326	568885
晋城市 Jincheng	9747818	1204037	5999111	831996
朔州市 Shuozhou	8152983	651829	3600585	1421005
晋中市 Jinzhong	11060072	1137001	6503183	1388051
运城市 Yuncheng	12027349	977602	6644812	1266015
忻州市 Xinzhou	9654225	592484	6843320	563888
临汾市 Linfen	12294284	1786925	8493330	657771
吕梁市 Lvliang	10169695	1827595	5622593	1183576

13-28 续表 continued

单位：万元 (10 000 yuan)

市 名 City		设备工器具购置 Purchase of Equipment and Instruments	其 他 Others	新 建 New Construction	扩 建 Expansion	改建和技术改造 Recons-truction	其 他 Others
全 省	**Total**	**22491166**	**12118635**	**70523151**	**17415761**	**10912238**	**7467861**
太原市	Taiyuan	1917719	4078669	9067685	787943	1982873	790074
大同市	Datong	1472713	557586	5580640	1604724	638497	526974
阳泉市	Yangquan	862424	208519	3511305	686226	446776	2370
长治市	Changzhi	2310472	915783	8204727	1144277	683412	1671719
晋城市	Jincheng	1956263	960448	6764570	1433412	722810	245206
朔州市	Shuozhou	2517258	614135	5944143	740062	606567	90511
晋中市	Jinzhong	2036825	1132013	7691063	767187	1022438	450358
运城市	Yuncheng	3373551	742971	8111527	2065159	635493	37948
忻州市	Xinzhou	1292361	954656	7416315	1097969	387444	135121
临汾市	Linfen	2123738	1019445	4109109	2911597	2595750	1835817
吕梁市	Lvliang	2594988	768538	2689032	4177205	1190178	1681763

注：本表新建项目投资中不含房地产投资。
Note: New construction investment in this table does not include real estate investment.

13-29 固定资产投资房屋面积及价值(2014年)

FLOOR SPACE AND VALUE OF BUILDINGS UNDER INVESTMENT IN FIXED ASSETS(2014)

单位：平方米 (sq.m)

市 名 City		本年施工房屋面积 Floor Space of Buildings under Construction	#住 宅 Residential Buildings	本年竣工房屋面积 Floor Space of Buildings Completed	#住 宅 Residential Buildings	本年竣工房屋价值(万元) Value of Buildings Completed (10 000 yuan)	#住 宅 Residential Buildings
全 省	**Total**	**297724537**	**170626723**	**57401767**	**34151435**	**13830380**	**8612507**
太原市	Taiyuan	71058811	45694613	9391599	6253583	3551788	2594315
大同市	Datong	26326915	16331479	6518893	3627568	1466869	825174
阳泉市	Yangquan	11181025	7970833	1761996	1470723	396512	320819
长治市	Changzhi	30937146	18668538	8286448	5499373	1544836	1019038
晋城市	Jincheng	15707182	9512364	5881668	2832922	1629592	659079
朔州市	Shuozhou	14823020	8344602	1921963	725409	375535	168561
晋中市	Jinzhong	20246773	11739954	2439708	1765189	620710	433657
运城市	Yuncheng	46226804	15319020	5944393	2295326	963883	445453
忻州市	Xinzhou	15605348	8133452	2613220	1199344	516981	233037
临汾市	Linfen	22847976	13039096	4959059	2502311	1092659	604783
吕梁市	Lvliang	22763537	15872772	7682820	5979687	1671015	1308591

13-30 海关进出口情况
IMPORTS AND EXPORTS OF CUSTOMS

单位：万美元 (USD 10 000)

市名 City	2013			2014		
	进出口总额 Total	出口 Exports	进口 Imports	进出口总额 Total	出口 Exports	进口 Imports
全省 Total	**1579785**	**799649**	**780136**	**1624852**	**894222**	**730631**
太原市 Taiyuan	916349	529482	386867	1067105	656967	410138
大同市 Datong	47815	21493	26322	48172	30235	17937
阳泉市 Yangquan	21338	12024	9314	19567	14922	4645
长治市 Changzhi	105457	83741	21716	68297	36449	31847
晋城市 Jincheng	91855	25890	65965	109785	28899	80886
朔州市 Shuozhou	11698	2074	9624	9266	2728	6537
晋中市 Jinzhong	44405	24703	19702	35963	18824	17139
运城市 Yuncheng	174567	48257	126310	149813	48038	101775
忻州市 Xinzhou	19751	19379	372	20799	20149	651
临汾市 Linfen	71704	16213	55491	39949	17601	22348
吕梁市 Lvliang	74846	16393	58452	56136	19409	36728

13-31 利用外商直接投资额
UTILIZATION OF FOREIGN DIRECT INVESTMENT

单位：万美元 (USD 10 000)

市名 City	2013		2014	
	合同金额 Contract Value	实际使用金额 Actual Value	合同金额 Contract Value	实际使用金额 Actual Value
全省 Total	**96152**	**280667**	**96785**	**295186**
太原市 Taiyuan	17808	94426	29621	110672
大同市 Datong	3821	16455	14	18159
阳泉市 Yangquan	15562	26500	14105	27600
长治市 Changzhi	1126	31262	11054	34400
晋城市 Jincheng	19732	28400	4254	28429
朔州市 Shuozhou		15420	8182	15423
晋中市 Jinzhong	5389	18406	8370	35303
运城市 Yuncheng	8703	1351	2948	1658
忻州市 Xinzhou	4327	2306	5832	4320
临汾市 Linfen	3675	13880	12162	14913
吕梁市 Lvliang	16009	32260	243	4309

13-32 乡村基本情况(2014年)
BASIC CONDITIONS OF RURAL AREAS (2014)

市名 City		乡镇政府(个) Number of Township and Town Governments (unit)	#镇政府 Number of Town Governments	村民委员会(个) Number of Villager's Committees (unit)	乡村户数(户) Number of Rural Households (household)	乡村人口(人) Rural Population (person)
全省	**Total**	**1196**	**564**	**28207**	**8208193**	**24350440**
太原市	Taiyuan	52	21	932	365223	1045172
大同市	Datong	99	33	1969	652815	1714735
阳泉市	Yangquan	32	20	960	297273	715732
长治市	Changzhi	132	68	3454	797476	2476600
晋城市	Jincheng	74	48	2282	586585	1634892
朔州市	Shuozhou	69	19	1687	403101	1153975
晋中市	Jinzhong	118	59	2747	931886	2388663
运城市	Yuncheng	136	81	3197	1175482	4241020
忻州市	Xinzhou	185	59	4888	944323	2450854
临汾市	Linfen	151	75	2967	965980	3333973
吕梁市	Lvliang	148	81	3124	1088049	3194824

市名 City		乡村从业人员(人) Number of Rural Laborers (person)	农、林、牧、渔业 Farming, Forestry, Animal Husbandry and Fishery	工业 Industry	建筑业 Construction	其他行业 Others
全省	**Total**	**11600023**	**6561113**	**1508724**	**955474**	**2574712**
太原市	Taiyuan	493271	234729	78886	24262	155394
大同市	Datong	739921	429444	57602	59672	193203
阳泉市	Yangquan	326216	144676	72218	21312	88010
长治市	Changzhi	1192141	651287	172294	117769	250791
晋城市	Jincheng	830816	426893	140157	69667	194099
朔州市	Shuozhou	525600	341460	43392	33447	107301
晋中市	Jinzhong	1163266	617505	197661	98908	249192
运城市	Yuncheng	2205855	1387948	250794	144412	422701
忻州市	Xinzhou	1099826	688753	93721	116340	201012
临汾市	Linfen	1588667	871980	199471	138595	378621
吕梁市	Lvliang	1434444	766438	202528	131090	334388

13-33 农林牧渔业总产值(2014 年)
GROSS OUTPUT VALUE OF FARMING, FORESTRY, ANIMAL HUSBANDRY AND FISHERY(2014)

按当年价格计算

市 名 City		农林牧渔业总产值(万元) Total (10 000 yuan)	农 业 Farming	林 业 Forestry	牧 业 Animal Husbandry	渔 业 Fishery	农林牧渔服务业 Farming, Forestry, Animal Husbandry and Fishery Service
全 省	**Total**	**15304785**	**9840281**	**984743**	**3545724**	**98243**	**835794**
太原市	Taiyuan	760400	450781	76362	196441	3083	33733
大同市	Datong	1078606	491771	57802	498785	965	29283
阳泉市	Yangquan	218180	119870	23715	67682	2473	4440
长治市	Changzhi	1060892	674249	40226	300116	4818	41482
晋城市	Jinchen	798268	340040	40843	394811	4352	18221
朔州市	Shuozhou	1323941	700018	116793	476977	2156	27997
晋中市	Jinzhong	1790012	1143409	55115	555619	3029	32841
运城市	Yuncheng	3969150	3046146	70047	569469	28488	255000
忻州市	Xinzhou	1184572	639229	70645	439377	3720	31600
临汾市	Linfen	1826412	1303583	88459	387447	14010	32913
吕梁市	Lvliang	1265677	733033	57417	455438	3289	16500

13-34 农林牧渔业中间消耗(2014 年)
INTERMEDIATE CONSUMPTION OF FARMING, FORESTRY, ANIMAL HUSBANDRY AND FISHERY(2014)

按当年价格计算 (at current price)

市 名 City		农林牧渔业中间消耗(万元) Total (10 000 yuan)	农 业 Farming	林 业 Forestry	牧 业 Animal Husbandry	渔 业 Fishery	农林牧渔服务业 Farming, Forestry, Animal Husbandry and Fishery Service
全 省	**Total**	**7022820**	**4223613**	**565142**	**1747170**	**44152**	**442743**
太原市	Taiyuan	355934	175762	38181	122659	1438	17894
大同市	Datong	495408	215881	31117	231375	439	16597
阳泉市	Yangquan	105955	57498	12980	31897	1276	2305
长治市	Changzhi	457924	262346	20111	152663	2457	20347
晋城市	Jinchen	350835	129831	21901	188030	1907	9166
朔州市	Shuozhou	694314	359279	64467	256541	1324	12702
晋中市	Jinzhong	725224	349879	37324	319410	1320	17292
运城市	Yuncheng	1861929	1381602	41951	301798	16878	119700
忻州市	Xinzhou	505595	238445	35389	214717	1594	15450
临汾市	Linfen	860981	611768	44163	181650	6573	16827
吕梁市	Lvliang	570705	303561	26811	230274	1459	18600

13-35 粮食播种面积
SOWN AREAS OF GRAIN

单位：公顷 (ha)

市名 City		粮食 Grain		#小麦 Wheat		#玉米 Corn	
		2013	2014	2013	2014	2013	2014
全省	**Total**	**3274300**	**3286380**	**677470**	**673870**	**1670040**	**1676530**
太原市	Taiyuan	80482	76122	348	149	55061	52913
大同市	Datong	279462	279363			161224	161719
阳泉市	Yangquan	56857	56787	118	1	47466	48060
长治市	Changzhi	250310	247780	11503	9267	205905	206281
晋城市	Jincheng	197254	178191	58583	44298	89633	93837
朔州市	Shuozhou	273497	275898			147702	154099
晋中市	Jinzhong	273058	265670	14165	9660	215779	217782
运城市	Yuncheng	686446	660275	342633	338172	302477	283408
忻州市	Xinzhou	427211	425881	221	192	252030	242804
临汾市	Linfen	512809	519843	226860	228421	229195	242201
吕梁市	Lvliang	352751	357639	4196	2911	169286	173792

13-36 油料和棉花播种面积
SOWN AREAS OF OIL-BEARING CROPS AND COTTON

单位：公顷 (ha)

市名 City		油料 Oil-bearing Crops		#向日葵 Sunflower		棉花 Cotton	
		2013	2014	2013	2014	2013	2014
全省	**Total**	**140322**	**129701**	**32707**	**30940**	**23439**	**18719**
太原市	Taiyuan	2502	2503	1028	873	40	13
大同市	Datong	15676	15255	3391	3874		
阳泉市	Yangquan	166	111	129	76		
长治市	Changzhi	1485	1159	732	497	38	46
晋城市	Jincheng	2978	2405	956	865	261	221
朔州市	Shuozhou	28382	28970	2267	2720		
晋中市	Jinzhong	3435	2477	1095	634	142	99
运城市	Yuncheng	11199	9428	4314	4425	21439	17598
忻州市	Xinzhou	30864	30459	4559	4233		
临汾市	Linfen	10611	8930	6396	5236	1312	591
吕梁市	Lvliang	33023	28006	7843	7506	207	151

13-37 粮食产量
OUTPUT OF GRAIN

单位：吨 (ton)

市 名 City		粮 食 Grain		#小 麦 Wheat		#玉 米 Corn	
		20123	2014	2013	2014	2013	2014
全 省	**Total**	**13128000**	**13307800**	**2307200**	**2591100**	**9554700**	**9381100**
太原市	Taiyuan	327786	338981	2045	877	286894	295622
大同市	Datong	1025489	1040249			817828	857131
阳泉市	Yangquan	290880	293584	614	7	269191	274652
长治市	Changzhi	1608205	1621917	37513	38002	1471335	1481252
晋城市	Jincheng	904836	730049	176517	167476	616085	474446
朔州市	Shuozhou	1176414	1281062			961488	1041210
晋中市	Jinzhong	1823924	1921863	59320	43771	1645342	1742759
运城市	Yuncheng	3103922	3155048	1309197	1460183	1696423	1588437
忻州市	Xinzhou	1695677	1770212	1079	814	1325385	1375793
临汾市	Linfen	2323478	2757526	838786	1061231	1356431	1574183
吕梁市	Lvliang	1158550	1260469	14135	12621	887140	952168

13-38 油料和棉花产量
OUTPUT OF OIL-BEARING CROPS AND COTTON

单位：公顷 (ha)

市 名 City		油 料 Oil-bearing Crops		#向日葵 Sunflower		棉 花 Cotton	
		2013	2014	2013	2014	2013	2014
全 省	**Total**	**194660**	**173246**	**53850**	**48376**	**30634**	**23565**
太原市	Taiyuan	3056	3087	1502	1277	52	22
大同市	Datong	16076	14219	3979	4009		
阳泉市	Yangquan	314	216	271	164		
长治市	Changzhi	3044	2214	1732	899	29	26
晋城市	Jincheng	5893	4094	1824	1294	264	193
朔州市	Shuozhou	34341	31830	4151	5712		
晋中市	Jinzhong	6205	4195	1953	824	140	104
运城市	Yuncheng	21265	18499	9385	9325	28544	22610
忻州市	Xinzhou	46875	48321	8024	7163		
临汾市	Linfen	19864	15871	12734	9752	1513	564
吕梁市	Lvliang	37727	30699	8295	7958	92	45

13-39 水果、林业及渔业生产情况(2014年)
OUTPUT OF FRUITS, FORESTRY AND FISHERY(2014)

市名	City	全年水果产量(吨) Annual Output of Fruits (ton)	#苹果 Apples	年末果园面积(公顷) Area of Orchards (ha)
全省	**Total**	**6825198**	**4172543**	**360333**
太原市	Taiyuan	75826	12320	9966
大同市	Datong	28791	1984	6789
阳泉市	Yangquan	9275	5953	1510
长治市	Changzhi	36161	20103	4290
晋城市	Jincheng	62794	25209	3826
朔州市	Shuozhou	6368	1696	2548
晋中市	Jinzhong	396147	174526	30496
运城市	Yuncheng	5300300	3326132	166547
忻州市	Xinzhou	125335	31817	18808
临汾市	Linfen	671961	549843	55796
吕梁市	Lvliang	112240	22960	59757

市名	City	当年造林面积(公顷) Afforestation Area (ha)	全年水产品总产量(吨) Annual Aquatic Products (ton)	淡水养殖面积(公顷) Fishery Breeding Area (ha)
全省	**Total**	**307992**	**51248**	**15814**
太原市	Taiyuan	16737	2696	1549
大同市	Datong	30362	1092	1139
阳泉市	Yangquan	8425	810	52
长治市	Changzhi	20468	5185	4375
晋城市	Jincheng	6183	1838	380
朔州市	Shuozhou	19097	848	451
晋中市	Jinzhong	18347	3184	1440
运城市	Yuncheng	27380	23725	3030
忻州市	Xinzhou	45859	2729	1120
临汾市	Linfen	30677	7363	1046
吕梁市	Lvliang	42002	1778	1232

注：本表造林面积不包括省属九大林局数据。
Note：Coverage of afforestation area in this table doesn't include nine provincal forestry administration data.

13-40 畜牧业生产情况(2014 年)
NUMBER OF LIVESTOCK AND LIVESTOCK PRODUCTS(2014)

市名 City		大牲畜年末头数(头) Large Animals (head)	#牛 Cattle	猪年末头数(头) Hogs (head)	羊年末只数(只) Sheep and Goats (head)	禽年末只数(只) Poultry (head)	奶类总产量(吨) Output of Milk (ton)	#牛奶 Cow Milk
全省	**Total**	**1238721**	**1009000**	**5147383**	**9227423**	**9462**	**971920**	**962015**
太原市	Taiyuan	44180	38638	323953	496917	364	99631	99396
大同市	Datong	248749	168587	632864	1647674	417	237879	236895
阳泉市	Yangquan	7899	5448	142524	138207	232	6518	6518
长治市	Changzhi	74189	59072	697008	779819	1351	17203	17162
晋城市	Jincheng	19773	19306	1065876	571505	885	538	538
朔州市	Shuozhou	216516	188019	253362	1988419	174	519143	519143
晋中市	Jinzhong	109925	103288	1034590	918348	1446	116084	115316
运城市	Yuncheng	51860	50906	1132510	868017	2392	48897	48777
忻州市	Xinzhou	195189	128645	495848	3496003	612	55121	55121
临汾市	Linfen	87918	78858	885462	897690	1223	47793	40321
吕梁市	Lvliang	180058	165768	589038	1111055	1940	28230	27945

市名 City		肉类总产量(吨) Output of Meat (ton)	#猪肉 Pork	#牛肉 Beef	#羊肉 Mutton	#禽肉 Poultry	羊毛总产量(吨) Output of Wool (ton)	禽蛋产量(吨) Output of Poultry Eggs (ton)
全省	**Total**	**874794**	**641649**	**58000**	**67000**	**94188**	**10045**	**837467**
太原市	Taiyuan	53466	37807	2438	5196	7823	416	29011
大同市	Datong	136579	96322	10136	21920	5281	1601	45837
阳泉市	Yangquan	19751	15276	161	623	3513	62	27800
长治市	Changzhi	102713	72192	5916	5756	17420	896	130790
晋城市	Jincheng	158446	138513	1422	5860	12042	696	81596
朔州市	Shuozhou	89644	29555	8621	48965	1541	2013	17980
晋中市	Jinzhong	183208	119956	13234	14062	34761	634	142253
运城市	Yuncheng	173217	120894	2977	7654	40351	796	252250
忻州市	Xinzhou	116730	58485	7500	43386	5884	1828	64899
临汾市	Linfen	132057	99003	6197	7469	16182	578	111582
吕梁市	Lvliang	216209	70372	14168	12255	118974	523	100119

13-41 农业生产条件(2014年)
CONDITIONS OF AGRICULTURAL PRODUCTION (2014)

市名 City	农业机械总动力(千瓦) Total Power of Agricultural Machinery (kw)	大中型农用拖拉机(台) Large and Medium Tractors for Agriculture (unit)	小型农用拖拉机(台) Mini-tractors for Agriculture (unit)	农用排灌动力机械(台) Drainage and Irrigation Machinery (unit)
全省 Total	**32861999**	**119046**	**355306**	**172846**
太原市 Taiyuan	1379008	4329	5527	5002
大同市 Datong	1927927	11964	11634	9206
阳泉市 Yangquan	1364798	1451	7781	14617
长治市 Changzhi	2170775	11558	23107	12113
晋城市 Jincheng	2483885	3901	47871	5620
朔州市 Shuozhou	2413760	12872	18171	16887
晋中市 Jinzhong	3746922	11326	53908	21782
运城市 Yuncheng	7084798	23502	96114	39774
忻州市 Xinzhou	2597030	15108	34745	12465
临汾市 Linfen	4730607	15811	45119	20841
吕梁市 Lvliang	2962489	7224	11329	14539

市名 City	农用运输车(辆) Conveyance Vehicle for Agriculture (unit)	配套机电井(眼) Number of Complete set of Motorelectric pumped Well (unit)	农村用电量(万千瓦小时) Electricity Consumed (10 000 kwh)	农用化肥施用量(折纯量,吨) Agricultural Consumption of Chemical Fertilizers (ton)
全省 Total	**985234**	**91350**	**970811**	**1196138**
太原市 Taiyuan	25820	2808	54916	29037
大同市 Datong	45038	8670	33984	87989
阳泉市 Yangquan	22814	134	61829	13854
长治市 Changzhi	57403	9302	79064	125645
晋城市 Jincheng	72438	627	80751	66517
朔州市 Shuozhou	56905	8160	25819	86285
晋中市 Jinzhong	106681	8602	138846	103368
运城市 Yuncheng	294904	25784	262130	289270
忻州市 Xinzhou	47481	7647	54172	124025
临汾市 Linfen	170902	13724	86758	182814
吕梁市 Lvliang	84848	5892	92542	87333

13-42 规模以上主要工业产品产量(2014 年)
OUTPUT OF MAJOR INDUSTRIAL PRODUCTS ABOVE DESIGNATED SIZE(2014)

市名 City		原煤(万吨) Coal (10 000 tons)	发电量(亿千瓦小时) Electricity (100 million kwh)	粗钢(万吨) Crude Steel (10 000 tons)	钢材(万吨) Steel Products (10 000 tons)	生铁(万吨) Pig Iron (10 000 tons)
全省	**Total**	**92665.7**	**2630.2**	**4325.4**	**4701.0**	**4052.0**
太原市	Taiyuan	3645.1	256.6	1144.6	1084.9	852.7
大同市	Datong	11453.0	404.9	53.0	0.9	61.6
阳泉市	Yangquan	6212.4	107.7			
长治市	Changzhi	11617.3	335.9	699.8	698.2	551.6
晋城市	Jincheng	7927.4	233.1	303.7	299.0	372.4
朔州市	Shuozhou	20254.9	309.9		0.2	
晋中市	Jinzhong	8979.0	204.8	152.6	213.5	17.8
运城市	Yuncheng	721.1	197.9	533.1	631.0	534.0
忻州市	Xinzhou	5237.7	260.6		91.3	
临汾市	Linfen	5011.1	206.3	1035.4	1312.9	1214.1
吕梁市	Lvliang	11606.8	112.6	403.2	369.1	447.8

市名 City		焦炭(万吨) Coke (10 000 tons)	水泥(万吨) Cement (10 000 tons)	平板玻璃(万重量箱) Plate Glass (10 000-weightcases)	硫酸(万吨) Sulfuric Acid (10 000 tons)	化学肥料(万吨) Chemical Fertilizer (10 000 tons)
全省	**Total**	**8722.3**	**4537.9**	**1758.9**	**41.8**	**461.3**
太原市	Taiyuan	1078.6	484.9			
大同市	Datong	13.2	468.9			
阳泉市	Yangquan	70.8	364.6			
长治市	Changzhi	1523.3	489.9	755.5		37.5
晋城市	Jincheng	53.7	253.0			261.4
朔州市	Shuozhou		251.1			3.2
晋中市	Jinzhong	1119.9	391.1			67.4
运城市	Yuncheng	936.7	637.3		27.2	46.9
忻州市	Xinzhou	192.3	166.8			31.9
临汾市	Linfen	1892.4	364.2		14.6	2.9
吕梁市	Lvliang	1841.3	666.1	1003.4		10.0

13-42 续表 Continued

市名 City	电石（万吨）Calcium Carbide (10 000 tons)	工业锅炉（蒸发量吨）Industrial Boiler (Evaporate Capacity tons)	交流电动机（万千瓦）Alternating Current Motors (10 000 kw)	变压器（万千伏安）Transformer (10 000 kva)	泵（台）Pump (unit)
全省 Total					
太原市 Taiyuan		330	94.4	8.7	6391
大同市 Datong				0.1	
阳泉市 Yangquan		31		61.6	3048
长治市 Changzhi	13.2				5422
晋城市 Jincheng					
朔州市 Shuozhou		434			
晋中市 Jinzhong	32.2				15050
运城市 Yuncheng			1123.7	161.4	109105
忻州市 Xinzhou		17136			
临汾市 Linfen					
吕梁市 Lvliang					

市名 City	纱（吨）Yarn(ton)	布（万米）Cloth (10 000 m)	白酒（千升）Alcoholic Drink (kiloliter)	啤酒（千升）Beer (kiloliter)	机制纸及纸板（外购原纸加工除外）（吨）Machine-made Paper and Paperboard(ton)
全省 Total	**55124.7**	**5267.6**	**93597.1**	**421519.1**	**258722**
太原市 Taiyuan	2588.3		2719.0	132104.5	50478
大同市 Datong				23471.1	
阳泉市 Yangquan					
长治市 Changzhi					14300
晋城市 Jincheng	4362.0	914.0			
朔州市 Shuozhou			8997.0	40975.0	
晋中市 Jinzhong	1518.0	101.0	14564.0	101829.0	137680
运城市 Yuncheng	44115.0	3618.0		120039.6	56264
忻州市 Xinzhou					
临汾市 Linfen	2541.4	634.6	1956.5		
吕梁市 Lvliang			65360.6	3100.0	

13-43 工业企业主要经济指标 (2014 年)
MAIN ECONOMIC INDICATORS OF INDUSTRIAL ENTERPRISES(2014)

单位：亿元 (100 million yuan)

市名 City		单位数 (个) Number of Enterprises (unit)	# 亏损企业 Loss-making Enterprises	工业销售产值 Industrial Sales Output Value	出口交货值 Value of Export Delivery	资产总计 Total Assets
全省	**Total**	**3906**	**1542**	**15213.51**	**684.68**	**30574.37**
省直报	Direct Report	2		842.34		696.96
太原市	Taiyuan	404	149	2374.68	525.91	4457.06
大同市	Datong	173	67	911.01	15.77	2084.88
阳泉市	Yangquan	144	77	599.60	9.57	2075.18
长治市	Changzhi	344	137	1739.89	0.49	3060.69
晋城市	Jincheng	244	109	912.18	61.85	2908.73
朔州市	Shuozhou	280	88	1130.19	1.24	2413.07
晋中市	Jinzhong	529	264	1184.24	18.38	2594.44
运城市	Yuncheng	500	139	1552.96	17.83	2175.22
忻州市	Xinzhou	355	105	684.21	7.85	1510.51
临汾市	Linfen	364	145	1661.73	16.15	2386.25
吕梁市	Lvliang	567	262	1620.50	9.65	4211.39

市名 City		流动资产合计 Total Circulating Funds	固定资产合计 Total Fixed Assets	固定资产原价 Original Value of Fixed Assets	累计折旧 Total Depreciation	流动负债 Liquid Liabilites
全省	**Total**	**12097.77**	**12611.50**	**16882.79**	**6623.65**	**15286.72**
省直报	Direct Report	59.39	614.10	988.39	453.97	332.64
太原市	Taiyuan	1948.98	1547.84	2421.88	1035.83	2245.99
大同市	Datong	720.74	1254.65	1210.81	550.31	635.58
阳泉市	Yangquan	1001.13	804.42	1285.57	555.43	994.53
长治市	Changzhi	1329.26	1170.99	1609.64	654.65	1498.99
晋城市	Jincheng	1168.26	1008.28	1368.29	599.82	1269.59
朔州市	Shuozhou	653.26	1281.99	1450.59	454.13	1029.36
晋中市	Jinzhong	998.79	1034.77	1215.64	345.28	1626.78
运城市	Yuncheng	973.77	836.94	1374.82	614.30	1070.70
忻州市	Xinzhou	552.69	670.23	860.92	251.29	745.71
临汾市	Linfen	990.12	866.90	1304.65	523.40	1300.04
吕梁市	Lvliang	1701.37	1520.38	1791.58	585.24	2536.82

13-43 续表 1 continued

单位：亿元 (100 million yuan)

市名 City		负债合计 Total Liabilities	年末所有者权益 Creditors' Equity	主营业务收入 Revenue of Major Business	主营业务成本 Cost of Major Business	主营业务税金及附加 Tax and Extra Charges of Major Business
全省	**Total**	**22514.07**	**7975.81**	**17801.12**	**15274.88**	**149.86**
省直报	Direct Report	477.17	219.79	913.98	818.55	2.97
太原市	Taiyuan	3260.99	1192.07	3375.77	2952.71	32.01
大同市	Datong	1589.53	491.93	2241.14	2018.30	8.50
阳泉市	Yangquan	1604.84	469.01	792.56	692.92	6.84
长治市	Changzhi	2151.35	893.25	1540.18	1291.93	11.42
晋城市	Jincheng	1896.77	1010.53	1094.49	880.08	10.68
朔州市	Shuozhou	1661.47	741.84	1064.54	744.20	17.40
晋中市	Jinzhong	2141.06	451.90	1160.43	1011.35	11.30
运城市	Yuncheng	1467.86	678.54	1616.09	1444.66	5.41
忻州市	Xinzhou	1087.22	418.10	624.30	504.01	7.60
临汾市	Linfen	1856.82	524.82	1644.86	1507.71	11.46
吕梁市	Lvliang	3318.99	884.02	1732.78	1408.46	24.28

市名 City		营业费用 Costs of Business	管理费用 Costs of Administration	财务费用 Costs of Finance	#利息支出 Interest Expenditure	利润总额 Total Profits
全省	**Total**	**572.70**	**918.98**	**621.36**	**606.00**	**256.31**
省直报	Direct Report	2.16	4.93	12.43	11.91	25.60
太原市	Taiyuan	62.36	170.32	71.49	78.74	21.76
大同市	Datong	78.84	76.68	48.96	49.30	10.72
阳泉市	Yangquan	12.00	60.03	34.70	47.13	-2.34
长治市	Changzhi	32.37	121.19	52.25	51.42	44.63
晋城市	Jincheng	19.08	108.54	65.46	66.93	56.02
朔州市	Shuozhou	137.47	52.95	38.32	37.54	61.23
晋中市	Jinzhong	48.01	66.29	55.32	51.52	-22.51
运城市	Yuncheng	36.14	49.95	48.44	43.65	41.13
忻州市	Xinzhou	16.26	37.20	30.36	29.41	36.03
临汾市	Linfen	35.54	68.83	52.22	44.11	-6.26
吕梁市	Lvliang	92.46	102.07	111.41	94.35	-9.69

13-43 续表 2 continued

单位：亿元 (100 million yuan)

市名 City		亏损企业亏损额 Loss of Loss-making Enterprises	利税总额 Total Pre-tax Profits	应付薪酬总额 Total Wages Payable	应交增值税 Value Added Taxes Payable
全 省	**Total**	**462.17**	**1032.18**	**1401.72**	**617.45**
省直报	Direct Report		59.00	64.71	30.33
太原市	Taiyuan	49.81	112.62	245.03	58.34
大同市	Datong	32.23	64.34	141.97	43.74
阳泉市	Yangquan	13.52	35.56	99.02	27.56
长治市	Changzhi	53.88	122.53	144.80	65.45
晋城市	Jincheng	30.99	124.81	173.99	57.99
朔州市	Shuozhou	24.44	156.91	73.71	78.00
晋中市	Jinzhong	59.85	35.46	111.69	46.41
运城市	Yuncheng	36.55	82.46	78.96	35.49
忻州市	Xinzhou	16.49	79.49	47.11	35.47
临汾市	Linfen	50.21	63.60	84.40	58.02
吕梁市	Lvliang	94.20	95.41	136.35	80.53

市名 City		总资产贡献率 (%) Ratio of Profits, Taxes and Interests to Average Assets (%)	资产负债率 (%) Ratio of Debts to Assets (%)	成本费用利润率 (%) Ratio of Profits to Total Costs (%)	产品销售率 (%) Ratio of Sales to Gross Output Value (%)
全 省	**Total**	**5.19**	**73.64**	**1.44**	**94.77**
省直报	Direct Report	10.15	68.46	3.00	100.00
太原市	Taiyuan	4.05	73.16	0.66	97.68
大同市	Datong	5.33	76.24	0.47	84.27
阳泉市	Yangquan	3.33	77.34	-0.27	91.28
长治市	Changzhi	5.46	70.29	2.83	92.62
晋城市	Jincheng	6.46	65.21	5.12	98.59
朔州市	Shuozhou	8.03	68.85	6.19	97.49
晋中市	Jinzhong	3.23	82.52	-1.82	94.45
运城市	Yuncheng	5.65	67.48	2.53	94.00
忻州市	Xinzhou	7.19	71.98	5.98	89.69
临汾市	Linfen	4.38	77.81	-0.37	96.17
吕梁市	Lvliang	4.45	78.81	-0.55	96.37

13-44 国有控股工业企业主要经济指标(2014年)
MAIN ECONOMIC INDICATORS OF STATE-HOLDING INDUSTRIAL ENTERPRISES(2014)

单位：亿元 (100 million yuan)

市名 City	单位数(个) Number of Enterprises (unit)	#亏损企业 Loss-making Enterprises	工业销售产值 Industrial Sales Output Value	出口交货值 Value of Export Delivery	资产总计 Total Assets
全省 Total	**757**	**358**	**7432.41**	**183.33**	**19419.96**
省直报 Direct Report	2		842.34		696.96
太原市 Taiyuan	88	34	1467.63	157.37	3359.62
大同市 Datong	43	12	768.48	14.65	1817.51
阳泉市 Yangquan	35	24	398.45	2.36	1857.83
长治市 Changzhi	85	34	792.99	0.14	1850.60
晋城市 Jincheng	105	50	553.78	0.54	2272.69
朔州市 Shuozhou	72	31	693.60	0.48	1838.16
晋中市 Jinzhong	88	49	350.00	2.08	1090.70
运城市 Yuncheng	50	30	374.43	1.48	818.89
忻州市 Xinzhou	60	24	292.22	0.34	1086.49
临汾市 Linfen	74	40	497.65	3.24	1386.72
吕梁市 Lvliang	55	30	400.83	0.66	1343.77

市名 City	流动资产合计 Total Circulating Funds	固定资产合计 Total Fixed Assets	固定资产原价 Original Value of Fixed Assets	累计折旧 Total Depreciation	流动负债 Liquid Liabilites
全省 Total	**6559.54**	**8976.95**	**12095.93**	**4940.45**	**8869.66**
省直报 Direct Report	59.39	614.10	988.39	453.97	332.64
太原市 Taiyuan	1229.24	1300.28	2038.22	887.39	1535.74
大同市 Datong	590.23	1158.67	1085.89	510.32	490.11
阳泉市 Yangquan	881.31	723.09	1182.42	523.55	856.84
长治市 Changzhi	729.96	825.43	1111.79	443.32	858.25
晋城市 Jincheng	875.84	758.01	1038.05	491.67	955.79
朔州市 Shuozhou	434.88	1033.72	1170.13	390.08	771.32
晋中市 Jinzhong	245.65	541.09	641.62	180.07	696.13
运城市 Yuncheng	294.04	375.16	646.69	279.60	428.88
忻州市 Xinzhou	337.10	525.66	693.79	201.83	530.36
临汾市 Linfen	514.43	524.55	801.63	332.14	728.41
吕梁市 Lvliang	367.48	597.18	697.31	246.51	685.20

13-44 续表1 continued

单位：亿元 (100 million yuan)

市名 City		负债合计 Total Liabilities	年末所有者权益 Creditors' Equity at Year-end	主营业务收入 Revenue of Major Business	主营业务成本 Costs of Major Business	主营业务税金及附加 Tax and Extra Charges of Major Business
全省	**Total**	**14388.54**	**5006.90**	**10329.39**	**8791.34**	**105.60**
省直报	Direct Report	477.17	219.79	913.98	818.55	2.97
太原市	Taiyuan	2441.70	917.75	2446.45	2188.22	27.90
大同市	Datong	1405.59	408.73	2084.50	1889.26	7.31
阳泉市	Yangquan	1439.64	417.87	620.35	542.59	3.73
长治市	Changzhi	1323.13	522.73	731.70	587.48	7.45
晋城市	Jincheng	1540.06	732.63	735.69	568.60	9.00
朔州市	Shuozhou	1290.06	544.21	619.97	394.83	14.15
晋中市	Jinzhong	940.86	149.15	368.02	314.23	5.50
运城市	Yuncheng	624.93	189.06	422.27	372.03	2.76
忻州市	Xinzhou	826.32	259.29	294.72	221.11	4.07
临汾市	Linfen	1096.03	289.57	569.26	510.76	6.74
吕梁市	Lvliang	983.06	356.12	522.49	383.68	14.02

市名 City		营业费用 Costs of Business	管理费用 Costs of Administration	财务费用 Costs of Finance	#利息支出 Interest Expenditure	利润总额 Total Profits
全省	**Total**	**358.24**	**621.01**	**388.48**	**403.33**	**113.17**
省直报	Direct Report	2.16	4.93	12.43	11.91	25.60
太原市	Taiyuan	40.52	132.71	60.32	66.27	2.84
大同市	Datong	72.27	64.48	44.56	45.51	7.70
阳泉市	Yangquan	4.82	51.28	28.34	41.27	0.13
长治市	Changzhi	9.79	78.98	31.57	31.20	23.13
晋城市	Jincheng	13.48	86.12	57.17	58.47	43.63
朔州市	Shuozhou	126.94	38.07	28.59	28.04	13.12
晋中市	Jinzhong	12.78	30.86	19.45	19.59	-12.21
运城市	Yuncheng	7.59	20.45	23.99	22.61	-2.63
忻州市	Xinzhou	6.43	21.89	24.25	24.10	22.90
临汾市	Linfen	12.80	45.00	30.41	27.04	-15.49
吕梁市	Lvliang	48.66	46.24	27.39	27.33	4.45

13-44 续表 2 continued

单位：亿元 (100 million yuan)

市名 City		亏损企业亏损额 Loss of Loss-making Enterprises	利税总额 Total Pre-tax Profits	应付薪酬总额 Total Wages Payable	应交增值税 Value Added Taxes Payable
全省	**Total**	**259.43**	**618.72**	**1029.83**	**392.45**
省直报	Direct Report		59.00	64.71	30.33
太原市	Taiyuan	34.16	71.86	182.17	40.72
大同市	Datong	23.68	54.38	130.54	38.01
阳泉市	Yangquan	8.10	30.11	90.80	22.75
长治市	Changzhi	30.62	75.21	112.40	43.65
晋城市	Jincheng	24.34	97.67	129.98	44.94
朔州市	Shuozhou	17.06	75.54	54.46	48.14
晋中市	Jinzhong	31.12	15.99	63.36	22.62
运城市	Yuncheng	25.11	18.19	37.23	18.04
忻州市	Xinzhou	9.15	51.15	32.48	23.81
临汾市	Linfen	33.97	16.08	56.08	24.45
吕梁市	Lvliang	22.13	53.55	75.60	35.00

市名 City		总资产贡献率(%) Ratio of Profits, Taxes and Interests to Average Assets (%)	资产负债率(%) Ratio of Debts to Assets (%)	成本费用利润率(%) Ratio of Profits to Total Costs(%)	产品销售率(%) Ratio of Sales to Gross Output Value(%)
全省	**Total**	**5.07**	**74.09**	**1.08**	**94.30**
省直报	Direct Report	10.15	68.46	3.00	100.00
太原市	Taiyuan	3.86	72.68	0.12	97.91
大同市	Datong	5.37	77.34	0.36	82.35
阳泉市	Yangquan	3.11	77.49	0.02	90.21
长治市	Changzhi	5.60	71.50	3.05	91.91
晋城市	Jincheng	6.75	67.76	5.85	98.99
朔州市	Shuozhou	5.60	70.18	2.21	99.07
晋中市	Jinzhong	3.19	86.26	-3.12	95.27
运城市	Yuncheng	4.77	76.31	-0.59	92.20
忻州市	Xinzhou	6.90	76.05	7.98	86.86
临汾市	Linfen	2.96	79.04	-2.51	95.25
吕梁市	Lvliang	5.94	73.16	0.86	97.58

13-45 外商投资和港澳台投资工业企业主要经济指标(2014 年)

MAIN INDICATORS OF INDUSTRIAL ENTERPRISES WITH HONGKONG, MACAO, TAIWAN AND FOREIGN FUNDS(2014)

单位：亿元 (100 million yuan)

市名 City		单位数(个) Number of Enterprises (unit)	#亏损企业 Loss-making Enterprises	工业销售产值 Industrial Sales Output Value	出口交货值 Value of Export Delivery	资产总计 Total Assets
全省	**Total**	**148**	**57**	**1229.47**	**448.61**	**1938.07**
太原市	Taiyuan	24	9	555.75	367.79	470.45
大同市	Datong	12	3	70.05	13.64	121.54
阳泉市	Yangquan	8	2	17.07	1.26	31.93
长治市	Changzhi	12	6	76.22		178.32
晋城市	Jincheng	17	5	200.61	56.82	382.21
朔州市	Shuozhou	5	2	33.00	0.05	80.63
晋中市	Jinzhong	28	11	86.13	2.87	173.11
运城市	Yuncheng	16	8	26.47	0.57	42.37
忻州市	Xinzhou	1		0.93	0.82	0.63
临汾市	Linfen	12	5	18.16	2.45	82.02
吕梁市	Lvliang	13	6	145.09	2.34	374.87

市名 City		流动资产合计 Total Circulating Funds	固定资产合计 Total Fixed Assets	固定资产原价 Original Value of Fixed Assets	累计折旧 Total Depreciation	流动负债 Liquid Liabilites
全省	**Total**	**853.97**	**832.96**	**1307.16**	**519.17**	**1032.19**
太原市	Taiyuan	327.08	123.50	194.46	73.62	335.64
大同市	Datong	38.61	53.03	65.01	14.43	43.44
阳泉市	Yangquan	9.25	10.00	20.28	10.35	13.40
长治市	Changzhi	56.49	69.48	135.35	65.87	100.48
晋城市	Jincheng	163.30	170.52	326.27	173.81	152.33
朔州市	Shuozhou	13.38	65.83	76.48	14.58	26.07
晋中市	Jinzhong	52.44	106.81	158.64	52.71	89.60
运城市	Yuncheng	21.48	19.30	33.80	14.69	21.54
忻州市	Xinzhou	0.31	0.31	0.44	0.14	0.30
临汾市	Linfen	15.43	61.99	92.44	30.70	31.16
吕梁市	Lvliang	156.21	152.21	203.98	68.27	218.24

13-45 续表 1 continued

单位：亿元 (100 million yuan)

市 名 City	负债合计 Total Liabilities	年末所有者权益 Creditors' Equity	主营业务收入 Revenue of Major Business	主营业务成本 Cost of Major Business	主营业务税金及附加 Tax and Extra Charges of Major Business
全 省 Total	**1312.50**	**623.76**	**1278.70**	**1004.13**	**6.50**
太原市 Taiyuan	340.96	128.80	563.84	440.19	1.49
大同市 Datong	85.09	36.45	70.26	56.54	0.35
阳泉市 Yangquan	16.40	14.85	17.46	14.27	0.43
长治市 Changzhi	113.65	64.66	84.70	69.03	0.87
晋城市 Jincheng	179.01	203.20	202.17	156.45	1.44
朔州市 Shuozhou	55.99	24.25	33.37	25.11	0.17
晋中市 Jinzhong	146.27	26.79	88.02	67.89	0.77
运城市 Yuncheng	22.35	20.02	31.11	26.62	0.05
忻州市 Xinzhou	0.40	0.23	0.94	0.87	
临汾市 Linfen	71.16	10.86	43.33	33.06	0.05
吕梁市 Lvliang	281.22	93.65	143.51	114.10	0.89

市 名 City	营业费用 Costs of Business	管理费用 Costs of Administration	财务费用 Costs of Finance	# 利息支出 Interest Expenditure	利润总额 Total Profits
全 省 Total	**25.48**	**53.75**	**31.45**	**32.95**	**80.42**
太原市 Taiyuan	5.32	16.97	0.43	2.91	22.52
大同市 Datong	2.33	3.18	2.76	3.18	5.16
阳泉市 Yangquan	1.05	0.93	0.66	0.48	0.32
长治市 Changzhi	3.16	5.89	4.02	3.25	2.30
晋城市 Jincheng	1.45	13.34	3.51	3.92	26.88
朔州市 Shuozhou	0.09	0.37	2.98	2.98	4.81
晋中市 Jinzhong	5.36	4.97	5.64	5.61	3.28
运城市 Yuncheng	0.95	1.66	1.04	1.18	0.85
忻州市 Xinzhou	0.06	0.04		0.01	
临汾市 Linfen	1.08	1.48	3.70	3.51	4.03
吕梁市 Lvliang	4.63	4.92	6.71	5.93	10.27

13-45 续表 2 continued

单位：亿元 (100 million yuan)

市 名 City		亏损企业亏损额 Loss of Loss-making Enterprises	利税总额 Total Pre-tax Profits	应付薪酬总额 Total Wages Payable	应交增值税 Value Added Taxes Payable
全 省	**Total**	**17.26**	**127.67**	**111.07**	**40.44**
太原市	Taiyuan	2.03	33.71	44.12	9.69
大同市	Datong	0.41	7.10	4.02	1.59
阳泉市	Yangquan	0.52	1.25	1.55	0.51
长治市	Changzhi	2.60	8.09	7.12	4.92
晋城市	Jincheng	1.81	36.37	32.34	8.05
朔州市	Shuozhou	0.04	6.05	4.04	1.07
晋中市	Jinzhong	2.62	8.74	7.82	4.69
运城市	Yuncheng	0.63	1.72	1.97	0.82
忻州市	Xinzhou			0.09	
临汾市	Linfen	0.93	6.78	1.30	2.42
吕梁市	Lvliang	5.68	17.84	6.70	6.68

市 名 City		总资产贡献率 (%) Ratio of Profits, Taxes and Interests to Average Assets (%)	资产负债率 (%) Ratio of Debts to Assets (%)	成本费用利润率 (%) Ratio of Profits to Total Costs(%)	产品销售率 (%) Ratio of Sales to Gross Output Value(%)
全 省	**Total**	**8.07**	**67.72**	**7.15**	**94.24**
太原市	Taiyuan	7.33	72.48	4.83	97.75
大同市	Datong	7.85	70.01	7.57	93.13
阳泉市	Yangquan	5.54	51.37	1.88	95.59
长治市	Changzhi	6.35	63.74	2.80	88.58
晋城市	Jincheng	10.32	46.84	15.37	97.47
朔州市	Shuozhou	11.17	69.45	16.56	95.50
晋中市	Jinzhong	8.21	84.50	3.84	97.02
运城市	Yuncheng	6.62	52.76	2.73	77.55
忻州市	Xinzhou	1.37	63.39	0.02	74.60
临汾市	Linfen	12.50	86.76	10.24	40.93
吕梁市	Lvliang	6.28	75.02	7.82	97.95

13-46 大中型工业企业主要经济指标(2014年)
MAIN ECONOMIC INDICATORS OF LARGE AND MEDIUM-SIZE INDUSTRIAL ENTERPRISES(2014)

单位：亿元 (100 million yuan)

市名 City		单位数(个) Number of Enterprises (unit)	#亏损企业 Loss-making Enterprises	工业销售产值 Industrial Sales Output Value	出口交货值 Value of Export Delivery	资产总计 Total Assets
全省	**Total**	**1144**	**518**	**11660.16**	**654.61**	**25680.99**
省直报	Direct Report	2		842.34		696.96
太原市	Taiyuan	102	35	2115.81	524.59	4039.29
大同市	Datong	52	20	816.13	15.39	1866.99
阳泉市	Yangquan	44	27	448.37	5.45	1971.53
长治市	Changzhi	132	58	1372.57	0.42	2651.99
晋城市	Jincheng	115	53	813.90	61.17	2604.30
朔州市	Shuozhou	82	29	696.28	0.30	1819.60
晋中市	Jinzhong	154	82	727.49	13.99	1919.85
运城市	Yuncheng	127	46	1070.53	16.25	1540.36
忻州市	Xinzhou	60	22	431.09	0.81	993.02
临汾市	Linfen	123	61	1155.60	9.95	2117.75
吕梁市	Lvliang	151	85	1170.05	6.29	3459.36

市名 City		流动资产合计 Total Circulating Funds	固定资产合计 Total Fixed Assets	固定资产原价 Original Value of Fixed Assets	累计折旧 Total Depreciation	流动负债 Liquid Liabilites
全省	**Total**	**9955.88**	**10657.13**	**14534.03**	**5989.57**	**12797.70**
省直报	Direct Report	59.39	614.10	988.39	453.97	332.64
太原市	Taiyuan	1708.85	1432.81	2268.36	986.60	2019.92
大同市	Datong	637.16	1144.80	1079.76	523.80	541.04
阳泉市	Yangquan	944.26	763.49	1228.66	541.50	925.67
长治市	Changzhi	1128.55	1048.27	1453.61	609.94	1277.32
晋城市	Jincheng	1071.22	849.01	1242.98	574.76	1122.03
朔州市	Shuozhou	500.51	960.23	1074.97	361.83	766.86
晋中市	Jinzhong	659.21	779.67	939.85	278.51	1209.69
运城市	Yuncheng	668.79	658.71	1122.45	527.15	861.29
忻州市	Xinzhou	386.51	393.91	505.10	155.46	517.13
临汾市	Linfen	867.66	745.56	1132.60	464.40	1143.71
吕梁市	Lvliang	1323.75	1266.58	1497.30	511.66	2080.39

13-46 续表 1 continued

单位：亿元 (100 million yuan)

市 名 City	负债合计 Total Liabilities	年末所有者权益 Creditors' Equity at Year-end	主营业务收入 Revenue of Major Business	主营业务成本 Cost of Major Business	主营业务税金及附加 Tax and Extra Charges of Major Business
全 省 Total	**18984.50**	**6661.25**	**14370.40**	**12269.34**	**129.95**
省直报 Direct Report	477.17	219.79	913.98	818.55	2.97
太原市 Taiyuan	2991.24	1047.22	3094.71	2704.46	29.97
大同市 Datong	1437.30	426.75	2145.09	1937.94	8.04
阳泉市 Yangquan	1522.81	448.64	658.43	568.03	6.23
长治市 Changzhi	1834.71	809.57	1198.27	992.87	10.19
晋城市 Jincheng	1680.90	922.30	988.70	789.23	10.32
朔州市 Shuozhou	1240.67	578.04	688.95	463.25	15.08
晋中市 Jinzhong	1588.21	329.97	707.52	610.22	9.52
运城市 Yuncheng	1083.32	445.75	1141.57	1016.77	4.20
忻州市 Xinzhou	731.70	259.53	382.11	298.53	3.91
临汾市 Linfen	1649.07	467.08	1168.66	1067.38	8.90
吕梁市 Lvliang	2747.41	706.59	1282.40	1002.10	20.62

市 名 City	营业费用 Costs of Business	管理费用 Costs of Administration	财务费用 Costs of Finance	#利息支出 Interest Expenditure	利润总额 Total Profits
全 省 Total	**473.40**	**810.77**	**531.25**	**525.96**	**145.01**
省直报 Direct Report	2.16	4.93	12.43	11.91	25.60
太原市 Taiyuan	53.72	154.03	67.43	75.56	16.96
大同市 Datong	75.25	71.58	44.00	44.97	9.03
阳泉市 Yangquan	8.39	56.92	32.58	45.42	-2.90
长治市 Changzhi	24.70	110.17	44.78	44.51	28.30
晋城市 Jincheng	16.11	101.10	59.43	61.52	55.78
朔州市 Shuozhou	123.37	45.00	27.41	26.87	10.59
晋中市 Jinzhong	27.58	53.06	41.24	38.53	-27.90
运城市 Yuncheng	26.63	39.20	37.18	33.62	25.82
忻州市 Xinzhou	10.88	26.09	20.31	18.95	28.83
临汾市 Linfen	26.78	60.79	46.69	40.20	-17.07
吕梁市 Lvliang	77.83	87.91	97.78	83.92	-8.03

13-46 续表 2 continued

单位：亿元 (100 million yuan)

市 名 City		亏损企业亏损额 Loss of Loss-making Enterprises	利税总额 Total Pre-tax Profits	应付薪酬总额 Total Wages Payable	应交增值税 Value Added Taxes Payable
全 省	**Total**	**380.55**	**794.87**	**1292.41**	**512.20**
省直报	Direct Report		59.00	64.71	30.33
太原市	Taiyuan	43.18	100.49	230.98	53.15
大同市	Datong	27.22	59.71	137.14	41.27
阳泉市	Yangquan	12.05	32.53	96.00	25.69
长治市	Changzhi	47.24	99.73	136.89	60.21
晋城市	Jincheng	24.90	121.28	165.19	55.06
朔州市	Shuozhou	15.33	72.94	63.18	47.16
晋中市	Jinzhong	46.99	16.64	96.23	34.80
运城市	Yuncheng	32.30	59.10	66.08	29.05
忻州市	Xinzhou	8.17	58.57	36.69	25.53
临汾市	Linfen	44.04	31.39	75.03	39.18
吕梁市	Lvliang	79.14	83.49	124.30	70.78

市 名 City		总资产贡献率 (%) Ratio of Profits, Taxes and Interests to Average Assets(%)	资产负债率 (%) Ratio of Debts to Assets (%)	成本费用利润率 (%) Ratio of Profits to Total Costs (%)	产品销售率 (%) Ratio of Sales to Gross Output Value(%)
全 省	**Total**	**4.95**	**73.92**	**1.00**	**94.37**
省直报	Direct Report	10.15	68.46	3.00	100.00
太原市	Taiyuan	4.10	74.05	0.56	97.81
大同市	Datong	5.49	76.98	0.42	83.03
阳泉市	Yangquan	3.26	77.24	–0.39	89.71
长治市	Changzhi	5.18	69.18	2.27	91.56
晋城市	Jincheng	6.88	64.54	5.66	98.58
朔州市	Shuozhou	5.45	68.18	1.59	96.48
晋中市	Jinzhong	2.71	82.73	–3.56	94.29
运城市	Yuncheng	5.84	70.33	2.22	94.30
忻州市	Xinzhou	7.78	73.68	7.81	89.43
临汾市	Linfen	3.23	77.87	–1.40	95.46
吕梁市	Lvliang	4.77	79.42	–0.62	95.77

13-47 建筑业企业总产值和竣工产值(2014 年)
GROSS OUTPUT VALUE AND COMPLETED VALUE OF CONSTRUCTION ENTERPRISES(2014)

单位：万元 (10 000 yuan)

市名 City		总产值 Gross Output Value	#建筑工程 Construction	#安装工程 Installation	竣工产值 Completed Value
全省	**Total**	**31035027**	**26659314**	**3425216**	**13569969**
太原市	Taiyuan	20409780	17426298	2346386	7777350
大同市	Datong	1354212	1183066	137216	847157
阳泉市	Yangquan	1000195	857110	119579	490788
长治市	Changzhi	1450600	1307525	121071	872483
晋城市	Jincheng	735209	652048	56990	584939
朔州市	Shuozhou	623193	408912	171844	373396
晋中市	Jinzhong	2001268	1811589	147756	693190
运城市	Yuncheng	1309108	1107635	141755	766131
忻州市	Xinzhou	685878	607396	60430	483322
临汾市	Linfen	910758	814050	76073	429684
吕梁市	Lvliang	554825	483685	46117	251531

13-48 按主要用途分的房屋建筑竣工面积(2014 年)
FLOOR SPACE OF BUILDINGS COMPLETED BY MAJOR USE(2014)

单位：万元 (10 000 yuan)

市名 City		总计 Total	#住宅房屋 Residential Buildings	#商业及服务用房屋 Commercial and Service Buildings	#办公用房 Oiffice Buildings	#科研、教育、医疗用房屋 Scientific Research, Education and Healthcare Buildings
全省	**Total**	**39400393**	**28518254**	**2175620**	**2014112**	**2297136**
太原市	Taiyuan	17933634	12472221	876099	974574	1357325
大同市	Datong	3651988	2688876	386621	69715	147819
阳泉市	Yangquan	1052862	814602	76363		3299
长治市	Changzhi	3170228	2282928	164783	134382	195735
晋城市	Jincheng	1339343	879667	112144	76308	4276
朔州市	Shuozhou	984144	862839	11704	21428	40980
晋中市	Jinzhong	2515893	1878678	76662	134552	120509
运城市	Yuncheng	4080540	2935984	314880	204920	274679
忻州市	Xinzhou	2136501	1867627	57211	39706	63070
临汾市	Linfen	1362858	1082215	25104	98622	68509
吕梁市	Lvliang	1172402	752617	74049	259905	20935

13-49 按主要用途分的房屋建筑竣工价值(2014年)
VALUE OF BUILDINGS COMPLETED BY MAJOR USE(2014)

单位：平方米 (sq.m)

市名 City		总计 Total	#住宅房屋 Residential Buildings	#商业及服务用房屋 Commercial and Service Buildings	#办公用房 Oiffice Buildings	#科研、教育、医疗用房屋 Scientific Research, Education and Healthcare Buildings
全省	**Total**	**5965376**	**3963619**	**369179**	**385363**	**473684**
太原市	Taiyuan	3046707	1859993	194347	208553	313648
大同市	Datong	476081	359683	42717	12744	23873
阳泉市	Yangquan	173576	118736	14558		469
长治市	Changzhi	521977	340041	24890	30696	42596
晋城市	Jincheng	170122	107335	18416	16951	778
朔州市	Shuozhou	125718	103598	2418	3961	8162
晋中市	Jinzhong	343294	253431	13175	23392	21029
运城市	Yuncheng	529264	371973	38709	39696	39984
忻州市	Xinzhou	264669	223443	7884	5882	8767
临汾市	Linfen	166788	130618	2387	13335	11191
吕梁市	Lvliang	147180	94768	9680	30154	3187

13-50 建筑业企业房屋建筑面积(2014年)
FLOOR SPACE OF BUILDINGS CONSTRUCTED BY CONSTRUCTION ENTERPRISES(2014)

单位：平方米 (sq.m)

市名 City		房屋建筑施工面积 Floor Space of Buildings Under Construction	#本年新开工面积 Floor Space Started This Year	#投标承包的面积 Floor Space of Enter a Bid Contract
全省	**Total**	**139285301**	**55283396**	**117014433**
太原市	Taiyuan	86730287	28559649	80376021
大同市	Datong	7637190	4335426	4695011
阳泉市	Yangquan	3879290	1318172	2564952
长治市	Changzhi	9950146	4098297	7926758
晋城市	Jincheng	3544441	1174475	2247937
朔州市	Shuozhou	1447160	1027997	785728
晋中市	Jinzhong	7329883	3625917	4939832
运城市	Yuncheng	8638707	5229011	6732732
忻州市	Xinzhou	3500371	2322658	2115626
临汾市	Linfen	3057654	1859929	2220923
吕梁市	Lvliang	3570172	1731865	2408913

13-51 建筑业企业机械设备情况 (2014 年)
MACHINARY AND EQUIPMENT OF CONSTRUCTION ENTERPRISES(2014)

单位：平方米 (sq.m)

市 名 City		自有机械设备 年末总台数 (台) Number of Machinery and Equipment Owned (unit)	自有机械设备 年末总功率 (千瓦) Total Power of Machinery and Equipment Owned (kw)	自有机械设备 净值 (万元) Net Value of Machinery and Equipment Owned (10 000 yuan)
全 省	**Total**	**229285**	**6942547**	**1438000**
太 原 市	Taiyuan	88441	4012232	758073
大 同 市	Datong	7738	139105	42490
阳 泉 市	Yangquan	7918	280197	38409
长 治 市	Changzhi	9097	152407	52756
晋 城 市	Jincheng	17487	212662	37930
朔 州 市	Shuozhou	10206	214091	59921
晋 中 市	Jinzhong	17964	555654	133187
运 城 市	Yuncheng	21056	357383	98211
忻 州 市	Xinzhou	15606	299265	84833
临 汾 市	Linfen	15265	324483	75285
吕 梁 市	Lvliang	18507	395068	56906

13-52 建筑业企业劳动生产率 (2014 年)
LABOR PRODUCTIVITY OF CONSTRUCTION ENTERPRISES(2014)

单位：元 / 人 (yuan/person)

市 名 City		企业个数 (个) Number of Enterprises (unit)	从事建筑业活动的从业人员平均人数 (人) Average Number of Employees Engaged in Construction Activities (person)	按总产值计算的劳动生产率 Overall Labor Productivity in Terms of Total Output Value	人均竣工产值 Per Capita Output Value of Completed
全 省	**Total**	**2358**	**1065283**	**291331**	**127384**
太 原 市	Taiyuan	956	621336	328482	125171
大 同 市	Datong	208	59574	227316	142202
阳 泉 市	Yangquan	90	44905	222736	109295
长 治 市	Changzhi	154	44773	323990	194868
晋 城 市	Jincheng	103	34661	212114	168760
朔 州 市	Shuozhou	117	33702	184913	110793
晋 中 市	Jinzhong	169	60615	330161	114359
运 城 市	Yuncheng	157	66161	197867	115798
忻 州 市	Xinzhou	139	32310	212281	149589
临 汾 市	Linfen	165	40974	222277	104867
吕 梁 市	Lvliang	100	26272	211185	95741

13-53 建筑业企业负债及所有者权益(2014年)
LIABILITIES AND CREDITORS' EQUITY OF CONSTRUCTION ENTERPRISES(2014)

单位：万元 (10 000 yuan)

市名 City		负债合计 Total Liabilities	#流动负债 Liquid Liabilities	#非流动负债合计 Illiquid Liabilities	所有者权益合计 Total Creditors' Equity
全省	**Total**	**28455485**	**26031612**	**2139596**	**9484450**
太原市	Taiyuan	19502712	17594313	1808832	5150771
大同市	Datong	1234623	1144834	75919	445306
阳泉市	Yangquan	1677614	1504170	142051	700569
长治市	Changzhi	1026075	1004932	12237	523248
晋城市	Jincheng	754156	740417	4125	341248
朔州市	Shuozhou	514163	464791	17331	157487
晋中市	Jinzhong	1662546	1634701	25568	567837
运城市	Yuncheng	612723	564919	19441	477311
忻州市	Xinzhou	365319	350843	3555	385850
临汾市	Linfen	572907	542344	3256	404120
吕梁市	Lvliang	532646	485348	27282	330705

13-54 建筑业企业收入及成本情况(2014年)
REVENUE AND COST OF CONSTRUCTION ENTERPRISES(2014)

单位：万元 (10 000 yuan)

市名 City		营业收入 Revenue of Business	#主营业务收入 Revenue of Major Business	主营业务成本 Cost of Major Business
全省	**Total**	**31735569**	**31103988**	**27536183**
太原市	Taiyuan	21109207	20834545	18620050
大同市	Datong	1308077	1265356	1125586
阳泉市	Yangquan	1048180	1039430	898681
长治市	Changzhi	1527609	1519776	1348674
晋城市	Jincheng	782296	762815	640099
朔州市	Shuozhou	610273	604134	528367
晋中市	Jinzhong	1947571	1763927	1536556
运城市	Yuncheng	1251518	1228313	1069066
忻州市	Xinzhou	689106	665684	580266
临汾市	Linfen	879800	857675	727221
吕梁市	Lvliang	581933	562334	461619

13-55 建筑业企业资产(2014年)
ASSETS OF CONSTRUCTION ENTERPRISES(2014)

单位：万元 (10 000 yuan)

市名 City		资产总计 Total Assets	#流动资产合计 Total Circulating Assets	#固定资产合计 Total Fixed Assets
全省	**Total**	**37939935**	**30888128**	**2982145**
太原市	Taiyuan	24653483	20155164	1394367
大同市	Datong	1679929	1441152	149284
阳泉市	Yangquan	2378183	1882111	149517
长治市	Changzhi	1549323	1313010	156978
晋城市	Jincheng	1095405	896384	116108
朔州市	Shuozhou	671649	539148	89653
晋中市	Jinzhong	2230383	1929262	244823
运城市	Yuncheng	1090034	818292	197459
忻州市	Xinzhou	751169	491679	174684
临汾市	Linfen	977026	767211	149411
吕梁市	Lvliang	863351	654714	159861

市名 City		固定资产原价 Original Value of Fixed Assets	本年折旧 Depreciation This Year	实收资本 Capitals Hold
全省	**Total**	**4571574**	**308027**	**5888900**
太原市	Taiyuan	2342255	180327	3129051
大同市	Datong	184696	9842	364529
阳泉市	Yangquan	253624	12481	227742
长治市	Changzhi	211203	11005	363125
晋城市	Jincheng	168211	8339	229508
朔州市	Shuozhou	133112	6780	157119
晋中市	Jinzhong	377863	25548	389091
运城市	Yuncheng	267377	14678	307059
忻州市	Xinzhou	210874	13062	221605
临汾市	Linfen	223282	14525	269755
吕梁市	Lvliang	199078	11442	230317

13-56 建筑业企业费用情况(2014年)
EXPENSES OF CONSTRUCTION ENTERPRISES(2014)

单位：万元 (10 000 yuan)

市名 City	销售费用 Sales Expenses	管理费用 Administrative Expenses	财务费用 Financial Expenses	营业外支出 Non-operating Expenses
全省 Total	**99716**	**1377907**	**221186**	**25994**
太原市 Taiyuan	36895	888942	121678	17901
大同市 Datong	9643	69468	15158	1431
阳泉市 Yangquan	3356	38933	31216	718
长治市 Changzhi	6493	57639	9001	1013
晋城市 Jincheng	3585	46035	6307	978
朔州市 Shuozhou	8221	30691	2890	377
晋中市 Jinzhong	2863	87936	13509	1589
运城市 Yuncheng	8365	62800	8496	606
忻州市 Xinzhou	10183	24066	4784	522
临汾市 Linfen	7085	50733	4750	740
吕梁市 Lvliang	3029	20665	3397	119

13-57 建筑业企业薪酬及利润情况(2014年)
REMUNERTION AND PROFITS OF CONSTRUCTION ENTERPRISES(2014)

单位：万元 (10 000 yuan)

市名 City	应付职工薪酬 Remuneration Payable	营业利润 Business Profits	其他业务利润 Profits of Other Business
全省 Total	**2482395**	**922442**	**49999**
太原市 Taiyuan	1260812	563592	33883
大同市 Datong	229476	19416	5860
阳泉市 Yangquan	98288	38488	796
长治市 Changzhi	123778	51204	2029
晋城市 Jincheng	131855	63472	2211
朔州市 Shuozhou	78197	6944	580
晋中市 Jinzhong	150209	48188	-1655
运城市 Yuncheng	167690	44749	3044
忻州市 Xinzhou	86101	25729	821
临汾市 Linfen	96755	31576	2340
吕梁市 Lvliang	59236	29085	91

13-58 建筑业企业利润及税金情况 (2014 年)
PROFITS AND TAXES OF CONSTRUCTION ENTERPRISES(2014)

单位：万元 (10 000 yuan)

市名 City		利润总额 Total Profits	税金总额 Total Taxes	主营业务税金及附加 Taxes and Extra Charges of Major Business	管理费用中的税金 Taxes in Costs of Administration
全省	**Total**	**939166**	**981661**	**947599**	**34062**
太原市	Taiyuan	571162	628875	614803	14071
大同市	Datong	19219	44704	42723	1981
阳泉市	Yangquan	38464	32177	30287	1890
长治市	Changzhi	52040	51481	47847	3634
晋城市	Jincheng	64581	21971	20389	1583
朔州市	Shuozhou	7024	23560	21517	2043
晋中市	Jinzhong	50735	61175	58559	2617
运城市	Yuncheng	46373	41662	39537	2125
忻州市	Xinzhou	26522	24561	23373	1187
临汾市	Linfen	32429	31247	29185	2062
吕梁市	Lvliang	30618	20249	19379	870

13-59 房地产开发投资 (2014 年)
INVESTMENT IN REAL ESTATE DEVELOPMENT(2014)

单位：万元 (10 000 yuan)

市名 City		本年完成投资 Investment Completed This Yesr	#住宅 Residential Buildings	建筑工程 Construction Projects	安装工程 Installation Projects	设备工器具购置 Purchase of Equipment and Instruments	其他费用 Others Expenses
全省	**Total**	**14035549**	**10106901**	**9468744**	**1960307**	**228140**	**2378358**
太原市	Taiyuan	4832293	3526689	2853392	599803	60857	1318241
大同市	Datong	2373245	1516049	1551496	436346	54695	330708
阳泉市	Yangquan	527008	433968	403180	72215	8691	42922
长治市	Changzhi	752331	581678	627249	63391	18117	43574
晋城市	Jincheng	581820	440804	457105	56367	2811	65537
朔州市	Shuozhou	771700	556112	526388	162451	27561	55300
晋中市	Jinzhong	1129026	743509	837050	167097	12862	112017
运城市	Yuncheng	1177222	867190	902293	144543	7268	123118
忻州市	Xinzhou	617376	489402	463941	58980	5585	88870
临汾市	Linfen	842011	649271	563760	130076	21299	126876
吕梁市	Lvliang	431517	302229	282890	69038	8394	71195

13-60 房地产开发房屋销售额(2014年)
SALES OF BUILDINGS IN REAL ESTATE DEVELOPMENT(2014)

单位：万元 (10 000 yuan)

市名 City	商品房销售额 Sales of Commercial Buildings	住宅 Residential Buildings	#90平方米及以下住房 90 sq.m and Below	#144平方米以上住房 Above 144 sq.m
全省 Total	**7461404**	**6398253**	**972948**	**1980598**
太原市 Taiyuan	3259538	2853424	327842	1272571
大同市 Datong	367814	285229	40180	37465
阳泉市 Yangquan	232600	222305	41564	36496
长治市 Changzhi	693220	587983	66324	214992
晋城市 Jincheng	340809	291839	65504	41831
朔州市 Shuozhou	455594	332944	170337	66306
晋中市 Jinzhong	571567	491333	86186	94187
运城市 Yuncheng	571901	519709	56111	73830
忻州市 Xinzhou	181718	150687	32599	16609
临汾市 Linfen	596964	486451	69980	82321
吕梁市 Lvliang	189679	176349	16321	43990

市名 City	#别墅、高档公寓 Villas and High-grade Apartment Buildings	办公楼 Office Buildings	商业营业用房 Buildings for Business Operation	其他 Other Buildings
全省 Total	**154560**	**315800**	**612291**	**135060**
太原市 Taiyuan	146079	210371	161481	34262
大同市 Datong		43380	33316	5889
阳泉市 Yangquan			10050	245
长治市 Changzhi		23270	68378	13589
晋城市 Jincheng	3455	6818	24273	17879
朔州市 Shuozhou			106144	16506
晋中市 Jinzhong		1290	71067	7877
运城市 Yuncheng	3978	377	42368	9447
忻州市 Xinzhou		3362	22634	5035
临汾市 Linfen	1048	26932	61066	22515
吕梁市 Lvliang			11514	1816

13-61 房地产开发房屋销售面积 (2014 年)

FLOOR SPACE OF BUILDINGS SOLD IN REAL ESTATE DEVELOPMENT(2014)

单位：平方米 (sq.m)

市 名 City	商品房销售面积 Floor Space of Commercial Buildings Sold	住宅 Residential Buildings	#90 平方米及以下住房 90 sq.m and Below	#144 平方米以上住房 Above 144 sq.m
全 省 Total	**15762660**	**14339080**	**2561560**	**3256799**
太原市 Taiyuan	4280295	4010398	593879	1528465
大同市 Datong	816811	712377	129257	86278
阳泉市 Yangquan	736674	715207	149001	96602
长治市 Changzhi	1848501	1687459	187938	595726
晋城市 Jincheng	753987	675654	141117	83530
朔州市 Shuozhou	1321589	1078201	554013	177922
晋中市 Jinzhong	1369156	1236626	195206	162465
运城市 Yuncheng	1979700	1850929	234818	207428
忻州市 Xinzhou	630304	550704	122515	46078
临汾市 Linfen	1498649	1323252	202261	168022
吕梁市 Lvliang	526994	498273	51555	104283

市 名 City	#别墅、高档公寓 Villas and High-grade Apartment Buildings	办公楼 Office Buildings	商业营业用房 Buildings for Business Operation	其 他 Other Buildings
全 省 Total	**134795**	**238884**	**811090**	**373606**
太原市 Taiyuan	122745	141514	98951	29432
大同市 Datong		24516	56012	23906
阳泉市 Yangquan			20567	900
长治市 Changzhi		19745	84829	56468
晋城市 Jincheng	3984	7706	30557	40070
朔州市 Shuozhou			160728	82660
晋中市 Jinzhong		4666	103808	24056
运城市 Yuncheng	6525	1983	94181	32607
忻州市 Xinzhou		1646	66153	11801
临汾市 Linfen	1541	37108	75361	62928
吕梁市 Lvliang			19943	8778

13-62 房地产开发施工、竣工面积及价值(2014年)
FLOOR SPACE AND VALUE OF BUILDINGS UNDER CONSTRUCTION AND COMPLETED IN REAL ESTATE DEVELOPMENT(2014)

单位：平方米 (sq.m)

市名 City		房屋施工面积 Floor Space of Buildings Under Construction	#住宅 Residential Buildings	房屋竣工面积 Floor Space of Buildings Completed	#住宅 Residential Buildings	房屋竣工价值(万元) Value of Buildings Completed (10 000 yuan)	#住宅 Residential Buildings
全省	**Total**	**154768857**	**114717670**	**21824825**	**17016427**	**6553049**	**5077121**
太原市	Taiyuan	48372266	36449912	6020950	5040182	2834150	2415703
大同市	Datong	21918456	14935625	4165597	3070524	1172286	745635
阳泉市	Yangquan	6725751	5325510	786298	693190	190720	165437
长治市	Changzhi	10969293	8147160	2511521	1999020	518985	432490
晋城市	Jincheng	6822345	4975701	698060	483006	182019	115497
朔州市	Shuozhou	8414321	6080967	894068	707409	207832	164166
晋中市	Jinzhong	11508271	8799247	1328549	1048389	293689	220691
运城市	Yuncheng	16292818	12395473	2800479	2112626	554314	395720
忻州市	Xinzhou	8674840	6453805	808366	525992	192595	113117
临汾市	Linfen	8507649	6127926	965299	662167	247247	173872
吕梁市	Lvliang	6562847	5026344	845638	673922	159212	134793

13-63 社会消费品零售总额(2014年)
TOTAL RETAIL SALES OF CONSUMER GOODS(2014)

单位：万元 (10 000 yuan)

市名 City		社会消费品零售总额 Total Retail Sales of Consumer Goods	城镇 Town	乡村 Village
全省	**Total**	**57178881**	**46617895**	**10560986**
太原市	Taiyuan	14501658	13477069	1024590
大同市	Datong	5414288	4271815	1142473
阳泉市	Yangquan	2762979	2461757	301222
长治市	Changzhi	4945040	4017270	927770
晋城市	Jincheng	3412124	2978982	433141
朔州市	Shuozhou	2583039	1841498	741541
晋中市	Jinzhong	5006518	3281168	1725350
运城市	Yuncheng	6262424	4948671	1313753
忻州市	Xinzhou	2953993	2086401	867592
临汾市	Linfen	5450084	4346937	1103146
吕梁市	Lvliang	3886735	2906327	980408

13-64 旅游事业发展情况 (2014 年)
DEVELOPMENT OF TOURISM(2014)

市名 City		接待入境过夜游客人数(人次) Inbound Overnight Tourists (person-time)	旅游外汇收入(万美元) Foreign Exchange Earnings from Tourism (USD 10 000)	接待国内游客人数(万人次) Domestic Tourists (10 000 person-times)	国内旅游收入(亿元) Revenue from Domestic Tourism (100 million yuan)
全　省	**Total**	**564770**	**28072.7**	**29951.1**	**2829.3**
太原市	Taiyuan	140476	7666.0	4175.2	495.3
大同市	Datong	61822	3519.8	2751.8	236.5
阳泉市	Yangquan	3995	87.3	1816.8	149.2
长治市	Changzhi	23051	1413.2	2691.2	263.8
晋城市	Jincheng	11552	633.7	2715.0	242.0
朔州市	Shuozhou	5895	200.2	1148.2	109.2
晋中市	Jinzhong	200572	10539.2	4003.9	401.7
运城市	Yuncheng	28932	773.6	3464.8	268.3
忻州市	Xinzhou	49189	1616.0	2407.5	240.3
临汾市	Linfen	34228	1430.2	2626.7	241.4
吕梁市	Lvliang	5058	193.6	2150.1	181.5

13-65 公路通车里程 (2014 年)
LENGTH OF HIGHWAYS(2014)

单位：公里 (km)

市名 City		公路通车里程 Length of Highways	在通车里程中 In Length of Highways					
			国道 State Class	省道 Province Class	县公路 County Class	乡公路 Township Class	专用公路 Special Purpose	村道 Village Class
全　省	**Total**	**140436**	**5308**	**11778**	**20391**	**48854**	**577**	**53529**
太原市	Taiyuan	7348	385	467	1013	1709	102	3672
大同市	Datong	12541	473	1045	2010	5390	4	3618
阳泉市	Yangquan	5648	291	400	799	879	4	3276
长治市	Changzhi	11346	554	966	1739	3832	47	4208
晋城市	Jincheng	8961	223	731	1219	3454	28	3306
朔州市	Shuozhou	10163	426	778	1374	4139	36	3410
晋中市	Jinzhong	15839	687	1191	2228	6598	63	5071
运城市	Yuncheng	15984	289	1456	2784	6253	84	5117
忻州市	Xinzhou	17340	533	2052	2125	6505	125	6001
临汾市	Linfen	18114	813	1221	2513	5510	60	7996
吕梁市	Lvliang	17153	633	1472	2587	4583	23	7855

13-66 公路等级里程 (2014 年)
LENGTH OF HIGHWAYS BY CLASS(2014)

单位：公里 (km)

市 名 City		等级里程 Expressway and Class I to IV Expressways	高 速 Express -way	一 级 First Class	二 级 Second Class	三 级 Third Class	四 级 Fourth Class	等外里程 Highway Below class IV	等级里程占总里程的百分比 Percentage to Total Length of Highways
全 省	**Total**	**137094**	**5011**	**2472**	**15164**	**18574**	**95873**	**3342**	**97.6**
太原市	Taiyuan	7221	287	206	947	1243	4537	127	98.3
大同市	Datong	12458	549	131	1059	2077	8642	83	99.3
阳泉市	Yangquan	5648	278	98	434	581	4257		100.0
长治市	Changzhi	10840	300	116	1337	1354	7734	506	95.5
晋城市	Jincheng	8724	319	155	661	1503	6087	237	97.4
朔州市	Shuozhou	10051	389	202	1036	1356	7069	111	98.9
晋中市	Jinzhong	15757	562	516	2213	1469	10997	81	99.5
运城市	Yuncheng	15958	596	322	1804	2049	11187	26	99.8
忻州市	Xinzhou	16727	734	40	1759	1804	12390	613	96.5
临汾市	Linfen	17541	464	357	1898	2950	11870	573	96.8
吕梁市	Lvliang	16169	534	328	2016	2188	11103	984	94.3

13-67 公路路面里程 (2014 年)
LENGTH OF PAVED HIGHWAYS(2014)

单位：公里 (km)

市 名 City		有铺装路面里程 Length of Paved Highways	占总里程 (%) Percentage to Total Length of Highways (%)	简易铺装路面里程 Length of Simply Paved Highways	占总里程 (%) Percentage to Total Length of Highways (%)	未铺装路面里程 Length of Non-paved Highways
全 省	**Total**	**98484**	**70.1**	**23085**	**16.4**	**18867**
太原市	Taiyuan	5691	77.4	761	10.4	897
大同市	Datong	10394	82.9	435	3.5	1712
阳泉市	Yangquan	5216	92.3	202	3.6	231
长治市	Changzhi	7848	69.2	2534	22.3	964
晋城市	Jincheng	8039	89.7	623	6.9	299
朔州市	Shuozhou	7064	69.5	1051	10.3	2049
晋中市	Jinzhong	9921	62.6	2231	14.1	3687
运城市	Yuncheng	9170	57.4	6653	41.6	160
忻州市	Xinzhou	13001	75.0	1659	9.6	2679
临汾市	Linfen	9875	54.5	4579	25.3	3660
吕梁市	Lvliang	12265	71.5	2358	13.7	2529

13-68 公路绿化里程(2014 年)
LENGTH OF AFFOREST HIGHWAYS(2014)

单位：公里 (km)

市名 City		绿化里程 Length of Afforest Highways	占总里程(%) Percentage (%)	在绿化里程中 In Length of Afforest Highways					
				国道 State Class	省道 Province Class	县公路 County Class	乡公路 Township Class	专用公路 Special Purpose	村道 Village Class
全省	**Total**	**59900.7**	**42.7**	**4132.8**	**8178.4**	**14270.4**	**20579.9**	**276.5**	**12462.7**
太原市	Taiyuan	2253.3	30.7	293.8	337.5	676.2	615.4	86.4	244.2
大同市	Datong	4017.4	32.0	314.6	617.4	1269.3	1445.7		370.5
阳泉市	Yangquan	1552.8	27.5	181.6	247.5	601.4	248.6	3.5	270.1
长治市	Changzhi	5730.2	50.5	454.2	770.6	1180.6	1747.5	13.7	1563.6
晋城市	Jincheng	2676.5	29.9	168.8	543.9	540.1	822.8	17.6	583.4
朔州市	Shuozhou	4237.8	41.7	377.0	603.2	930.4	1700.4	20.8	606.0
晋中市	Jinzhong	8224.2	51.9	601.9	944.3	1942.5	3100.8	34.6	1600.1
运城市	Yuncheng	14720.8	92.1	225.2	1181.5	2667.9	5993.2	21.3	4631.8
忻州市	Xinzhou	4654.4	26.8	432.0	1253.9	1240.4	1589.8	38.9	99.4
临汾市	Linfen	7749.5	42.8	641.0	922.6	2102.2	2633.8	17.1	1432.8
吕梁市	Lvliang	4083.8	23.8	442.7	756.0	1119.5	682.0	22.8	1060.9

13-69 公路客货运输量(2014 年)
HIGHWAY PASSENGER AND FREIGHT TRAFFIC(2014)

市名 City		客运量(万人) Passenger Traffic (10 000 persons)	旅客周转量(万人公里) Passenger-kilometers (10 000 Persons-km)	货运量(万吨) Freight Traffic (10 000 tons)	货物周转量(万吨公里) Freight Ton-kilometers (10 000 tons-km)
全省	**Total**	**27091**	**1819920**	**88491**	**13631956**
太原市	Taiyuan	1027	298430	14206	1674411
大同市	Datong	2795	215498	8622	1071187
阳泉市	Yangquan	2042	61355	4489	367123
长治市	Changzhi	3431	211761	8085	1078624
晋城市	Jincheng	1983	171108	5042	434051
朔州市	Shuozhou	1928	98294	2253	422267
晋中市	Jinzhong	2397	108541	9911	1900652
运城市	Yuncheng	3784	159949	8857	2336118
忻州市	Xinzhou	1750	108824	7431	1491821
临汾市	Linfen	3886	237807	12877	1845916
吕梁市	Lvliang	2067	148353	6717	1009788

13-70 镇(乡)村通公路、通油路情况(2014年)
TRAFFIC CONNECTION OF TOWNS, TOWNSHIPS AND VILLAGES(2014)

单位：个 (unit)

市名 City		乡、镇总数 Number of Townships and Towns	# 通油路数 Connect With Asphalt Highways	镇总数 Number of Towns	# 通油路数 Connect With Asphalt Highways	# 占镇总数的比例(%) Percentage (%)	乡总数 Number of Townships	# 通油路数 Connect With Asphalt Highways	# 占乡总数的比例(%) Percentage (%)
全　省	**Total**	**1196**	**1196**	**563**	**563**	**100.0**	**633**	**633**	**100.0**
太原市	Taiyuan	52	52	21	21	100.0	31	31	100.0
大同市	Datong	99	99	33	33	100.0	66	66	100.0
阳泉市	Yangquan	32	32	20	20	100.0	12	12	100.0
长治市	Changzhi	132	132	68	68	100.0	64	64	100.0
晋城市	Jincheng	74	74	48	48	100.0	26	26	100.0
朔州市	Shuozhou	69	69	18	18	100.0	51	51	100.0
晋中市	Jinzhong	118	118	59	59	100.0	59	59	100.0
运城市	Yuncheng	136	136	81	81	100.0	55	55	100.0
忻州市	Xinzhou	185	185	59	59	100.0	126	126	100.0
临汾市	Linfen	151	151	75	75	100.0	76	76	100.0
吕梁市	Lvliang	148	148	81	81	100.0	67	67	100.0

市名 City		行政村 Administration Villages					
		总数 Total	通公路 Connect with Highways	# 通油路 Connect with Asphalt Highways	通公路村比重(%) Percentage of Connect with Highways(%)	通油路村比重(%) Percentage of Connect with Asphalt Highways(%)	不通公路 Non-connect with Highways
全　省	**Total**	**28132**	**28110**	**27965**	**99.92**	**99.41**	**22**
太原市	Taiyuan	951	951	949	100.00	99.79	
大同市	Datong	1961	1961	1954	100.00	99.64	
阳泉市	Yangquan	960	960	957	100.00	99.69	
长治市	Changzhi	3454	3452	3452	99.94	99.94	2
晋城市	Jincheng	2213	2212	2212	99.95	99.95	1
朔州市	Shuozhou	1688	1688	1683	100.00	99.70	
晋中市	Jinzhong	2747	2747	2742	100.00	99.82	
运城市	Yuncheng	3194	3194	3194	100.00	100.00	
忻州市	Xinzhou	4888	4869	4746	99.61	97.09	19
临汾市	Linfen	2968	2968	2968	100.00	100.00	
吕梁市	Lvliang	3108	3108	3108	100.00	100.00	

13-71 邮电业务总量及电话数 (2014 年)
BUSINESS VOLUME OF POST AND TELECOMMUNICATION SERVICES AND NUMBER OF TELEPHONE SUBSCRIBERS(2014)

单位：万元 (10 000 yuan)

市　名 City	邮电业务总量 Business Volume of Post and Telecommunications Services	邮　政 Post	电　信 Telecommuni-cations Services	电话数 (万户) Number of Telephone Subscribers (10 000 households)	固　定 Fixed Telephone	移　动 Mobile Telephone
全　省　Total	**4311921**	**365570**	**3946351**	**3887**	**554**	**3332**
太原市　Taiyuan	1055642	122932	932710	784	124	660
大同市　Datong	396998	33803	363195	351	47	305
阳泉市　Yangquan	172516	14985	157531	160	22	138
长治市　Changzhi	325837	22594	303242	341	48	294
晋城市　Jincheng	234335	15167	219168	253	35	218
朔州市　Shuozhou	183691	12209	171482	175	20	154
晋中市　Jinzhong	364712	25264	339447	350	61	290
运城市　Yuncheng	461625	35338	426288	450	64	386
忻州市　Xinzhou	296330	27375	268955	280	34	245
临汾市　Linfen	448904	31891	417013	410	57	354
吕梁市　Lvliang	361886	24012	337874	332	42	290

注：本表邮政分市数据中不含民营业务量；全省电信业务量包括省公司部分。
Note: Post data of 11 cities doesn't contain volume of private enterprises. Business volume of telecommunication services of the whole provice contains the data of provincial telecom company.

13-72 小学基本情况 (2014 年)
BASIC STATISTICS ON PRIMARY SCHOOLS(2014)

单位：人 (person)

市　名 City	学校数 (所) Number of Schools (unit)	毕业生数 Number of Graduates	招生数 Number of New Students Enrollment	在校学生数 Number of Students Enrollment	专任教师数 Number of Full-time Teachers
全　省　Total	**6885**	**388125**	**347419**	**2245019**	**176840**
太原市　Taiyuan	423	42558	48128	261282	16691
大同市　Datong	461	35094	32877	196789	18189
阳泉市　Yangquan	255	13416	13458	83680	5732
长治市　Changzhi	659	36111	26890	204940	15928
晋城市　Jincheng	545	25267	16466	128102	10313
朔州市　Shuozhou	268	24897	20891	131832	9711
晋中市　Jinzhong	673	33934	39829	227358	14950
运城市　Yuncheng	842	51483	39495	287453	26523
忻州市　Xinzhou	841	35676	26460	189428	16568
临汾市　Linfen	1051	46690	41020	274218	21426
吕梁市　Lvliang	867	42999	41905	259937	20809

注：本表专任教师数不包括九年一贯制学制学校和十二年一贯制学校。
Note: Primary full-time teachers in the table don't include teachers who work in 9-year system or 12-year system schools.

13-73 普通中学基本情况(2014年)
BASIC STATISTICS ON REGULAR SECONDARY SCHOOLS(2014)

单位：人 (person)

市名 City	学校数(所) Number of Schools (unit)				毕业生数 Number of Graduates		
	合计 Total	#初级中学 Junior	#高级中学 Senior	#完全中学 Junior and Senior	合计 Total	初中 Junior	高中 Senior
全省 Total	**2418**	**1446**	**242**	**218**	**722196**	**448689**	**273507**
太原市 Taiyuan	228	110	18	68	75429	45599	29830
大同市 Datong	219	99	14	29	62002	37014	24988
阳泉市 Yangquan	81	52	7	7	27562	17683	9879
长治市 Changzhi	218	121	13	29	68869	43405	25464
晋城市 Jincheng	157	117	20	12	55739	32812	22927
朔州市 Shuozhou	96	58	14	8	51014	29772	21242
晋中市 Jinzhong	221	157	21	8	54576	35756	18820
运城市 Yuncheng	337	197	50	10	101027	61378	39649
忻州市 Xinzhou	281	157	27	8	59588	38990	20598
临汾市 Linfen	288	179	25	28	84654	54577	30077
吕梁市 Lvliang	292	199	33	11	81736	51703	30033

市名 City	招生数 New Students Enrollment			在校学生数 Number of Students Enrollment		
	合计 Total	初中 Junior	高中 Senior	合计 Total	初中 Junior	高中 Senior
全省 Total	**634452**	**378867**	**255585**	**2046773**	**1218952**	**827821**
太原市 Taiyuan	68942	41981	26961	217920	131483	86437
大同市 Datong	54071	33379	20692	174639	105131	69508
阳泉市 Yangquan	23111	13332	9779	72557	42472	30085
长治市 Changzhi	59235	35293	23942	196374	115391	80983
晋城市 Jincheng	43763	23823	19940	147689	80902	66787
朔州市 Shuozhou	43434	25557	17877	140855	81394	59461
晋中市 Jinzhong	52908	34347	18561	161672	104763	56909
运城市 Yuncheng	87939	52448	35491	299884	172926	126958
忻州市 Xinzhou	53436	31917	21519	166516	103148	63368
临汾市 Linfen	76581	45255	31326	242825	146178	96647
吕梁市 Lvliang	71032	41535	29497	225842	135164	90678

13-73 续表 continued

单位：人 (person)

市 名 City	专任教师数 Number of Full-time Teachers		
	合 计 Total	初 中 Junior	高 中 Senior
全 省 Total	**176853**	**115922**	**60931**
太原市 Taiyuan	18477	11470	7007
大同市 Datong	16221	11328	4893
阳泉市 Yangquan	5864	3945	1919
长治市 Changzhi	15767	10141	5626
晋城市 Jincheng	11439	7255	4184
朔州市 Shuozhou	10819	6335	4484
晋中市 Jinzhong	15075	10239	4836
运城市 Yuncheng	27392	17538	9854
忻州市 Xinzhou	14845	10235	4610
临汾市 Linfen	21480	14211	7269
吕梁市 Lvliang	19474	13225	6249

13-74 村卫生室情况 (2014 年)

MAIN INDICATORS OF RURAL CLINICS (2014)

单位：人 (person)

市 名 City	机构数(个) Institutions (unit)	执业(助理)医师 Licensed (Assistant) Doctors	注册护士 Registered Nurses	乡村医生 Rural Doctors	卫生员 Health Workers
全 省 Total	**28248**	**3825**	**412**	**36543**	**2907**
太原市 Taiyuan	950	220	13	1323	65
大同市 Datong	1817	218	3	2374	115
阳泉市 Yangquan	906	113	12	1328	135
长治市 Changzhi	3909	325	21	4085	318
晋城市 Jincheng	2251	485	15	2670	259
朔州市 Shuozhou	1681	46	5	1738	64
晋中市 Jinzhong	2613	300	46	4064	209
运城市 Yuncheng	3561	628	59	5182	494
忻州市 Xinzhou	4321	369	45	5478	421
临汾市 Linfen	3127	672	63	4132	386
吕梁市 Lvliang	3112	449	130	4169	441

13-75 卫生机构数(2014年)
HEALTH CARE INSTITUTIONS(2014)

单位：个 (unit)

市名 City		总计 Total	#医院 Hospitals	#疾病预防控制中心 Diseases Prevention and Control Centre	#妇幼保健院(所、站) Maternity and Child Care Centres
全省	**Total**	**12528**	**1234**	**134**	**133**
太原市	Taiyuan	2660	178	14	12
大同市	Datong	1284	110	13	13
阳泉市	Yangquan	533	48	6	6
长治市	Changzhi	861	96	14	15
晋城市	Jincheng	818	77	7	7
朔州市	Shuozhou	436	60	7	7
晋中市	Jinzhong	1082	100	12	12
运城市	Yuncheng	2008	239	14	14
忻州市	Xinzhou	867	90	15	15
临汾市	Linfen	1192	168	18	18
吕梁市	Lvliang	787	68	14	14

13-76 卫生机构床位数和人员情况(2014年)
BEDS AND PERSONNELS IN HEALTH CARE INSTITUTIONS(2014)

单位：人 (person)

市名 City		卫生机构床位数(张) Beds (unit)	卫生技术人员 Medical Technical Personnels	#执业(助理)医师 Licensed (Assistant) Doctors	#注册护士 Registered Nurses
全省	**Total**	**177442**	**209491**	**89852**	**79055**
太原市	Taiyuan	36209	49062	19304	22158
大同市	Datong	17368	20142	8992	7391
阳泉市	Yangquan	7354	9305	3946	3813
长治市	Changzhi	16067	17688	7296	6946
晋城市	Jincheng	10095	12609	5781	4307
朔州市	Shuozhou	7025	6439	3143	2001
晋中市	Jinzhong	14246	16731	6991	6218
运城市	Yuncheng	26714	26776	11968	9049
忻州市	Xinzhou	12278	13401	6118	4230
临汾市	Linfen	18964	23302	9831	8211
吕梁市	Lvliang	11122	14036	6482	4731

13-77 主要城市空气质量情况(2014 年)
AIR QUALITY IN MAJOR CITIES (2014)

市名 City		二氧化硫年平均浓度(μg/m3) Annual Average Concentration of SO2	二氧化氮年平均浓度(μg/m3) Annual Average Concentration of NO2	可吸入颗粒物(PM10)年平均浓度(μg/m3) Annual Average Concentration of PM10	一氧化碳日均值超标率(%) Daily Average Exceeding Rate of CO
全　省	**Total**	**65**	**35**	**114**	**3.1**
太原市	Taiyuan	73	36	138	0.5
大同市	Datong	46	32	96	2.7
阳泉市	Yangquan	91	46	164	2.0
长治市	Changzhi	38	39	117	2.8
晋城市	Jincheng	69	39	128	3.3
朔州市	Shuozhou	76	37	95	1.4
晋中市	Jinzhong	65	34	114	0.8
运城市	Yuncheng	59	26	113	3.2
忻州市	Xinzhou	57	28	101	10.2
临汾市	Linfen	60	32	94	5.8
吕梁市	Lvliang	80	35	98	1.9

市名 City		臭氧(O3)日最大8小时日均值超标率(%) Daily Maximum 8 Hours Average Exceeding Rate of O3	细颗粒物(PM2.5)年平均浓度(μg/m3) Annual Average Concentration of PM2.5	空气质量达标天数(天) Days Reach the Standard of Air Quality (day)
全　省	**Total**	**1.3**	**64**	**222**
太原市	Taiyuan	4.1	72	197
大同市	Datong	1.1	43	300
阳泉市	Yangquan	1.8	80	96
长治市	Changzhi	0.3	67	235
晋城市	Jincheng	0.3	64	208
朔州市	Shuozhou	0.3	59	232
晋中市	Jinzhong	0.8	64	241
运城市	Yuncheng	2.9	68	209
忻州市	Xinzhou	1.9	72	225
临汾市	Linfen	0.0	63	240
吕梁市	Lvliang	1.7	51	255

中国统计出版社最新图书简目

（仅供参考，以实际出版为准）

统计资料

中国统计年鉴　中国统计摘要　中国发展报告
中国经济普查年鉴2013　国际统计年鉴　金砖国家联合统计手册
中国-东盟国家统计手册　中国区域经济统计年鉴　中国县域统计年鉴
中国城市统计年鉴　中国农村统计年鉴　中国地区经济监测报告
中国贸易外经统计年鉴　中国对外直接投资统计公报　中国商品交易市场统计年鉴
大中型批发零售和住宿餐饮企业统计年鉴　中国零售和餐饮连锁企业统计年鉴　中国住户调查年鉴
中国价格统计年鉴　中国农产品价格调查年鉴　全国农产品成本收益资料汇编
中国环境统计年鉴　中国能源统计年鉴　国外资源、能源和环境统计资料汇编
中国工业统计年鉴　中国建筑业统计年鉴　中国房地产统计年鉴
中国城市建设统计年鉴　中国城乡建设统计年鉴　中国第三产业统计年鉴
中国证券期货统计年鉴　中国科技统计年鉴　中国高技术产业统计年鉴
工业企业科技活动资料　中国劳动统计年鉴　中国人口和就业统计年鉴
中国人才资源统计报告　中国社会统计年鉴　中国文化及相关产业统计年鉴
文化及相关产业统计概览　中国教育经费统计年鉴　中国民政统计年鉴
中国民族统计年鉴　中国工会统计年鉴　中国残疾人事业统计年鉴
中国妇女儿童状况统计资料（英）　中国乡镇街道行政区域简册

省级综合统计年鉴系列

北京 天津 河北 山西 内蒙古 辽宁 吉林 黑龙江 上海 江苏 浙江 安徽 福建 江西 山东 河南 湖北 湖南 广东 广西 海南 重庆 四川 贵州 云南 西藏 陕西 甘肃 青海 宁夏 新疆 新疆生产建设兵团

市(县)级综合统计年鉴系列

天津滨海新区 石家庄 唐山 邯郸 保定 沧州 邢台 廊坊 承德 衡水 秦皇岛 张家口 太原 大同 阳泉 长治 晋城 朔州 晋中 运城 忻州 临汾 呼和浩特 呼和浩特新城区 鄂尔多斯 包头 沈阳 大连 长春 四平 哈尔滨 齐齐哈尔 黑龙江垦区 上海浦东新区 南京 无锡 徐州 常州 苏州 南通 连云港 淮安 盐城 扬州 镇江 泰州 宿迁 江阴 丹阳 杭州 宁波 温州 嘉兴 绍兴 金华 衢州 舟山 台州 丽水 合肥 安庆 马鞍山 福州 厦门 宁德 南昌 九江 上饶 新余 抚州 济南 青岛 枣庄 滕州 郑州 洛阳 平顶山 三门峡 南阳 商丘 济源 武汉 十堰 荆州 宜昌 荆门 咸宁 长沙 广州 深圳 惠州 东莞 南宁 柳州 桂林 来宾 海口 三亚 成都 贵阳 昆明 西安 兰州 庆阳 银川 乌鲁木齐 兵团一师 兵团十师

调查年鉴系列

天津 山西 内蒙古 辽宁 吉林 上海 福建 河南 湖北 湖南 广西 重庆 四川 云南 甘肃 宁夏 新疆

“十二五”规划教材

统计学（经济管理类专业本科适用，单薇 等）　抽样调查理论与方法（冯士雍 等）
贝叶斯统计（茆诗松 等）　统计学（黄良文 等）　试验设计（茆诗松 等）
统计学：从数据到结论（吴喜之）　医学统计学（于浩）　统计学（经济、管理类专业基础教材，张小斐）
概率论与数理统计三十三讲（魏振军）　概率论与数理统计三十三：学习指导与习题解答（魏振军）
非参数统计（吴喜之 等）　统计学：经济与管理中的数据分析（李慧云 等）
卫生管理统计学（新编医学院校基础课教材，尚磊）　医院统计学（新编医学院校基础课教材，徐天和 等）
社会统计学（蒋萍 等）　现代金融投资统计分析（李腊生 等）
国民经济核算初级教程（经济类、统计类、管理类专业适用，蒋萍 等）

重点图书

图解中国经济2015　新编英汉汉英统计大词典　中华医学统计百科全书
挑大学选专业2016—考研择校指南　挑大学选专业2015—高考志愿填报指南